ANDRÉS OPPENHEIMER

SAVING THE AMERICAS:

The Dangerous Decline of Latin America and What the U.S. Must Do

米州救出

ラテンアメリカの危険な衰退と米国の憂鬱

アンドレス・オッペンハイマー

渡邉尚人＝訳

時事通信社

日本語版のための序文

ここ数年間の世界経済における最新かつ最も気づかれていない展開の一つは、ラテンアメリカのアジアとの増大しつつある経済的絆である。最近までラテンアメリカとの経済的絆を事実上持っていなかった中国が、にわかにラテンアメリカ地域で首位の貿易相手国の一つとなったのである。２００８年までに中国はブラジル、チリにとっての唯一最大の輸出市場となり、アルゼンチン、コスタリカ、ペルー、キューバにとっての2番目の大きな輸出先となった。08年の世界金融危機後は、ラテンアメリカ諸国が中国にとって石油、食糧その他の原材料の鍵となる供給国となったため、ラテンアメリカと中国との経済的なつながりはさらに増大した。

日本はより小規模ではあるが、この傾向の一部である。国連ラテンアメリカ・カリブ経済委員会（ＥＣＬＡＣ／ＣＥＰＡＬ）によれば、２００５年から09年の間に日本のラテンアメリカとカリブへの輸出は、世界の他のいかなる地域よりも大きく伸び、35％増加した。同時期、日本のラテンアメリカ地域からの輸入は26％増加し、日本のラテンアメリカの鉱山部門への投資は、２００８年12月までの12カ月間に約４００％増加した。日本にとってラテンアメリカは、潜在的に途方もない経済パートナーなのである。それは人口５億６０００万人で先進国よりもはるかに速く成長しつつある経済を有する地域であり、国内総生産（GDP）総計は、東南アジア諸国連合（ASEAN）圏のそれより3倍大きいのである。

私が本書『米州救出』で問いかけようとする大きな論点は、ラテンアメリカが成長し続けることができるのか、あるいは世界の商品価格に依存し続け――過去に幾度もあったように――その輸出原材料の価格が下落し始めれば崩壊するのかということである。

非常に対照的な二つのよく知られた2005年の調査――一つは米中央情報局（CIA）のシンクタンク、もう一つは欧州議会のトップのラテンアメリカ専門家の一人であるドイツ社会党議員によるもの――は、かなり悲観的であった。両調査はラテンアメリカ地域が空前の経済復興を享受し、さらに繁栄した未来に向かっているとの西半球の諸政府の間にある一般的な見方をきっぱりと否定したのである。一つ目の調査は、CIAの長期的見通しに関する調査機関である国家情報審議会（NIC）により行われたものである。二つ目は、ほぼ同時期に欧州議会の南米委員会委員長の立場からロルフ・リンカー議員により書かれたものである。両調査報告書は、今後20年間にわたるラテンアメリカ地域の将来を分析し、両方とも同じ結論に至っている。それは世界的な文脈の中でラテンアメリカは重要ではなくなっており、今の針路を進めばさらに重要ではなくなるだろうというものである。

リンカー調査報告書は、「ラテンアメリカの世界的問題に与える影響力は減少しており、増加していない。その世界貿易に占める割合は小さく、地域の成長はアジアのものとは比較にならない」[1]と断言することから始まっている。過去25年以上もラテンアメリカ地域のほぼすべての国々を訪れてきたリンカーは、「世界で起こったすべての変化にもかかわらず、またその変化をラテンアメリカも同様に経験してきたにもかかわらず、この大陸の憂鬱な状況に変化が少ないことはいまだに驚きである」と述べている。さらに悪いことに、彼は続けて「現在、ラテンアメリカには相対的な平穏が存在するが、その状況は将来急激に悪化する可能性がある」とも述べている(2)。

バージニア州ラングレーにあるCIA本部に本拠を置くNICの調査報告書は、2020年の世界がどうなっているかについての、米国の大学、企業、政府の主要な未来学者の予測を含む119頁の文書であった。そして同報告書は、暗にではあるが事実上リンカーと同じことを述べている。「2020年の世界情勢」と題されたNICの巻頭の段落は、21世紀の20年代の終わりにおける世界の政治・経済地図においては、ラテンアメリカがほとんど言及されていないことを示している(3)。

NICの未来学者たちによれば、2020年には多くが変わっているだろう。米国は第一の世界の大国であり続けようが、今日ほど強大ではないであろう。経済のグローバル化は継続し、世界経済は著しく拡大し、世界の1人当たり平均所得は、現在の50%増となるであろう。しかし世界における米国化の傾向は弱まり、アジア化の傾向が強まるだろう。中国はおそらく2020年までに世界第2位の大国となるだろうし、インドおよび欧州がおそらくその後に続くであろう。多国籍企業は中国とインドの広大な未開拓市場——双方を合わせた人口は、人類のほぼ半分を占める——の支配に駆り立てられる中で、絶え間なく増大するアジアの中産階級を狙った商品を生産しつつ、その企業文化を変えねばならないであろう。「2020年までにはグローバリゼーションは、大衆の考えの中では現在のように米国化と結びついたものとしてではなく、台頭するアジアと同一視される可能性がある」と調査報告は述べている(4)。言い換えれば、私たちは幾分少なく西洋化され、幾分多く東洋化された世界に住むこととなろう。

NICは、世界の政治はイデオロギーよりもむしろ宗教および民族的所属関係に、より多くの基礎を置くことになるだろうとも予測している。イスラム教は、おそらく中央集権化された多国籍的な統一体をつくるため、さまざまな国と文化から集めた分派を結合させつつ、世界中に拡大し続けることとなろう。

新しいカリフの統治が出現する可能性があり、それはアフリカ、中東、中央アジアの大部分を含みうる。アジアにおいては地方当局者と全国の協商会議の自由選挙を認め、他方で単一政党が中央政府の支配を保持するという「民主主義の中国モデル」の出現を私たちは見るかもしれないと報告書は予測している。

それでは、この新しい世界的な文脈の中でラテンアメリカはどこに当てはまるのであろうか？　NICは報告書の最後に短い要約のみをラテンアメリカ地域に充てている。報告書はブラジルの世界舞台での重要性の増大を示唆し、チリをありうべき進歩のオアシスと見なしているが、この地域についての全体的な展望は悲観的であった。NICはアメリカ大陸を北部諸国――メキシコや中米で経済的に米国に結びついている――とアジア・欧州に結びついた南部諸国に分裂していると見ていた。経済的社会的進歩を保証する発展中の成功した貿易圏とは正反対に、この地域は「国内紛争」に苦しみ、「政府の非効率性」に妨げられ、犯罪に脅かされ、「全体主義的体制を堅固とするため貧富の差についての大衆の憂慮につけ込むという、この地域では歴史的にありがちなカリスマ的・独善的なポピュリスト指導者たちが台頭するますます大きな危険」にさらされるであろう(5)。ベネズエラの過激なポピュリストであるウーゴ・チャベス大統領は、来るべき問題の単なる前兆にすぎないとNICのアナリストたちは言っているように思われた。

NICグローバル報告書は、ラテンアメリカにおいて何が起こっているのか上っ面をなでたにすぎない。NIC地域下部委員会の「2020年のラテンアメリカ」と題するさらに焦点を絞った調査は、世界的調査に貢献する目的の会議に参加したラテンアメリカおよび米国のさまざまな学者、企業家、政治家たちの結論を要約している。NIC地域会議はチリのサンティアゴで開催され、さまざまな国からかつての高官・政治家たちが参加し、その中にはクリントン政権時代のホワイトハウスの元米州問題担当上級部長で後にオバマ政権の西半球問題担当国務次官補となるチリ生まれのアルトゥーロ・バレンズエラが含まれていた。会議の最終報告書は、「この地域の少数の国々は、開発のための機会を活用できようが、ラテンアメリカは地域としては地球の最先進国から引き離され、さらに格差が開くであろう」と予測した(6)。「経済予測はラテンアメリカの世界のGDPに占める割合は最近数年間の低成長率と、それが重荷となって生産性および設備能力にもたらす影響の結果、下落するであろうことを示している」と付け加えている(7)。言い換えれば、この地域は取り残されており、失地回復は難しくなるだろうということである。

さらに今日の知識集約経済においては、サービスが原材料よりもはるかに高く評価されるのであるが、「ラテンアメリカ諸国のいずれの国もその乏しい資金を大規模研究やプロジェクト開発には投資できないであろう」とＮＩＣ地域報告書は述べている。また、「この地域の技術能力と先進国のそれとの格差は開きつつある。いかなるラテンアメリカの適切な応用技術の広域プロジェクト――例えば、アジア諸国と並んで輸出能力を創出させるもの――も次の15年間には開発されないであろう」と調査報告書は述べている。なお、同報告書はコスタリカのインテル投資やブラジルの国防産業プログラム等の例外があることは認めている。

二つの調査報告書を数週間の間をあけて両方読んだとき、私は驚かずにはいられなかった。ＮＩＣ報告書およびリンカー報告書双方ともに、ラテンアメリカの指導者たちやＥＣＬＡＣ等の機関によって、ほぼ毎日のように提供されるものとは正反対の結論に達していたのである。ＥＣＬＡＣは、最近、数年来初めてこの地域に「前向きのシナリオ」が存在していると述べていた。数年間のゼロ成長の後、ラテンアメリカ諸国は再び年率４％以上で成長しており、地域の投資は着実に上昇しつつあり――少しの例外はあるが――、ほとんどの国々が責任ある経済政策を実行しつつあるとしていた。

誰の描写が正確だったのか？　暗い不吉な予感のするNICやリンカー報告か？　それとも際限のない楽観主義を持つECLACやラテンアメリカの元首たちか？　これを執筆している時点の2011年初めでは、ECLACの予想がより正確であると思われる。ラテンアメリカの経済は世界金融危機にもかかわらず、着実に成長を続けてきた。悲観主義者たちは、これはほとんどもっぱら世界の高い商品価格に基づく、ある種ごまかしの成長であると警告しているのではあるが。

本書執筆のための3年間の調査の間、私はラテンアメリカの将来に大きな影響を与えた右派から左派に至るすべての政治領域の重要人物たちにインタビューした。その中には当時のドナルド・ラムズフェルド米国防長官、ロジャー・ノリエガ西半球問題担当国務次官補、エボ・モラレス・ボリビア大統領、フェルナンド・エンリケ・カルドーゾ元ブラジル大統領、フェリペ・ゴンサレス元スペイン首相、その他メキシコ、アルゼンチン、ペルー、コロンビア、チリの大統領たちが含まれている。2002年から07年の間、私はいくつかの国々を富裕にし、また他の国々を衰退させる原因が何なのかを直接探るために遠方の中国、インド、アイルランド、ポーランド、チェコ共和国、メキシコ、ベネズエラ、ブラジル、そしてアルゼンチンを訪問した。

本書は、私のインタビューと調査旅行を通じて、今後20年間に何がラテンアメリカにとって最良の針路かを発見するための取り組みとして始まった。調べれば調べるほどラテンアメリカが21世紀の主要な国々の趨勢《すう》に追いつくためには、私自身が覚醒の呼び声となることが必要であると確信した。私はラテンアメリカの自分の視聴者――この地域の50以上の主要紙と雑誌が私のコラムを載せており、12以上のテレビネットワークが私のスペイン語の政治トークショーを多くの国で放映している――を利用し、現在の商品主導による経済成長が着実に成長し、貧困を過去のものとするというこの地域の世間一般の通念に挑戦したいと思った。

本書の初版は、もともと2005年末に*CUENTOS CHINOS*（ほら話）——ほら話とはつまり、将来繁栄がもたらされるだろうというワシントンやラテンアメリカの指導者たちの誤解を招く予測のことを指している——の題名でスペイン語出版され、ラテンアメリカの成長を世界的展望の中に置き、それが少しも傑出していないことを示した。初版出版後、本書は多くの諸国でベストセラー・リストのトップを占め、ラテンアメリカ地域において激論を引き起こし、現在でもそれは収まっていない。

しかし、本書は読み進むにつれて、まさに米国に対する強制力あるメッセージを持つ形となって終わっていることが分かる。また本書は、ブッシュ政権（当時）がラテンアメリカは米国の主要な優先事項であると公に主張しながら、他方でこの地域を無視することによって大きな間違いを犯している事実について、米国の注意を引こうとしたものである。そして私は、イラク戦争がワシントンの多くの時間と金を要していることは理解できるが、ラテンアメリカにもっと注意を払うことが米国の利益となることを強調したかったのである。

私が本書を米国版のためにアップデートしていたときに、ラテンアメリカのポピュリズムの過激化傾向は加速していた。オイルマネーにあふれたベネズエラのナルシシスト・レーニン主義指導者ウーゴ・チャベスは、この10年間の初めの頃には、彼が過激な左派主義者となるだろうとの憶測をあざ笑っていたが、スローモーション・クーデターのお膳立てをしながら事実上の独裁者となりつつあったのであり、同時にイランのマフムード・アハマディネジャド大統領の緊密な同盟者になっていた。

チャベスに近い過激ポピュリスト指導者たちは、ボリビア、エクアドル、ニカラグアで選挙に勝利した。そして――ベネズエラからの大量の資金援助とキューバからの政治的助言により――予見しうる将来、権力にとどまるために国の法律を変えつつあった。

米メディアの報道は、「ラテンアメリカの左派シフト」について伝え、不安を感じた米国高官が「革命」政府、国営化、資本逃避、経済減速、そしてより大きな貧困の新たな循環について警告していた。

しかし、私としてはこれらのニュース報道を後退への非可逆的流れの表れと見るのではなく、自分がこの地域やその他の地域を通じた旅行で見たものから、これらの恐ろしい予想は未来の予測としてよりも現在の診断としてはるかに正確であるとの結論に至ったのである。

旅行中に私を最も驚かせたことの一つは、まさに国家がいかに急速に貧困と絶望から、富と経済的ダイナミズムへと針路を変えることが可能かということであった。

最後に一言述べておきたいが、多くの日本人や米国人の読者は、ラテンアメリカがもっと多くの外国投資を誘致し、教育、科学、技術への投資を増やす必要があることなど、本書を通じて私が指摘したいくつかの点は自明のことだと思うであろう。しかし、ラテンアメリカ地域の大部分で見られる現在の反市場、反グローバリゼーションの雰囲気の中では、これらの考え方は政治的にふさわしくないのみならず、ほとんど反体制的であることを考慮に入れるべきである。

同様に、本書のスペイン語原本を読んだ多くのラテンアメリカ人読者は、ラテンアメリカへの米国の関与を拡大する必要性について私が指摘したいくつかの点は、明白であり、言わずもがなだと思ったかもしれない。私は彼らに対して、ラテンアメリカにおける通念に反して、これらの点はワシントンの政策策定者も含め、ほとんどの米国人にとって少しも明白ではないと応じたのである。

大半の米国人にとって、9・11事件後の時期にラテンアメリカにもっと注意を払うよう呼びかけることは、危険なほどにナイーブである。もし本書が――たとえごくわずかであっても――、既存のステレオタイプ的思考の誤りを暴き、ラテンアメリカとの緊密な絆の強化が皆の利益になると、懐疑論者の少なくとも一部でも真剣に考えるようになることに役立てば、本書はその目的を達したこととなろう。

アンドレス・オッペンハイマー

注

(1) ロルフ・リンカー「ラテンアメリカにおける自分の経験に基づくいくつかの個人的結論と助言」欧州議会文書、2004年10月10日、1頁、第1項。
(2) 同右。
(3) 国家情報審議会（NIC）、グラフ「2020年世界の風景」『世界の未来地図』8頁。
(4) 同右。
(5) 同右。
(6) 国家情報審議会（NIC）、世界の傾向2020年プロジェクト『ラテンアメリカ2020――長期シナリオの議論』最終報告書、2頁。
(7) 同右。

米州救出——ラテンアメリカの危険な衰退と米国の憂鬱●目次

装幀・本文・レイアウト　大島恵里子

第1章　アジアの挑戦

ほら話「21世紀は米州の世紀となりうる」
（ジョージ・W・ブッシュ米大統領、２０００年8月25日、フロリダ州マイアミでの演説）

北京－ブエノスアイレス－カラカス－メキシコシティ－マイアミ－ワシントンＤＣ——ラテンアメリカが輸出、投資、経済発展における世界競争において、実際いかに遅れているかを理解するには中国を見る必要がある。私は北京に到着する前に、中華人民共和国と台湾、シンガポール、韓国を含む他のアジア諸国の驚異的な成長に関する多くの書物を読んでいたし、また、20年前に経済開放を打ち出して以来、数億人を貧困から引き上げた目を見張る中国の成功についてはよく知っていた。しかし、いかに急速に中国とそのアジアの近隣諸国が、ラテンアメリカを引き離しているかを理解し始めたのは、実際に北京を見てからであった。

中国の首都・北京に到着したときから、私は見るものすべてのスケールの大きさに驚かされた。私たちはまだ機内にいたが、窓から北京空港のゲート３０５番に向かって飛行機がゆっくりと進んでいることに気がついた。１０７のゲートがあるマイアミ国際空港のゲートＢ－７や42のゲートしかないメキシコシティ空港の28番ゲートに慣れている私のような頻繁に飛行機を利用する者にとっても、それは驚くべきものであった。他の乗客とともに飛行機から降り、気がつくとこれまで見たこともない広大なターミナルの中に私はいた。それは覆いのあるサッカースタジアムのようにも見えた――ただしスタジアムよりは5倍以上も大きかったが。毎年、北京空港は3800万人を下らない人々が通過している。後で知ったことだが、それでもすでに拡張が必要となっているのである。

その時点から、中国で急速に広まり、社会主義の枠内での「経済開放」と当局が呼ぶ資本主義熱は、次から次へと驚きをもたらした。長年のマイアミ・ヘラルド紙のラテンアメリカ特派員として、私は中国で見ているものをラテンアメリカ旅行で見る典型的なものと常に比較していた。東京から北京へのフライトの中で、ベネズエラがマクドナルドの80店舗すべてを脱税調査の関連で3日間閉鎖したということを私はウォール・ストリート・ジャーナル紙のアジア版で読んだ。ベネズエラの自称革命政府は、もはや多国籍企業による国家主権侵犯を甘受しないと述べていた。ベネズエラ当局者は、問題を裁判所に提起することもなくフランチャイズの閉鎖を命令し、それを「ボリバル革命」の誇りある業績と呼んだのである。

そのニュース自体は驚きではなかった。数カ月前に私はベネズエラにいて、ウーゴ・チャベス大統領の資本主義と米帝国主義を告発する彼のナルシシズムとレーニン主義との入り交じった扇動的な演説を聴いていたからである。しかし、私にとって驚きだったのは、その同じ日に北京のホテルの自室で読んだマイアミ・ヘラルド紙の北京特派員が残していったチャイナ・デイリーという中国共産党による英語の官製新聞の最新版であった。中国とベネズエラの劇的な違いについて私に注意を喚起するためにわざと印刷されたのかと思われる見出しを見つけたのだ。「マクドナルドが中国で拡大」とチャイナ・デイリー紙は、歓喜に満ちて報じていた。記事はマクドナルドの全取締役がまもなく中国に到着し、そこで政府および共産党の最高幹部により迎えられること、また、同社は現在中国にある600店舗を次年度以降1000店に拡大する計画を発表する予定であると報じていた。「中国は世界における我々の第一の成長機会である」とマクドナルド社のラリー・ライト・マーケティング部長がチャイナ・デイリー紙に語っていた[1]。何という皮肉だろうと私は心の中で思った。中国共産党が、赤絨毯を外国投資家に広げる一方で、ベネズエラは彼らを追い払うのである。

確かに、中国共産党の言葉とラテンアメリカのイデオロギーの旧守派の同胞たちの言葉の間の相違は非常に大きい。そしてその違いは、単に修辞上のものではない。中国人が辺鄙《ぴ》なところに投資誘致に行く一方で、かなりの数のラテンアメリカのトップの政治家、学者、保守的な企業リーダーたちは投資家を脅して追い払うことで大喜びするのである。中国では、長期的な成長を確実とするための実用主義と投資獲得が国の新しい宗教になっている。ラテンアメリカでは、チャベスが地域を巡り、「野蛮な資本主義」への公然の非難と主要産業の差し押さえにより大喝采を引き出している。中国が民営化する一方でベネズエラといくつかの隣国は、国営化で大喜びするのである。世界の外国投資におけるラテンアメリカのシェアがかつてなく減少したのは驚くに当たらない。国連ラテンアメリカ・カリブ経済委員会（ＥＣＬＡＣ／ＣＥＰＡＬ）によれば、ラテンアメリカとカリブは１９７０年代に途上国世界への全外国投資の年平均51％を受け入れていたのが、２００６年のシェアは、27％に下落した。一方で、アジアは活気にあふれており、その途上国世界における外国投資のシェアは、１９７０年代の年平均27％から２００６年には51％に急上昇した(2)。

中国の指導者たちは、伝統的な彼らのマルクス・レーニン主義の修辞を一党独裁主義の正当化のために使い続けるであろうが、実際には彼らは人類の歴史において最大かつ最も野心的な資本主義革命を実行しつつあるのである。「経済開発を全党の中心的課題」とし、「経済成長を妨げる概念を放棄」することに合意した２００２年の第16回共産党大会の後、実用主義が中国の至高の国家的価値であるマルクス主義に取って代わったのである。そして、私たちの大半が中国独裁主義の人権侵害に驚き、中国の政治モデルのラテンアメリカへの輸出を見たくない一方で、年率10％で成長し、ラテンアメリカのどの国よりも早く貧困を削減している中国に興味をそそられないということは難しい。次章で見るように、北京のスカイラインにそびえる巨大な建設クレーン、通りにあるメルセデスやアウディの最新モデル、ヒューゴ・ボスやギラロッシュのオートクチュールのブティックの広告等においてありありと見える中国の経済的発展は、到着したばかりのどの訪問者の言葉をもなくしてしまうのに十分である。

私はすぐに中国は思っていたよりも、もっと資本主義的であることが分かった。北京と上海での高官との最初のインタビューの一つで、国家発展改革委員会——中国経済の計画を担当する強力な部局——のゾウ・シーアン副部長は、中国経済の60％はすでに民間企業の手にあると述べた。そして、その割合は日々増大していると付け加えた。ゾウ副部長は1940年代の初期に経済博士号をとり、英語は話さないが西洋に緊密な絆を持つ政府機関の一つの運営を助けた人物である。私たちは北京のユエタン通りにある荘厳な委員会本部で話をした。私は中国が資本主義に向けてどこまで進行してきたか好奇心をそそられ、中国を席巻している民営化の波についての米国新聞の切り抜きを持参した。中南米では、民営化が悪い意味に使われており、それは一部には1990年代の国営寡占企業が政府の取り巻きに売りさばかれて民間支配となったときの汚職取引のためであるが、私はそれに慣れていたこともあり、いくつかの新聞報道が中国の民営化主導を誇張しているか、またはごく少数の中国人高官しか民営化努力の拡大を認めないのではないかと疑っていた。しかし、私は間違っていた。

私は膝の上に記事の一つを載せて通訳を介してゾウ博士に、「今後5年間に国営企業10万社を民営化する予定であるというのは本当ですか？」と尋ねた。すると博士は頭を振って「違う。数字が間違っています！」とほとんど立腹したかのように返答した。しかし、彼が社会主義を防衛する演説を始め、民営化の物語を誇張する外国の新聞を非難し始めるだろうと思った瞬間、彼は「もっと多いのですよ！　私たちはもっと多く民営化しているのです」と付け加えたのだ。ゾウ博士は、民間セクターというのは中国における「経済発展の主要エンジン」であること、また、中国が現状の成長率で成長し続けるには、企業の主導権に可能な限り大きな自由が与えられなければならないということを当然のように説明し始めた。ラテンアメリカから来た私は、自分の耳を信じることができなかった。世界は逆さまになったのだ。

中国の首都・北京における高官や学者、企業役員との会話にも同じような驚きが詰まっていた。

ラテンアメリカ問題に関する鍵となる中国人学者たち

とのインタビューでは、赤い旗に囲まれ、共産党への全面的な忠誠を明言しながらも、彼らの多くが米国中部の赤い州（保守）出身の共和党員のように思われた。彼らは、ラテンアメリカがより多くの資本主義的な改革、より大きな経済開放、さらなる自由貿易、より少ない擬似革命的演説を必要としていると述べた。後でより多くの詳細を記述するが、彼らのうちの一人は、ラテンアメリカの主要な問題の一つは「依存理論」を引き続き信じていることにあると述べた。同理論は1960年代のネオ・マルクス主義の経済理論的枠組みであり、それによれば地域の貧困は、主として米国およびヨーロッパの搾取の結果だというものである。中国共産党は、この理論を数十年前に放棄し、代わりに中国の経済活動に責任を持つのは中国のみである旨を宣言したとその学者は説明した。

ラテンアメリカの大半で支配的なイデオロギーは、「我々は貧しい、それは彼らのせいである」という言葉に要約できる。しかし、他者を非難することは間違いであるばかりでなく非生産的でもある。これは国がより競争的であろうと努力することから注意をそらせたと彼は述べた。「競争力がすべてなのだ、馬鹿者め」——これこそが中国政権の新しいスローガンであり、すべてに優先するのである。

生産的投資——唯一の解決法

ラテンアメリカがその不平等、不満、犯罪、ポピュリズム、資本逃避、そして貧困などのますます深まりつつあるサイクルを破るために何をすべきかのアイデアを集めながらヨーロッパやアジアを旅していて、私はその政治的な傾向がどうであれ、生活水準を向上させ、貧困を削減している国々——アイルランドからチェコ共和国、そして中国まで——が、共通の何かを持っていることを発見した。それはまず初めに、すべては投資を引きつけることである。資本の着実な流入は、長期的な経済成長を達成し、雇用増大を助け、歴史を通じラテンアメリカを苦しめてきた景気急騰と急落のサイクルを回避させるのである。もしラテンアメリカ諸国が中国の工場に殺到している外国投資の一部でも何とかうまく誘致できるならば、また、自国の企業家たちがラテンアメリカの人々がオフショア口座に預金している——米ゴールドマン・サックス投資銀行によれば——4000億ドルの一部を自国に持ち帰るようにさせることができれば、ラテンアメリカ地域の多くの国々は、ほとんどすぐにでも先進国の域に達することができよう(3)。もし私のラテンアメリカ、ヨーロッパ、アジアへの取材旅行を通じて注意を引くものが一つあるとすれば、それは公言されたイデオロギーとは無関係に、いかに迅速に国々が貧困と絶望から希望と繁栄に至れるかということである。米国の学界に非常に流行している文化決定論とは逆に、ラテンアメリカをほとんど一夜にして経済的成功物語に一変させることを阻止する地理的、文化的、生物学的な理由はないのである。

私が訪問した相対的に成功している国々は、何を共通に持っているのか？　表面的には、彼らはおのおの非常に違っている。人口は1000万人から10億人まであり、政治システムは幅広く異なっている。中国は共産党一党独裁制であり、ポーランドとチェコ共和国は、市場経済を持つ民主主義国に転換した旧ソ連圏の国々である。スペインとチリは、旧右派独裁制であり、最近数十年で社会主義政党統治による資本主義的な民主主義国家として繁栄している。文化的にも、これ以上多様にはなりえない。中国が伝説的な労働倫理を自慢できる一方で、スペインの伝統は、シエスタ（昼寝）、ワイン、ナイトライフである。そして、これらの大きな違いにかかわらず、すべてのこれらの国々は巨額の外国投資を引き寄せる実証された能力を分かち合っている。それは主として彼らの選挙ごとに変わることのない安定的な経済政策を維持する能力と国民を教育するという不動の約束のおかげである。

イデオロギーは忘れよう。新しい世界の舞台には、2種類の国がある。投資を引き寄せる国と追い払う国である。イデオロギーは、21世紀の世界地図にはますます重要ではなくなっている。かつてないほど記録的な経済成長と貧困削減を達成した共産主義的、社会主義的、進歩主義的、超資本主義的諸国があり、またこれらの試みに惨めに失敗したすべてのイデオロギーを持つ国々のリストがある。最初のグループと次のグループの違いは、富と雇用そして――多くの場合、少なくとも西洋では――政治的自由である。

こうしたことは、ほとんどの米国人とヨーロッパ人にはかなり基本的なことに思えるだろうが、大半のラテンアメリカでは、世間一般の通念からは程遠いのである。

貧困との闘いにおける良いニュース

詳細に入る前に、グローバリゼーションが世界の貧困を増加させたとの多くの反グローバリゼーション派の黙示録的な見方に反して、逆が真実であると記録として残すために述べておこう。世界の貧困――いまだに受容できない高い水準にあるが――は、過去数年間にラテンアメリカを除くほとんどどこにおいても大幅に減少した。グローバリゼーションは、世界における貧しい人々の割合を増大するのでは決してなく、貧困を劇的に削減することを助けたのである。過去20年間に極貧――1日1ドル以下――の中に住む世界の人口の割合は、40%から19%に下落した(4)。一般的に世界の貧困――1日2ドル以下で生活する人々の割合――もこれほどではないが削減された。貧困は1981年における世界の人口の67%近くから2002年には、50%に下落した(5)。言い換えれば、世界は私たちの多くが望むほど速くではないものの、より良い場所になりつつある。

ラテンアメリカにとっては不運ではあるが、ほとんどすべての貧困削減は、世界の人口の大部分が住む中国、インド、台湾、シンガポール、ベトナムおよびその他のアジア諸国で起こっている。なぜ中国がそれほど早く成長しているかを理解するのに天才になる必要はない。中国人は外国投資の殺到を呼び込んでおり、それによりとんとん拍子に毎年数千の工場を開設し、新しい雇用を創出し、輸出を増大し、貧困を削減することができるのである。過去20年間に中国が世界に開かれ、世界経済に加わってから、公式数値によれば2億5000万人以上を貧困からうまく引き上げてきたのである。そして、多くの外国による投資が、輸出向け製造プラントの開業に向けられてきた。過去10年間、中国が輸出を平均年率17%増加させたのに引き換え、アンデス開発公社の数字によれば、ラテンアメリカはわずか5・6%増である。時計は回っており、中国はより多くの世界市場に進出し、より多くの競争相手に取って代わり、より手ごわくなっている。2003年までに中国はカナダに次ぐ米国への第二の最大輸出国としてメキシコを凌《しの》いだ。外国資本誘致のために中国人やアイルランド人、ポーランド人、チェコ人、そしてチリ人たちは何をしているのだろうか？彼らは内側を見るよりも彼らの周りを見ているのである。5年から10年前の自国の状況と比べてその成功を測るのではなく、彼らは常に、世界の周りの競争相手との対比で自分たちがうまくいっているのかどうかを評価しているのである。彼らはグローバル経済をすでに動きだした列車として見ている。つまりよじ登って乗るのか、後に取り残されるかのどちらかである。

他方、多くのラテンアメリカ諸国は、周囲が見えなくなっている。その視野狭窄《さく》は、彼らをして周りの現代世界に対してではなく、代わりに過去に対して自分たちを測るようにさせている。彼らは過去に取りつかれ、現在を忘れている。ベネズエラでは、チャベスがテレビ演説の中で19世紀の独立の英雄シモン・ボリバルの模範について頻繁に話をするのみならず、鍵となる政府決定における霊感としてボリバルを信じている。彼は国名を「ベネズエラ・ボリバル共和国」に改名さえした。

ラテンアメリカ大陸では、アルゼンチンが２００６年10月の故フアン・ドミンゴ・ペロン大統領の再埋葬の式典の間、ほぼ活動を停止するに至った。ブエノスアイレスのチャカリータ墓地から市の南西48キロメートルにある１１０万ドルの新しい霊廟までペロンの遺骨を移送する間に、ペロン支持者に対抗するグループが衝突し、発砲がなされた。実際ほとんどのアルゼンチン・テレビネットワークは、通常のプログラムを中断して一日の大半をこの厳粛な葬列の報道に充てた。葬列は大統領騎馬護衛隊１２０人を含み、「ペロン・ビベ（ペロンは生きている）！」と繰り返し叫ぶ沿道の数千人の人々の喝采を浴びた。

この地域の多くの国々は、この過去に暮らすというあこがれを共有している。そして、それは単に政府のみでなく政治家たちもそうである。この地域のベストセラーの本を見れば、歴史書や歴史小説の数の多さに驚く。本書を執筆している時点では、この地域のベストセラーは、イサベル・アジェンデの『私の心のイネス』という16世紀のチリの征服者ペドロ・デ・バルディビアの夫人についての小説であった。

過去から学ぶことは何も悪いことではない。問題は、ボリバルは電話が発明される40年前、インターネットの１５０年前の１８３０年に死去していることである。ペロンは、世界規模のウェブの生まれる10年前の１９７４年に死去した。独立、ナショナリズム、そして輸入代替のための彼らの叫びは、彼らの時代には意味があったであろうが、今日では政治の指針としてはほとんど利用できない。大学出たてのウォール・ストリートの銀行家たちがコンピューターのキーをいくつか打って数十億ドル以上をある国から他の国に移動するグローバル経済においては、反資本主義者のスローガンを叫びあるいは投資家を侮辱することは危険なゲームとなりうるのである。少なくとも現在を評価し、未来の計画を立てる代わりに、過去を祝うこと――あるいは議論すること――にあまりに多くのエネルギーを消費することは、さらに後ろに取り残される絶対確実な方法であろう。

ラテンアメリカの政治家たちが、世界への門戸開放や自由貿易に署名することに反対する議論を補強するために歴史的な人物を引用する一方で、彼らの現在についての議論は、しばしばアジア人がよく理解していることを見落としている。それは今日の世界における成功への鍵は、自由貿易協定に署名することだけでなく、競争的であるということである。ラテンアメリカでは、自由貿易についての議論が多すぎ、いったん貿易障壁が低下すればいかに競争するか――そしていかに勝利するか――についての議論が少なすぎるのである。

この国では、まだとても良い暮らしができる

多くのラテンアメリカ人の友人たちに対し、私がラテンアメリカの発展と他の地域の発展を比べながらラテンアメリカが学ぶべきものを探求しつつ本書を執筆していると言ったとき、彼らの幾人かは私が時間を無駄にしていると請け合った。彼らはそれが無益な仕事であると言った。なぜならそれは地域の経済的、知的、政治的エリートたちが物事を変化させることを欲しているという間違った前提から始まっているからだと述べた。多くのラテンアメリカ人の世論形成者たちは、彼らの経済が泥の中から抜け出せないことに抜け目なく気づいているが、彼らのためには非常にうまく機能するシステムをこれっぽっちも変えようという気持ちを持っていないと私の友人たちは主張した。どうして政治家たちがより競争的な社会の創設を欲するだろうか、票と引き換えに貧困者への国家補助金を取引する、まさにこのシステムのおかげで選出されているというのに？　どうしてビジネスの世界にいる政府の取り巻きたちが何かを変えようと欲するだろうか、腐敗した高官から法外な契約を受け取っているというのに？　どうして州立大学で教えている進歩的学識者や知識人が、彼らの大学をより競争的にしようと欲するだろうか、その大学システムの政治的、職業的自治のおかげで誰にも説明責任を負わない特権を享受しているというのに？　彼らが公に発言することとは無関係に、ラテンアメリカのエリートたちを構成するグループの誰もが、自分たちの財布や特権あるいは生活様式を害するような変化をもたらす危険を冒すことを欲しないのだと私の友人たちは主張した。私の努力は善意あるものであるがナイーブであり、最終的には不毛であると彼らは言った。

だが私は同意しない。ラテンアメリカにおける政治的相関関係を変えつつある新たな要因があり、それはこの地域の上流層に、彼らの居心地の良い現状維持が永久に続かないと実感させているのである。それは犯罪の激増である。ラテンアメリカの貧困は、もはや貧者だけに限られた問題ではない。犯罪率の上昇により、今やそれが富裕層にも影響を与えている。過去には地域における貧困レベルが極度に高く、富の分配は不当に不公平であったが、富裕層にはあまり不便をかけていなかった。貧者は都市のはずれに住み――散発的な政治暴力の発生は別として――上流階級の日常生活をあまり乱すことはなかった。ラテンアメリカの首都への米国やヨーロッパの訪問者が富裕層の生活様式に目をくらませられたことは偶然ではない。「ラテンアメリカ人は本当に暮らし方を知っている！」と訪問者たちは感嘆の声を上げた。ラテンアメリカの上流階級の派手で豪華な生活様式――４週間の休暇、夜中を過ぎても満席のレストラン、時間をかけて楽しむ食事中の会話、日曜の大家族の集会、特権の少ない同胞と分かち合うサッカーへの情熱、音楽の豊かさ、散歩するのに安全な通り――は、世界のどこか他の場所で見つけるのは容易ではない。政変や政治的不安定の最中でさえ、かなり良い収入を持つ彼らは外国人の訪問者たちにこう言うのである。「あらゆることにもかかわらず、この国では、まだとても良い暮らしができるのです」と。ラテンアメリカは、世界最高の貧困率の一つと最悪の富の分配を持つにもかかわらず、上流階級はその事実を信じることなく贅《ぜい》沢な暮らしができたのである。実際、貧者は常に選挙の際の一つの要因であったが、日常生活では十分に給料を支払われない労働力の確実な源泉ということの他には、ほとんど目には見えない存在だった。貧困は、悲劇的な現象であるが、道路に沿って並ぶ壁の後ろに隠れたものであった。

　そうした時代は終わった。高い貧困率は、不平等と金持ちや有名人の生活を地域の粗末な家に持ち込んだコミュニケーション革命もあり、果たせぬ期待という危機をもたらし、それが不満や怒り、街頭での犯罪率の増大につながっている。宣告されない内戦がラテンアメリカにおいて猛威を振るっており、富者と貧者の日常生活を共に変化させた。アルゼンチンのビリャス・ミセリア、ブラジルのファベーラ、カラカスのセロス、そしてメキシコシティのシウダデス・ペルディーダスでは、若者の大群がフォーマル経済の中できちんとした職を持てる希望もないまま、伝統的な家族構造の外側の街中で育ちつつある。さらには、彼らは富裕な世界へと手招きするテレビの比類ないメッセージの洪水の真っただ中で成人する。だが逆説的なことに、教育も職能もない者たちへの機会がこれほどにも遠のいたときは歴史上ないのである。

世界で最も暴力的な地域

最も教育されていない者にとって、増大しつつある期待と減少しつつある機会は、ますます爆発しやすい混合物のようなものである。それはますます増加する疎外された若者たちを隠れた都市の外壁を跳び越えるよう導いている。彼らはしばしば武装し、麻薬により縛りを解かれ、商業住宅地域に思い切って入っていき、そこで金品を奪い、あるいは身なりが良いか何か光り物を持っている人なら誰でも誘拐する。この疎外された若者の一群が都市に進出してゆくため中・上流階級は、外壁のある要塞の中に再び壕をさらに深く掘るのである。ラテンアメリカのほとんどの大都市にある豪華なコンドミニアムは、入館する人々を警備員がショットガンや襲撃ライフルでチェックできる入り口の防弾警備室を持つだけではない。今やこれらの建て物は、誰もがあえて外側に出ることを強制されないように外壁に囲まれた構内に、ジム、テニスコート、プール、レストランなどを備えている。ラテンアメリカ人の企業幹部は中世のように要塞化された城に住んでいる。彼らが早朝仕事に出るときには、跳ね橋――時間通りに私設警備員により操作される――を下げ、夜、再び、敵を入れないために跳ね橋を上げる。今日においては貧困、疎外、そして犯罪は金持ちを含めたすべてのラテンアメリカ人の生活の質をかつてなく侵食しているのである。

ラテンアメリカは、推定250万人の私設警備員を有している[6]。ブラジルのサンパウロは40万人を有し——デイリー・ガゼタ紙によれば、警察官の数の3倍である——、リオデジャネイロは総力戦の場所であり、犯罪者は年133人の警察官を殺害し——毎週2人以上——警察は、毎年1000人に及ぶ容疑者を法の埒《らち》外で処刑することで応じている[7]。コロンビアのボゴタでは、最近まで誘拐の世界の首都であったが、警察官1人に対して私設警備員をおよそ7人有する。他の警備関連ビジネスも流行している。コロンビアの警備起業家の一人であるミゲル・カバリエロは、防弾ファッションをデザインして財を築いていると私に述べた。今やコロンビアの企業家や政治家たちは、第三者にはほとんど察知できない防弾素材の裏地のグアヤベラ・シャツや革のジャケットやスーツを着ることができる。「私たちは革新的な産業を開発しています」とカバリエロは、誇らしげに述べた。彼のビジネスは年間2万2000着の流行の防弾服地商品を売り、そのうちのいくつかはイラクや他の中東諸国に輸出されている。「私たちはすでに192の専用モデルを持っており、下着と上着両方の女性の既製服ラインを開発中なのです」[8]。

ラテンアメリカは世界で最も暴力的な地域である。国際犯罪会議において、いつまでも語られるジョークは、米軍の戦闘服をバグダッドで着るよりもメキシコシティのダウンタウンやブエノスアイレスで背広を着て歩く方がもっと襲われそうだということである。ジュネーブに本拠を置く世界保健機関（ＷＨＯ）によれば、ラテンアメリカは年殺人率が10万人当たり27・5人であり、これに比べてアフリカは22人、東欧は15人、先進工業諸国は1人である。「地域としては、ラテンアメリカが世界で最も殺人率が高いのです」とエティエン・クラッグＷＨＯ暴力行為専門家がジュネーブからの電話インタビューで私に述べた。「殺人はラテンアメリカの7番目の死因で、これに比べてアフリカでは14番目、世界では22番目です」[9]。そしてラテンアメリカでは、殺人または盗みにより刑務所に収容される可能性はわずかである。一方、米国の刑務所人口——世界で最も高いうちの一つ——は、10万人当たり686人であり、アルゼンチンでは107人、チリでは204人、コロンビアでは126人、メキシコでは156人、ペルーでは104人、そしてベネズエラでは62人である[10]。要するにラテンアメリカの犯罪者たちは、異常なほどの刑罰の免除を享受しているのである。

私たちは伝染病に直面している

ラテンアメリカの大都市ほど突然生活の質が急落した場所は少ない。ブエノスアイレスは荘厳なアルゼンチンの首都であり、数年前までは世界における最も安全な都市の一つであり、女性が夜遅く同伴者なしで歩けることが地元の誇りであったが、今では犯罪により脅かされた都市となった。2001年の経済崩壊の前でさえ、スラムが都市の奥深くに広がっていた。ダウンタウンのレティロ駅の隣の貧民街は、例えば1983年に1万2500人であった住民が98年には7万2800人に増えている。そして、その人口はそれ以来はるかに増加しているのである[11]。貧民街の外壁の中、最もエレガントな地域からほんの数ブロックのところに学校に行かない数万人の若者たちがおり、多くが8歳から10歳で麻薬を始め、その後すぐに犯罪者となる。「私たちは伝染病に直面しています」とサルバドル大学麻薬研究所所長でブエノスアイレス州の元麻薬リハビリ担当職員のトップであったファン・アルベルト・ヤリアに私は言われた。「私たちは麻薬により脳に障害を受けた、ますます多くの人々を見ており、彼らは決して普通の生活を送れないでしょう。学校に行かないこれらの子どもたちは決して両親に会うことなく、教会やスポーツ・クラブにも属さず、路上で生活し、麻薬を消費する犯罪労働者階級なのです。そして増大する非家族化の現象——アルゼンチンの未婚の母の数は急上昇している——と麻薬消費のゆえにますますそうした子どもたちは増えるでしょう」とヤリアは述べた[12]。

中米においては、マラスあるいはストリート・ギャングというこの地域の最新の組織暴力の媒体がエルサルバドルからホンジュラス、グアテマラ、メキシコ南部からメキシコの首都およびコロンビア、ブラジルその他の南米諸国の方まで拡大しつつある。マレロ（マラスの構成員）は、疎外された若者たちで、刺青と彼らが互いに連絡をとるために使う手のサインにより自らを識別し、中米だけで10万人以上を数えると信じられている。ほぼ半数は15歳以下であると警察は推定している。

マレロは、カリフォルニア州ロサンゼルスに源を発し、米国政府により有罪判決を受けた者たちが母国へと送還されたことから中米に広がっていった。ホンジュラスでは、それらギャングの一団が２００４年のクリスマス休暇を祝うために故郷に旅していた乗客で満席のバスを止めた。そしてギャングのメンバーたちは、警察の取り締まりに対する仕返しとして28人の男女と子どもたちを殺害した。増加する多数の若者たちにとって、マラスは彼らの社会的認知のための唯一のチャンスである。一人のマレロは近所の英雄であり、若者は競って、通過儀礼——そこでは、彼らはおそらく麻薬販売から警察官の殺害までのいろいろな罪を犯すことを要請されるであろう——に参加する機会を競うのである。そしてもし逮捕されれば、彼らは勝ち誇ったようにテレビカメラに向かってポーズをとるのである。マラスに所属することは、名誉の印なのである。

「マレロは、21世紀の新しい犯罪者なのです」とオスカール・アルバレス・ホンジュラス治安大臣は、インタビューで私に述べた。「マラスの内部では、麻薬密輸や雇われ殺人、窃盗、誘拐、手足の切断に専念する者たちがいます。いわば彼らは殺人マシンなのですが、他の犯罪者と違うのは、彼らは結果を心配しないことです。罪を犯すときに顔を隠すため覆面をかぶる伝統的な銀行強盗と違うのは、彼らは隠れないのです。代わりに彼らは報道機関からの注目を集めることを切望するのです。こうしたことは彼らのグループの指揮系統の中での昇進を助けるのです」(13)。

マラ・サルバトゥルーチャは、エルサルバドルに5万人以上のメンバーを擁する。彼らは、盗み、かっぱらい、誘拐だけでなく、拷問し、力の誇示のため被害者の首を切るのである。

彼らがそれほども強力となったため、ますます多くの中央アメリカ人——特に中流および上流階級——が、ちょっと前ならば法律的にも倫理的にも弁護の余地がないと考えられたであろう手段さえ含む荒っぽい処置を要求している。「強硬」あるいは「手厳しさ」という表現は１９７０年代のラテンアメリカの軍事独裁を連想させることにより、長らく評判が悪かったが、今ではますます肯定的な意味を持ってきている。

それゆえエルサルバドルのエリアス・アントニオ・サカ大統領は、マラスに対して手厳しい措置をとることを約束し、2004年の選挙に勝利したが、その後、自らの治安計画を「超手厳しい」計画と命名した。彼の計画の下で、エルサルバドルの警察は刺青をしているだけでギャングメンバーとして疑われた5000人近くの若者を逮捕した。エルサルバドルの警察は、日課としてギャングメンバーと見られる人々を一斉検挙し、刺青を隠しているかを見るためにシャツをたくし上げることを要求し、そうであれば留置所に入れるのである。「これは、人々の表現の自由の侵害ではないのですか？　身体に刺青をする権利や国家の介入なく通りを歩くという基本的な市民的権利や人権の侵害ではないのですか？」と、私はサカ大統領にインタビューで聞いてみた。サカ大統領はまるで私が別の世界に住んででもいるかのように困惑して私を見た。「なぜ？」彼は尋ねた。「彼らの顔あるいは身元は逮捕されたときに保護されねばならないが、彼らは絶対に牢獄に入れられねばならないのです」とサカ大統領は言った。「その子どもは15歳かもしれないが、もし殺人者であれば、我々は超手厳しい計画を執行し、彼を刑務所に送らねばなりません。いくつかの場合には、彼らは矯正の余地がないのです」[14]。サカ大統領やますます多くのラテンアメリカ人たちによれば、「手厳しさ」は未来の波なのである。

アフリカ化の亡霊

ワシントンDCや主要なヨーロッパの首都においては、ラテンアメリカ各地の犯罪拡大の波がさらに進んで統治性を蝕み、無法地帯をつくり出す社会的崩壊の現象——あるいは「アフリカ化」——の引き金になるのではないかとの懸念がある。言い換えれば、米国やヨーロッパの高官——特に法執行の関係者——は、政府が権威を持たず、麻薬密輸やテロリスト・カルテルが邪魔されずに栄える地域の増殖を恐れているのである。興味深いことに、ラテンアメリカ諸国の大部分における一般的通念は、貧困が犯罪を生むため、貧困削減に焦点を当てた取り組みが必要ということであるが、他方でますます多くの米国の専門家たちはまったく反対のこと——犯罪が貧困を引き起こし、彼らにとっては地域の第一の優先度は犯罪との闘いであるべきだということ——を言っているのである。米州協議会——ニューヨークに本部を置く影響力のあるグループで、ラテンアメリカで活動する170の多国籍企業を代表する――の報告書は、治安の悪さは、投資を阻止するがゆえに、ラテンアメリカの発展を妨げている主要な要因であると結論づけている。協議会の報告書は、世界人口の8％のみを占めるラテンアメリカが2003年の世界の誘拐の75％を占めることを指摘した後、ラテンアメリカで活動する多国籍企業に対する調査では、この地域における主要な脅威として治安が挙げられたことを明らかにした[15]。調査報告は多くの多国籍企業は、高い警備コストのせいでラテンアメリカには投資しないのだと結論づけた。アジアでは警備関連費用は企業支出の3％だが、他方、ラテンアメリカでは7％である[16]。

私が驚いたのは、当時のドナルド・ラムズフェルド米国防長官とのインタビューで分かったことであるが、ラテンアメリカの犯罪の急増とテロをコントロールする上での政府の無能力が、チャベスや彼の追随者の権威主義的逸脱行為よりも国防総省をより憂慮させていることであった。潜在的敵意を持つラテンアメリカ諸国が過度に力を増すかもしれないと米国の大統領が懸念した冷戦中の一般的な恐怖とは違い、今日――テロとの戦争の真っただ中で――米国のより大きな懸念は、各国政府が国内で起きていることをコントロールできないほど弱体だということである。

私がラムズフェルドにラテンアメリカにおける最大の懸念は何かと尋ねたところ、彼が最初に述べたのは、チャベスでもフィデル・カストロでもましてやコロンビア・ゲリラや他の政治的脅威でもなく、犯罪とマラスについてであった。ラムズフェルドは、「民主主義の防護を除いては」、彼の主要な懸念は「犯罪、ギャング、麻薬密輸者、武器密輸、人質等我々が目にするすべての反社会的活動である」と述べた[17]。

同様な調子で元米南方軍司令官ジェームズ・ヒル将軍は、私に別のインタビューで「ギャングの問題は今後5年から10年にこの地域で第一番の問題となる可能性があります。中米においては、もしそれが増大し続ければ地域全体を不安定にする可能性があるのです」と述べた[18]。私は「どのようにその不安定が米国に影響するのですか？」と聞いてみた。ヒルは、ラテンアメリカにおけるマラスのレイプ、誘拐、殺人が米国への不法移民を増加させており、ギャングが暴力行為をロサンゼルス、マイアミその他の米国の大都市に拡大していることを指摘した。ヒルが述べたことから判断すれば、米軍はラテンアメリカの犯罪者の侵入を恐れているのである。ヒルはリカルド・マドゥロ元ホンジュラス大統領との会話について詳しく語った。「彼が私に話したところでは、あるギャング団と交渉していたときに、ギャングの交渉人が『この点についてはた幹部の許可を得る必要がある』と言ったそうです。そしてギャングの交渉人は、ロサンゼルスに電話したのです。それを聞いたときはぞっとせざるをえませんでした」とヒルは述べた[19]。「マラスが暴力を米国に輸出し、そのサービスを組織犯罪に売り込み、麻薬カルテルかテロリストの一味になるのは単に時間の問題です」と付け加えた。ゆくゆくは、ギャングたちはコロンビア革命軍（ＦＡＲＣ）が10年前に言い始めたことを持ち出すだろう。「なぜ自分が仲介人でなければならないのか、自分でビジネスをやっていけるのに？」[20]。そして彼は、「もしすぐに何か対策をとらなければ、国際的なつながりを持つ組織犯罪によって、もっぱら利用される統治不能な巨大スラムや不法地帯が出現するでしょう」と述べて話を結んだ[21]。

新千年紀の始まりにおけるラテンアメリカの犯罪の急増の最も目に見える副産物の一つは、マイアミにおける不動産ブームであった。マイアミは、しばしば半分冗談で「ラテンアメリカの首都」と呼ばれ、最近の歴史で最大の建設ラッシュを経験している。マイアミにラテンアメリカの統括本部を置く多国籍企業５００社の多く――ヒューレット・パッカード、ソニー、フェデックス、キャタピラー、ビザおよびマイクロソフト社――は、この数年間にラテンアメリカ諸国から移転してきた。マイアミでは２００５年だけで、約6万戸のアパートが建設中で、これに比べて10年前は７０００戸であった[22]。それでは誰がこれらのアパートを買っているのか？　多くの場合には、低金利を利用する米国投機家や強いユーロを太陽の当たる南フロリダに投資したいヨーロッパ人であるとしても、かなりの数の購入者は、ラテンアメリカの犯罪被害者であるか潜在的な被害者なのである。

本国の不安定な状況から身を守るために海外に自分の不動産を求めるラテンアメリカの伝統的投資家は別として、かなりの数の企業家たちが自分の家族を誘拐、強盗、殺人から守るために家族をマイアミに置いている。多くの企業幹部たちはここから毎週、ボゴタやサンサルバドルに通勤している。コロンビアのビジネスマンたちが、しゃれたマイアミの飛び地であるキー・ビスケーンで増加しており、会員制のフィッシャー・アイランドには、ますます多くのメキシコ人が、バル・ハーバーには、アルゼンチン人が増加している。大多数ではないものの、多くの者たちが治安への懸念から引っ越してきたのである。それは過去のキューバや中米の政治難民あるいは地域の労働者階級の経済難民とは違った新しい群衆である。新参者は犯罪難民なのだ。数年前、私はマイアミ・ヘラルド紙のあるコラムを次のような書き出しで始めた。「マイアミ市長は、市の経済的発展に最も貢献したラテンアメリカの指導者であるキューバの元首フィデル・カストロ、ベネズエラ大統領ウーゴ・チャベス、そしてFARC司令官マヌエル・マルランダの銅像を建立すべきである」。もし私が今日再びそれを書くのであれば文章の一部を変えて、市長は富裕者も貧者も同じように本国を離れマイアミに定住するよう追い立てているマレロやその他すべての犯罪者たちの銅像を建立すべきであると言わねばならないであろう。新しい移民は、ラテンアメリカにおいて猛威を振るう内乱からの亡命者なのである。

投資を引き出す国と投資を刺激する国

新しい世界経済では、投資を引きつける国々と追い払う国々があり、両者ともすべて政治的な影響の下にある。13億人の人民を抱える共産党独裁の中国においては、1日1ドル以下で生活する国民の割合が過去20年間に61％から17％に減少した。別の共産党独裁国のベトナムでも同様のことが起こった。国が外国資本誘致を開始し——ナイキの履物工場は、すでに同国最大の13万人の雇用を持つ——過去10年にわたり14万件の民間ビジネス開設の許可を与えてから、経済が年率7％成長し、1人当たりの所得はほぼ3倍となった。

他方で世界に門戸を開いていない共産主義独裁国キューバは、経済的に危険な状態でとどまっている。今日、キューバはラテンアメリカにおいて1人当たりの所得が最も低い国の一つである。これはカストロ政権がなぜ、第三者による国際基準に基づく経済計測を拒絶し、自国の問題ある数値の提示を続けるのかを説明している。しかし、キューバを訪れた者は誰でもすぐに分かることだが、いくつかのキューバ経済のデータは実情をおのずと明らかにしている。キューバ共産党機関紙グランマは、

2002年に国民の平均所得が月約10ドルであると報じた[23]。教師は月9・6ドル、技師は14・4ドル、そして医師は27ドルの報酬を得ている*[24]。4年後もこれらの数字はほとんど変わっていない。

＊理論上は、キューバ政権は国民に他の国には存在しない食料補助や無償医療サービスを与えており、この点は給与を比較する際に計算に入れるべきである。しかし、キューバを訪問した誰もが知るように食料券は毎月の基礎的必要量の1週間分以上はカバーせず、医療サービスはしばしば観光客用の病院のみで可能である。逆説的に言えば、今日のキューバは米国のキューバ系米国人が毎年家族に電子送金する約10億ドルで生計を立てているのである。これがキューバの最大の収入源となっている。

ベネズエラは、もう一つの資本を追い払う国であり、並外れた石油ブームにもかかわらず、チャベス政権の最初の4年間で着実により貧しくなった。政府の指標によれば、1999年から2004年までのチャベスの最初の5年間に、貧困層は国民の43％から53％に増大した[25]。2005年以降は、貧困層はチャベス以前のレベルである39・5％に低下した。しかし、反対派の経済学者たちはそうした統計数値に疑問を呈し、統計当局はチャベスが統計指標について、「ネオ・リベラル」な貧困測定基準を反映していると公に非難してから、測定「方法」を変更したことを指摘した。一方、チャベスは最初の政権1年で貧困が増えたのは経済を麻痺させた反対派主導のストライキのせいであると非難し、方法上の修正が貧困統計数字に影響を与えたことを否定した。いずれにせよ、ほとんどの経済学者は、もし貧困削減があったとしてもベネズエラの最近の歴史の中では同様の石油ブームのどの時期よりも小さいことで意見が一致している。チャベスの反資本主義レトリックは、彼の政権の最初の4年間に約7000の民間ビジネスを閉鎖に導き、360億ドルの資本逃避の引き金となった。信じられないことであるが、石油価格——ベネズエラの経済の原動力——がチャベス政権の最初の5年間に1バレル9ドルから50ドルに上昇しても失業率は13％から16％に増加したのである[26]。

米メディアではベネズエラからの暗いニュースが見出しを飾っているが、それにもかかわらず、ラテンアメリカからのすべてのニュースが暗いわけではなく、すべての左派指導者たちが国を後戻りさせようとしているわけでもない。反対にチリやブラジルの左派大統領は、ますます輸出産業を多様化し、長期的な経済成長の堅固な基礎を築きながら、自国をさらに一段と世界経済に統合しようとしている。中国、ベトナム、ブラジル、チリの左派政権と他方、ベネズエラやキューバの政権の経済政策上の著しい違いは、「左派」や「右派」という言葉がいかに古くなったかを明白にしている。というよりむしろ、政治的な領域をまたいで投資を引き寄せる国々がある一方で、投資を追い払うさまざまな政治的類型を持つ国々があり、実際すべての場合、最初のグループは経済的に進歩し、第二のグループは、後退するのである。

ボツワナの場合

ほぼすべてのラテンアメリカの国々が、競争力ではボツワナの後を走っていることを示す世界経済フォーラムのランキングを見たとき、私はそのことが信じられなかった。私が少年であった頃は、ボツワナは世界の最貧国の一つであり、ナショナル・ジオグラフィック誌の表紙に出て、その飢餓あるいは内戦で世界の注意を集めた類いの場所であった。それでもやはり、104カ国の企業経営幹部8700人の調査による同フォーラムの競争力ランキングでは、ボツワナがチリを除くすべてのラテンアメリカ諸国より上位にランキングされていた。制度の質や汚職のレベルを含む各国のビジネス環境の認識に基づく年次ランキングは、フィンランド、米国、スウェーデンが上位を占めた。22位にランクされたチリを含むヨーロッパやアジア諸国の長いリストに続き、そこから、ヨルダン、リトアニア、ハンガリー、南アフリカ、ボツワナ等の諸国が続く別の長いリストがあった。その後さらに下の方——はるか下の方——になってようやく、メキシコ、ブラジル、アルゼンチンおよびラテンアメリカの残りの国々があった。

ATカーニー・コンサルタント社により発表された同様の調査では、ラテンアメリカの国々は、外国投資家を引きつける魅力により評価された25カ国のリストの一番下の方にランク付けされていた。このリストは多国籍企業1000人の企業幹部への調査に基づくものであり、中国、米国、インドが先頭で、ブラジルは17位、メキシコは22位にランクされていた。残りのラテンアメリカの国々はリストになかった。

私は興味をそそられてジュネーブの世界経済フォーラムの主任エコノミストに電話をかけた。

「なぜ、あなたのランキングでは、ボツワナがラテンアメリカよりも上なのですか?」と私はアウグスト・ロペス・クラロスに聞いてみた。彼の説明によれば、ボツワナは1966年の独立以来、世界で屈指の成長率で着実に発展してきた。鉄壁の財政規律と責任ある経済政策――そして、もちろん、ダイヤモンド生産によるかなりの助け――のおかげでボツワナは世界の最貧国から迅速に中規模所得国に移行した。今日、ボツワナの1人当たり国内総生産(GDP)は年8800ドルで、ブラジル以上でありメキシコとほぼ同じである。

ロペス・クラロスは、ボツワナの企業幹部は、自分の調査によれば国家の制度の質や公務員の汚職や犯罪等の問題についてメキシコやアルゼンチン、ブラジルのカウンターパートほどには不満を言わないと述べた。ボツワナは中でも、中南米の多くの国々ではなかなか見られないもの、つまり予見可能性を持っていると彼は述べた。破滅的なエイズの蔓《まん》延に耐え、クーデターや地域紛争により常に揺さぶられながらも、途中でゲームのルールを変えたりすることのない国であり、安定性が国内外の企業人たちをして国の将来に賭ける気にさせているのだと彼は述べた。

ラテンアメリカの大部分では、予見可能性や法的保護手段、受容力ある投資環境が長期的な繁栄への切符であるという考え方についていまだコンセンサスがない。スペインの選挙では投資家に荷物をまとめて逃げ出させることなく、社会主義者、保守主義者、そして再び社会主義者が交互に勝利していることにほとんどのラテンアメリカの指導者たちは気づいていない。同様のことは事実上すべての先進諸国では起こっているが、ラテンアメリカ諸国ではチリのようなまれな例外を除き起こっていない。チリは政治的にはラテンアメリカで最も退屈な国かもしれない。大統領官邸のバルコニーから激しい演説をして新聞の見出しとなるような救世主的な指導者たちはおらず、軍本部での反乱や国家を「再創立」する必要性について政治家たちが話すこともない。しかし、そこには成功の秘密がある。世界経済フォーラム競争力ランキングでの相対的に高いチリの地位は、おそらくその安定性によるものであろう。チリは、右派、中道、左派政府を有してきたが、最後まで一つの針路にとどまってきた。安定によってチリは着実な成長が可能となり、貧困根絶においてラテンアメリカを主導するようになった。公式統計によれば1990年から2006年の間にチリの貧困層の割合は、人口の39%から18%に下降した。

チリの奇跡

チリはどのようにして安定を達成したか？　部分的には、チリの奇跡は政治疲労の副産物である。アウグスト・ピノチェト将軍の独裁は大きな心的外傷をもたらし、非常に多くの家族を分断し、多くの人たちを亡命させ、多くの死者を生んだため、チリ人たちは政治的な抗争にあまりに高い犠牲を払いすぎたとの結論を下した。復讐《しゅう》よりも温和さの方がより人々に訴えることとなったのである。しかし、実用主義――おそらくは、チリの指導的政治家たちが米国やヨーロッパの大学に亡命していた時期に吸収したものである――もその一因となっている。実用主義があったため、ピノチェト後の中道左派や左派政府は、無から始めるよりも継承したものの上に自分たちの政治をつくり上げていくことが可能だったのである。ピノチェトの17年間の独裁体制の後、チリの大統領――キリスト教民主党のパトリシオ・エイルウィンおよびエドワルド・フレイ、最近では社会党のリカルド・ラゴスやミッシェル・バチェレーは、彼らの政敵が築いたものを破壊したいという誘惑に負けなかった。彼らは自分よりも国のことを優先させた。聡明かつ現代的な左派を持つことで、チリは予見可能性の高い国情をつくり出すことが可能となり、それが経済の着実な改善と記録的な速度での貧困削減につながったのである。

2003年6月6日、マイアミにおいてチリが米国との自由貿易協定に署名した日に、私は当時のソレダッド・アルベアル外相に対しチリの成功をどう説明するか尋ねた。私たちは、チリの隣国で特にかつてない最悪の経済危機を経験していたアルゼンチンの浮き沈みについて話していた。チリの秘密は何だったのか？　アルベアルは、もし一つ要因を選ぶとしたら、開発戦略を選択しそれを堅持するというチリの決定であると答えた。また、「新しい政府ごとに国の戦略目標を再考案することはできません」とアルベアルは言った。「私たちは、時を超えて維持すべき国の鍵となる戦略的な目標を確立しました。私たちの社会には、チリは真面目な経済政策、財政責任と開かれた経済を持つ必要があるというコンセンサスがあるのです」(27)。

もし、アルベアルが正しいのであれば、ラテンアメリカは予見可能性なしには、今後もずっと投資誘致に苦労するであろう。またラテンアメリカ諸国が、もし国の不安定から自らを守るためにオフショア銀行に国民が保持している巨大な資金のいくらかを本国にうまく引き戻すことができれば、多くの外国投資はそもそも必要ないと主張する者もいるかもしれない。ラテンアメリカがオフショア預金を送還させることができないとすれば、それは愛国主義の欠如やより良い投資リターンの欠如のせいではなく、ゲームのルールがいつまで維持されるのかについて信頼性が欠如しているためである。

マサチューセッツ工科大学（ＭＩＴ）で教えていた経済学者・故ルディジャー・ドーンブッシュがアルゼンチンを訪問した際、なぜアルゼンチンがそれほど多くの問題を持つのか聞かれて、こう述べている。「先進国は、厳格に執行される柔軟な規則を持っています。あなた方は柔軟に執行される厳格な規則を持っているのです」。確かに、経済的に成功したほとんどの国々では、議会が定期的に法律を更新するが、ひとたび更新されれば、政府は法律遵守を強制する。一方、多くのラテンアメリカ諸国では、法律は固定的であるが、散発的にのみ執行される。法律が遵守されないか、または常に変更される限り、その国は内外から多額の投資を引きつけることはできないであろう。

超国家的な道

それでは、どうやってラテンアメリカ諸国は、投資を引きつけ、成長を刺激し、貧困を削減することに成功できるのか？　この地域で広く行き渡った国際通貨基金（ＩＭＦ）公認の処方箋に対する拒絶と１９９０年代のいくつかの汚職に支配された民営化を契機とする大衆の反発を考慮すれば、新しい選択肢を考えるときかもしれない。それは超国家的な道である。超国家主義は、２００５年にフランスとオランダで欧州憲法に対し反対投票がなされたことで明らかなように、ヨーロッパにおいては記録的な人気は享受していないものの、現代史においては最も成功した開発への道の一つであり続けている。そして、ラテンアメリカ諸国においてはチリ方式の持続的成長志向の政策を追求することに国内コンセンサスがないことから、地域の国々を投資誘致の場所に変える最も有効な方法は、多国間経済協定を通じることであろう。

欧州連合（ＥＵ）が学んだように、超国家協定は国々の自律を助ける。チリとは違って多くのラテンアメリカの国々は、厳しい政治的な分極化の時期を経験しつつあり、そうした分極化は生産的で長期的な投資を刺激する経済政策の採択を妨げている。しかし、これらの国々はそれでも経済的に責任ある国々のクラブに参加することで恩恵を受けうるのである。スペイン、ポルトガル、その他のＥＵ加盟国は、彼らにゲームのルールを守ることを約束させ、国境の内外の信頼性を与えた超国家的条約に署名した後に今日の信頼性の多くを獲得した。さらには、超国家的協定に署名することは、ポピュリズムや政治的な過激主義に対する免疫として役立ったのである。

ラテンアメリカとそれほど違わない政治的混乱の歴史を持っていたポーランド、チェコ共和国、その他の旧東欧圏にとって、２００４年のＥＵ加盟――スペインとポルトガルが彼らの前に署名したように――は、予見可能性をもたらす協定に署名することを意味した。これらの諸国は、政治的・経済的な主権の伝統を捨てて責任ある経済政策と厳しい国際的規則に従うことを約束した。ある意味では超国家主義は、中国をも助けた。共産主義政権は01年の世界貿易機関（ＷＴＯ）参加を、国内の支持が少なかった劇的な経済改革を立法化する根拠として利用した。これらのすべての国々は、その開発戦略の基礎を対外的な協定の上に置いた。彼らは国家主義の時代から超国家主義の時代に移行したのである。

どの超国家的枠組みをラテンアメリカは選ぶべきか？　米国との米州自由貿易地域（ＦＴＡＡ）か？　ラテンアメリカ・ヨーロッパ共同体か？　それともラテンアメリカ共同体か？　そしてこのような計画は、チャベスや彼の盟友たちが国有化を呼びかけ、米国との自由貿易協定を潜在的に破滅的であると非難しているときに、果たして現実的であろうか？　政治的現実を所与のものとすれば、明らかに地域におけるどんな超国家的経済協定も市場志向の少数の国で始め、徐々に新たな国々を追加して拡大していかなければならない。ラテンアメリカにおける超国家的協定は、もし少数国で始まったとしても、参加メンバーが投資促進を助けるであろう真面目な経済政策を維持し、強力な紛争解決メカニズムをつくることをメンバー国に強制することとなろう。遠慮なく簡潔に、そして政治家なら使わない言葉で言えば、ラテンアメリカ諸国はヨーロッパ諸国で素晴らしくうまく機能したあるものを持つことになるだろう——拘束服（a Straitjacket）である。

米州共同体あるいは共通の規則により結ばれたラテンアメリカ諸国の類似した考え方を持つ、より小さなグループを創設する主な理由は、経済的なものではなく法律的なものであろう。ラテンアメリカは、安定性を確実にするためにEUのような政治的協定を必要としている。それは、日々のあらゆる種類の決定を行うような超国家政府ではなく、むしろ責任ある経済運営や民主主義、人権尊重等の一定の基本的な指針を監督するための共通の当局を設置するものであろう。

EUは、小さく始まり、共有された主権という概念を採用することにより、巧みにそのメンバー国のための拘束服をつくり上げてきた。EUの規則によれば、「主権の共有は、実際にはそのメンバー国が、特定の共通関心事項を民主的かつ欧州レベルで決定するために設置された共通の機関に決定権の一部を委託することを意味する」[28]。EUの加盟国になるには、民主主義、人権、自由市場経済の具体的なパラメーターに従わねばならず、また共同体の規則に服従することに同意しなければならない。通常の自由貿易協定と違って、EUは超国家的機関——欧州議会、欧州委員会、欧州裁判所、欧州中央銀行——を持っており、これらは、加盟国が行った決定の特定の側面について管轄権を持っている。言い換えれば、EUでは過激なポピュリスト指導者が台頭し、軍事的あるいは立憲的クーデターを企てることは不可能であり、外国の会社の接収も命令できない。もしそうすれば、クラブの外に放り出され、もはやその便益を享受できないであろう。ラテンアメリカはヨーロッパモデルに従うことで大きな恩恵を受けるであろう。

21世紀における地域ブロック

超国家主義は、経済的にも必要である。なぜなら、ラテンアメリカは類似の規模の経済国を集めなければ、ヨーロッパやアジアのブロックと競争するのは困難だからである。国の政治状況がどうであろうと、多国籍企業がたった900万人超の市場しか持たないボリビアにどうして大規模投資をするだろうか？　EU加盟国であるために関税なしに4億6000万人の市場に輸出できる同規模のチェコ共和国に投資できるというのに。

世界は、現在三つの巨大な貿易圏を有している。北米・中米は世界総生産の25％を占め、EUは16％、アジアは統合が始まったばかりであるが23％を占める[29]。北米自由貿易協定（NAFTA）は米国、カナダ、メキシコをカバーし、4億2600万人を擁する。EUは、27加盟国で5億人、そして、中国は東南アジア諸国連合（ASEAN）――インドネシア、マレーシア、フィリピン、シンガポール、タイ、ベトナムを含む――と貿易協定を結んだ。ASEANは、生産高では最大ではないものの人口では最大となる自由貿易圏の2010年の立ち上げを目指している。アジア圏は17億人から成り、もしインドが参加すれば30億人を有することになる。

もしラテンアメリカが石油や、世界が欲しがる商品を生産しないのであれば、ほとんどのラテンアメリカ諸国は、これらの三大貿易圏のいずれにも特恵的な輸出アクセスを持たないため世界貿易の傍流に取り残されよう。

また、ラテンアメリカ諸国が純粋な地域ブロックを創設するために他のラテンアメリカの隣人たちと一緒になっても、この地域の市場は相対的に小さいため、その輸出を大幅に増加することは困難を伴うであろう。ラテンアメリカは世界の総生産のわずか7・6％、貿易の4・1％を占めているにすぎない[30]。言い換えれば、実質的には何もないのである。世界最大の貿易圏の加盟国が自分たちの間でビジネスを行うのに特恵関税をますます利用するようになっている中、ラテンアメリカ諸国は、三大地域市場のどれにもアクセスを持っていないため、世界貿易におけるシェアは縮小していく可能性がある。音楽に合わせた子どもの椅子取りゲームのように、もしラテンアメリカが世界最大のブロックの一つに参加することができなければ、テーブルに椅子なしで取り残されるであろう。

ラテンアメリカのほとんどの指導者たちは、もしワシントンがヨーロッパの富裕国がしたように実質的な経済援助を最貧の隣人たちに供与するのであれば、米国との超国家的な貿易協定にもっと署名する気になるはずだと言うだろう。ヨーロッパにおいては、ドイツとフランスが1980年代にスペイン、ポルトガル、ギリシャおよびアイルランドの経済開発を刺激するために数十億ドルを支出した。2000年から06年まで、彼らは東欧の新たな加盟国も含めてEUの開発の遅れた諸国のインフラ改善のために220億ドル近くを無償供与した。しかしながら、スペインとアイルランドの幾人かの官僚たちが繰り返し私に言ったように、EUの経済援助は貴重なものではあるがヨーロッパの成功の一部だけで、それもおそらく最も重要でない部分を説明するものである。

アイルランドでは、私の期待とはうらはらに、私がインタビューしたほとんどの官僚たちはEUの経済援助は「ケルトの奇跡」の中では、相対的に小さな役割を演じたと述べた。むしろアイルランドの成功の秘密は、加盟国を超国家的な規則に服従させ、民主主義と市場経済の固守を約束させ、はるかに大きな市場への特恵的アクセスを付与することにあった。ダブリンおよびその後の旧ソ連圏諸国で私が言われたのは、信頼を育て、外国投資の流入を促進したものは、超国家的な法的協定により得られた保証とより大きな確実性、そしてさらに大きな市場へのアクセスの組み合わせであった。ラテンアメリカ諸国は、いずれからも恩恵を得ていない。

しかし、ブラジルに支援された南米共同体は、正しい方向への一歩ではないのか？　私は多くのEUの官僚に聞いてみた。彼らの答えは例外なく否定的であった。南米大統領たちが南米共同体創設のため2004年末にペルーのクスコに集まったときに、彼らは良い意図を詰め込んだ大言壮語の文書に署名したが、彼らは地域のための共通の法的枠組みを創設しなかった。そうすることのみが、計画が真剣に取り上げられることを保証したのであろう。南米大統領たちは、前世紀に――同じ熱狂と大げさな修辞とともに――ラテンアメリカ特別調整委員会（CECLA）、ラテンアメリカ自由貿易連合（ALALC）、ラテンアメリカ統合連合（ALADI）、ラテンアメリカ経済機構（SELA）等の地域機関を創設した前任者たちと同じ過ちを犯した。すべての場合に、彼らは具体的な貿易協定や国家を超えた紛争解決のための権威あるメカニズムを創設しないまま、地域共同体の形成を約束する文書に署名したのである。

ＥＵは、まさに南米指導者たちがクスコで行ったことと反対のことをした。１９５２年に最初からヨーロッパ人たちは具体的な関税削減交渉を行い、潜在的な紛争解決のためのメカニズムを設立し、他方で包括的な地域統合という、より野心的目標は後に残した。確かにＥＵは石炭と鉄鋼の共同体として始まった。ヨーロッパの冬の困難に共同で立ち向かえるよう石炭と鉄鋼資源を出し合うために6カ国が共同市場に参加した。条約に署名し、紛争解決のための枠組みを創設した後、ヨーロッパ人たちは徐々に他の産品を含めるためにその枠組みを拡大した。南米人たちは以前に何度も行ってきたように、未来についての大胆な声明を持つ包括的な地域統合条約に署名することから始めた。しかし、どんな特定の関税削減や貿易紛争解決メカニズムについても同意することに失敗した。クスコの協定は、地域の新聞の大きな見出しを飾ったが、すぐに忘れられた。前任者たちの多くの協定と同様、それは大部分が経済的な詩であった。

共同体ブランド

それに加えて、私がチェコ共和国への旅で学んだことであるが、超国家的合意を結べばラテンアメリカの宣伝活動を増進することが可能になる。旧ソ連圏の諸国はＥＵに加盟後、海外でのイメージがすぐに良くなり恩恵を受けた。彼らは今や新しい「共同体ブランド」を投資家や潜在的輸出先の顧客の間で活用できる。チェコ共和国の首都プラハでのインタビューで、マルティン・トラパ貿易産業次官は成功国のより大きなクラブに参加することで、いかに海外での国のイメージが恩恵を受けたかについて繰り返し指摘した。私は次官にチェコ共和国のようにわずか１０００万人の住民を持つ小国が、どうやって世界中の見出しを飾っていた戦争で引き裂かれた地域への投資誘致に成功できたのか質問した。驚いたことに彼は、チェコ共和国が「共同体ブランド」からより大きな恩恵を受け、さらにチェコ共和国がＥＵに加盟する意図を発表した時点から、いまだ文書の署名がなされる前であったにもかかわらず、同国は第三世界よりもドイツとより共通点を持つと見られるようになった。グローバル経済では、誰もが外に出て世界に自分を売り込まねばならないのだと説明した。チェコ共和国は新しい国で、共産主義の崩壊後の旧東欧圏の解体の産物であるが、深刻な市場戦略上の問題を抱えていた。ドイツの自動車やイタリアのファッションのような「国家ブランド」を持っていなかったのである。

「国家ブランドを確立するのは、大変高くつきます。もし、広告宣伝会社を雇うとすればGDPのかなりの部分を要するのです」とトラパ次官は私に言った。「しかし、EUに加盟するだけで、私たちは共同体ブランドを手にすることができたのであり、今や他のヨーロッパ諸国と同様に同じ規則、同じ仲裁裁判所に服することの保証を与え、チェコ共和国に投資することは、ドイツやイタリアに投資することと同じことなのです。これは非常に大きな違いです。多くの米国人にとって、EUのメンバーであることはヨーロッパでの販売網にとって明らかなブランド名を意味するのです」[31]。

主権の一部を超国家的機関に引き渡すというヨーロッパの最低開発国の経験は、彼らにとってはうまく機能してきた。スペイン、ポルトガル、アイルランド、ギリシャおよび旧ソ連圏からの新しいEUメンバーたちにとって、昔の激しい政治的な変動を過去のものとすることが突然に容易となった。今日では、共産主義者、右翼または社会主義者が権力を握ることを恐れてスペイン、アイルランドあるいはチェコ共和国を避けるような外国投資家は少ない。南ヨーロッパ諸国は、経済安定を確実にするEU規則に単に従うだけで所得を2倍、あるケースでは3倍とした。

そして2004年にEUに加盟した東欧諸国は、すぐにヨーロッパにおける急成長経済国となった。これらの多くの諸国には、EU加盟に先立って外国投資が殺到した。あまりにも殺到したので、04年の加盟の年には、ポーランド、チェコ共和国はすでにその年の米国の世界で最も外国投資を引きつける国ランキングでメキシコ、ブラジル、その他のラテンアメリカの国々よりもかなり上に位置づけられた[32]。無意味な国家主義や部外者たち——IMFそして米国あるいは「資本主義」のことである——をあおりスケープゴートにする代わりに、東欧諸国はEUの国旗に自らを包み、それは彼らにとって非常にうまく機能したのである。

スペインの経験

しかし、ラテンアメリカの激しい国家主義的な国々は、超国家的統一体に主権を譲渡するであろうか？　幾人かの指導者がいまだに「主権か死か？」と叫びながら演説を締めくくる地域において、これが現実的なゴールなのか？　私はこれらの質問をフェリペ・ゴンサレス元スペイン首相にぶつけてみた。彼はスペインが遅れた島国的な国から近代的なヨーロッパの国へ移行する上で功績のあった左派指導者である。1982年から96年までの14年間の施政の間、スペイン社会労働党のゴンサレスはスペインのEU加盟についての立案者であった。中南米をどのヨーロッパの指導者よりもよく知り、ラテンアメリカ情勢を熱心にフォローしている彼は、ヨーロッパとラテンアメリカの統合経験を比較するためには完璧な人物であった。それゆえ、私はアルゼンチンで共にある会議に参加していた彼にインタビューしたときに、ラテンアメリカにおけるヨーロッパ方式の超国家主義の可能性について尋ねてみた。

61歳のゴンサレスは、いまだに左派のインテリ政治家に見えた。彼のいでたちは、半分はボヘミアン、もう半分は企業の重役風で、黒の革ジャケットに明るい青色のシャツ、青色のネクタイ、そしてティンバーランドのスポーツシューズであった。2時間のインタビューの間、ゴンサレスは情熱的にしゃべった。彼はラテンアメリカにおける超国家的システムの採用にとって鍵となる障害の一つが、地域の大統領たちの間の指導性の欠如と政治階級の大部分にある国家主義的・反資本主義的感情であると述べた。また、ラテンアメリカは恒常的な幻滅のゲームの中で暮らしているとも述べた。それは政治家たちがポピュリスト的公約で勝利すると、正統派の緊縮プログラムで統治する。その間に報道機関、知識人、学識者たちは、世界の現実とあからさまに矛盾し、ほとんどの場合、彼ら自身も信じていない国家主義的・反資本主義レトリックを信奉し続ける。しかし彼らは、大衆の拍手を勝ち取るためにオウムのようにそれを繰り返すのである。

しかし、スペインでも同じことが起こらなかったか？　私は彼に尋ねた。彼が就任したときには、スペインでも国家主義的・反資本主義的感情がなかったのか？　彼はあったと答えた。しかしEUに加盟することでスペインが多くの障害物を乗り越えるのを可能とさせた。スペインのEU加盟の動機は当初、経済的というより政治的なものだったと彼は述べた。スペインの政治家や企業家たちは、EUとの経済統合を不安げに見ていた。彼らはEU加盟という計画は厳しい経済調整、国家アイデンティティーの喪失、より強力な国々による「併合」の危険性を持ち込むものと信じていた。「最初にヨーロッパ統合に賛成する社会的コンセンサスがあり、その後指導者たちがそれを実行したというのではないのです。まったく反対で、スペインのEU加盟は、そのアイデアへの社会的支持の結果というよりも政治的リーダーシップの結果として起こったのです」とゴンサレスは説明した。

ゴンサレスは、彼が議論を先導し、当初よりそれは「主権を分かち合うためのもので、失うためではなく、場合によっては再び回復するための主権譲渡」の計画であると定義したと説明した。スペインにおいて近代化を進めるための唯一の方法は、指導力を行使することであった。「私は社会労働党自体を一緒に進むよう説得するために、「私は大衆を通じて自らの党とコミュニケーションをとるようにしたのであり、政党を通じて大衆とコミュニケーションを図ったのではないのです。それこそが独裁主義政権後にイデオロギー過多となり、私の提案する言葉と内容について不当に反発する政党を近代化し、穏健化するための唯一の方法であったのです」[33]。

ゴンサレスは、他のヨーロッパとの統合を口実に使い、通常の状況では承認が非常に難しかった経済改革をスペイン国会で通過させた。しばしば議会にほとんど事前通告せずにさまざまな措置を提案したり、より一般的な法案の中に隠して提出したりしたと彼は語った。「ラテンアメリカの大統領たちは、長期的な発展を生む不人気な措置を採択する上でもっと指導力を発揮すべきです。不人気な政策と呼ばれるものは実際不人気ですが、人々が支持できるものでもあります」とゴンサレスは述べた。スペインにおいては、今日のラテンアメリカと同様、産業はより競争的になる必要があるとの幅広い合意があった。「しかし、社会の当然の反応は『他の誰かから始めよう』というものであったのです」とゴンサレスは思い出を語った。「いつも同じ話です。予算を割り当てるときには、『まず自分へ』と人々は言うのです。予算削減を行うときには、『他の誰かから』と言うのです」[34]。

ゴンサレスは、政治的・経済的安定と同様に民主主義および人権を保障するため、超国家的合意に署名するヨーロッパの道程にラテンアメリカも従うべきであるとの一般的な考え方に同意した。彼は政治的要件――「民主条項」のようなもの――は、主権という概念に非常に取りつかれたラテンアメリカの指導者たちには、攻撃的に思われることを認めた。それゆえに、彼は意味論的転回を提案した。政治的条件ではなく、「『基本的自由と民主的機能に関する行動の標準化』の必要性について話すのです」とゴンサレスは言った。

インタビューの終わりの方で、ゴンサレスはラテンアメリカでこうしたことについて話しても、「本当のところ誰も納得させることができない」ということを認めた。彼は定期的なラテンアメリカ地域への旅行において、しばしば政権の日々についての暴露的な逸話を話したと語った。スペインのEU加盟以来、日々の国の閣議決定事項の数が平均150から15に削減した。理由はスペインの閣議で承認する必要があったほとんどの予算認可がもはや必要なくなったことにある。それらはブリュッセルで決定されるようになったのである。ところが、これはスペイン政府を多くの官僚的手続きから解放し、国の介入が真に重要となりうる地域性のある決定に集中させたのである。「ところが、私がラテンアメリカにおいて国民国家の危機について話すと、誰もが身の毛がよだつほど驚くのです」とゴンサレスは微笑みながら肩をすくめた。「ラテンアメリカにおける超国家主義の採用は難しい計画でしょうが、不可能なものではないのです。必要とされるのは強力なリーダーシップなのです」と元スペイン首相は話を結んだ。

もし、太平洋が一緒になれば、哀れな南米よ！

その後ほどなく私は、フェルナンド・エンリケ・カルドーゾ元ブラジル大統領に同じ質問をした。彼は1995年から2003年までの連続2期の大統領任期中にブラジルの世界への門戸開放を打ち出し、大きな成功を収めていた。カルドーゾは、左派社会学者として活動を始め、自国の右派軍事独裁政権の厳しい批判者となり、64年から68年まで亡命先で暮らした後、ブラジル帰国の際に逮捕され、そのすぐ後から政治活動を開始した。上院議員に選出された後、92年に外相に任命され、93年に財務相として、彼の「レアル・プラン」によりブラジルのハイパーインフレを巧みに止めたことで彼の人気は急上昇した。彼が大統領の執務室を離れた直後に私がインタビューしたときにも、彼はいまだにブラジルおよびラテンアメリカにおいて最も尊敬される政治家の一人だった。

カルドーゾは、政治経済的安定を保証するための拘束服として機能しうる地域協定の考えにすぐに同意した。「だが、時代はラテンアメリカにおいては我々に不利に動いています」と述べた。私たちの会話の数週間前に中国とASEAN10カ国は、自由貿易協定に向けた交渉を加速させる合意に署名していた。それにまた、胡錦濤中国国家主席はちょうどブラジルや南米の国々を訪問し、投資と目を見張るような貿易増大のために300億ドルを約束したところであったが、ブラジルの元大統領は新しい中国とラテンアメリカの関係については、熱狂するよりも心配していた。

カルドーゾは、中国がラテンアメリカのトップ・ビジネスパートナーとして米国やヨーロッパに取って代わることや、中国が地域の経済を著しく押し上げるのを支援するかどうかについて懐疑的であった。「それは単なる夢だと思います」とカルドーゾは述べた。「なぜなら遅かれ早かれ、中国は競争相手となるだろうからです」。現在のところ「中国はメキシコや中米のような主に製造業の国々と競争していますが、ブラジル、アルゼンチン、その他の南米の国々からの農業原材料の巨大な買い手です。しかし、すぐに中国は鉄鋼や他のより大きな付加価値製品を輸出することとなり、我々全員と競争することになるでしょう」[35]。

カルドーゾは、差し迫った中国・ASEAN貿易圏の創設を特に心配していた。「ブラジル、アルゼンチン、そしてチリは、中国への原料の輸出急増で巨大な利益を得てはいるものの、いったんASEAN諸国が自らの原材料の中国市場への特恵的アクセスを獲得すれば、思いがけない大もうけはすぐに終わる可能性があります。ラテンアメリカのすべてがアジア・ブロックの統合の結果に苦しむでしょうが、特に南米の円錐地域は世界的な大経済ブロックの一つにすぐにでも参加しなければもっと苦しむでしょう。もし太平洋が貿易ブロックとして一緒になって、ラテンアメリカが一緒にならないのであれば、南米円錐地域は哀れなものです」と元大統領は述べ、警告した[36]。

「そうであればラテンアメリカは何をすべきでしょうか？」と私は彼に聞いた。「私たちは今日の世界はもはや輝ける孤立の国を許容しないということを明確に理解しなければなりません。それはもはや存在しないのです」と彼は述べた。ラテンアメリカは、投資を必要としており、もしこれらの国々が未来に備えることに失敗し、巨大市場へのアクセスに失敗すれば、投資家はそこに彼らの資金を向ける価値を見いださないであろう。「なにゆえに投資家は中国に向かうのか？　なぜ彼らはロシアに資金を向けるのか？　これらの国々はブラジルやアルゼンチンと比べても西洋とはより少ない共通性しか持たないのに、なぜそうするのか？　なぜなら彼らはこれらの国々に、安定性を見いだせると信じているからなのです」とカルドーゾは続けた。「今日の世界は、予見可能性を必要としています。生産プロセスは非常に広範にわたり、多くの時間を要するため、投資ははるかに遠い将来に利益が出るものになり始めています。それゆえに私たちはそれこそが世界が機能するやり方であることを理解し、効果的な統合のための基本的協定に向けて作業する必要がある、と私は信じています」[37]。

「あなたの考えでは、これらの基本的合意の中に超国家的規則に従う約束も入るのでしょうか？」と私は彼に尋ねた。「そう思います。これは国民国家を超えた機関の創設を意味するのです。私はラテンアメリカ政府の創設まではいかないが、少なくとも超国家的当局により協定を履行させることや、紛争解決を裁決できる裁判所創設は提案するでしょう」とカルドーゾは答えた。

ゴンサレス元スペイン首相と同様、カルドーゾは課題の解決は困難であろうと警告した。「主権を放棄することは我々にとって厳しいことです。なぜなら、そこに至るにはラテンアメリカの指導者たちがこのような協定が相互に利益があることを納得する必要があるのです。そしてラテンアメリカの指導者たちがそのことに同意するかは明確ではありません。指導者たちとは、大統領だけでなく財務相や外相も意味します。もし、これらの問題が毎日討議されている議会や報道機関に目を向ければ、このような協定は私たちの動きを封じるものであるとの印象を持つでしょう。それが彼らをおびえさせるのです。私たちは自分自身を恐怖から解放する必要があります」と彼は述べた[38]。

米州経済憲章？

私は、カルドーゾが超国家的システムの考え方を支持したことに満足し、また彼が見た前途の障害について懸念しつつ彼とのインタビューを終えた。しかし全体として、カルドーゾの見方は――ゴンサレスのように――楽観主義の余地を残すものであった。EUは結局、現実となるまでに数十年かかり、現在でも――多くの成功にもかかわらず――進捗中の仕事が残っている。そしてもしいくつかの国における過激ポピュリズムの台頭により、投資家の信頼感をかき立てることを目指した地域全体の超国家的な協定の実現が難しくなるのであれば、EUが当初行ったように、ごく少数の国々との限られた数の課題についてそのプロセスを始めることができよう。

このような超国家的協定は――三大貿易圏の一つへの統合よりも野心的ではないのだが――2001年の米州機構（OAS）の米州民主主義憲章によく似た米州経済憲章の署名ということとなろう。01年9月11日、リマにおいて、OAS34カ国のメンバーにより署名された民主主義憲章は、地域における民主主義の集団的防衛を呼びかけ、民主的プロセスに介入するいかなる政府に対しても外交的圧力をかけることを加盟国に要請している。この協定はペルーの当時のアルベルト・フジモリ大統領の国会解散決定の後に生まれ、民主的に選出された大統領による非民主的な手段から市民を保護することを目的とするものである。しかしゲームのルールを破り、既存の契約を破棄する民主的に選出された大統領の独断的な決定から投資家を守るような法的な枠組みはない。経済憲章は、例えば紛争解決裁判所創設を含み、投資を促進する「共同体ブランド」の創設を支援することができよう。

しかし、少数の市場志向のラテンアメリカの国々の間の協定の形をとるか、OAS経済憲章の形をとるか否かにかかわらず、超国家主義はラテンアメリカをにわか景気と破綻の悪循環から保護することに資するであろう。それはいつまでも先送りできない政治的な決断である。次章で見ることになる中国やその他のアジアの驚くべき成長――経済的津波が世界を席巻している――は、ラテンアメリカ諸国がはるか後ろに取り残されることを回避するために直ちに行動をとることに駆り立てるはずである。

注

(1) 「マクドナルドの改定メニュー、中国で広まる」『チャイナ・デイリー』２００４年８月16日。
(2) ミッシェル・モリティメール「ラテンアメリカとカリブにおける外国投資、２００６年」国連ラテンアメリカ・カリブ経済委員会（ＥＣＬＡＣ／ＣＥＰＡＬ）、２００７年５月、図表２と報告書作者とのインタビュー、２００７年５月22日。
(3) パウロ・レーメ・ゴールドマン・サックス新興市場部長とのインタビュー、２００５年３月15日。
(4) 世界銀行「世界開発指標」２００６年、73頁。
(5) 同右。
(6) 国連貿易開発会議（ＵＮＣＴＡＤ）投資ブリーフ「２００６年外国直接投資が再度急増」２００７年11月１日。
(7) 「汚職、高い死傷者数にリオの警察隊苦しむ」『マイアミ・ヘラルド』２００５年５月２日。
(8) テレビ番組「オッペンハイマー紹介」でのミゲル・カバリエロとのインタビュー、２００５年３月。
(9) 「マイアミが危険と思うか？　ラテンアメリカよ試してみなさい」『マイアミ・ヘラルド』２００３年７月24日。
(10) 国連開発計画（ＵＮＤＰ）「人間開発報告」２００３年、１１７頁、図表31。
(11) アルゼンチン国立統計国勢調査院（ＩＮＤＥＣ）。
(12) ファン・アルベルト・ヤリアとのインタビュー、ブエノスアイレス、２００５年４月20日。
(13) テレビ番組「オッペンハイマー紹介」でのオスカール・アルバレス・ホンジュラス治安相とのインタビュー、２００４年12月。
(14) テレビ番組「オッペンハイマー紹介」でのエリアス・アントニオ・サカ大統領とのインタビュー、２００４年12月。
(15) 「西半球の投資環境を保証しながら地域開発を強化する」米州協議会、２００４年11月、６頁。
(16) 同右。
(17) ドナルド・ラムズフェルド米国防長官とのインタビュー、２００５年４月。
(18) 元米南方軍司令官ジェームズ・ヒル将軍とのインタビュー、２００５年１月18日。
(19) 同右。

(20) 同右。
(21) 同右。
(22) 「コンドミニアム・ブームがウォール・ストリートを危惧させる」『マイアミ・ヘラルド』２００５年3月11日。
(23) 「月給が10ドル相当であることを暴露する」フランス・プレス通信社、２００３年2月22日。
(24) ＡＰ通信社、２００５年2月18日。
(25) 国立統計院、ベネズエラ・ボリバル共和国「統計報告」第2号、２００４年、5頁。
(26) 国連ラテンアメリカ・カリブ経済委員会（ＥＣＬＡＣ／ＣＥＰＡＬ）『年報』２００４年。
(27) ソレダッド・アルベアルとのインタビュー、マイアミ、２００３年6月6日。
(28) 「ＥＵについて」ＥＵウェブサイト、www.europa.eu
(29) 国際通貨基金（ＩＭＦ）「世界経済概観レポート」２００４年9月、１９１頁。
(30) 同右。
(31) マルティン・トラパとのインタビュー、チェコ共和国プラハ、２００４年9月1日。
(32) 「グローバルランキング、ＵＮＣＴＡＤ‐ＤＩＴＥ、世界投資予測評価（ＧＩＰＡ）」図表2、グローバルランキング、２００４年6月。
(33) フェリペ・ゴンサレスとのインタビュー、ブエノスアイレス、２００３年6月9日。
(34) 同右。
(35) フェルナンド・エンリケ・カルドーゾとのインタビュー、２００４年11月6日。
(36) 同右。
(37) 同右。
(38) 同右。

第2章　中国の資本主義熱

ほら話「国家所有経済、それは国民全体による所有の下の社会主義経済であり、国家経済における主導的な力である。国家は国家所有経済の強化と成長を保証する」

（中華人民共和国憲法第７条）

北京——中国外務省の官僚で私の北京訪問の間のエスコート役であるフー氏は、私たちがインタビューのためにタクシーでダウンタウンに来たとき、第二北東環状道路沿いにある長方形の巨大なビルを指さし、「ロシア大使館です」と言った。それは、彼が記憶する限り中国の首都における最大の外交使節団であったと彼は述べた。「しかし、２００６年末までに新しい米国大使館の建設が終わる予定で、それが北京最大の大使館となるでしょう」と彼は自分が言っていることがいまだ信じられないかのように、半ば面白がるようにいたずらっぽい笑みを浮かべて付け加えた。今日の中国では、物事があまりにも早く変化しているので、官僚自身でさえ聞くものすべてや自分の目で見るものの多くでさえが信じられないのである。

米国が中国で最大の大使館を建設していることは偶然ではない。ＣＩＡの国家情報審議会（ＮＩＣ）によれば、中国は急速に世界の主要な大国となりつつあり、２０２０年までに米国の最大の経済的・政治的・軍事的ライバルになるであろう。19世紀初頭のドイツ、20世紀初頭の米国で起こったことと類似していないことはないのだが、中国とインドは、「これまでの2世紀の間に劇的な変化をもたらしたのと同様の潜在的なインパクトをもって、地政学的な風景を一変させるだろう」とNICの報告書は述べている(1)。「評論家が1900年代を『アメリカの世紀』と呼んだのと同じように、21世紀は中国とインドに率いられたアジアの時代と見られるかもしれない。ほとんどの予測は、2020年までに中国の国民総生産（GNP）は米国を除き西洋の経済大国を超えるだろうことを示している」。

中国は1978年に資本主義に向けて移行を始めてから年平均9％で成長している。そして成長率が今後数年で下降するであろうことを信じる理由はない。中国政府の計画によれば、20年までにGNPは4兆ドルに達し、1人当たり所得は現在の3倍大きくなろう(2)。これは巨大な中国人の中産階級の出現を意味し、その数は米国とヨーロッパの全人口を凌《しの》ぎ世界経済を一変させるであろう。中国社会科学院によれば、中国の中産階級――年1万8000ドルから3万6000ドルを稼ぐ者たち――は、人口の20％から20年までには40％となろう。これは5億2000万人の中国人中産階級を意味する。今日、米国人消費者の需要に従い服飾、自動車、ニュースをつくり出しているグローバルビジネスは、ますます中国人顧客の好みに合わせて生産を調整していくだろう。

NIC報告書は、多国籍企業は「ますますアジア志向となり、西洋志向はより少なくなるだろう」と予測している。また「北米、日本およびヨーロッパが集団として、国際的な政治・金融機関を支配し続ける一方で、グローバリゼーションは、ますます非西洋的特質を帯びていくであろう。2020年までにはグローバリゼーションは、一般大衆の考え方の中では、現在の米国化の連想に代わり台頭するアジアと同一視される可能性がある」と続けている(3)。

確かに、一度中国を見ればこれらの予測が誇張でないことが分かる。国内で台頭している資本主義熱はどの街角でもはっきり見えるのである。この共産主義支配の国は、今や世界最大のショッピングセンターを擁しており、そこではヒューゴ・ボス、ピエール・カルダン、フェンディ、ギラロッシュ、またはミラノやパリ、ニューヨークでもまだ登場していないトップ高級既製服ファッションブランドの最新商品を見つけることができる。ゴールデンリソーシズ・ショッピングモール——その巨大な英語のサインは光る黄色い文字で書いてある——は、北京の西北の少数の観光客が訪問する地区であった中関村に2004年に開店した。複合施設は福建省沿岸の不動産業で財を成した起業家ファン・ルールンにより運営される私企業の一部分で、5階建て計140エーカーの面積に1000の店、100のレストラン、230のエスカレーター、1万台の駐車場を収容する。ショッピングセンターは2万人を雇用し、まもなく付近に110棟のマンション、オフィスビル、学校の建設が始まることになっている。

私が開店から数カ月後の土曜日の午後に立ち寄ったときには、労働者たちは人工スキーの斜面やタイ産の6匹のワニの水槽、多目的複合映画館、そして巨大なジムの最終的な仕上げを行っていた。

複合施設のオーナーは、週末には1日8万人の訪問客があると述べている。すべてのモールを巡るには4日間かかる。私はそこで4時間過ごしたが、中国が世界史上ほとんど類のない資本主義の爆発の真っただ中にあることを確信するのに十分な時間であった。驚いたことにゴールデンリソーシズ・ショッピングモールは、共産主義国の中の資本主義者的消費主義の隔離された飛び地では決してなく、6年前から建設された400の巨大なショッピングセンターの一つにすぎないことを後で知った。話はそこで終わらない。それは、すぐにも世界最大のモールという肩書を失う。すでに次に記録保持者となるサウスチャイナ・モールが建設中であり、それは、パリの凱旋門の複製とハリウッドとアムステルダムのダウンタウンをまねた通りを含むこととなっていた。事実、2010年までには、世界最大の10のショッピングセンターのうちの少なくとも七つが中国にあることになろう(4)。

ビルのクレーン（ツル）、中国の新しい国鳥

今日の北京は20世紀初頭のニューヨークのようである。分ごとに成長する都市であり、世界の二大または三大首都の一つとなりつつある。どこを見ても、超近代的な摩天楼が急増している。2005年に私が北京を訪問したとき、中国の官僚やビジネスマンは、地球上の他のどの場所よりも多い推定5000台のビルのクレーンが昼夜を問わず動いていると私に確言した。

彼らは多分正しかったのである。私の同僚であるマイアミ・ヘラルド紙のティム・ジョンソン北京特派員は、居間の窓のそばで飲み物を飲みながら、彼が中国に到着したときには、今見える五つの摩天楼のうちの一つも通りの向こうにはなかったと述べた。ではどのくらい前に彼は移ってきたのか？「13カ月です」とジョンソンは言った。

中国はまるで明日がないかのような勢いで建設している。そのペースはあまりに急ぎすぎていて、労働者たちは工事現場で眠り、ビルが完成する前にアパートには人が住んでいる。北京では半分建設された摩天楼の窓のいくつかに明かりがついているのを見るのはまれなことではない。中国全土の建設ブームは世界のセメントの40％を消費している。一般的なビルは、西洋にある最も洗練されたビルと同様、巨大なガラスタワーであるが、塔様式の現代的デザインの東洋の屋根がついている。このブームは、I・M・ペイやレム・コールハーズ、ノーマン・フォスターを含む世界で最も有名な建築家たちをも引きつけている。何が彼らをここに連れてくるのか？主に高い労賃のために米国やヨーロッパで彼らができないことをする機会である。20世紀の変わり目において労賃が最も安価であったニューヨークやパリのように、今日の中国では大理石で彫った像のある正面や凝ったインテリア装飾を持つビルを建設することができる。米国やヨーロッパにおけるビルが労賃の上昇もあってより質素となってきている一方で、中国にいる建築家たちは想像力をたくましくして、彼らの欲するものをかなり多く造れるのである。

楕円形、円形、ピラミッド形等あらゆる嗜《し》好の建物がある。それらは唯一わずかに共通のものを持っている。近代的で東洋風で巨大なサイズということである。私の訪問中、都市の目のくらむような変貌について皮肉なコメントを言わない中国人にはほとんど出会わなかった。北京では共産党上級幹部が「中国の国鳥は何か知っていますか」と私に冗談で尋ねた。知らないと答えると、彼は「ビルのクレーン（ツル）です」と誇らしげな笑みを浮かべて言った。上海で都市の未来的な外観に驚嘆したと述べたところ、彼は「別の摩天楼のオープニングを見逃すかもしれないから、滞在中は決して瞬きをしてはいけません」と冗談を言った。すべてが巨大で超近代的で輝くばかりに真新しく、そして——中国人がすぐに指摘するように——「アジアで最大」または「世界最大」なのである。

北京の大通りである長安通りに沿った摩天楼の1階にロールスロイス社の真新しい事務所がある。通りかかったとき、私はそこが同社のジェット・エンジンや農業機械、その他の生産機械類を販売している支社かと思った。しかし私は間違っていた。少し見てみようと歩いていくと、ロールスロイス社が売っているのは車だったことが分かった。遠くないところに、メルセデスベンツ、アルファロメオ、ランボルギーニ、BMW、アウディの販売店もあった。

中国の大都市の富は、少なくとも過去数年間で急に金持ちとなった少数の者たちにとっては空気のように当たり前のものとなっている。中国の目のくらむ経済成長は新しい中産階級のみならず、超リッチな新しい階級をつくり上げた。彼らの地位は、全国人民代表大会（全人代）が2004年に「市民の合法的な私有財産は不可侵であること」そして「国家は法に従い私有財産および相続権の市民の権利を保護すること」をうたった憲法修正を行った後に合法化された。

中国の新興成り金

中国社会科学院によれば、およそ1万人の中国企業家が1000万ドルあるいはそれ以上の個人財産を持っている。仮に汚職やインフォーマル経済を勘案すれば、現実の数値はおそらくもっと大きいであろう。中国の新興成り金は19世紀後半の米国や英国の成り金のように、彼らの富を誇示することを熱望している。新興百万長者の一人であるジャン・ユーチェンは、1650年セーヌ河畔にフランス人建築家のフランソワ・マンサールによって建てられたパリのシャトー・メゾン－ラフィットの複製を建設したばかりでなく、別のフランスの宮殿フォンテンブローの彫刻庭園の複製を付け加えることにより、「それを改善」——彼の言葉によれば——したのである。「私たちはオリジナルよりも良いものが欲しかったからです。それは、5000万ドルかかりました」とジャンは言った[5]。もう一人の大富豪は広東省にある「サウスシー・フィッシングビレッジ」レストランで大晦日の食事に1万2000ドルを支払った。レストランの残りのテーブルの支払いはおのおの6000ドルであった。これらのニュースが私の中国滞在中、中国の報道機関で大きく報じられると、別のレストランが広告の波に乗ろうと、大晦日のメインテーブルに3000ドルの値をつけると発表した。とりわけ珍味の中でも、中国南東部にあるレストランは100年物の朝鮮ニンジン入りチキンスープを提供した。スープだけで3万ドルの値段である[6]。

北京の長安通りの渋滞は最悪ではないが、世界の他の人口の多い都市と同様ひどいものである。中国の首都では1300万人の住民のうち130万人が自動車を所有している。長安通りを行き来している車の多くは、フォルクスワーゲン・パサット、ホンダ、そしてアウディA6――高官や企業家の間のお気に入りで、6万ドルの値札がついている――である。官製の英字新聞チャイナ・デイリー紙によれば、外国人ビジネスマンや外交官コミュニティーに狙いを定めており、豪華な車の販売は過去5年間で急増した。メルセデスは今や年約1万2000台を販売し、BMWは1万6000台、アウディは約7万台販売している。需要があまりに増加したため、2005年メルセデス社は中国で毎年2万5000台を製造する工場建設のため中国のグループと共同会社を設立した[7]。

通りの人々はニューヨークあるいはロンドンよりも良い服を着ているように見えるが、これは一つにはトップ服飾ブランドの海賊版の普及のためである。中国の工場はかなりの割合の服を「閉店後」に生産し――顧客のオーダーを加えて――そして、それを国内外の闇市で通常価格の数分の1の値段で売るのである。その結果、北京や他の中国の大都市の人々は、まるで毎週クリスマスの買い物に出かけているように彼らの服装を常に新しく取り換えているように見える。中国の人々は人民服をやめ、アルマーニの海賊版に替えたのである。下流・中流階級や北京の貧困地区においてさえ、高価ではないがしばしば新しい衣服を身にまとう人々と出会うことになる。北京への訪問者の最初の反応は、ほんの30年前まで飢餓で有名だった国が共産主義から消費主義に転換した速さについての驚きである。毛沢東の言葉をスペイン語に翻訳しつつ、キューバで人生最良の年を過ごしたベテラン通訳シュー・イーリンは私にこう指摘した。「4、5年たって帰ってきた人にとっては、目にするすべての新しいビルや通りは信じられないものです。ここでは、市当局が６カ月ごとに市の地図を描き直さなければなりません」。

消費者のモニュメント

北京で最初の日曜日、首都での一連のインタビューを行う週に入る前、私はお決まりのコースである紫禁城内にある皇帝の宮殿を訪問した。荘厳な複合体は周囲約８キロメートルあり、１９１１年まで何世紀にもわたり明朝および清朝の24人の皇帝が君臨してきた。皇帝の宮殿は１４０６年に現在の天安門広場をはさんで建築され、１９４９年の共産主義革命以降、中国の権勢のある過去をしのぶものとして保存された。毎年数百万人の観光客が訪れる。紫禁城の14の宮殿は、至高の調和の間や天上の清浄宮殿やその他同じテーマのさまざまな名前がついており、木造でいくつもの火事を経験してきたにもかかわらず、見事に保存されていた。皇帝やその側室たちが——一時は３０００人も——暮らし、遊んだ宮殿のスケールの大きさとは別に、私を驚かせるものが二つあった。第一には、赤い壁や青緑の装飾、天頂の彫刻に飾られたアーチ形の天井等の洗練された建築に感心した。私はコロンブスが新世界に到着した頃、中国の指導者たちはこのような荘厳な城塞都市にほぼ1世紀も住んでいたのだということを考えずにはいられなかった。第二に思いがけなく私をとらえたのは、各建物の前にある掲示板であり、それは中国の21世紀の共産主義やその遺産について多くを語っていた。おのおのの宮殿の前には建物の略史を述べた英語で書かれた木製の看板があった。文章の下には青地に小さな白い文字で「アメリカン・エクスプレス社があなたにお届けしました」と刻印された長方形の銘刻があった。今日の中国では共産党が明朝の宮殿の保存を担当し、アメリカン・エクスプレス社にその歴史的意義についての説明を任せているのである。

長江が太平洋に流れ込む場所に位置する人口１６００万人の上海では、巨大な毛沢東像が水平線に顔を向けていまだに立っている。しかし最近最も訪問客の多い彫刻は、毛沢東の銅像ではなく、市の主要な店舗が立ち並ぶ歩行者の散歩道である南京路の突き当たりから数ブロックに最近市が建てた消費者のための新しい記念碑である。毎日数十万人が通り過ぎるところには、二つの等身大のブロンズ彫刻が人々を市の商業地区に出迎えていた。それは、頭を高くもたげ、赤旗が風になびき、後ろに彼の弟子たちがライフルを肩に担いでいる古典的な毛沢東の銅像ではなく、頭を高くもたげ片手に二つの買い物袋をさげて誇らしげに歩く女性の姿である。彼女の隣には彼女の息子である10代の少年がライフルの代わりに、バックパックとテニスラケットを肩に担いでいる。

上海の政府は公式にはこの銅像を消費者の記念碑に指定していないが、土地の人々がそれにニックネームをつけたのである。長方形の幅1・8メートルの石に埋め込まれた記念銘板は、歩行者専用歩道が1999年にジャン-マリ・シャルペンティエにより設計されたと表示していた。しかし、10ブロック先の歩行者用散歩道のもう一つの突き当たりには、同じ芸術家による同じテーマの記念碑があり、彫像の象徴的意味については疑いの余地はありえない。それは手に買い物袋をさげた父親と娘が描写されている。カメラが父親の胸にぶら下がり、娘は明らかに大喜びで半ダースの風船を持っている。全国から中国人観光客の団体が毎日やってきて、消費者の記念碑の隣で新しいデジタルカメラで写真を撮っている。その一方で、毛沢東の銅像は立ったまま川向こうをひとりぼっちで気づかれずにじっと見つめていた。

中国は言われているよりももっと成長している

中国でインタビューした多くの官僚と同様に、カン・シュエトン共産党中央委員会対外連絡部ラテンアメリカ問題担当部長が私に中国の印象を尋ねた。私たちは党本部というよりも銀行のように見えるガラス張りのロビーのある、4階建ての近代的な造りの中央委員会ビルの儀典の間で会っていた。それは中国における私の最も重要なインタビューの一つであり、私が最も関心を有するものの一つであった。なぜなら共産主義の国々の中では、中央委員会は舞台裏の真の権力であり、その官僚たちはしばしば外務省やその他の政府機関の官僚よりも重要であった。カン氏はスペイン語で話すことを好む筋骨たくましい男で、中国・ラテンアメリカ関係の鍵となる大物であった。「感銘を受けました」と私は心から述べ、彼を安心させた。「年成長率が何十年もの間9%に達し、年間投資が600億ドルであり、2億5000万人が貧困から引き上げられました。これは誰にとっても感銘を与えるに十分です」。

しかしカン氏は、私が想像していたように私の言葉を誇らしげに歓迎するというよりも、警告するそぶりで手を持ち上げ、「そう、だが私たちはいまだに開発途上国である事実を見失ってはいけないのです。私たちは全体像の中で物事をとらえる必要があります。中国の投資や1人当たり国民所得はラテンアメリカよりもいまだに低いのです。マクロ経済の数値のみを見てはいけないのです。私たちはいまだに巨大な割合の貧困人口を持っています。私たちはまだ多くの問題を有しているのです。この国におけるいかなる業績も13億人全員に広げなければならないことを心に留めておくべきです。そうすると、当初偉大な業績と見えたものもしばしば微々たるものということになってしまうのです」と言った。

その他の官僚とのインタビューでも、私は同じ現象に気づかずにはいられなかった。中国の官僚たちは彼らの国の経済的業績を自慢するよりも、むしろいつも控えめに扱うのである。官僚たちが訪問者を感動させるために有利な統計資料を見せびらかし、国家が偉大な道のりにあることを説得する大半の国々とは違い、中国の官僚は反対のことをしていた。私がこのことを北京で会った西洋の大使の幾人かに話したとき、何人かは中国の官僚が決して彼らの業績を自慢しないことに賛同した。彼らは、それがおそらくは、他から中国を経済的競争相手や戦略的脅威と見なされないようにしておくやり方なのだと示唆した。

中国の政権は世界の意見に非常に敏感であり、常に平和への約束を繰り返していると彼らは述べた。政府はしばしば異常なまでにそれを明確にしようとしてきた。世界的文脈の中での中国の経済ブームを説明するため、「2004年に平和的台頭」という用語が採択されたとき、「台頭」という用語が海外で警戒心を引き起こすのではないかと中国の官僚たちが気づくのに長くはかからなかった。ほとんど一夜にして「台頭」という用語は中国の公式の語彙《い》から落ち、「平和的発展」に取って代わられた。

それでもなお、多くの西欧の経済学者たちは、経済的業績をできるだけ大したものでないように見せようとする中国の慣行は、公式コメントや政府スローガンにとどまるものではないと見ている。「中国からのほとんどすべての経済統計についてはその信頼性が疑わしい。中国人はでっち上げようという動機を持っている」と中国の経済ブームにおける『中国株式会社』の著者テッド・C・フィッシュマンは述べている[8]。「過去においては、官僚が良い仕事をしていることを示すために数字をかさ上げすることが不満の対象だった。現在では、疑問を抱く人々が声を合わせて数字が不当に低いことを主張している」と彼は述べた。実際、中国システムには経済成長を偽って発表するための動機がある。中央政府は国内の最貧地域に資金を向けるように投資銀行家たちにますます圧力をかけている。これが成長中の中国の沿海諸省が成長の数値を低くするのを助長している。つまり、多くの投資や借款を獲得するためのみならず、中央政府が重課税や他地域に資金を転用しないようにさせるために数値を低くするのである。多くの貧困諸省も「困窮地域」としての地位を維持し、政府の支援受け入れを継続するために経済成長を少なく見せかけようとする。

これらが、国家経済指標が各都市、省、地域から個別に報告されているものの合計と合致しないことのいくつかの理由であろう。すべての地方政府から報告された全経済生産高から判断すれば、中国経済は中央政府が国際金融機関に報告しているよりも15％大きいはずであるとフィッシュマンは述べている。統計におけるこの相違はあまりに多くの批判を惹起したため、中央政府は、北京当局にごまかした数値を送付したとして告発し、過去数年の間に2万人の地方官僚に対して訴訟を起こした[9]。

その上、中央政府の数値は公式経済のみを代表している。もし広範な非公式部門を付け加えれば、中国の総合的経済は通常報告されるものよりもはるかに大きい。いくつかの見積もりによれば、それはすでに米国に近づいている。オンラインで入手できる世界年鑑であるCIAのワールド・ファクトブックによれば、購買力平価（PPP）――経済活動を測るために用いられる二つの計量法のうちの一つで、この場合には異なる経済圏の通貨の購買力を比較するもの――で計算すれば、2006年の中国の国内総生産（GDP）は米国の12兆9000億ドルにそれほど劣らない10兆ドルとなると述べている。「PPPベースで測れば、中国は米国に次いで世界第二の経済大国となる」とCIAは述べている[10]。そして公式為替レートに基づく公的統計では、中国経済の規模は米国のわずか20％となるものの、実際には80％近くになっている可能性があり、大半の人々が考えるよりも早く米国を上回るかもしれない。

共産主義者の新しいスローガン——民営化

「中国経済の何割が民間の手にあるのですか?」。私は北京における最初のインタビューで国家発展改革委員会の高官であるゾウ・シーアンに尋ねた。ゾウ氏は同省のビルの儀典の間で、エスコート役のフー氏とともに到着した私を予定より数分早く出迎えた。中国では外国の報道関係者は外務省を通じてすべてのインタビューの予定を立てねばならない。外務省は入国ビザを供与し、インタビューの計画を立て、報道関係者に同伴する。ゾウ氏が我々を待っていた桃色のホールは家具がまばらに置いてあったが、落ち着いており優雅であった。しかしながらそのセッティングはインタビューのためには居心地の良くないことがすぐに分かった。部屋の椅子は長方形で片方の端が開いたU字形に配置されていた。部屋の奥の壁側に置かれた二つの主椅子は、一つがゾウ氏用でもう一つが客用であり、両方ともU字形の開いた方に向いて置かれていた。ゾウ氏は私を手招きして彼の隣に座らせた。私たちのそれぞれの椅子の後ろには蘭の入った巨大な花瓶があり、それに隠れるようにして通訳の男女がいるのを見つけた。椅子が隣同士にあることを除いては、元首による会話の前後の写真撮影に使われるセッティングの一種であり、それはインタビューの間中、頭を振り向けねばならないことを意味した。外国人訪問者を拷問するためかどうかは分からないが、インタビューの半ばで確かにそう感じた。ゾウ氏を見るために90度、また花瓶の後ろからの翻訳を聞くために180度交互に体をねじりながらおおむね1時間たった後には、私はゾウ氏の話を聞くことよりも首の凝りや背中のねじれを避けることのほうに集中していた。しかし、私がインタビューによって断片的ながら引き出したのは、私が想像した以上に中国がより深いところで資本主義者であることが明らかなことであった。

私は現在、中国政府がGNPの30%弱を管理し、一方で60%が「非政府」部門に所有され、10%が集団共同体の手にあることを学んだ。中国はすでに380万社の民間企業を有し、これらは「国家の経済発展のエンジンであり、急速に成長する雇用の源であります」とゾウ氏の後ろに配置された英語をしゃべる花瓶のような通訳が私に言った[11]。

「わお！　中国経済の60％がすでに民間部門の手にあるなどということは思ってもみなかった」と私が叫ぶと、「民間部門の手にあるのではありません」とゾウ氏がすぐに返答した。「非政府部門の手にあるのです」。

「それでは非政府部門と民間部門との違いは何ですか？」。私はできるだけ早く首を回し、蘭の花びらの間に通訳の顔を一目見ようと探しながら尋ねた。

「そうですね、いかに株式が発行されるかによって公社を非政府企業に転換するさまざまな方法があります」。花瓶の後ろの声が返答した。

「それではそのことと民営化の違いは何ですか？」と私は言い張った。

「実際には、あまりありません」。話す花瓶のような通訳が返答し、ゾウ氏はいたずらっぽく笑った。

健康保険のない共産主義

中国共産党は資本主義への転換を隠すためにあらゆる種類の修辞的急転回を行うが、訪問者はすぐに、1978年から始まった改革は歴史的にもまれな資本主義的競争力レースへと発展していることを実感する。英国の産業革命や米国における20世紀の始まりのように、今日の中国において貧富の差は記録的スピードで拡大している。児童労働はほとんどどこにおいても目に見える。シフト勤務時間は日に12時間未満はまれであり、数百万人の労働者が寮に詰め込まれて暮らし、自分の前のシフトの労働者が空けた寝床で交互に眠るのである。そして自由集会の権利のようなものはなく、ましてやストライキの権利もない。1978年以降、政府は非効率と考えられたほぼ4万社の企業を閉鎖した。そして98年から2002年まで国有の中国企業は、ニューヨーク州の全人口以上、キューバの人口のほぼ2倍の2100万人を下らない労働者を解雇したのである[12]。

人々が共産主義システムでは無償と考えている健康保険や高等教育でさえも平均的中国人は支払わねばならない。大学生は奨学金を受ける少数を除いて、形ばかりとは言えない相当額の授業料を払うのである。ガオ・チァン衛生省次官が認めたように、国の都市人口の45％、農村人口の80％は何の健康保険も有していない[13]。国営の新華社通信によれば「彼らの大部分は自分で医療費を支払うのです」と次官は述べた。医療が普及していないため、「国民のほぼ48・9％が病気になったときに医者に見てもらえず、29・6％が入院すべきときに入院できないのです」(14)。

今日の中国の共産主義は国家資本主義であり、いかなる犠牲を払っても競争力向上が主要な目標である全体主義政権である。それは賃金要求を容認せず、非効率な国有企業から数百万人の人々を解雇し、あるいはショッピングモールを造るために農民を立ち退かせる。今のところ、このモデルは機能しているように思える。国際企業は世界のどこよりも中国により投資しており、不平等は急速に拡大しているものの、田舎の8億人はそれほどではないが国の東部沿岸の大都市での発展は明らかである。1人当たり所得は目を見張る率で増加しており、政権は過去20年にわたり2億5000万人以上を貧困から引き上げ、次の10年間に少なくとも1億人を中産階級に押し上げることをすべてが指し示しているように思える。

北京のレストランで私は中年のウエイターを見ることがなかった。ほとんどが21歳以下であった。給仕はほとんどいつもレストランにより選ばれた制服を着ているが、年端がいっているとしても、一般的に18歳くらいであり、しばしば15歳のテーブル片付け係たちの手伝いを受けていた。これらの若者たちは同じ寮に暮らし、しばしば見習いで最低賃金の時給1ドル以下が支払われる。私は長安通りのフォー・シーズンズ・レストランで私に給仕した笑顔の若い女性に「何時に働き始めるのですか」と聞いてみた。「それでは、いつあなたの交代時間が終わるのですか？」「朝8時からです」と彼女は幸せそうに答えた。「夜11時です。午後に休憩がありますけれど」。彼女は常に笑みを浮かべながら答えた。この若い女性はこのレストランで働く機会を得たことがうれしかったようである。彼女はおそらく数百人の応募者の中の数十人と競争したと私に述べた。彼女は北京からは遠い自分の故郷に帰る前に、ここでさらに2年働きたいと希望していた。中国ではチップはいまだ一般的な慣行ではないが、少しずつお金をためて両親を助け、自分のためにもいくらかのお金を残せるだろうと彼女は述べた。

共産主義、未来への理想

「中国では共産主義の何が残っているのか？」。私はこの質問を公式エスコート役であるフー氏にしてみたいと何日もの間考えていたが、私たちの関係をまずいものとしないため、訪問の最後かあるいは特別な機会まで待つことにした。その機会は、フー氏が私に眉をつり上げながら、まるでいくつかの驚くべきニュースを伝えるかのように、彼の上司である外務省の情報次長のホン・レイ氏が次の日に私を私的昼食に招待していると告げたときにやってきた。外務省の情報次長に近づける外国人報道関係者は非常に数少なく、「めったにないことだ」とフー氏は付け加えた。中国の習慣を守りながら、彼は自らの上司や同僚であっても誰でも「某氏」あるいは女性だったら「某女史」と呼ぶのであった。「あなたは招待を受けますか?」とフー氏に尋ねられ、私は「もちろん」と答えた。

ホン氏は35歳くらいで運動選手のような体形をしており、茶色のタートルネックのセータの上にイタリアのトップデザイナーのものである黒の革ジャケットという、海外留学組の中国人官僚の新しい制服を着て、私たちが会うことにしたレストランにやってきた。ホン氏は好感のもてる男性の代表のような外見で、完璧な英語を話した。これは一つには彼がサンフランシスコ中国領事館で勤務していたおかげであろう。中国ではいつものことであるが、「私的」昼食は他よりも混み合いは少ないものの、集団的なものとなった。ホン氏は彼の補佐官である30歳はいかないだろうと思われるワン・シンイン氏に伴われ、私はいつも一緒のエスコートのフー氏に伴われていた。少なくとも10品はある美味なメニューの食事の後、中国が着手している民営化やその他自由市場経済改革について2時間近く話した後で、私は頭の中でずっと消えなかった質問を浴びせた。「そうですか。それでは、この国では共産主義の何が残っているのですか?」。

ホン氏の態度は即座に変化した。彼の笑みはすぐに消え、職業的な顔つきに変わった。彼は不信心者に対してその世界を説明するときに共産主義官僚がよく使う厳粛な態度をとると箸をテーブルの上に置き、「私たちは引き続き共産主義者なのです。しかし、私たちは今、共産主義は長期的目標だと考えており、到達するまでには200年あるいは300年かかるかもしれません」と言った。双方の補佐官は静かにうなずいた。それからホン氏は「1950年代には私たちの認識は誤っていました。一夜のうちに共産主義を履行することを目指す諸政策を採用するという過ちを犯したのです。しかしマルクス自身が言ったように、共産主義は物質的幸福をすでに達成した社会に根を下ろすべきなのです」と付け加えた。

私が皮肉な笑みを浮かべながら、あなたの説明は結局のところ面目を保つための試みであって、資本主義的処方箋で社会主義を建設できるとは信じ難いと言うと、ホン氏の演説は、より重要な詳細に入っていった。彼は厳粛な態度を保ちつつ、「私たちは中国の特色を持った社会主義を建設中なのです。そしてこの段階では、私たちの決定を特徴づけるのは実用主義です。1977年に中国共産党全国大会はあらゆるレベルにおける政府決定は、三つの必要条件を満たさねばならないことを決定しました。それは、『3基準』として一般的に知られているものです。第一に『その措置が生産性向上につながるか』、第二に『その措置が人民の生活を向上させるものであるか』、第三に『その措置が国家を強化するために貢献するか』です」。さらにホン氏は説明を続けた。「私たちの新政策によればこれら3条件を満たすすべてのことは良いものであり、満たさないすべてのことは悪いものであるのです。そしてこれらの基準は、我々に非常にうまく役立っているのです」と説明した。

「しかしこれらの説明は、そのイデオロギーモデルが完全に失敗したことを認めず、権力にしがみつこうとする共産党による口実ではないのですか」と私は尋ねた。ホン氏は何年も海外で暮らしており西洋の報道関係者の扱いには慣れているし、彼はおそらく以前にこうした質問をされたことがあり、それほど腹を立てないであろうと思っての質問だった。

「絶対に違います。中国では私たちは一党民主主義を持ち、それこそ私たちが必要とするものです」と彼は動揺せずに答えた。彼の論拠は単純であった。共産主義の規範は安定の維持に不可欠であって、中国は55の異なる民族の13億人の人民を持ち、あまりに多くの潜在的な社会紛争を抱えているために複数政党制は考えられないと彼は述べた。8億人の貧困な人民を持ち、「私たちは社会不安のリスクは冒せないのです」と付け加えた。

しかしながら共産党は意思決定過程において、徐々に民主主義をより許容しつつあると彼は続けた。共産党はもはや労働者、農民、軍人のみをメンバーとして認めるのではなく、２００２年以降は企業人、知識人、そして多国籍法人企業の従業員も認めるところまで開放されてきたこと、すべての決定は党の全部門の厳格な協議プロセスを必要とすること、中国は民主主義を有しており、米国やヨーロッパのものとの唯一の違いは、すべての討論が統治政党の一般党員の間で行われることであると彼は付け加えた。

私は首を横に振り苦笑せざるをえなくなり、彼に対して、外国人の目には中国を資本主義に向け急速に進行する国と見なさないことは難しいと述べた。もし経済の60％が民間あるいは半民間の手にすでにあり、もし中国政府自身が10万社の国有企業が近い将来に民営化されることを認めるのであれば、そしてもし国有企業の民営化が「経済成長の主要な原動力」――国家発展改革委員会のゾウ氏が私に述べたように――であるならば、中国は共産主義を後ろに置き去り、その権力の独占を正当化するためのみにマルクス主義的修辞にしがみついているのだと結論づけるのに経済博士号はいらないのである。

レストランを出て私たちのいたショッピングモールのエスカレーターを降りながら、私はホン氏の補佐官の一人に対し、「米国にはもし誰かがアヒルに見え、アヒルのように歩き、アヒルのように鳴くのなら、それはアヒルに違いないということわざがあります」と話した。「私たちにも同じような格言があります」と若い補佐官は肩をすくめて笑いながら答えた。「鄧小平主席はネズミを捕る限りはネコが黒いか白いかは問題ではないとよく言われたものです」。

アジアの民主主義モデル

北京でインターネットのサイトをあちこち見ていて、私は中国の民主主義の将来についてのＮＩＣが提示したシナリオの一つが、ラテンアメリカやアフリカを含めた世界の他の地域にも適用できるのではないかとぞっとしながらも考えざるをえなかった。ＮＩＣは、今後数年間で「北京が中央政府への共産党の支配を保持しつつ地方レベルでの選挙、全国レベルでの協議メカニズムなどを含む『民主主義のアジア的やり方』を追求するかもしれない」との見方を示した[15]。ＣＩＡのシンクタンクは、中国の政治モデルの他の諸国への輸出については特定の予測をしていないが、ラテンアメリカの項において、地域において民主主義への幻滅が広がり大都市における犯罪の急増について苛立《いら》ちが高まっていることについて警告していた。「実際、地域の専門家たちは独裁的傾向を持ちうるカリスマ的なポピュリストを自任する指導者たちが台頭する危険の高まりを予見している」と報告書は述べている[16]。ラテンアメリカにおけるチャベスやその他の自称祖国救国者たちが、左派的レトリックと制限された政治的自由を持つこのアジアの国家資本主義的民主主義モデルを西洋式の代表制民主主義よりももっと快いということで採用することも確かに考えられることである。

中国においては民主主義や演説の自由さえもない。共産党が政府を管理している。すべての新聞は政府の運営であり、党の宣伝部により管理されている。中国の新聞――少なくとも英字紙――は旧ソ連の新聞やキューバの日刊紙グランマよりも活発で、より自己批判的である一方で、彼らは政府が力説したい事項を強調し、話したくないことを検閲するのである。私が数カ月の間、表紙から裏まで毎日読んでいたチャイナ・デイリー紙は、米国や英国の最良の新聞と同様によく論拠が提供されておりうまく書かれた記事を載せている。この新聞が政府政策をあれこれ批判する話を取り上げたり、見落とされた環境問題や汚職に政府の注意を喚起するコラムを掲載したり、悪しき経済や政治のニュースを報じることはまれなことではない。

しかし新聞は近代化や経済開放、資本主義のイメージ発信に明らかに向けられており、それゆえに外国投資コミュニティーの読者たちは、ますます「中国の奇跡」を快く感じるのである。良いニュースは第1面に載り、悪いニュースはもしかりそめにも発表される場合には、しばしば目立たず短くなって内側に埋まっている。その上、中国の指導者たちを最も悩ませる問題は、はっきり分かるほど紙面に取り上げられない。国際人権団体の犯罪者の大量死刑執行についての告発、児童労働、法輪功など宗教団体あるいは中国のチベット占拠に関するニュースはほとんど見つからない。

ある夜、夕食に出かける前に北京の建国飯店の自室でインターネットで記事を拾い読みしていた私は、外部の世界からどのくらいの情報を中国で入手できるかを自分で調べてみることにした。インターネットへのアクセスを持つ中国国民――政府の数字では８０００万人以上――

—が、人権団体が中国について伝えなければならないことを知ることができるのかどうか、アムネスティ・インターナショナルのホームページを開けようと試みたが、私はあまりついていなかった。アムネスティ・インターナショナルの代わりに、「このページは表示できません」という言葉が次々に出てきた。それは技術的な困難によりサイトにアクセスできないとき、またはページが失効したために出てくる標準的な表示であった。別の有名な人権グループであるヒューマン・ライツ・ウォッチにアクセスを試みたがやはりだめだった。グリーンピースにアクセスを試みたときや、中国を含む多くの国々における人権と環境の乱用を批判する人権報告を含む米国務省のページ（www.state.gov）を開けようとしたときも同じことが起こった。ますます好奇心をそそられ、同じ試みを西洋の報道機関にやってみた。自分自身のコラムを読めるか見るためにマイアミ・ヘラルド紙のサイトを開こうとしたが成功しなかった。タイム誌も同じことで、BBCも同様であった。

かなり奇妙なことであるが、ニューヨーク・タイムズ紙のページには入ることができた。その夜遅く、ラテンアメリカの外交官との食事の間、私は中国の報道の自由についてのこの初歩的なテスト結果について話をした。彼は中国における検閲がいかに機能するかすぐに説明してくれた。いくつかのインターネットサイトは完全に遮断されており、その他は政府が読まれるのを許可している——それゆえ国民は完全には他の世界からは切り離されてはいない——、一方で政権を窮地に追いやるような特定の情報は締め出しているのである。

「ニューヨーク・タイムズからは、中国を批判する記事がない限り何でも好きなものを読むことができます」と外交官は私に言った。新聞が中国にとり不都合な記事を掲載する場合には、そのページは魔法のように消えるが、他方その他のすべてはそのまま新聞に残るのである。ハッカーたちが検閲されたニュースへのショートカットや検閲されたニュースにリンクを張ろうとしても、またニュースサイトが国内でEメールの輪を通じて、野火のように広まっても、政府検閲官にとってはリンクを阻止するには5分とかからないという。後で、北京にいる別の西洋の外交官たちから聞いたところでは、中国はインターネットページの阻止専用の検閲官だけで3万人以上を擁しているのである。「もしこの国で余っているものがあるとすれば、それは労働力であることを忘れないように」とラテンアメリカの外交官はその夜、私に説明した。

おそらく彼の言葉は誇張ではなかった。ハーバード法科大学院ベルクマンセンターの調査では、中国におけるグーグルおよびヤフーの検索エンジンを通じる20万4000以上のインターネットサイトを詳しく調べたところ、1万9000が遮断されていたことが分かった[17]。実際上、民主主義、平等、チベットや台湾という言葉を含む中国と関連するサイトは国内においてはアクセスできない。次の日、新しいアドレスでインターネットページを再設定してもこれらは数分のうちに消え去ったと同グループは述べた。アムネスティ・インターナショナルによれば、「インターネットで意見を表明するか情報を流した」ことにより、2004年には中国で少なくとも54人が逮捕されたかあるいは2年から14年の刑に処せられたのである」[18]。

中国はもはや警察国家ではないはずなのにという私が持つ疑念を一掃するかのように、ラテンアメリカの外交官は当たり前のようにこう付け加えた。「彼らがすでにあなたのホテルの部屋に入り、すべての書類を調べ、コンピューターにあるあなたが入手したすべてのものをコピーしたということについては少しの疑いも持つべきではありません。人権に関する限り共産主義は立派に生きているのです」。

権利なき安全

中国の大都市においては、街角の犯罪はラテンアメリカほど問題ではない。中国語で数を数えるぐらいの基本的な言葉しか知らなくても、昼夜を問わずいつでも通りを安全に歩け、タクシーをつかまえられると中国人の官僚たちや中国に暮らす西洋の外交官たちは私に述べた。

中国の大部分の都市がなぜ相対的に安全なのか正確な理由は知らないが、皆、それは犯罪への刑罰が野蛮とは言わないまでも過酷だからではないかと薄々感じている。死刑執行についての情報が海外に漏れないように全力を尽くしている一方で、中国政府は見せしめ的措置として日常的に死刑を執行しており、まさにそのために国内では死刑についての情報が公表されている。西洋の外交官が述べたところでは、母親たちが自分の子どもの処刑に立ち会うために招待され、処刑に使われる銃弾を選ぶことさえ許されるらしい。その結果、彼女たちが故郷に戻った際には恐ろしい経験を隣人たちと分かち合うことになるのである。北京の別の外交官たちや報道関係者たちにこの話が本当かどうか尋ねると、ほぼ全員が確認することは不可能だと述べたものの、多くは、ありそうなことだと付け加えた。誰もそれをつくり話だとは示唆しなかった。

アムネスティ・インターナショナルは、中国においては毎年、世界の他の諸国を合わせたものよりも多くの国民が処刑されていると報告している。「中国共産党（CCP）内部文書に基づくある見積もりによれば、1997年から2001年までの4年間に6万人が処刑された。年平均1万5000人である」とアムネスティ・インターナショナルは述べている[19]。これは毎年、中国政府が8万6000人ごとに1人を処刑し、中国が世界最大の処刑数――最も人口の多い国であり驚きではない――のみならず、シンガポールに次ぐ2番目に高い1人当たり処刑率の国であることを意味している。

私のメキシコ人パートナーはいつも休暇中だった

中国を訪問する前、私は4億5000万人のラテンアメリカ人が、より安価な労働力を投資家に提供し、ストライキもなく工場で眠ることをいとわない13億人の中国人と競争できるものかどうかしばしば自問していた。しかし中国に数日いた後で、ラテンアメリカ人が直面する問題はもっと大きいことを実感した。米国企業家との偶然の会話が、中国の競争上の優位が安価な労働力や労働者の制限された権利をはるかに超えるものであることを示唆した。

万里の長城を訪問する観光バスの中で、私は中国系米国人のマネジャーに付き添われたインディアナ州出身の30歳くらいのビジネスマンとたまたま隣り合わせで座った。1時間半の万里の長城への観光の間、その企業家は彼の会社が3年の間、中国でプラスチック・パイプを製造していると私に話した。かつてはメキシコでパイプを作っていたが中国に切り替えることを決定したのだと彼は言った。私がメキシコが時給72セントの中国の労働者と競争するのは不可能なのだから何も驚きはしないと言うと、驚いたことに企業家は首を横に振って、彼の会社が中国に移転した理由は労働コストとは何も関係がないと言った。それはすべて品質に関してであった。「私の中国のパートナーは常に彼らの工場に再投資をし、私が船積み分を支払えばすぐに彼らは新しい機器を買うかまたはより良い原料を買うのです。そして彼らはいつでも1日24時間用意ができているのです」と言った。「私の以前のメキシコのパートナーはまったく違うやり方で、私が支払えばすぐに彼らは休暇に行くかマイアミに豪華なアパートを買うのです。彼らは中国人のように会社に再投資しようとせず、原材料の品質を改善しようとしません。移転は私にとっては易しい決断でした」。

観光旅行中の一人の企業家との会話から一般化することはできないが、おそらくパーティー好きなメキシコ人パートナーと取引して不運であったか、あるいは特に良心的な中国人パートナーと手を組む幸運を持った誰かに出くわしたということであろう。私は別の機会に、中国のみならずメキシコにも事業を拡大しているという米国食品会社の取締役とも話したことがあるのだが、彼が言ったこともまた真実である。私が彼に何がメキシコに投資を導いたのかと尋ねると、彼は「メキシコ人労働者は中国人のパートナーよりも信頼できる」と述べた。「中国人労働者はメキシコ人よりもより勤勉に働くが、彼らは数セントでも高い時給を提供されれば仕事を捨て別の会社に移るのです。中国では常に新しい労働者の訓練で多くのお金を失うこととなります。メキシコでは質の高い労働者を訓練でき、幸運なことに、彼は数年間は仕事を続けるだろうということなのです」。

中国のラテンアメリカへの影響力

私はジアン・シーシュエ博士との会談を数週間前から準備していた。中国の最もよく知られたラテンアメリカ専門家がこの地域をどのように見ているのか、そしてラテンアメリカにとって中国を好機と見るかそれとも危険と見るかを知りたいと強く願っていたのである。ジアン博士は流暢な英語を話すがスペイン語は話さない。彼は外務省やその他の政府機関に助言を行う国営のシンクタンクである中国社会科学院ラテンアメリカ研究所の主任研究員である。彼が言うには、彼の局は世界最大のラテンアメリカ研究センターということである。55人の局員のうち40人は地域研究に専念する常勤研究員であり、中国語で書かれた唯一のラテンアメリカについての雑誌を発行している。

ジアン博士は研究に5年を費やした『ラテンアメリカと東アジアにおける発展モデルの比較研究』と題する本を執筆し終えたばかりであった。それは2003年に発刊された『グローバリゼーションとラテンアメリカ』を含む、いくつかのすでに発表された論文を含んでいた。その中で彼はグローバリゼーションが「先進国と低開発国の相互依存と経済統合を増大し、そのプロセスは国際舞台における低開発国の立場を向上させる傾向にある」と書いている[20]。そして「グローバリゼーションは、資本と技術の開発途上国への流入を容易にし、他方で彼らの市場を拡大する機会も与えている」と続けている[21]。

しかしさらにもっと興味深かったのは、共産党シンクタンクから来ていながら、彼の評論の最後の文言で中国とラテンアメリカのありのままの違いを示していることであった。すなわち、ラテンアメリカでは「反グローバリゼーションの感情」が「明白」である一方で、中国ではそれは「少ない」[22]。ラテンアメリカでは知識人と政治エリートがグローバリゼーションに抵抗している一方で、共産主義中国はそれを熱狂的に受け入れたのである。

かつては首相府の本部であった会議室で中国の赤旗の隣の長椅子に彼が座るや、私は何ゆえアジアがラテンアメリカよりもはるかに速く成長しているかを理解するために、「もう少し詳しくあなたの結論について説明していただけますか」と単刀直入に尋ねた。ジアン博士は、中国とラテンアメリカの発展を研究していて大きな文化的・経済的違いを発見したと述べた。文化的には、中国は今日まで進歩の要として教育を強調する紀元前5世紀の思想家孔子の影響を非常に受けていること、孔子の思想は親に子どもたちの教育に時間と金を投資するよう奨励し、人々に貯蓄を求め権威に服従することを力説するものであると彼は述べた。

中国人民は子どもたちを最高の学校に通わせようと学費の支払いのために一生涯貯蓄をするが、ラテンアメリカではほとんど見られないとジアン博士は述べた。同様に中国人民は権威を尊重する傾向にある。「中国人企業家がラテンアメリカについて述べる不満の一つに、労働ストがあります。彼らの多くがラテンアメリカの労働者たちはいつもストをやっていると言っています」とジアン博士は述べた。しかし彼自身は、文化理論はやや割り引いて考えていると付け加えた。「文化はいくつかのことを説明しますが、すべてではないのです。私たちが自分自身をいかに見ているかは、考慮に入れられるべきデータの単なる一つの構成要素にすぎないのです」と彼は述べた。

ジアン博士の本は東アジアの発展とラテンアメリカを比較しつつ、経済政策に主に焦点を当てている。両地域の成功と失敗から学びつつ、彼はいくつかの基本的な結論に至ったと述べた。「第一に、数十年前に東アジア諸国で採用され、最近ではラテンアメリカで採用された経済開放モデルは、以前の経済モデルよりも優れているのです」「現在では1960年代に非常に広く普及した依存理論は完全に超克されたのです」。彼は話し始めた。彼の本の2番目の結論は、「国家は経済発展において主要な役割を果たすべきである。しかし介入し過ぎるべきでもなく、離れ過ぎるべきでもない」ということであった。他の結論は、ラテンアメリカは国内経済改革と経済開放を同時に開始したが、中国は最初に経済改革――産業をより競争力あるものとするために――を実行し、それからようやく世界への門戸開放を開始した。そして、ラテンアメリカが世界経済との統合を「迅速かつ果敢」に探求した一方で、中国は過去20年をかけて「漸進的かつ注意深く」行った。言い換えれば、「中国はよりゆっくり動いてきたが、最後までやり遂げた」ということだ。ジアン博士によれば、最終的な収支勘定は、ラテンアメリカの世界経済への統合は「一般的に良いもの」であったが、中国のものは「はるかに良いもの」であった。

ジアン博士とのインタビューを終えたとき、私はこの状況は何と滑稽なことかと思わざるをえなかった。ラテンアメリカにおいては、チャベスや彼の追随者たちがテーブルをたたきながら「野蛮な資本主義」や「米帝国主義」を公然と非難している一方で、私は共産主義中国の心臓部で、赤旗の隣に座る著名な政府顧問の前で、経済開放が国家計画経済よりもはるかに優れていることを証明したこと、また途上国世界の後進性を米国の搾取のせいにする依存理論は「完全に超克された」ということを聞いているのである。これは、国家発展改革委員会の高官であるゾウ氏が、国家所有のビジネスの民間部門への転換と世界への門戸開放が国の「経済成長の主要な原動力」

であったと誇らしげに私に指摘したほんの数時間後のことである。

中国における外国投資が2000年の400億ドルから04年の600億ドルに急上昇し、他方でラテンアメリカの外国投資が同期間において850億ドルから400億ドル以下に急落したことは偶然の一致ではない[23]。ラテンアメリカから世界を半分横切る旅に出てようやく、ラテンアメリカ地域がアジアの急成長する経済といかに違っているかを理解することができたのである。

中国の投資――事実か虚構か

2004年末、胡錦濤中国国家主席がチリのサンティアゴでのアジア太平洋経済協力会議（APEC）の首脳会合への途次、ほぼ2週間にわたりアルゼンチン、ブラジル、チリ、キューバを訪問して以来、ラテンアメリカ地域では今にも起こりそうな中国の貿易投資の急増に異常に大きな期待が高まっていた。その年、中国の国家主席はラテンアメリカにおいてブッシュ米大統領が費やしたよりも多くの時間を費やした。それから数週間後、曾慶紅中国国家副主席はメキシコ、ベネズエラ、ペルーを訪問し、ディック・チェイニー米副大統領が過去4年間にラテンアメリカ地域で費やしたよりも多くの時間を費やした。

胡主席はホスト国に黄金の山を約束し、彼の長期訪問は疑いなく中国のこの地域における関心がよみがえったことを示すものであった。さらに幾人かのラテンアメリカの大統領や閣僚たちは熱狂に乗せられて、おそらく中国の国家主席が意図するところよりも主席の言葉の行間からより多くのものを読み取ったのかもしれない。おそらくは彼の表現がまずかったか、または誤訳されたのか、あるいは訪問受け入れ側があまりにも楽観的な解釈を行ったためか、胡主席は2004年11月12日のブラジル国会での演説で、今後10年間に中国はラテンアメリカに1000億ドルを投資するであろうと発言したとして、大見出しで報じられたのである。「中国が2014年までに1000億ドルをラテンアメリカに投資予定」とフォーリャ・デ・サンパウロ紙では第1面が興奮して叫んでいた。アルゼンチンでは、クラリン紙が「中国がラテンアメリカに1000億ドルの投資を誓約」の見出しの下、1面すべてをつぶして記事を載せた。サブタイトルは、中国の国家主席がホスト国に「この数字は今後10年間で到達されよう」と確言したと伝えた(24)。中国投資の潜在的な大波が引き起こした興奮は非常に大きく、アルゼンチンの首都における中国語の学習者が急増し、一夜にして中国語の学生数が数人から６００人になったとアルゼンチンの報道機関は報じた。

しかし、私が北京において官僚たちから言われたことから判断すれば、ラテンアメリカにおける今後数年間の潜在的な中国投資のより現実的な見積もりはかなり低いであろう。運が良ければ今後10年間で40億ドルに届くであろうが、ラテンアメリカの報道機関が中国元首の発言として引用した額の20分の1以下となるだろうと彼らは述べた。私がインタビューした中国の官僚たちは私がこの質問をすることをあらかじめ通告されていた――外務省が、私の行う主な質問を事前に文書で提出するよう要求していた――ので準備ができていたのであろう。私が１０００億ドルといわれている投資計画について尋ねたとき、彼らの大半が苦笑し、数字が大幅に誇張されていると述べた。国家発展改革委員会のゾウ氏に中国の投資計画に関するラテンアメリカ・メディアによる報道について尋ねたところ、彼は数字が半ば「誇張」されていると答えた。「私もこれらの記事を読みました。私の知る限りでは、どれ一つ真実ではありません。これらの記事のソースがどこなのか見当がつきません」と述べた。

数日後、私の公式エスコート役であるフー氏が、「２０１０年までに中国はラテンアメリカにおいてどのくらいの投資を見込んでいるか」との私の質問に対する外務省からの文書による回答をくれた。「我々は投資増大のためにできることはすべて行うつもりであり、10年後までには、現在の総額を倍増するであろうと信じるものである」と文書に書いてあった。中国からラテンアメリカ地域への直接投資は、中国政府によればその時点で総額16億ドルであった(25)。

我々は、貿易増大に努めるだろう

しかし中国はラテンアメリカ地域との相互貿易を増大させる見込みについてははるかに楽観的であった。私の質問に対する外務省の文書による回答によれば、「我々は２０１０年までに両者間の貿易量を１５０％増大させることに努め、１０００億ドルの水準を打ち破るであろう」としている。後に多くの官僚たちが私に説明したのだが、中国のラテンアメリカにおける主要な貿易上の関心は、ベネズエラの石油、アルゼンチンおよびブラジルの大豆、そしてチリの銅などの原材料の購入であった。もし中国経済が現在の率で成長し続ければ、中国はますます多くの原材料を必要とするだろう。そして中国の政権の主要な優先事項の一つは、供給源を米国や中東のみに依存しないようにするために多様化することであった。例えば、中国は年間1億トンの石油を輸入しているが、そのほぼすべてが中東からである。中国は今や輸入先を多様化することを欲しており、米国のように中東の不安定化により供給が中断する場合に備え、戦略的石油備蓄の創設を開始している。

同時に、北京のラテンアメリカ外交官たちが私に指摘した通り、ラテンアメリカにおける中国のもう一つの鍵となる目標は、中国当局者が公の場ではめったに議論しないこと、すなわち米国との自由貿易協定を持つラテンアメリカ諸国に中国の工場を徐々に開設することであった。これは、もしワシントンが万一その巨大な貿易赤字を中国からの輸入にブレーキをかけることで減らそうと決断する場合に、第三国を通じた米国への輸出を可能にするためである。「中国人は物事を長期的に考える。これは十分ありうるシナリオだろう」と南米の大使は述べ、中国の製造工場がラテンアメリカに殺到することになれば、地域にとって良いニュースとなるだろうと付け加えた。ラテンアメリカとの貿易は中国の外国貿易の3％を占めるにすぎないが、多くのラテンアメリカ諸国にとって、中国との貿易計画は馬鹿にできないものである。2004年までに中国はすでにブラジル、アルゼンチンおよびチリの上位3位の貿易相手国となっている。そしてもし、中国がラテンアメリカを今後数年における米国への第一の輸出国としての地位を保証するための裏口ルートとして選択するのであれば、ラテンアメリカへの経済的恩恵はさらに大きなものとなるだろう。

北京の中国の高官たちや外務省の回答文書から学んだことなどから判断すれば、短期的には、中国のラテンアメリカにおける新しい関心は経済的というよりも政治的なものかもしれない。外務省の文書はこう力説しながら始まっていた。「我々は国連や他の国際的な場において、共同で主要な世界的挑戦に立ち向かうため、政治舞台ににおける相互の支援を増大しなければならない」。
分かりやすく言えば、外務省は国連改革や外交あるいはビジネスの場において台湾に力を得させないこと、人権やチベット占領等の問題について米国の批判を避けることなど、いくつかの主要な外交政策目標への支持を得るために、ラテンアメリカとチームを組みたいと言っているのである。外務省の文書は、「中国がすべてのラテンアメリカ・カリブ諸国と通常の関係を確立したいと欲している」と述べている。1ダースほどのラテンアメリカ・カリブ諸国がいまだに中国が「台湾省」と呼ぶものと外交関係を維持している以上、このことは中国政権がこの地域から台湾を追い出したいということだけを意味しうるのである。

ラテンアメリカへの中国のより深い経済的・政治的・文化的な進出は、これらの裏切り者が台湾との関係を断絶し、大陸中国との公式関係を維持する諸国の隊列に参加するよう中国が説得することを助けるであろう。

これらすべてを考慮して「今後数年間で、現実的に見て一体どのくらい中国とラテンアメリカの関係が発展すると思うか」と私はラテンアメリカ研究所のジアン博士に尋ねた。一般的にはかなり楽観的であると彼は答えた。今までは中国におけるラテンアメリカのイメージはかなり悪かった。「中国の報道機関はハイパーインフレの危険性や混沌あるいは暴力に言及するときには、『ラテンアメリカ化』の脅威について論じるのです」とジアン博士は述べた。「スポーツでは、チーム同士の喧嘩についてスポーツ記者が話すときには、『ラテンアメリカ人シンドローム』が話題となります。しかしこれらすべては変化しつつあるのです。胡主席の訪問は中国報道機関により良く受け取られ、今や中国では多くがこの地域を違った目で見始めています」。その上、胡主席の訪問は中国人企業家の間での関心をかき立て、初めて幾人もがジアン博士の研究所にラテンアメリカ諸国の情報を求めてアプローチしてきた。「中国はその戦略的利益ゆえに、ますますラテンアメリカに関心を持つことになるでしょう。この役職に24年間いますが、ラテンアメリカについてのこれほどの熱狂は見たことがありません」とジアン博士は結んだ。

誰が勝つか？ 中国かラテンアメリカか、それとも両者か？

ジアン博士はおそらく正しかった。かつてなく中国はラテンアメリカとの関係改善により関心がある。しかし誰が勝利を手にするのか？　中国かラテンアメリカか、それとも両者か？

明らかに多くのラテンアメリカ諸国にとって、中国の台頭——あるいは「平和的発展」のどちらを好むとしても——は多くの利点を持つであろう。第一に、中国の印象的な成長は中国をして米国を凌ぐ世界最大の原材料の消費国にならしめた。そして農産品、石油、鉄鉱石の世界価格におけるかなりの上昇の引き金となった。これは南米の多くの国にとっては天の恵みであった。チリが喜んだのは、銅価格が2005年に37％上昇し、アルミニウムと亜鉛はその年に25％上昇したことである。ベネズエラにとっては一挙に大きな幸運が訪れ、石油価格が33％急上昇した。アルゼンチンとブラジルの大豆や南米の農産品輸出でも同様のことが起こった。もし中国が現在のペースで成長を続ければ、ラテンアメリカは今後数年間、原材料の高い国際価格により恩恵を受けるであろう。主要輸出品が製造品であるメキシコと中米の多くの国を除き、ラテンアメリカは中国の原材料に対する旺盛な食欲を天の恵みと見るであろう。

第二に、実際すべてのラテンアメリカ諸国——特にメキシコとカリブ諸国——は、中国からの期待される観光ブームの最大の受益者となることが見込まれよう。胡錦濤国家主席の2004年のこの地域への訪問中、中国はラテンアメリカのいくつもの国々を、中国の観光客グループの受け入れを許可された国々のリストに追加すると発表した。それはラテンアメリカの観光分野にとって金鉱となりうる。世界観光機関によれば、2020年までに1億人を下らない中国人が毎年海外に旅行するであろう。毎年すでに2000万人と見積もられる中国人が外国を訪問しているが、その大半はアジアの近隣諸国を訪問している。しだいに中国人観光客——彼らの大半は北京政府により許可されたパック旅行による——は、世界の他の場所に向かっている。もしラテンアメリカがその海岸やその他の行き先を中国においてプロモートし、やがて殺到してくる中国人観光客のうちの少しの割合でも獲得することができれば、サービス産業は繁盛することとなろう。

「もし私が1億人の中国人観光客の1％か2％をメキシコに来るようにできれば、大変うれしいです」と北京のセルジオ・レイ・ロペス・メキシコ大使は私に述べた。「私たちが話しているのは、年200万から300万人の訪問客ということなのですよ」(26)。

第三には、国連において中国がラテンアメリカとの「戦略的コンセンサス」から利益を得ることができるのと同様に、ラテンアメリカ諸国も常任理事国のポストを求めている安全保障理事会の改革のような問題、さらには途上国が欧米に要求している問題等において、自分たちに利益をもたらす中国との政治的同盟を見いだすことができよう。多くの点において、中国とラテンアメリカとの外交アジェンダの明らかな一致がある。

しかしながら、中国との「特別な関係」――2004年の胡国家主席の訪問中に南米の官僚たちにより提案されたようなもの――は、恩恵とともに多くのリスクももたらすかもしれない。まず、中国との緊密な貿易関係はその多くが海賊版で、闇市で売られている中国の低価格商品がさらに多く殺到する結果となりうる。これはラテンアメリカの企業家にとっては悪夢となろう。胡主席の南米訪問の間に多くのラテンアメリカの大統領たちは、中国が彼らの輸出品をますます多く購入するようになっていることに大喜びして、中国を「市場経済」国と認定した。この法的地位を中国が得たことで、中国の補助金輸出や闇市の商品、ダンピングあるいは国際労働法違反の製造品等に対してラテンアメリカ諸国が訴訟を提起することがより難しくなっている。ラテンアメリカの産業は、人々が12時間交代で働き、仕事机で眠り、ラテンアメリカの半分以下の給与である中国の工場と競争できるだろうか？　そして、いかにしてラテンアメリカの産業人が中国の闇市場――そこでは製造者が知的所有権を無視するために、はるかに安い価格で販売される――の輸出から身を守れるのか？　私が中国の主要な都市の街で直接発見したように、中国政府は闇市場を阻止するためにほとんど何もしていないのは明らかである。

二つのロレックスが12ドル

北京から上海への飛行機の中で、私は国家が知的所有権の犯罪に対する闘いにおいて大きな進展を遂げていると主張する中国公式報道機関の最新記事を読んだ。「国全体が知的所有権侵害のキャンペーンに動員されている」と呉儀中国副首相は述べた(27)。同副首相は、この取り締まり——2カ月前に開始——によりすでに1000件を告訴し、政府の検察官たちが闇市場の商品の生産者や販売人を「国のあらゆるところ」で追い詰めていると述べた。

しかし上海においては、闇市場の商品の販売が警察官の監視の下、公然と行われていた。私が市内の目抜き通りにある20世紀初期の豪華な建物であるホテルから外出した際、街頭の売人が私に近づいてきた。男は英語を一言もしゃべらなかったが、商売をどうやってするかは十分に知っていた。「ロレックス？」彼は左のポケットから一掴《つか》みの時計を取り出すと目立たぬよう私に尋ねた。私が首を横に振り断ると、彼は右ポケットから別の一掴みの時計を取り出し、周りを見回して誰も見ていないことを確認すると再び私に尋ねた。「カルティエ？」。私がまた首を横に振ると「ブルガリ？」「オメガ？」「レイモンド・ウエイル？」と彼は続けた。私は売人を振り払うために、速度を上げながら南京路を下って歩き始めた。明らかに彼は、おそらく私が特定できるよりも多くのブランド品を持っていた。この光景が半ブロックごとに繰り返された。海賊版の豪華な時計の売人は、時計一つに200元——25ドル——を要求していた。しかしもし、これを断れば、彼らは最後にはロレックスを2個12ドルに値引きすることとなったであろう。

オールド・シャンハイ——元、民、清王朝の下で経済貿易の中心地であった都市の一部で、現在は観光センターとなっている——を訪問中に、公衆の面前で通りの屋台に陳列された闇市のロレックス時計を見つけたときはさらに驚いた。おそらく中国の政権は副首相が述べていたように、国のあらゆるところで闇市の商品の売人を厳しく追及していたのであろうが、中国の闇市の中心地となった上海ではこのようなことはしていなかった。しかももし、中国当局が疑問の余地のない権力を行使している国内において見て見ぬふりをしているのであれば、犯罪者たちが見えず、手が届かないと主張することが彼らにとってもっと易しいはずの海外で同じことをしない理由はない。

ラテンアメリカの「呪い」――原材料

多くのラテンアメリカ諸国は、闇市場の安価な模造品の流入よりも大きな中国からの脅威に直面している。それは対中原材料輸出への長期的な依存である。中国との新しい経済関係――貿易や投資のいずれであっても――は、もっぱら原材料の採掘と輸出のみに基礎を置いている。これはラテンアメリカの第1次産品への依存を増大させるのみであり、この地域が世界の市場でより高い価格で販売される付加価値のある輸出を生み出すことを妨げるかもしれない。

ゴールドマン・サックス投資銀行の「ラテンアメリカと中国の貿易関係の現実的な見方」と題する調査報告書は、両者間の貿易の増大は現状の産物であると結論づけている。それは、より洗練されたラテンアメリカ商品の中国への永続的輸出増大を促進しそうにない。なぜならラテンアメリカの工場は、巨大な中国市場の需要に見合った能力に欠けているからである。同調査は、もしラテンアメリカ諸国が競争力を高めるために中国が実行したのと同様の改革に取り組み、立法化しないのであれば――労働法および税法をより柔軟化し、より高度な熟練労働力を生み出すために教育システムを改善すること――彼らは原材料の輸出国であり続け、その価格は世界の市場では完成品価格よりも低いままであろうし、ますます遅れを取るであろうと結論づけている。

中国が約束したこの地域への投資がどのようなものであっても、あまり役には立たないであろう。なぜなら中国側はほぼ完全に、原材料の採掘促進を目指したインフラ改善に狙いを定めているからである。ラテンアメリカの付加価値生産物の増加を推し進めるにはあまり役立たないであろうと調査報告書は述べている。

ベネズエラの油井、ブラジルとアルゼンチンの鉄道と港湾、チリの銅産業への中国の投資は、この地域の技術開発や輸出の多様化、洗練化にとっては「限られた貢献」であると報告書は述べている。メキシコは特に懸念される。メキシコの中国との貿易バランスは、２０００年の27億ドルの赤字から、04年には１２４億ドルの赤字に悪化した。この不均衡は確実にさらに拡大すると見られ、10年までには１６４億ドルの赤字に達すると見られている。メキシコは鉄鋼の対中輸出を増やしているものの、「中国への総輸出は非常に低いままであり、米国のような第三国市場への輸出の減少ぶりや、中国からの輸入品のメキシコ市場へのますます増加する浸透ぶりを覆い隠すことはできていない」(28)。

ゴールドマン・サックスの調査報告書は、もしラテンアメリカが中国との関係がもたらす機会を、米国や欧州連合（EU）との自由貿易協定の実現可能な代替品であると信じているのであれば勘違いであると結論している。中国との経済的同盟は、多くのラテンアメリカ諸国の「採掘経済」としての地位を永続的なものとするのみであるのに対し、米国やヨーロッパとの貿易交渉は――特にもし、双方が不当な農業補助金を削減する場合には――ラテンアメリカ地域のより洗練された産品の販売を可能とし、その結果、地域の経済成長を加速するであろう。

ゴールドマン・サックスの調査報告書は、ウォール街の世界観に染められているのか、それとも現実を反映しているのか？　国連開発計画（UNDP）は自由市場に偏っているとは非難できない国際機関だが、やはり同じ結論に達している。UNDPの調査報告は、原材料輸出への依存増大がラテンアメリカにとって実際上最大の経済的脅威であると述べている。2005年人間開発報告では、UNDPはこの現象を「資源の呪い」と呼んでいる(29)。

「人間開発という点から言えば、輸出活動はいい結果をもたらすものもあれば、そうでないものもある。石油や鉱物の輸出から得られる富は、成長にとっても民主主義にとっても開発にとっても悪いものになりうる」とUNDPは述べている(30)。途上国世界の石油最大輸出国34カ国を合わせた国民の半数が極貧状態で生活しており、これらの諸国の3分の2は民主的ではないと報告書は述べている。石油価格が上昇すれば新たな石油独裁者たちが世界中に台頭し、既存の石油独裁者たちがより大胆となるのは偶然ではない。

主に農産品を販売しているラテンアメリカ諸国もまた、後に取り残されていると報告書は述べている。「付加価値製品の製造において、ラテンアメリカは東南アジアと比較して市場占有率を失いつつある」とUNDPは述べた。「50カ国以上の途上国が、少なくとも輸出収益の4分の1を農業に依存している。これらの国々は下りのエスカレーターに乗っている」。

ラテンアメリカの原材料輸出依存に関するUNDPの

数値は、実にぞっとさせるものである。1次産品はアルゼンチンの総輸出の72％、ボリビアの83％、チリの82％、キューバの90％、コロンビアの64％、エクアドルの88％、ベネズエラの87％、ペルーの78％、そしてウルグアイの66％を占める。これに比して中国は輸出の9％のみ、インドは22％にとどまる。ＵＮＤＰの報告書は、もしラテンアメリカ諸国が輸出を原材料や低付加価値製品のみに限定し続ければ、この地域は現在の米国の発展レベルに到達するのに少なくとも２１７７年までかかるだろうと結んでいる。

その上、もし中国が近い将来成長し続けるとしても、南米諸国がその原材料を近年行ってきたように中国に売り続けることが可能であるとの保証はない。２０１０年までに世界最大の自由貿易圏を創設するための東南アジア諸国連合（ＡＳＥＡＮ）10カ国との04年の貿易協定――インドネシア、マレーシア、フィリピン、シンガポール、タイを含む――の下、中国はすぐにアジアの隣国から原材料を購入し始めるであろう。ほとんどのＡＳＥＡＮの国々は農業生産国であり、07年に特恵条件の下、中国に農産品を輸出する予定となっている。

中国の当局者は、同国は世界の他の地域との貿易の下落を犠牲にして隣国との貿易を拡大していくだろうとあっさりと認めている。私が中国国家発展改革委員会のゾウ氏に対し、中国の国際貿易全体におけるＡＳＥＡＮとの貿易の影響は何かと尋ねたとき、彼はこう答えた。「現状ではＡＳＥＡＮ諸国は中国の国際貿易の30％を占めています。自由貿易協定が発効すれば、この割合が40％に増大することを希望しています」(31)。

中国の汚職の「伝染効果」

ラテンアメリカの中国との特別な関係がもたらす最大の危険は、地域の反汚職および人権支持というアジェンダを数十年遅らせる可能性である。米国やＥＵとは違い、中国は真剣な反贈賄法がなく、既存のものは世界のどこの同様の法律よりも執行が厳しくない。１９７７年のロッキード贈賄スキャンダル以来、米国が外国汚職常習行為法を通過させ、米国企業が外国官僚への贈賄を禁止したことで、ワシントンの歴代政権が同様の反贈賄法を他の諸国が適用するよう説得する上で成果があった。過去数年間――特にメキシコにおけるラウル・サリーナス・

デ・ゴルタリとペルーのブラディミーロ・モンテシーノス国家情報局元長官の金融スキャンダル以降――EUがその闘いに参加し、経済協力開発機構（OECD）の贈賄禁止協定に署名した。同協定は、契約の入札を行う際にフランスやドイツが与えているラテンアメリカに支払われる「手数料」への税控除を禁止するものである。米国とヨーロッパの贈賄に対する共同戦線は、いまだに道のりは遠いものの――2004年コスタリカにおけるフランス多国籍企業アルカテル社の贈賄スキャンダル、07年のアルゼンチンでのスウェーデンの建設大手スカンスカ社の汚職事件は、いかになすべきことが残っているかを示す例である――進展があったことは疑いの余地はない。1990年代後半以降、OECDは、もし多国籍企業が外国の当局者に直接または補助金を通じて贈賄すれば、ますます増加する罰金を払うという協定を承認している。

しかし中国の当局者や企業人は、米国の外国汚職常習行為法やOECDの贈賄禁止協定のような規則には服していない。では誰が大きな入札を勝ち取るためラテンアメリカの当局者に現金を自由に手渡すのを差し控えさせるのか？　今日までの中国人の行動から判断して彼らを止めることは困難であろう。国際非政府組織（NGO）のトランスペアレンシー・インターナショナルの腐敗認識指数によれば、中国企業は世界で最も贈賄の傾向の強いうちの一つにランクされている。世界中の多国籍企業の幹部の調査により編集された、ビジネスをする上で世界で最も誠実な諸国の透明性ランキングでは、中国が最後から2番目である[32]。トランスペアレンシー・インターナショナルのピーター・アイゲン代表によれば、中国企業により支払われた賄賂の水準は「耐え難い」ものである[33]。もしラテンアメリカの諸政府が中国とのビジネス取引を劇的に拡大するのであれば、ラテンアメリカは、汚職の「伝染効果」を避けることができるだろうか？中国で大きな変化がなければそれは疑問である。

汚職は外部世界との関係においてだけでなく、国内的にも中国の新資本主義の不可分の一部である。その他多くの共産主義国と同様、中国の資本主義は法の枠外で生まれた。数十年の長期にわたる私的所有権禁止は、お金を稼ぐことを欲する人々に闇市場での取引を強いた。中国の現当局により語られている公式のストーリーによれば、現行の経済改革の波は安徽省小崗村における18人の農民の経済的成功に着想を得ている。彼らは協同組合の中で個人的に土地を耕す秘密の契約——当時は違法であった——に署名した。極貧の中で暮らしていたこれら18人の農民は、もし見つかれば刑務所に入れられるか銃殺されるかの危険を承知の上で、1978年12月、文書に母印で調印した。だが彼らの小区画の土地の生産が劇的に増大するのに長くはかからなかった。そしてそのニュースは国家指導者鄧小平の耳にも届いた。鄧小平は多くの補佐官たちが予想していたような農民を処罰する命令を出す代わりに、いかに彼らが生産性をうまく増大させたのか調査するよう求めた。その後すぐに鄧小平は、いくつもの省に私営農業の実験を命令した。それからこのシステムを全国に拡大したのである。

最初の18人の農民のように、数百万人の他の中国人起業家が法を破りつつ、また秘密合意や贈賄、すべての種類のごまかしを使いながら、生き残るために事業を始めた。『中国株式会社』の著者フィッシュマンは、今日の中国において多くの外国企業家にとって最も不満な部分は、中国パートナーがしばしば露骨に合法性を無視することであると指摘し、さらに「中国のビジネスは法の適用枠外が唯一の選択肢という環境の中で成長したのです」と述べている。「もし国家の贈賄網や癒着のシステムが規範として今後何十年も残るのであれば、市場に参入する企業もその影響に染まることになるでしょう。彼らは、中国の会社との取引のために、少なくとも中国の企業家が行っているものと同様の自由裁量を親会社に要求するでしょう」[34]。そしてもし米国企業が中国とのビジネスにおいて、倫理的基準を緩めるよう求める圧力に直面するのであれば、反汚職基準がこれまで厳格には執行されていないラテンアメリカ諸国において同じことが起こらないと信じる理由はない。

潜在的伝染力は人権分野においてもまた明白である。中国政府当局がこの地域における最優先目標の一つとして、世界問題における米国の影響力相殺のためのラテンアメリカとの「戦略的コンセンサス」について話すとき、彼らは国連での人権侵害非難から自分たちを守るためラテンアメリカの支援を確実にすることを特に言っているのである。もしアルゼンチンやブラジルが他国への内政「不干渉」の旗の下で最近やり始めたように、ラテンアメリカが人権侵害非難について中国擁護に加わるならば、中国における人権の大義を損ねるばかりでなく、ラテンアメリカにとって危険な先例をつくり出すこととなろう。抑圧的なラテンアメリカの諸政府は他人に自らの悪事を批判させないため、将来ますます同じ「不干渉」原則を使うであろう。中国との政治的同盟は、ラテンアメリカの民主主義やその経済にとっても有害なだけかもしれない。

中国の奇跡のアキレス腱

現在のところ中国の経済ブームは止められないと思われる。中国政府の予測によれば、中国は今後10年から15年の間、年率7％以上で成長を続け、２００６年の１人当たり平均国民所得１７４０ドルを20年には３０００ドル以上に増大させるだろう。上海のようなビジネスの中心地では、20年の1人当たり所得は年1万ドルを超えるであろう。もしラテンアメリカの経済が実質的に成長することができなければ、国家発展改革委員会の推定では、中国の大都市の住民は大半のラテンアメリカの首都の住民の個人所得を上回るであろう[35]。そしてもし中国政府とＣＩＡ所属のＮＩＣ、双方の予測が正しいのであれば、２０２０年までには中国の経済は優にヨーロッパとインドを追い抜き、それに続く10年程度の間に世界ナンバーワンの大国になろうとしているのである。『中国の世紀』の著者であるオハイオ州立大学のオデッド・シェンカー教授のような幾人かの熱狂者によれば、中国はさらに早く、20年から25年の間にも最大の経済大国となりえよう[36]。

これらの予言は現実のものとなるだろうか？ 中国で数十人の官僚、学者、企業人とインタビューした後で、私は――予期せぬ出来事が起こらなければ――中国はそう遠くない将来、世界最大の大国になろうということに疑いを持たない。これらの予測に関する私の唯一の留保は、これらがスナップショット的な今のデータに基づいているという点である。そして歴史というものは相変わらず驚きに満ちているのである。もしロシアの先見のある人が早くも１９８７年の時点でソ連が存在するのをやめ、ソ連共産党が退職者の社交クラブのようになり、ポーランドとチェコ共和国が国連人権パネルにおいてキューバに対する主な非難者となると言ったならば、彼は狂人と考えられたであろう。

もし中国の学識者が毛沢東の文化大革命の間に、21世紀初めの上海の主要な観光の呼び物が消費者の記念碑であると予言したなら、彼は正常に判断のできない知識人との烙印を押され、再教育のため共同農場に送られたであろう。日本が最大の超大国となるであろうとか、世界が新氷河期に向かっているとかいった以前の予測とまったく同様に、中国が世界の次の超大国となるよう運命づけられているとの予言は憶測に終わる可能性が大いにある。

多くのことが中国で起こりうる。新たな経済ブームからパンくずぐらいしか享受できない8億人の農民が、メルセデスの最新モデルを所有し、新年の夕食に3万7000ドルを費やす者たちとのあまりの格差に厳しい目を向けるようになり、政治的な反乱を起こすかもしれない。すでに1989年に天安門広場で学生の反乱が一度起こっており、再び起こらないという保証はない。中国政府の最も目に見える懸念から判断すれば、国内の数十の民族グループの一つを巻き込んだ宗教的な反乱が起こる可能性がある。中国政府が法輪功に特に懸念を抱いているのは偶然ではない。この宗教セクトは、公然たる抗議を行うといつでも、どの政治団体よりも暴力的に抑圧されるのである。

社会不安がなくても、経済が中国の銀行システムの脆弱性ゆえに崩壊するかもしれない。

中国の大銀行は再編成できない不良債権の中で身動きがとれなくなっており、ドミノのように崩壊しうる。さらに政治的または経済的な破局がなくても、中国の政治システムの進化自体が支配エリート内部の対立激化をもたらすかもしれない。年がたつにつれて、地方共産党や警察官に定期的に金を支払っている多くの中国のビジネス界の大物たちは、全国レベルの党首脳や政府高官の間に独自の連合をつくり上げるかもしれない。これは独自の治安機関を持っていた封建領主的なシステムにつながる可能性がある。それらの治安機関は——以前に中国の歴史で起きたように——相互に戦ったり、政府に反対して協同したりするのである。

もし予言しなければならないなら、私としては中国は過去の20年間ほどの目を見張るペースではないものの、今後数年間は成長を続けるだろうと言うであろう。理由は簡単である。中国の現在のダイナミズムの多くは共産主義から台頭してきた現世代の人々のおかげである。彼らは国家運営資本主義への熱烈な転向者である。彼らはアパートや最新の消費用品を買うために必要であればどんな条件下でも必要なだけ勤勉に働くことをいとわない。しかしその子どもや孫たちは同じだけの意欲を持たないであろう。文化大革命のとび色の制服を黒の革ジャケットやブルージーンズに着替えられる目新しさは、古くさくなるであろうし――先進工業国において移民に起こっているように――新しい世代は世界最低のいくばくかの給与のために24時間体制で働き、仕事机で眠ることは切望しないであろう。もし、行く手に何も予想外の事態が起こらなければ、中国は引き続き世界の工場となろうが、今日よりは競争力は少なくなるであろう。資本主義熱はすべての熱と同様、終わるであろう。しかしながら、その間にも中国はラテンアメリカにますます大きな影響を及ぼすであろう。それは短期的には多くの国にとって有益なものであるが、長期的にはすべての国にとって潜在的に危険なものであろう。

注

(1) 『世界の未来地図――国家情報審議会2020年プロジェクト』国家情報審議会（NIC）、2005年。
(2) 「国家は追加外国投資に敬礼する」『チャイナ・デイリー』2005年1月31日。
(3) 前掲(1)、12頁。
(4) 「中国、買い物客の新天地、巨大な規模のモールを建設」『ニューヨーク・タイムズ』2005年5月25日。
(5) 「中国のエリートは、それを誇示することを覚える一方、新たな土地なしの人々は泣く」『ニューヨーク・タイムズ』2004年12月25日。
(6) 「3万7000ドルの夕食は、胃につらい？　中国の金持ちのためではない」『シンガポール・サンデー・タイムズ』2005年2月6日。
(7) 「豪華車市場のためのロー・ギア」『チャイナ・デイリー』2005年2月7日。

(8) テッド・C・フィッシュマン『中国株式会社』スクリブナー出版社、9頁。
(9) チー・ロー『誤解された中国』シンガポール・ピアーソン・エデュケーション、２００４年、22頁。
(10) 『世界の事実本』米中央情報局（ＣＩＡ）、２００７年。
(11) ゾウ・シーアンとのインタビュー、北京、２００５年2月2日。
(12) 「中国経済を改革しながら、概略案内」王立国際経済研究所、www.Riia.org
(13) 新華社通信、２００５年1月10日。
(14) 同右。
(15) 前掲(1)、13頁。
(16) 同右、78頁。
(17) 「中国のインターネット検閲」ＡＰ通信、２００２年12月3日。
(18) 「インターネット活動が増大するに従い中華人民共和国は管理を引き締め」アムネスティ・インターナショナル、２００４年1月28日。
(19) 「中華人民共和国――死刑執行、法に従ってなのか？　中国における死刑」アムネスティー・インターナショナル、２００４年3月22日。
(20) ジアン・シーシュエ『グローバリゼーションとラテンアメリカ』中国社会科学院ラテンアメリカ研究所、No.５、２００３年、2頁。
(21) 同右。
(22) 同右。
(23) 「海外投資が上昇」『チャイナ・デイリー』２００５年2月1日、「ラテンアメリカ・カリブにおける外国投資」国連ラテンアメリカ・カリブ経済委員会（ＥＣＬＡＣ／ＣＥＰＡＬ）、２００３年。
(24) 『クラリン』２００４年11月13日。
(25) 『チャイナ・デイリー』新華社通信、２００５年2月8日。
(26) セルジオ・レイ・ロペスとのインタビュー、北京、２００５年2月3日。

(27) 「中国における知的所有権保護の進歩」『チャイナ・デイリー』２００５年1月14日。
(28) 「ラテンアメリカ、中国の貿易関係の現実的な見方」ゴールドマン・サックス、２００４年12月3日。
(29) 同右、6頁。
(30) 国連開発計画（ＵＮＤＰ）「人間開発報告書」２００５年、１２４頁。
(31) 前掲(11)。
(32) トランスペアレンシー・インターナショナル「腐敗の認識指数」２００２年。
(33) 同右。
(34) 前掲(8)、63頁。
(35) 前掲(11)。
(36) 「中国は２０２０年に米国を追い越す準備ができている」『チャイナ・デイリー』２００５年2月9日。

第3章　アイルランドの奇跡

ほら話「失敗したのは資本主義モデルである」
（ウーゴ・チャベス・ベネズエラ・ボリバル共和国大統領、2005年4月17日）

アイルランド・ダブリン――アイルランドの首都で、くつろぎを感じるようになるのに長くはかからなかった。ダブリンでの最初の日に、ホテルから出て通りを歩いている間に、何か外気の中に親しみやすさを感じた。アイルランドには一度も来たことがないのに不思議であると私は思った。自分にはアイルランドの血は入っておらず、オスカー・ワイルドやジェームズ・ジョイスの作品をアルゼンチンで成長期に読んだ以外には、特別な関心を持っていたこともない。しかし私は、アイルランド人は北欧のラテンアメリカ人ではないのだろうか、あるいは少なくとも二つの文化には、多くの共通点があるのではないかといつも思っていた。

そして私は間違ってはいなかった。アイルランドは伝統的に農業国でローマ・カトリックであり、大酒飲み、詩人、音楽家、世界を旅する者、すべてのボヘミアンの賞賛者であり、チームワークよりも即興に天賦の才能があることで名高い人々の故国であった。歴史的には、彼らは隣人である英国人の貧しいとこであり、多くのラテンアメリカ人が米国との間に有しているのと同様、隣の英国人との間に愛憎半ばする関係をずっと持ち続けてきたのである。

アイルランドは多くのラテンアメリカ諸国と同様、伝統的には、科学、技術、ビジネスよりも芸術、文学、スポーツにおける栄光によってよく知られている。アイルランドといえば頭に浮かぶ名前は、作家ではワイルド、ジョイス、W・B・イェーツ、サミュエル・ベケット、ジョージ・バーナード・ショー、画家ではフランシス・ベーコン——より最近では——ケルト舞踏団のリバーダンスのようなダンサーと音楽家あるいはボノをリードシンガーに持つU2である。

しかしアイルランドが科学において、同じように優れた人物を輩出したのか聞けば、アイルランドの人々は、良い例を見つけようと、助けを求めて互いを見合うであろう。少なくとも滞在中のアイルランドの人々との会話では、誰も世界的に知られた名前は挙げなかった。

アイルランド人とラテンアメリカ人の特質——あるいは少なくとも彼らのステレオ・タイプ——の間に類似性があるのだろうかという私の疑念は、政府当局者との最初の約束に遅れたと気づいて走っていたときに確認された。その約束は到着日の午後4時に予定されていた。私はホテルの部屋で電話に出ていて遅れてしまったが、幸運にもホテルは外務省からわずか1ブロックのところにあり、インタビューはそこで行われる予定であった。私は急いで走り始め、息を切らして74ハートコート通りの外務省のビルに4時10分に着いた。

到着すると私はインタビューを手配した渉外担当官を訪ねたが、私は彼がすでにロビーで神経質に時計を見ながら待ってはいなかったことに幾分驚いた。いや待っていなかったのだ。彼は階下から私が呼んだ数分後に現れた。私が遅刻したことをひたすら謝ると、彼は「心配いらないですよ。約束はアイルランド時間の午後4時ですから」とにやにや笑いながら答えた。言い換えれば、時間厳守を礼賛することで知られるスイスやその他の国々とは違って、それは大したことではなかったのである。我々がエレベーターで上がっているときに、彼は私に「アイルランド時間」は約束の時間における柔軟性を認めるものであると、まるでその概念がラテンアメリカ生まれの訪問者にとってはまったくなじみがないものであるかのように説明した。そして偉大な詩人やダンサー、スポーツマンであることに加えて、アイルランド人は時間にも正確でないと学んだときに、この点にこそラテンアメリカがアイルランドの経済的奇跡から学べるかどうか調査するための理想的な場所であると実感した。

12年間は何でもない

12年間の最後を迎えた2003年、それほど遠くない昔、ヨーロッパの最貧国であったアイルランドは世界で最も裕福な国の一つとなっていた。06年までにアイルランドの1人当たり国民所得は4万3600ドルに達した。これはドイツや英国よりも高く、欧州連合（EU）ではルクセンブルクについで2番目に高い(1)。ケルトの虎は吼《ほ》えていた。

私が03年に訪問したとき、アイルランドは「経済情報ユニット」というエコノミスト誌の研究グループによる「暮らすのに世界で最高の国」にスイス、ノルウェー、スウェーデンといった前年の有力候補を打ち負かして選ばれたところであった(2)。いかにしてアイルランドが10年足らずで年間国民所得を3倍にしつつ、貧乏な農業社会から技術の強大国にうまくなることができたのだろうか？　いかにして彼らが政治的不安定、社会紛争、経済停滞を後にして、世界第4位の高い国民所得を持つ国に巧みになることができたのだろうか？　そしてより興味をそそられるのは、いかにしてアイルランド人は、いつも彼らを見下していた英国人を経済的に凌《しの》ぐことができたのだろうか？

これらの質問は、第5章において、いくつかの国々の繁栄と他の国々の後進性を地理的、宗教的、歴史的要因のせいにする、米国の学術界で非常に人気のある成長の「文化理論」を見るときには一層重要なものである。その信奉者たちによれば、第三世界の国々の貧困は病気の蔓延《まん》を容易にする熱帯気候や、企業家活動と独立思考を妨げると主張されているカトリックの伝統によってしばしば説明できるというのである。アイルランドを訪問し同国の最近の過去を調査しようと決心したときに、私はラテンアメリカが、このような文化理論が間違っていることを証明できるのかどうか、そしてアイルランドが達成したように次の10年で経済的奇跡を実現することができるのか知りたいと思った。

ほんの少し前まで、アイルランドは経済的に散々な状態にあった。1980年代には失業率は18％あたりをさまよい、インフレは22%に達し、公的債務は急上昇した。多くのラテンアメリカ諸国の10年後の事例であるかのように――手短に言えば反グローバリゼーション活動家の最も暗い予測を確認するもののように――アイルランドの経済開放は、自動車、繊維、靴工場の閉鎖と、数万人の人々を仕事から追い出す結果になっていた。ラテンアメリカの国々のように、アイルランドは財政的には対外債務により喉元を締めつけられ、大量の移民が外国に出ていた。政府の税収の90%近くを対外債務の利子払いに費やさねばならず、発展計画や貧者のための社会計画のためには、実質的に何も残らなかった。アイルランドの貧困水準は第三世界諸国のそれに近く、アイルランドは経済が停滞し米国において増大する移民コミュニティーからの仕送りに大きく依存していた。1987年までアイルランドで最も人気のあるジョーク、「国を離れる最後のアイルランド人は、お願いだから明かりを消してくれないか?」は、かつて何度もラテンアメリカで聞かれたものと同じであった。

しかし15年後にダブリンで見いだしたものは、そうした様相とはまったく似通っていなかった。90年代の間、アイルランドの経済は世界で最も高い成長率の一つである年平均9%で成長した。1人当たり国民所得は1987年の1万1000ドルから2003年には3万5000ドル以上に増大した。同時期に個人所得はヨーロッパ平均より40%下回るところから36%上回るところまで急上昇した。アイルランドの経済ブームでは富裕層が最も恩恵を受けたが、シーン・レマス元首相の「上げ潮はすべてのボートを引き上げる」との予言は本当になり、失業率は4%に、極貧層は5%にまで下落した。

アイルランドは今や世界トップの科学技術および製薬センターの一つとなった。それは情報・製剤分野における主要多国籍企業の、EU、アフリカ、アジアへの輸出拠点となった。国内に主要な調査・開発センターを置く会社の中には、インテル、マイクロソフト、オラクル、ロータス、ファイザー、メルク、アメリカン・ホーム・プロダクツ、そしてIBMがある。過去数年におよそ1100社の多国籍企業がアイルランドに事業所を開設し、毎年合わせて約600億ドル相当の製品を輸出している。400万人に満たない小さな人口にもかかわらず、アイルランドはヨーロッパで販売されるコンピューターの3分の1を輸出している。そしてさらに驚くことに、米国を凌ぐ世界におけるソフトウエアの最大輸出国なのである(3)。

ダブリンには進歩の印がどこにでもあった。ダブリンはヨーロッパにおける最も物価の高い首都の一つであり、その経済はインドと中国の増大する競争力のために勢いを失ってはいるが、好景気の街であった。グラフトン通り――ダウンタウン地区を横切る歩行者用散歩道――では、私は豪華な店から一度に二つか三つの買物袋を提げて出てくる人々に取り囲まれていることに気が付いた。ロンドンよりも外国人は少なかったが、ダウンタウンのレストランのウエーターの多くは、イタリア人、スペイン人または南アジア人であった。アイルランドはもはや人々が去ることを強いられる国ではなく、新しい移民を引きつける磁石となったのである。米国に去っていたアイルランド人の男女の多くが帰国しており、本国よりも多く稼ぐために2、3年働きにやってくる若いスペイン人、イタリア人、ギリシャ人たちと一緒となっていた。

最新モデルの車が道路脇に沿って並び、建設プロジェクトが至るところで進行中であった。ダブリン中のほとんどの大通りは、労働者の一団により拡張されつつあったが――交通の大渋滞を生んでいた――それは市の大部分を互いにつなぐ10億ドルのトロリーバスシステム「ルアス」を建設するためであった。海洋港ではトラックの往来を容易にするための巨大トンネルが建設中であり、至るところで建設用クレーンがそびえていた。ダブリンは確かに成功していた。

進歩のための処方箋

「アイルランドの奇跡の背後にある秘密は何ですか?」。私はダブリンでインタビューしたすべての人に尋ねた。政府当局者、企業家、労働組合指導者は、それは多くの要因の組み合わせであると考えていた。企業と労組の間の合意である「社会提携」、EUの援助、投資を阻害する官僚的形式主義や障害の除去、通信産業の規制緩和、脱税者への広範な恩赦、個人と企業の税削減、強力な教育投資、そして国家の経済的開放における当初のつまずきにもかかわらず歴代の政府がぶれずに最後まで頑張り通した事実などである。

多くの人々にとり「ケルトの奇跡」の背後にある鍵と

なる要因は、１９８７年の企業家と労働組合の間の協定であった。経済開放のための当初の試みの間、フォード、トヨタの組み立てラインやいくつもの繊維会社の操業停止により失業率が18％まで上昇し、経済が揺さぶられた危機にもかかわらず、政府とアイルランド社会の多くの人々は、国内市場が国内の保護産業の経済を維持するには小さすぎると結論づけた。例えば自動車産業は輸入車と同じくらい良質で安い車を生産する能力があるが、人口４００万人の国が提供できるよりもさらに大きな市場を要求するであろう。最初の数年間、この改革によっていかに社会的なトラウマを負うこととなっても、公共支出削減を継続し、また外国投資を引きつけるために企業税率を下げつつ、経済開放とともに前進するよりほかに選択肢はなかったのである。

政府は、国家の優先事項は労組との協定であるべきだと決定し、同協定の下で労組はいったん経済が成長し始めれば、実質的な賃金増を得る代わりに今の賃金増加抑制を受け入れた。そして最初の社会提携協定が政府、企業所有者、労働者の間で署名された。この協定の下で、政府は企業税の削減に合意し、企業連盟は雇用維持に合意し、労組は経済が回復するまで賃上げ要求を延期することに合意した。最初の協定は3年の期間で署名され、以来更新されてきた。

「これらすべてを私たちは国際通貨基金（ＩＭＦ）の援助なしに行ったのです」。産業開発省に相当するアイルランド産業開発庁のキーラン・ドノギュー計画部長は述べた。「簡単に言えば、私たちは政治エリートや企業エリートたちが、リスクをとりながら雇用創出産業に投資する代わりに、不動産や土地等の安全な投資のみに賭けてきたために、一国の枠内での資本主義は失敗であったとの結論を下すに至ったのです。それゆえ、私たちは経済開放とリスクをとることを奨励し、起業家に報いる米国式の資本主義に賭けることに決めたのです」。

当初、社会提携協定は半分しか機能しなかった。経済は成長し始めたものの、すぐには雇用の増加やその他の社会的改善にはつながらなかった。2年後に労組は神経質になり始め、彼らが大きな犠牲を払っている間に新たな成長は主として富裕層に恩恵を与えていると述べた。しかし政府の経済学者たちは、アイルランドの工場はいまだに危機の年から引き継いだ余剰生産能力のみを活用しており、さらなる雇用によらず容易に生産量を増大できるため、成長はまだ失業をはっきりと減少させていないと主張した。だが彼らは、それはいつまでも続かないだろうとも述べた。忍耐が必要とされた。目を閉じ、じっとしがみつき、そして最後まで頑張れ。

成長を加速化するために、政府は脱税者のための一般恩赦を命じた。アイルランドにおいては、大半のラテンアメリカと同様、脱税は広く行われていた。一つには税金があまりに高い――高収入の個人には58％、企業には50％――ために、大半の国民がごまかしていた。政府は脱税者に6カ月の清算期間を与え、その結果は驚くべきものであった。政府の経済学者たちは当初、税の恩赦は国庫に4500万ドルをもたらすだろうと期待していたが、実際は7億5000万ドルを受け取ったのである。新政策が機能していることが明白となるずっと前の1993年、失業率は低下し始めた。当初はゆっくりと、そして続く数年でますます速度が増していった。90年代末までに、大量の移民により毎年3万人の労働者を失っていた国が国民の流出を止め、今や毎年4万人の外国人労働者の純受け入れ国となった。

疑いなく、アイルランドの1973年のEU加盟（当時は欧州共同体［EC］）とそれに続く年のEUの経済援助は、国家経済成長の加速化を助けた。しかし私が話したほとんどの政府当局者や学識者は、部外者が予想するのとは反対に、ヨーロッパの補助金はアイルランドの奇跡においては重要な要因ではなく、また速攻効果も持たなかったことで意見が一致していた。アイルランドの経済開放は、国がEUメンバーになるずっと前から始まっていた。それは65年――政治的国家主義と保護貿易主義の時代の後――アイルランドと英国が、英・アイルランド自由貿易協定に署名したときまでさかのぼる。

「それまでは私たちは、遅れた孤立主義の国でした。英国からの独立を示す私たちの方法は自給自足と輸出代替を模索することでした」。ブレンダン・リヨンズ外務次官はインタビューで言った。「私たちが何とかつくり上げることができたのは非効率な国内産業でしかありませんでした」。73年、アイルランドがEUに加盟したとき、その潜在的市場は400万人から3億人の消費者に拡大した。「EUへの加盟は、私たちに英国への依存を減少させ、EUへの輸出を目指す米国の投資にとっての足場となるという両方を可能にしたのです」。リヨンズは、15年後に第1回社会提携協定が署名されるまで続いた工場閉鎖と社会問題に言及しつつ、続く数年間は容易でなかったと付け加えた。

もちろんＥＵの援助は過渡期をより耐えられるものにするのを助けた。しかし、アイルランド当局者はラテンアメリカの政治家の好む議題の一つ――アイルランドの奇跡はＥＵの寛大な補助金により唯一可能となったがゆえに、ラテンアメリカ地域は米国のマーシャル・プランを必要とするというもの――が事実誤認であることをはっきりさせながら、ヨーロッパの経済援助は決して彼らの国の成功物語での決定的な要因ではなかったと明言した。ＥＵはアイルランドに対して、スペイン、ポルトガル、ギリシャに行ったように寛大な「結束基金」や「組織基金」を数年間与えたと彼らは述べた。より富裕な国々はとりわけＥＵのより工業化された国々への労働者の大量流入を止める目的でこれらの支援パッケージに賛成投票した。１９８９年から93年までだけで、ＥＵはアイルランドに橋、道路、電話線その他のインフラ工事と最も脆弱な農業分野への補助のために34億ドルを与えた。１９９４年から99年までのＥＵの数字によれば、アイルランドはその間さらに１１０億ドルのパッケージを受け取った。

「これらの基金なしでは回復は非常に困難だったでしょう」とリヨンズは認めた。「そのときは経済を立て直すために政府予算を削減しなければなりませんでした。ＥＵの援助がなければ、これらの削減による社会的コストははるかに大きかったでしょう。しかしアイルランドの奇跡はいずれにせよ起きていたでしょう」。投資を引きつけるための労使協定と企業税削減を含む構造改革のおかげで経済は回復していただろうが、より混乱し、より長い時間がかかっていたであろうと彼は述べた。

リヨンズは事務所の小さな書架から1冊の本を取り出すと、自分の主張を裏打ちするためにいくつかの数字を調べた。ＥＵのアイルランドへの補助金は73年に始まったが、15年の間、経済的離陸は起きなかったと彼は述べた。ＥＵのアイルランドへの援助は、マーストリヒトの合意後の92年までに大幅に増えたが、それでも依然としてアイルランドの国民総生産（ＧＮＰ）の中で大きな割合を占めるには至らなかった。ＥＵの結束基金と組織基金の影響についての多くの学術研究は、１９９０年代の間、国家の経済成長に年平均０・５％貢献したと結論づけている。それは決して取るに足りないものではないが、年平均7％で成長していた経済にとっては、成功への鍵というには程遠いものであった[4]。むしろ、ＥＵの援助はアイルランドの世界経済への完全統合への移行期において、必要な犠牲をより耐えられるものにすることを助けたのであった。

より多くの技術者、より少ない社会学者

「その他に何がアイルランドをそれほど大きく、それほど速く成長させたのですか？」と私がアイルランド当局者に尋ねると、大半の当局者が社会提携協定について述べた後、外国投資にとっての官僚形式主義やその他の障害に対する国家の闘いを挙げた。それは、アイルランドが世界で最も投資に友好的な諸国の一つに変わることを助けた。今日、アイルランドで会社を立ち上げるためには、たった三つの法的手続きに従う必要があるだけである。世界銀行の報告書によれば、全手続きは平均12日間かかるが[5]、メキシコで同じ会社を始めようとすれば七つの法的段階を踏み51日かかり、アルゼンチンでは15の官僚的手続きを踏み68日かかる。ラテンアメリカと比べて、アイルランドは外国投資にとって天国である。

高度先端技術の製薬企業を引きつける上で、アイルランドが成功したもう一つの鍵となる要因は、政府の大学研究への支援および貿易潜在力のある商品開発への支援であった。国際長距離電話料とインターネット接続料を急減させた法人税の削減および通信産業の規制緩和後、アイルランドはそのエネルギーを世界最大のコンピューター企業の誘致に向けた。彼らに熟練労働力を提供できるようにするため、歴代の政府は科学技術の卒業生の数を増加させようと１９８０年代、90年代に大量に投資を行い、二つの新大学を創設し、既存の大学にはより多くの資金を供与した。

ＥＵに加盟する前には、アイルランドはすべてのラテンアメリカ諸国と同じく、多くの社会科学の卒業生を生み出していた。しかしアイルランドがグローバル経済の中で競争することを決定したとき、アイルランドはより多くの科学者と技術者が必要であり、社会学者はそれほ

ど必要ではないとの結論を下した。１９９０年代、科学および科学技術の職を追求する大学生の数は倍増した。公式数値によれば、コンピューター科学の学生数だけでも、96年の５００人から２００３年には２０００人に増大した。

アイルランド政府のいわば計画省に当たるエンタープライズ・アイルランドの責任者であるダン・フリンター長官は、「70年代にＥＵに加盟した後、私たちはより多くの資源を工学と科学の専門学部に投入するため、熟慮された国家政策を打ち上げました」と述べた。「私たちは、それらの学位のために特別に二つの大学を新たに創設し、それを実行したのです」。

就学年齢の子どもを持つ幾人もの父母たちが述べるには、アイルランドの教師たちは小学校から――教育局の指導要領に従い――生徒たちが技術職を追求するよう仕向けようとした。例えば、典型的な宿題の研究課題は、Ｕ２のロックコンサートについて、ミュージシャンが演奏するためのステージの製作やコンサートホールの音響、入場券販売と事務経費を支える数学といったことを技術的角度から分析するものだった。また別の研究課題は、学生たちに彼らのお気に入りのサッカーチームについて、スタジアムの建設、会計、運営を含めて徹底的な技術的分析を行うことを要求するようなものであった。

技術教育に全国規模で焦点を当てることは巨大な文化的インパクトを与えることとなり、アイルランドの主要新聞が専門家による全国の最優秀学校ランキング討論会や初等中等学校、大学についての批評を含む教育ニュースに、毎日数頁を割くまでになった。その他の国々の新聞では、かなりの紙面を音楽、芸術、テレビ批評に割くが、アイルランドの新聞は学校の批評に割くのである。

政府は科学または科学技術の研究、そして潜在的なビジネスの開発を強力に支援した。フリンター長官は、彼の主要な責任が大学における前途有望な研究開発の認定とその具体化を支援するための資金提供を含むものであると述べた。平均してエンタープライズ・アイルランドは、毎年ビジネスの可能性のある製品開発のために、さまざまな大学の約70のプロジェクトに政府資金を投資しているという。我々が会ったときは、携帯電話のアプリケーション付きのコンピュータープログラム開発のため、民間企業と連携して投資基金を創設したところであった。

「これは何を意味するのですか」と私が尋ねると、「基金の創設は他のパートナーとともに、携帯電話でゲームをするために使用されるプログラムの特殊なアプリケーション開発のためにトリニティ・カレッジの研究チームに100万ユーロを供与することを意味します」とフリンターは述べた。「私たちは研究チームにアプリケーション開発のために6カ月から9カ月を与え、私たちが試験を行い、そして出向いて製品を携帯電話企業に売り込むのです」。

プロジェクトの数が増大し、立ち上げを支援したビジネスが商業的成功を収め始めたので、エンタープライズ・アイルランドは新しく生まれた会社の株売却で資金を得始め、しばしば当初の投資を回収し利益を上げた。好調の年には起業された会社の株式売却から1億ドルを得ていた。その合計は900人を雇用するエンタープライズ・アイルランドの予算の3分の1を占め、アイルランドの輸出促進に従事する世界中の34の貿易事務所への支払いを助けたのである。

アイルランドの成長における自分たちの役割についてのフリンターの話の中で――ラテンアメリカで見習うことができる――最も興味深いものの一つは、米国のドル投資を引き出すために、いかに在米のアイルランド移民を活用したかということである。米国には3000万人から4000万人のアイルランド市民およびアイルランド系の人々がいる。多くのアイルランド系米国人は、1840年の大飢饉のために移民してきた者たちの子孫である。その多くが今や世界最大の多国籍企業のいくつかで成功した幹部となっている。歴代のアイルランド政府は、国の政策として非常に成功した企業人を特に対象としつつ、できる限りアイルランド系米国人との関係を引き出すことに努めることを決定した。例えば、在ワシントン・アイルランド大使館員は主要多国籍企業のウエブページにおいてトップの経営幹部の中でアイルランド人の名前を探し出し、すぐに接触するよう要請されたのである。

産業開発庁のドノギューは、「私たちに最も関心を持つアイルランド系の人々を特定し接近するため、海外にある大使館を利用したのです」と言った。「それほどにも多くのアイルランド系米国人が米国企業のトップの地位についていたことは、私たちにとっては幸運でした。

彼らを大使館での社交イベントに招待して接触し、アイルランドへの投資メリットやアイルランド企業について紹介を行ったのです」。

もちろん多国籍企業のトップ経営幹部がたまたまアイルランド出身というだけでは、彼や彼女が大使館の電話に返答することや、ましてやアイルランドに企業投資を奨励することを保証しない。しかし今日の競争的世界では、国々は潜在的投資家たちに数分間の時間を割いてもらうために宣伝広告代理店に数百万ドルをつぎ込むのであり、民族的絆の利用は確かに門戸を開くことができるのである。アイルランド大使館の電話に、ドイツやグアテマラ系の人よりアイルランド出身の幹部なら応えてくれる可能性は、はるかに大きいとドノギューは言った。そしてアイルランド当局者がひとたび彼らの戸口に足を踏み込むことができれば、彼らは売るための良い製品を持っていたのである。

明らかに、私たちは間違っていた

自由市場改革への攻撃を先導することに最も満足を覚えるラテンアメリカの労組指導者たちにインタビューしてきた一人の報道関係者として、私はアイルランドがいかにして労組指導者たちにビジネス世界における彼らの敵との幅広い協定に署名するよう説得したのか好奇心をそそられた。当初の段階で多くの工場閉鎖の引き金となったアイルランドの経済的開放に彼らは本当に自主的に参加したのであろうか？　またはアメとムチによって、彼らはそうするよう圧力を受けたのか？　私はすぐにアイルランド労組を包括する最大の団体であるアイルランド労働組合会議（ＩＣＴＵ）の指導者たちがラテンアメリカの仲間と同様、１９７０年代に自由貿易に断固反対したことを知った。ＩＣＴＵはＥＵ加盟の是非を決める１９７２年の国民投票での「反対」票の主要な支持者であり、自由貿易が自動車、繊維、製靴産業での大量解雇につながる――正確には、短期的にはそうなった――ものだと主張していた。しかし国民投票で「賛成」票が大差で勝利し、アイルランドは数カ月のうちにＥＵに加盟した。

20年後、アイルランドの労働者たちは１８０度の転換を行った。ＩＣＴＵはもはやグローバリゼーションや自由貿易に対してむやみに反対していない。むしろアイルランドの自由市場経済の中で、その組合員にとって最良の取引を交渉することに焦点を当てる組織となり、3年ごとにあまり目立たない立場からその姿を現し、ビジネス界と政府の代表との社会提携協定の再交渉を行うようになった。

ほとんどのアイルランドの人々は今日ICTUが何をしたのか、また、どこにその本部があるのかも知らない。ダブリンのベテラン・タクシードライバーである私の運転手も、労働組合本部を見つけるまでにかなりの時間がかかった。彼はICTUが何であるか漠然とは分かっていたが、そのビルを見たことはなく、それゆえどこにあるのかはっきりとは知らなかった。それはダブリンの歴史的ダウンタウン地区のパルネル広場にあって、おのおのが隣とまったく同じである4階建てのいくつものタウンハウスの一つにあった。数年前は、その付近は上・中流階級の住宅地であったが、最近ではアジア、アフリカの労働者たちによって取って代わられている。労働組合本部はまさに、扉の隣のサインによってのみ見分けられる家の一つであった。明らかにアイルランドの首都の有名な場所ではなく、ましてやタクシー運転手がよく知っている場所ではなかった。

オリバー・ドノホーは、1972年の国民投票の「反対」運動の活動家であったが、今はICTUのトップ幹部である。戸口で私に挨拶した彼は、昔は明らかに家族のダイニングルームであっただろう会議室に私を案内した。そこには質素な家具があり、唯一の飾りは国際労組大会のポスターで、その多くが額はなく壁に鋲《びょう》で留められていた。着席すると、私はドノホーに、1970年代初頭にアイルランドの労働組合が自由貿易とEUとの統合に反対したことについて、今となってはどう感じているか尋ねた。労組のベテランである彼は「明らかに、私たちは間違っていた」と諦めの笑みで答えた。

ドノホーによれば、労働組合はEUとの統合が多くのアイルランドの産業を破壊し、数千人の労働者を宿なしで街頭に放り出すことになるのではないかという根拠ある恐怖に基づいて、自由貿易への反対に焦点を当てていた。その当時、ICTUが予測しなかったのは、アイルランドの経済的開放が統合プロセスの初期の段階で失われたものよりも多くの雇用——そしてより高い賃金——を創出するということであった。年がたつに従い、IC

TUは徐々にその立場を変えた。「私たちはいったん国民投票で敗れ、アイルランドがEUに加盟するとヨーロッパ労働組合連盟とともに働き始めたのです。すぐにヨーロッパの統合が私たちのためになりうることを実感しました」と彼は説明した。

アイルランドの労働運動の分岐点は、EUがすべての加盟国に男女平等支払いを要求し始めた1970年代半ばにやってきた。アイルランド政府は国が新しい規則に適合するには、より時間が必要であるとしてこの措置に反対した。にわかにアイルランドの労働運動は、EUと連携した。アイルランドの労働組合は――驚きではあるが――、ヨーロッパの超国家的機関が自国でのより良い労働条件闘争における最強の同盟でありうることを発見したのである。「あれが私たちの政治的立場における転換点であったのです」とドノホーは回想した。「それ以来、私たちは貿易統合を支持し、それに続く各国民投票ではヨーロッパとの幅広い統合に賛成票を投じたのです」と彼は付け加えた。アイルランドの労組は、経済の門戸開放は、それが持つすべての問題にもかかわらず、ヨーロッパの先進工業国で普及しているような、より進歩した社会政策に導くことができることを発見したのである。

インタビューの終わりの方で、私がドノホーにアイルランドの大半の労働者たちは、「ケルトの奇跡」から恩恵を受けているのか尋ねたところ、彼は肩をすくめた。彼はまるで議論の余地のない事実を承認するかのように、しかし同時に彼が生涯を賭けてきた労働組合の闘いに背を向けるのを欲しないかのように言った。「一般的にはイエスです。疑いはありえません。貧富の差は増大しましたが、貧困者の生活水準は向上したのです。上げ潮が、すべてのボートを引き上げるとの考えは本当となりました。もし自分たちの立場を要約するとすれば、私は経済成長は労働者に恩恵を与えたが、十分ではないと言うでしょう」。

それでは今日のアイルランドの労働運動の主な要求は何なのか？　ドノホーとのインタビューの数日後、新しい社会提携協定の交渉状況に関するアイリッシュ・インデペンデント紙の一つの記事を読んで、私は驚きで首を横に振った。その新聞によれば、ICTUの中の最大労組の一つであるサービス・産業・専門・技術労働組合（SIPTU）が、年次会合で政府に対してフレックスタイムを含む週30時間労働への短縮要求を決定したのだ。その会合では、労組指導部が現状の週40時間制は不当な扱いであると説明していた。数十年前には、ヨーロッパの富裕な近隣諸国よりも第三世界とより共通点を持ち、ほんの15年前には、失業率18％に苦しんでいた国にとって、労働者側の現在の要求は国家の経済的進歩への堅固な証左に思えた(6)。

進歩のトラウマ

近年、アイルランドの経済成長は、生活水準における著しい向上——そしてより高い賃金——をもたらした。1980年代、90年代のアイルランドへの外国投資の鍵となる誘因であった低い労働コストはすでに過去のことである。今日では、中国、インド、そして旧ソ連圏の諸国がはるかに低い給与と熟練労働力を提供している。それでも経済開放はより貧しい競争相手と競争できるよう国に賃金削減を強いる、常に「下り坂の競争」であると主張する反グローバリゼーションの理論とは逆に、アイルランドは成功者となったのだ。新千年紀の最初に、同国は相対的に低い4％の失業率のみならず、より良い給与の職を創出することで多くの労働者の給与を増加させたのである。

アイルランドのアップル社の工場を例にとってみよう。1977年にアップル社はコーク市の工場で1800人を雇用した。数年後、競争相手たちがその他の国々で同じ製品をより効率的に生産し始めたときに、アップル社はコーク市での作業の多くの部分を労働コストがはるかに安価なチェコ共和国と台湾に移転した。コーク市の経済は主要な雇用者が街を去ったために崩壊したか？　私が言われたところでは、まったくそうではない。同社の取締役によれば、アップル社のコーク工場はヨーロッパ全土の地域調査・サービスセンターに変わり、1400人の雇用を抱え、その大半が大学卒で彼らのほとんどが以前の従業員よりも良い給与の職を持つのである。解体された工場の多くの労働者は維持された。その他の事例では新規雇用もなされた。多くの人々にとって改革はトラウマをもたらしたが、最終的には同市により多くの資本が投入される結果をもたらした(7)。

もちろん経済的な発展は新たな問題を持ち込んだ。住宅コストは急騰し（いくつかの計測では住宅価格は

2005年末段階で、10年前に比べ4倍となった）、ダブリン市やその他の市での交通渋滞はますます無秩序となり、新たな移民の到来は学校や病院に大きな重荷を負わせている。しかしこれらは経済発展に伴う問題であって、貧困に悩むほとんどの国々が自ら直面する失業や犯罪、窮乏と喜んで交換するものであろう。

アイルランドモデルとラテンアメリカ

グローバリゼーションを脅威と見るラテンアメリカの国家主義的左派政治家や保護主義的企業家たちは、アイルランドがいくつもの尋常ではない状況から恩恵を受けているため、アイルランドの奇跡はラテンアメリカ地域の例として使えないと主張している。確かにラテンアメリカには存在せず、近い将来にも存在しそうにないEUの経済援助など、アイルランドを助けたいくつかの要因がある。アイルランドは経済開放の移行期における危機的な時点でEUから150億ドル以上の援助を受けた。この資金はアイルランドの成功の最も重要な原因ではなかったものの、同国が経済調整における社会的な圧力を緩和することを可能にした。しかしラテンアメリカは、このような寛大な支援を米国から受けておらず、近い将来も受けそうにない。

第二にアイルランドは――ラテンアメリカとは違い――、生来の有利な点を享受している。アイルランド人は英語を話す。これは同国が主要な米国企業の顧客サービス事業に向いた最適な人材を見いだすことを助けた――これらの企業は当初コールセンターをアイルランドに移転し、近年では労働コスト削減のためインドに移転した――のみでなく、アイルランドの労働者が米国および英国の上司と彼ら自身の言葉でやり取りすることを可能とした。カリブ諸国がこの利点を享受しているが、ラテンアメリカは多くの国々がバイリンガルなエリートを擁するものの、全体としてこれを享受していない。

第三に、まさに労組指導者のドノホーが述べたように、アイルランドは米国に3000万人以上のアイルランド系米国人のコミュニティーを幸運にも持っており、彼らは先祖の国に年数百万ドルを送金するのみでなく、アイルランド向け投資を助ける素晴らしいビジネス上の橋渡しとなるであろう。ラテンアメリカは米国に暮らす3600万人の同胞を持つが、彼らの大半は低賃金労働者であり、多国籍大企業におけるアイルランド系米国人の持つ経済的地位を持っていない。それでも依然としてラテンアメリカは、アイルランドの成功物語から多くを学ぶことができよう。立派な多くのラテンアメリカ人が、実は米国およびヨーロッパの企業世界においてトップの地位に就いているのである。メキシコ育ちのキューバ人カルロス・グティエレスは、米国商務長官に任命される前は巨大企業ケロッグ社の筆頭取締役であった。アラン・ベルダはブラジル人であり、世界最大の鉄鋼会社アルコア社の重役であった。そして多国籍企業のラテンアメリカ事業のほとんどの長はラテンアメリカ人である。ワシントンのラテンアメリカの大使館が、アイルランドが行ったのと同じことができないという理由はなく、移住した同国人を強みとして活用できない理由もないのである。

帰りの飛行機に乗るためにダブリン空港に向かう途中、私は「ケルトの奇跡」がラテンアメリカ諸国にとっての経済モデルとなるべきか否かは別にして、おそらく彼らの励ましとなる模範を与えることができるだろうと結論せざるをえなかった。メキシコの学者ルイス・ルビオが述べたように、「アイルランドの限界は経済的なものではなく、精神的・政治的なものであることを示している」のである[8]。彼は次のように付け加えた。「アイルランドは鏡の中の自分を見て明白なことを悟ったのである。彼らの国が遅れているのは、世界の残りの国々がアイルランドに対して陰謀をたくらんでいるためではなく、また過去が神聖であったためでもなく、輸入が地元の生産者に取って代わったからでもなく、資本や投資や輸出機会が不足していたためでもなく、明らかに、かつ単純に彼ら自身が動かなかったからなのである……。いったんアイルランドが彼らの短所に向かい合うことをいとわず、その潜在力を十分に利用するつもりになるや、経済的な機会がほとんど魔法のように開けたのであった」[9]。

もちろんアイルランドとラテンアメリカとの間には多くの違いがあるが、20年前のアイルランドと今日のラテンアメリカとの類似性には驚かされる。これらの類似性は、ラテンアメリカが歴史、宗教、文化ゆえに後進性に運命づけられているとの予言が、アイルランドにおいて分かったように、間違いであることを示している。そう遠くない昔、アイルランドは貧しく、大半が田舎のカトリック国であり、その国の詩人、音楽家、酒飲みとともにに、国民が時間を守らず、法律遵守が不十分で、さらに政治的暴力が広がっていることで有名であった。ラテンアメリカ諸国が失敗に運命づけられているという生物学的な理由は、アイルランドでもなかったように、実はないのである。アイルランドの成功からいくつかの手がかりを得ることにより、ラテンアメリカ諸国は最も楽観的な分析家さえもが想像するよりも早く繁栄することができる可能性を持っているのである。

注

(1) 『世界の事実本』米中央情報局（ＣＩＡ）、２００７年。
(2) 「２００５年の世界」『エコノミスト』２００４年11月27日。
(3) 『エコノミスト』２００４年10月16日。
(4) 「アイルランドの調査」『エコノミスト』２００４年10月16日、５頁。
(5) 「２００４年のビジネス活動、規制の理解」世界銀行、国別一覧表。
(6) 「労働組合は、週30時間労働の目標を設定」『アイリッシュ・インデペンデント』２００３年８月28日、10頁。
(7) 『エコノミスト』２００４年10月16日、７頁。
(8) ルイス・ルビオ「アイルランド——別世界」『レフォルマ』メキシコ、２００５年３月27日。
(9) 同右。

第4章　新しいヨーロッパ

ほら話「ソ連崩壊後……社会主義は復活した！　カール・マルクスのように我々も言うことができる。亡霊が再び世界に出没しつつあるのだ！」
（ウーゴ・チャベス・ベネズエラ・ボリバル共和国大統領、2005年8月14日）

ポーランド・クラクフ——私のポーランドにおける最初の日は、職業上の視点からは少々つらいものであった。ポーランドの高官との最初のインタビューの間、私は出だしでつまずいたことを実感した。私は「東欧の経済ブーム」について執筆するためにやってきたと熱意を込めて言明したが（私は本当にそう思っていたが、彼の信頼を得ようとも望んでいた）、驚いたことに彼は当惑し気分を害したように思えた。彼の表情はそれから戸惑いの表情に変わり——まるで宇宙からやってきた異星人と話しているようであった——それは彼が私の名刺をテーブルから拾い上げ、それを読むまではそうであった。そのときにようやく、私の名前の下にある「ラテンアメリカ論説委員、マイアミ・ヘラルド紙」という単語を見て彼の態度が柔らかくなった。「いいかな、一つ提案させてほしい。東欧について書いていると言いながらポーランドを回らないように。なぜなら、この国の多くの人々は、それが気に入らないだろうからだ。ポーランドは中欧にあり東欧ではないのですよ」。いばった調子で彼は言った。ポーランド、チェコ共和国、スロバキア共和国、そしてハンガリーは、もはやソ連時代につくられた人工的な地域の分割とは無関係だと彼は説明した。今やこれらの諸国は、かつて常にそうであった中欧に戻った。今日、東欧というのはウクライナやベラルーシのような、この地域で最も開発の遅れた国々を指しているのだと彼は付け加えた。私は自分の無知について彼に許しを乞うた。明らかに私は、ある地域について執筆しに来て、少なくともそこの当局者の見方では別の地域にいたのであった。

中欧の国々あるいは「新しいヨーロッパ」――当時の米国のドナルド・ラムズフェルド国防長官がかつて、今や資本主義をほとんど宗教的な情熱で採用しつつある旧ソ連圏の国々を指してそう呼んだ――は、彼らの新興経済国としての新しい地位にあまりに誇りを持っていたため地域の名前さえ変更したのである。「東欧」という言葉は数年前に彼らの語彙からは追放されており、当局者は20世紀の貧困を本来なら栄光に満ちていたはずの歴史における逸脱として描くため、国の過去の業績を再び引っ張り出そうとしていた。

最初の大失敗のすぐ後、私は当時のアレクサンドル・クファシニェフスキ大統領の筆頭経済顧問であるウイトルド・オルロワスキーにインタビューした際、同じように厄介な状況に陥った。私は彼に、ポーランドやその隣国のように相対的に小さな国々がいかにしてメキシコやブラジル、アルゼンチンのようなはるかに大きな国々よりも多くの投資をうまく誘致することになったのか聞いたのであった。

オルロワスキーは質問に困惑した様子であった。ポーランドやその近隣諸国をラテンアメリカと比較することはできないであろう。なぜなら「中欧」は、過去においては高い教育水準を持つ進んだ国々であったからである。チェコ共和国のようないくつかの国々は、第2次大戦前にはヨーロッパで最も富裕な国であったのだと彼は説明した。「私たちはヨーロッパの国々であり、歴史の悪い冗談ゆえに最後にはソ連圏の中に入ることになりました。私たちはソ連の仲間に入ったときに貧しくなった先進工業諸国だったのです」。現在起こっていることはこの地域の国々が過去の輝きを回復し始めたということであると、この歴史修正主義者の主張は続いた。

私は国連貿易開発会議（UNCTAD）の報告書を読んだ後、ポーランドとチェコ共和国を訪問することに決めた。その報告書は、これらの2国が今後数年間でメキシコやブラジルあるいはその他のどのラテンアメリカの国々よりも著しく多い外国投資を引き出すであろうと結論づけていた。UNCTADは、今後5年間にどこに投資を計画しているか、335社の多国籍企業の重役たちに世論調査を行っていた。どのラテンアメリカの国も上位5位の選択肢の中には現れていなかった。1位は、予想されていたことだが、中国であった。インド、米国、タイがそれに続き、5位にポーランドとチェコ共和国が並んだ。最高ランクのラテンアメリカの国はメキシコで、マレーシアと7位を分かち合っていた[1]。その他ははるかに下であった。外国投資をラテンアメリカよりもはるかに多く誘致するためにポーランドとチェコ共和国は何をしていたのだろうか？

16世紀以来最高のとき

多くのラテンアメリカの国々のように、ポーランドは中所得・農工業国である。非常にナショナリズムが強く、敬虔《けん》なローマ・カトリックで、大変官僚主義的であり、かなり汚職がはびこっている。1人当たり国民所得は、およそメキシコまたはアルゼンチン並みであり、政治階級への一般的に皮肉な態度、政治的暴力の歴史、そしてサッカーへの情熱という点もメキシコやアルゼンチンと共有している。133カ国の腐敗認識指数を毎年発表しているベルリンに本拠を置く非政府グループ、トランスペアレンシー・インターナショナルによれば、ポーランドはメキシコと同じ程度不正があり、ブラジル、コロンビア、ペルーよりも高い腐敗水準にある[2]。ポーランドの報道機関では、大きな汚職スキャンダルが暴露されない月はない。首相たちは収賄により非難されるか、国会が無能力により罷免するかのどちらかにより頻繁に交代する。その意味ではポーランドの新聞の第1面は、ラテンアメリカのものとよく似ている。そして汚職についてのポーランド人のユーモア感覚もまた、ほとんどのラテンアメリカの国々のものと同じである。最近の世論調査が、ポーランドの運転手の90％が違反切符を逃れるため警察官に賄賂を渡すのを認めたことを明らかにしたとき、繰り返し話された冗談は、残りの10％は嘘をついたというものであった。

私が話をした多くのポーランド人は、汚職を直近の過去のせいにした。共産主義時代、ポーランド国民は―

―ソ連圏の黒羊（厄介者）だったのであり、ヨシフ・スターリンがかつてポーランドに共産主義を持ち込むのは、牛に鞍《くら》をつけようとするようなものだと言ったほどである――彼らの個人的創造力のおかげで、近隣のほとんどの共産主義諸国よりもより高い生活水準を享受していると自慢した。空っぽの店と満杯のアパートの国とよく言ったものだ。当時生き残るための秘訣は、ポコンビノヴァチ（Pokombinować）――政府店舗に「コネクション」を持つことであり、それによってポーランド人は店のショーウインドーには陳列されていないものを買うことができたのである。汚職は生存のための技能だったのであり、それは経済の隅々にまで広がった。これらの習慣の多くはソ連時代の後も残存している。今日でさえ15ドル相当で誰もが警察官に交通違反切符を水に流してもらえ、請求書支払いから会社設立までのどんな法的手続きも手早く片付けることができる仲介者や黒幕がいるのである。

多くのラテンアメリカの国々のように、ポーランドはしばしば最も近くにいる帝国主義大国への不信により政治的に自らを定義している。今日のポーランドにおいては、驚くことに、最も敬愛される指導者は保守共和党員の故ロナルド・レーガン米国大統領であり、彼の武器支出がソ連の崩壊を早めるのを助けたのである。歴史を通じて、ポーランドはロシアとドイツ双方により何度も侵略された。そしてまさにラテンアメリカの多くの国々が、ロシアやキューバがただ単に米国に対抗して釣り合いをとる存在であるがゆえにこれらの国々に共感するように、多くのポーランド人はただ単に米国がロシアやドイツにブレーキをかけることができるがゆえに親米であるのである。ポーランド当局者は「誰もが隣人でない者のことを大いに尊敬する傾向がある」と私に指摘した。「ポーランドは、おそらく旧東欧で最も親米の国であり、旧東欧は西欧よりもはるかに親米である」。それゆえブッシュ大統領が米国のイラク侵攻の後に国際支援を求めたとき、ポーランドがそれに応じた最初の国々のうちの一つであり、２５００人以上の軍を派遣しイラクの主要軍事区域の一つを担当したことは、世界のこの地域においては何ら驚きではなかったのである。

これらの類似性にもかかわらず、私は今日のポーランドと多くのラテンアメリカの国々の間に大きな違いがあることに気づいた。ポーランドには楽観主義の雰囲気があるのである。

旧東欧圏の多くの近隣諸国と同様、ポーランドは生まれ変わったと感じている。その経済はほぼ年率６％で成長しており、部分的には低い労働コスト、減税措置、教育水準の高い国民によって引き寄せられた外国投資によるものである。失業率は私が訪問したときには20％近くであったが、それは低下し始めていた。「新しいヨーロッパ」の近隣諸国と同様、ポーランドは今後数年は、同率またはより高い率で成長を続けることがかなり確実と思えた。外国投資は、１９９０年代の年40億ドルから３倍増となり、２００６年には１２６億ドルとなった[3]。オルロワスキー大統領筆頭経済顧問は「ポーランドは今後何年にもわたり、非常に高い成長率を期待できるのです」と私に述べ、ガゼタ・イボルチャ紙の編集者であるヘレナ・ルクジヲは、さらに一歩踏み出し「今が16世紀以降のポーランドの最高のときです」と述べた[4]。

ポーランドの古都で、現在は工業と観光の中心であるクラクフの至るところに進歩の印がある。私はポーランドが欧州連合（ＥＵ）に加盟した数カ月後にそこを訪れたが、雰囲気は楽しいものであった。ＥＵ加盟はいくつかの生産物の価格上昇を引き起こしたが、13世紀の荘厳な聖母マリアのバシリカ聖堂で知られるクラクフの中心広場は買い物客であふれていた。ダウンタウンの主要な目抜き通りのリネック・グロウニーでは、イタリア人やドイツ人観光客と同様にポーランド人が買い物バッグを持って店から出入りし、あるいはカフェに座ってチョコレートを食べているのが見られた。多くのポーランド人にとって、共産主義後の生活での小さな日々の喜びの一つは、彼らがチョコレートと呼ぶチェコラダ（czekolada）を食べられることである。これは不思議なことではない。１９８１年の戒厳令布告後、政権は配給制を課し、子どもたちだけがチョコレートを食べることを許された。今日のポーランド人は、まるで以前に食べられなかったすべてのチョコレートの埋め合わせをするかのようにczekoladaを食べ尽くしている。クラクフのカフェは、すべての大きさ、形、色のチョコレートを売り出している。

二つの新しい五つ星ホテル、シェラトンとラディソンが大広場から数ブロックのところに開業したばかりである。そこからそう遠くないところに、二つの巨大なショッピングセンターが建設されている。カジミエルギャラリーとカコウスカギャラリーである。市外ではフィリップモリス、モトローラ、バレオを含むいくつもの多国籍企業が製造プラントを操業させたばかりである。

ポーランドの比較優位

ポーランドは大半の近隣諸国と同様、低労働コスト、高度の熟練した専門家、低企業税に引きつけられた「古いヨーロッパ」からの殺到する投資により恩恵を受けている。「私たちの巨大な比較優位は、ドイツやフランスよりもはるかに安い賃金で高度な熟練労働者を提供することです」とオルロワスキーは説明した。ポーランドにおける平均生産コストはドイツよりも30％低く、イタリアよりも27％低く、英国やフランスよりも26％低く、スペインよりも24％低い⑸。

シーメンス、フォルクスワーゲン、フィアット等のヨーロッパの多国籍企業は、彼らの工場の多くをポーランドに移し、ゼネラルモーターズ社は、ドイツにある1万人を雇用する二つのオペルの自動車工場を閉鎖し、ポーランドに新しい工場を開設することを発表した。ゼネラルモーターズ社は多くの説明をする必要はなかった。ドイツにおける自動車労働者の時給が38ドルであるのに比較して、熟練ポーランド労働者の時給は7ドルなのである。

ドイツの製造業者はポーランドに集団で移転した。これはゲアハルト・シュレーダー元ドイツ首相――かんしゃくを爆発させたことでドイツの報道機関の批判を招いた――をして、企業が「非愛国的」であると非難することに駆り立てた。シュレーダーは、低税率がドイツの工場が移転している主な理由であると述べ、旧東欧圏諸国が企業税を上げるよう要求した。

英国人起業家リチャード・ルーカスは過去数年間にこの国にやってきた幾人かの外国人ビジネスマンのように、ポーランドの「奇跡」に最も熱狂する一人である。ルーカスは、ブルージーンズをはき、擦り切れたシャツを着た37歳の若く見える人物で、ソ連圏崩壊後の資本主義の波に乗ることを熱望してポーランドにやってきた多くの外国人のうちの一人である。ルーカスは、ケンブリッジ大学を出たての24歳のときにクラクフに着き、以来、八つの事業を開始し、三つは倒産したが、五つはうまくいっていると私に話した。彼のさまざまなビジネスの総収入は「年間1100万です」と彼は私に言った。「ドルですか？」と私が尋ねると、「はい、ドルです」と彼は微笑むことなく答えた。彼がかなりの株式を購入した最近のビジネスは、経済ニューズレターの『エマージング・ヨーロッパ』であった。

私は雑誌社の本社の会議室の一室でルーカスに会った。その部屋は明らかに、それほど遠くない昔には住まいであった。ニュースレターは旧東欧圏の外国ビジネスをカバーするいくつかの英語雑誌の一つであったが、この地域における強い国際的関心のおかげで繁盛していた。階段を上がってゆくと、英語でコンピューターに書き込んでいた20人余りの若者――ほとんどがポーランド人――がいた。ルーカスは過去数カ月で12人を雇い、雑誌社は今や35人のフルタイムの執筆者を持つと私に述べた。購読発行部数は、過去2年間で100部から500部に増大し、ほとんどが、500ドル以上の年間購読料を支払う多国籍企業向けであると述べた。ルーカスにとって「台頭するヨーロッパ」は希望的観測ではなかったのである。

ポーランド人は外国投資の殺到を、彼らの未来がかつてなく明るくなっていく明確な徴候と見ている。私が宿泊しているホテルのフロントデスクで見つけた観光案内は、ポーランドが「去るために列に並ぶ人々の国から、入るために並ぶ人々の国になった」とあった。これはもちろん誇張である。というのも、この国はEUでは引き続き最大の失業率を持っているからである。多くの若い専門家は、ポーランドにおいて職を見つけるのに苦労しており、EU市民権を活用してアイルランドやスペインに移動している。しかし一般的には、私はポーランド人が未来について楽観的であることを発見した。「共産主義時代、この国のすべてが黒と白でした。今やあらゆる色に満ちた国となったのです」と、コーヒー店でたまたま会話した技師に私は言われた。彼は話をする間、通りに沿って輝き、あらゆる色や形の商品を陳列する店のショーウインドーの中で輝くネオンサインを手ぶりで示した。それはポーランドの進歩についての鮮烈なコメントであった。

そうだとしても現在の楽観主義は、一部には旧システムへの本能的拒絶に起因している。ほとんどの国民はソビエト時代の悪い思い出――とりわけ、終わりなき行列、暖房なし、食料配給――を持っており、新資本主義に批判的な三つの政党が共産党の過去と距離を置くことに努め、民主左派連合、社会民主党、ポーランド農民党の名前を再利用したほどである。それでも彼らは全部合わせても15％以上の票は持っていない。彼らのメンバーの大多数は、旧政権から引き継いだ社会保障で暮らす退職者か会社が民営化して失職した低熟練労働者で、新しい職のための再訓練にはあまりに年老いたか疲れた者たちである。彼らは確かに一定の存在ではあるものの、少数派である。今日彼らは、夢想だにしなかった製品でいっぱいの店先を見ながら通りを歩くのであるが、買うための一銭も持ち合わせていないのである。

最良の援助は、条件付き援助

いつポーランドは離陸したのか？　私は幾人もの当局者、企業家、学識者に尋ねた。私の思っていたこととは反対に、ポーランド経済はEU加盟前から改善し始めていた。2004年の正式な統合の5、6年前からEU加盟国となるという単なる見込みが信頼の雰囲気を醸成すると、すぐに投資の流入が見られた。

ポーランド人と外国投資家にとっては、EU加盟国であることはポーランドがすぐに拠点――安い生産コストを活用してそこからヨーロッパの4億5000万人市場に商品を無関税で輸出できる場所――として利用されることを意味した。またEU加盟国であることは、具体的な法的効果を与えるものであった。つまり、もしポーランドの司法システムで満足のいく解決が得られない紛争があれば、ヨーロッパの裁判所に持ち込むことができることを未来の投資家に保証することになるのである。

しかし私がインタビューしたポーランド人たちから聞いたことから判断すれば、投資家の信頼にとって最も重要な理由は、ポーランドのEU加盟前であっても、政治経済的な安定を保証し、ポピュリスト的災厄から投資家を守る規則の遵守をポーランドがすぐにも求められるだろうとの期待であった。事実この国がEUに加盟する機会に最初に直面したときから、ポーランドの政治家は――EU加盟諸国の支援を熱望し――短期的には痛みを伴うものの必要な経済改革を立法化し始めたのである。

EUが高速道路、学校、病院その他のインフラを建設するために、すぐにもポーランドに結束基金から毎年25億ドルを供与するだろうとの事実――スペイン、ギリシャ、アイルランドその他の諸国が、経済共同体に加盟した際に受け取った資金のようなもの——は、民営化やその他の不人気な改革をはるかに売り込みやすくするのを助けた。しかし私を驚かせたのは、ポーランドの政治指導者がほぼ満場一致でヨーロッパの経済援助がひも付き——公正、透明性および経済的規律についての厳しいEUの要求——である事実を歓迎したことである。言い換えれば、超国家的法律制度はポーランドの政治家に行儀よく振る舞うことを強いるのであった。

ボグダン・ウイスニエウスキーは、クラクフ郊外で200人を雇用するコンピューター組立会社オプティマの社長であるが、彼は汚職に悩まされたポーランドの高速道路のケースが良い例であると述べた。オルクズ市を横切るクラクフからカトウィスまでの高速道路は、そもそもメンテナンスが行われたときでも、それは長らく不十分なままであった。民主的に選ばれた政府はいずれも政治的えこひいきや汚職のために、必要なメンテナンスを行うことができなかった。工事は一度も契約を守ったことのない建設会社に与えられた。地元の報道機関は2003年にこの高速道路を再舗装するために新税を発表したインフラ担当大臣の名前を冗談めかしにこの高速道路につけた。しかし誰もが語るところでは、税を集めた後、道路改善のためには何もなされなかったのである。しかしこうした状況は変わるであろう。ウイスニエウスキーは私に確言した。「これまでの行政が工事認可について入札を行ったとき、いつも誰かが勝ち、その誰かは決して高速道路を建設しなかったのです。今や私たちはようやく、政治家が従うよう法的に義務づけられた規則と義務を持つこととなったのです」とその企業家は述べた。「不正行為をすることは以前よりもっと難しくなるでしょう。EUは高速道路を建設する資金を与えるでしょうが、私たちが厳しい入札規則に従うという条件付きです。政治家たちは以前のように入札過程には影響力を及ぼせなくなり、認可を勝ち取った会社は高速道路を建設するでしょう。同じことがおのおのの経済分野で起こるでしょう」。

同じように、クラクフ大学の物理学者トマス・バルバイエウスキーは、ポーランドの企業は税関の問題を処理する「仲介者」を伝統的に雇用していたと私に述べた。バルバイエウスキーは旧共産主義政権の中である種特権を享受した企業人のうちの一人であり、ポーランドの新資本主義の下でも成功し続けている。1989年の共産主義の没落の前、元造船所労働組合指導者のレフ・ワレサが権力についたときに、バルバイエウスキーは大学教授として稼いでいたのは月30ドルのみだった。しかし科学調査員として定期的に海外に派遣され、この国では大金といえる報酬をドルで得ることができた。今日、彼の大学の給与は、月1000ドルほどに上がり、情報関連会社の顧問として別に1万ドルを得ていた。もちろん生活費は上昇し、共産主義時代には1500ドルで車が買えたが、今では1万2000ドル以下で車を見つけるのは難しくなった。それでもかなりの国民が、今やより良い暮らしが手の届くところにあると感じているという事実が、楽観主義の波を生んできた。バルバイエウスキーは私の話した他のポーランド人と同様、ポーランドのEU加盟が官僚主義や汚職の削減を助けるがゆえに、物事が良くなっていくことに希望を持っていると述べた。

ポーランド官僚主義についての日々の恐ろしい話の一つを物語りながら、バルバイエウスキーは私に、数カ月前にアマゾン・コムを通じて米国に1冊の本を注文したと述べた。荷物は、フェデックスで48時間以内に到着したが、それから税関で3週間留め置かれたと彼は述べた。ポーランドの長い伝統通りに、担当官は誰かがそのプロセスの迅速化のために賄賂を持って現れることを期待して、荷物の配達をおそらく遅らせていたのである。「今や私たちはEUの一部であり、少なくともヨーロッパに関係する限り、この種の官僚的な障害は少なくなるでしょう」と彼は私に述べた。「他のヨーロッパの国から輸入された1冊の本が税関を通る必要がなくなることで、賄賂を要求する機会も減るでしょう」。

ラテンアメリカのための模範?

それではポーランドとチェコ共和国が持っているものでブラジルとアルゼンチンに欠けているものは何か?私はあれこれ思いを巡らせた。アイルランドと同様、私が話したほとんどの専門家が、中欧の始まったばかりの成功の鍵となる要因としてEU加盟を挙げたが、それだけではない。多くの人々は事実上、何十年も民間投資にとって閉じられていた市場の突然の開放自体が投資の殺到をもたらしたのだと述べた。

エマージング・ヨーロッパ・ニューズレターのオーナー

であるリチャード・ルーカスは「もしキューバが一夜のうちに門戸開放となれば何が起こるか想像してください。それがまさにここで起こったことなのです」と言った。「これらの国々の経済成長は主として需要が鬱積していたことの結果なのです。ここでは私たちは、他の国々で起こるのに100年かかったことを過去15年で見たのです」。

何十年にもわたる共産主義の制約の時代に実現されないまま積み残されてきた多くの機会が存在したことは、旧ソビエト圏諸国にのみ当てはまる要因であるが、中欧の成長の背後にあるその他の条件の多くは、全部またはー部がラテンアメリカにも適用可能である。例えば、まさにアイルランドのように、ポーランドは1989年の共産主義崩壊後に、投資家または観光客として帰国し始めた米国やヨーロッパにある巨大な移民コミュニティーを最大限に活用している。「彼らはシカゴが世界最大のポーランドの都市であると言うのです」とルーカスは冗談を言った。「すべての旧共産主義諸国は大きな移民コミュニティーを抱え、数万人の移民が今やクラクフに小さなアパートを買うため、あるいはただ彼らの先祖の土地を訪問するためにやってきているのです」。

クラクフのユダヤ人地区は、いかにしてポーランドが懐かしさや物珍しさ、悲劇でさえも観光の機会に変えたかという最良の例の一つである。ほんの数ブロックのところにあるカジミエルのユダヤ人強制居住地区は、「シンドラーのリスト」で描かれた出来事の現場である。

スティーブン・スピルバーグの有名な映画で、ドイツの実業家が数百人のユダヤ人を、彼のクラクフの工場で働いていると主張して、近くのアウシュビッツ強制収容所での死から救ったのである。実際は、クラクフのユダヤ人住民全員が大虐殺で殺されたのであるが――私のガイドによれば、今日ではかろうじて100人のユダヤ人が残っているだけで、その大半は、戦後、ロシアやその他の国々からやってきた――旧ユダヤ人強制居住地区は市の主要な観光名所となっている。カジミエルの七つのユダヤ教礼拝堂には観光ガイドがおり、一つを除きすべて博物館となっている。観光客が殺到することで、中央の入り口にはいろんな種類の物売りであふれている。あまりに多くのカフェテリア、バー、レストラン、店が開いており、不動産価格は過去数カ月で急騰した。半径3

ブロックに五つのユダヤ・レストランがあり、「アルファ」やノアの箱舟を意味すると思われる「アルカ・ノエゴ」の看板を掲げていて、ユダヤ人を題材とする絵やシンドラーとアウシュビッツについての文学書がほとんどの店で売られていた。ユダヤ人地区は一晩中クラクフの若者たちの集う場所となり、また経済にとってかなりの収入源となっている。

同じことが、隣国のはるかに豊かな国であるチェコ共和国で起こりつつある。チェコは、チェコ人が絶えず訪問者に思い出させているように、第2次大戦前には、世界の7先進工業国のうちの一つであった。ヨーロッパにおける最も美しい首都であろうプラハでは、ほとんど何もかもが、チェコの海外移住者やその他の国々からの観光客を引きつけるように準備されている。ユダヤ人地区は9世紀の城やステア・メスト旧市街や何もかもが観光名所となり、人口1000万人のみの国に毎年ほとんど500万人もの訪問客を引き寄せている。

共産主義博物館さえあった。私のホテルのフロントデスクで見つけたパンフレットによれば、それは荘厳なサバリン宮殿の1階、「カジノの隣のマクドナルドのすぐ上」に位置していた。

マクドナルドの上に位置する共産主義博物館を訪問する誘惑に抵抗することは難しかった。それはプラハのビジネス街の中心、米国、フランス、スペインの店の広告看板があふれる真っただ中にあった。博物館は2002年に35歳の米国人グレン・スピッカーにより創設された。彼はプラハにジャズ・クラブとカフェテリアを開店した後、共産主義下の苦難を記念した観光名所をつくるのも良いビジネスかもしれないと考えた。そうして彼はプラハの質屋や骨董品店をくまなく探し始め、マルクスやレーニンの彫像から秘密警察の尋問用ランプや化学防護服まで共産主義時代の遺品1000点を購入するために2万8000ドルを費やした。

7ドル相当で見学者は七つのサロンを見学できる。そのうちの一つには「有名人礼賛」が含まれ、共産主義創設の父たちのポスター、書籍、彫像を呼び物にし、別のサロンでは多くの旧ソ連時代の政治犯により復元された拷問部屋を呼び物にしていた。最後の部屋は、共産主義の終焉《えん》の始まりの徴候となった1989年のビロード革命に充てられていた。しかし博物館について最も興味深かったのは、それが周囲の環境といかに鋭い対照をなしているかであった。博物館の中で共産主義時代のフィルムや、写真、日常生活の場面――暗い中、わずかな配給食料や決して作動しない電話を待つ着古した服の人々の長い列――の再現を見ている一方で、半分開かれた窓から外の通りにちらっと目をやれば、街の喧騒《けん》を耳にすることができ、色とりどりの服を着た人々が歩き、マクドナルドやその他の店を出入りするのが見えるだろう。1980年代の初頭にこの場面を誰が想像しただろうか？

科学と技術

経済改革を実行し、移民を最大限に活用することに加え、ポーランドとチェコ共和国は、質の高い教育システムの成果である高度の熟練労働力のおかげで成長している事実を誇りとしていた。両国の当局者によれば、工学および技術関連の学歴に重点を置いたことに加え、英語の集中訓練が旧ソ連圏を世界で最も望ましい産業立地の一つに変えたのである。

チェコ共和国はEUに加盟する数年前から工学、コンピューター、技術の勉学に奨励金を与えてきた。チェコ共和国は、生活水準を向上させる最良の方法は高度の熟練――したがって高給――労働者を必要とする高度な産業への投資誘致であることを知っていた。そのためには彼らは良い教育システムが必要であった。それゆえ1990年代半ばにチェコ政府は、科学技術教育機関のための予算を増やし始めた。チェコのこの分野への支出はすぐにヨーロッパ平均を超えた。チェコ当局者によれば、プラハのチェコ工科大学は並外れた10万4000人の学生を擁し、ヨーロッパ最大の技術研究センターとなっている。外国投資誘致を支援する政府機関であるチェコインベストのラドミル・ノバック部長は「私たちの高度熟練労働力は、外国企業に対する政府の経済インセンティブよりも投資誘致にとってより重要なのです」と述べた。

ノバックは――彼の150人の職員は、投資機会の促進から潜在的投資家の不動産探しや官僚主義的手続きの対処の支援まで何でもする――経済協力開発機構（OECD）の最新の教育統計の掲載されたパンフレットを私に示した。それによれば、数学、統計、コンピューター科学専攻の大学生の割合が、チェコ共和国では8・1%、英国6・4%、フランス5・5%、ドイツ4・8%、米国4・1%であった[6]。

同様に、EU加盟の6、7年前から多くの中欧諸国は英語教育に大量の投資を始めた。過去10年間に英語がほとんどのチェコの学校における必須の主要外国語としてロシア語に取って代わり、全速力で教えられている。プラハの街で私は英語を一言も話せない老人たちに取り囲まれた。しかし若者たちは容易に私に英語で行き先を教えてくれた。その幾人かは驚くほど流暢《ちょう》であった。事実上、すべての旧東欧諸国は短期集中の外国語必修教育を行っており、学生の大部分が英語を選択している。スロベニアとルーマニアの学生の88%、エストニアの学生の86%、ポーランドの学生の80%、そしてチェコの64%の学生が英語を勉強している[7]。

彼らは英語が流行であるからというだけで英語に切り替えたのではない。むしろその選択は、地域コールセンターのために英語を話す職員を必要とする投資家たちの需要に対応するものであった。ドイツの巨大企業シーメンスは、中欧における最大の投資家の一つであるが、1998年にヨーロッパの子会社間のコミュニケーションを容易にするために、英語を会社の公用語として採用した。中欧諸国の間で外国所有の工場が英語を話す人々の雇用を優先しているとのうわさが広まったとき、若者たちはほとんど即座に英語を勉強し始めた。ほとんどの学生が英語で話ができるようになった2004年から、チェコの教育相は、二つの外国語教育を必須とした。

減税

もちろんノバック・チェコインベスト部長の、外国の多国籍企業が経済インセンティブのためではなく、熟練労働者を探してポーランドに移ってきているとの主張をドイツ当局者が聞けば激怒するであろう。事実、中欧諸国は低コストの質の高い労働力を提供している一方で、「古いヨーロッパ」から産業を誘致しようとして巨大な税や経営上のインセンティブを提供しているのである。

企業税は、ドイツおよび米国で約40%である一方、チェコ共和国では28%、ポーランドとスロベニアでは19%、ハンガリーでは16%である[8]。多くの旧東欧圏諸国もまた単一所得税制を創設し税制を簡素化した。この動きは1994年にエストニアが26%の単一税制採用を発表してから始まった。エストニアが投資を集め始めたときに、リトアニアとラトビアがすぐにまねをした。私のポーランドとチェコ共和国への旅の間、両国の主要な野党は税関簡素化に賛成を表明し、さらなる投資を誘致するために近い将来における単一税制採用を誰も除外しなかった。

税制インセンティブはさておき、旧東欧圏は一夜にして世界で最も厳格で官僚主義的な組織体制から最も投資家に好意的な経済国になったのである。世界銀行によれば、国内企業あるいは外国所有企業をポーランドまたはチェコ共和国で開設するには、10の官僚主義的手続きを踏む必要があり、一般的には31日から40日で完了する。ブラジルでは、立ち上げに17の手続きで152日かかり、アルゼンチンでは15の手続きで32日、パラグアイでは17の手続きで74日以上かかる(9)。

チェコの人々は、第一の経済的優先事項は投資を歓迎する場所になることであったと述べている。これはうまくいったと思われる。私がプラハを訪問したときに、DHLは技術センターを英国とスイスから移転しつつあり、プラハに全ヨーロッパの技術センターを建設中であることを発表したばかりであった。7億ドルの地域センターは、当初400人の技術者を必要とするだろうが、ゆくゆくは高度に訓練された専門家1000人がそこで働くようになるだろう。チェコ当局者はDHLとの合意を、マルチン・ヤーン・チェコインベスト長官の表現に従って、「チェコ共和国がヨーロッパの技術産業の新しい中心となる大きな潜在力を有している明白な証拠」として挙げた。同時に、48カ国で10万人を雇用する多国籍技術サービス企業のアクセンチュア社がプラハに新しいヨーロッパ金融オペレーション本部を建設中であった。チェコの首都にあるアクセンチュア社の新しい事務所では、650人——ほとんどが大学卒業生で合計23カ国語に堪能な人々——を雇用し、ヨーロッパ中の顧客取り扱いを準備中であった。

ヤロスワフ・ミル・チェコ共和国産業連盟会長は、私がチェコ共和国の大いなる成功は低率企業税のおかげだとドイツ人が言っていることは正しくないのかどうか質問したときに、笑って見くびるようなしぐさをした。「新しいヨーロッパ」の企業家階級の多くのメンバーと同様、ミルはドイツとフランスを過去の象徴と見ていた。彼の見方では、西欧諸国は、もし4週間の休暇や週35時間労働、55歳定年にしがみつくことを続ければ、破滅の運命にあった。もし彼らが「社会主義」の国々であり続ければ、彼らは決してビジネスの大移動を止めることはできないだろうと述べた。未来は「新しいヨーロッパ」にあったのである。

「ＥＵの新しいメンバーは、新しい考え方とより実用的な見方を持っているのです」とミルは私に述べた。「第一に、ケーキは順に回すことができる前に焼き始めねばなりません。私たちは、『古いヨーロッパ』よりも明確により自由市場賛成派であり、より官僚主義的でなく、はるかに潜在力を持っています」。「そのように言及することは、より富めるヨーロッパのパートナーや隣国にぶしつけではないですか？」と私が尋ねると「いいえ、『新しいヨーロッパ』という言葉を使うことについては何ら問題ありません」と彼は答えた。「『古いヨーロッパ』が問題を抱えているのです」。

ミルの「古いヨーロッパ」の将来についての悲観主義は、チェコ共和国の多くの企業人や知識人に共有され、その見方は２００５年のドイツの市場賛成派のアンゲラ・メルケル首相の選出や07年のフランスの経済改革志向のニコラ・サルコジ大統領選出の後でもあまり変化がないものであった。またそれは、米中央情報局（ＣＩＡ）の長期的なシンクタンクである国家情報審議会（ＮＩＣ）のドイツやフランスその他の富裕な西欧諸国についての暗い予測からそれほど離れたものではなかった。ＮＩＣの研究によれば、「現在の西欧の福祉国家は、維持不可能であり、経済再活性化の欠如はＥＵを引き裂き、最悪の場合、分裂に導く可能性があり国際的に重要な役割を果たすという夢を蝕んでいる」[10]。ＮＩＣの未来学者たちによる研究報告書はこう付け加えている。「ＥＵの経済成長率はドイツとその制限的な労働法により引きずられている。そこでの構造改革が――フランスとイタリアは、より低い程度で――ＥＵが全体として低成長パターンから抜け出せるかどうかの鍵となっている。労働者の権利を保持しつつ、ビジネスにより柔軟性を与えるスウェーデンの成功例が示すように、第２次大戦後の福祉国家モデルからの完全な断絶は必要ないかもしれない。専門家たちは、現在の政治的指導層が今後５年間に迫りくる予算危機がおそらく改革への引き金となるだろうと信じながらも、この部分的な断絶すら行う用意があるかどうかを疑っている」[11]。

メルケル首相とサルコジ大統領が物事を好転させることにやっきとなっている一方で、新しいヨーロッパでの世間一般の通念は、引き続き彼らはシステムを打ち破れないであろうということである。

プラハで私が話した誰もが「古いヨーロッパ」にそれほど悲観的でも、あるいは「新しいヨーロッパ」にそれほど楽観的であったわけでもない。経済コラムニストで同国の主要なメディアに執筆しているトマス・クルバナは、中欧の経済的「奇跡」は短命に終わるであろうと私に述べた。「私たちの経済はいまだにアジアの経済と比べれば硬直的です。数年前から始まった外国投資のこの波は、速度を落とし始めています。なぜなら私たちの労働コストはすでに上昇しつつあるからです。１、２年で私たちの競争力の刃先は実際には擦り切れてしまうでしょう」と彼は述べた。

しかしヨーロッパの競争力について、広範な調査を終えたワルシャワにあるボストン・コンサルティング・グループのロベルト・マシエフコ所長は、非常に異なる見方を示した。「中欧はヨーロッパの中国となるでしょう」と彼は私に言った。「世界のこの地域で競争力を得たいと考えるヨーロッパの企業は、その事業を中欧に移転することを考えねばならなくなるでしょう」。マシエフコ所長によれば、多国籍企業はある国への投資を主に三つの要因に基づき決定する。それは政治経済的安定、労働コスト、運輸コストである。もし安定性が持続すれば、繊維やコンピューターチップのような輸送が安価な商品を作るヨーロッパの企業は、おそらく中国に投資を続けるであろう。しかし自動車、鉄鋼、家具、タイヤあるいは重機等輸送がはるかに高価となるものを造るヨーロッパ企業は、徐々に、中欧に投資することを選択していくであろう。彼の見方では、製造業における投資の新しいパラダイムは「もし軽いなら中国に行き、もし重いなら中欧に行く」ということであろう。

ラテンアメリカにおける「ポーランドの脅威」？

中欧の経済成長はラテンアメリカに影響を与えるだろうか？　私がマシエフコに尋ねると「おそらく」と彼は答えた。第一に「新しいヨーロッパ」が世界の投資資本の大きな割合をますます引きつけるだろう。限られた資本とそのための激烈な競争の世界――そこでは中国、インド、そして米国が一番大きな分け前を吸い上げる――においてて、「新しいヨーロッパ」が残りの大半を取るであろう。「投資競争の大部分はイメージと広報、そして成功物語の問題なのです。そしてまさに今は『新しいヨーロッパ』が三つ全部を持つのです」と彼は言った。

第二に貿易の点では、『新しいヨーロッパ』からの競争が、ドイツ、フランス、その他の『古いヨーロッパ』諸国の市場から多くのラテンアメリカ諸国を追い出すかもしれません」と彼は述べた。鉄鋼、自動車部品、一般的機械製品の場合には、ドイツ、フランス、スペインは、メキシコやアルゼンチンのようなラテンアメリカの供給者を、今やEUのパートナーとなったポーランドや隣国の新しい供給者と取り換えるのがより好都合と見るであろう。

最後に、「新しいヨーロッパ」の国々は、まさに韓国のように、近い将来、自ら多国籍企業を創設する中規模工業国となろう。今後5年間に、より多くの外国企業が中欧に進出するに従い、そこでは増大する企業人、マネジャー、資格ある人材の階層が生まれてくるだろうと彼は述べた。これは中欧の多国籍企業の出現への道をならし、これら企業は世界市場のためのより洗練された製品を製造していくであろうと彼は述べた。これらすべての結果として、ドイツ、フランス、スペインはますます中欧から進歩した製品を輸入し、ウクライナやベラルーシ等、さらに東に位置する諸国からより少ない付加価値の製品を買うこととなろう。

つまり「ラテンアメリカはヨーロッパ市場から締め出される可能性があるのです」とマシエフコは言った。「ラテンアメリカの企業は、もし競争力を持ち続けたいのであれば、はるかに洗練されたサービスを提供しなければなりません。もし彼らが安価な製品を提供するのであれば、彼らは中国に打ち負かされるでしょう。そして先端技術においてはるかに大きな競争力をつけなければ、彼らは中欧に取って代わられるでしょう」。

誰が正しかったのか？　クルバナのような懐疑論者であろうか。彼らは、旧東欧はそのますます増大する高給取りの労働力が「古いヨーロッパ」の労働力と同様すぐに競争力を失うため、他の新興国にとっては脅威ではないと主張する。あるいは旧東欧を新しい中国と見たマシエフコのような熱狂者たちか？

私はこの質問をゲリー・マクデルモット・ペンシルベニア大学ワートン・スクール教授にぶつけてみた。同教授はラテンアメリカと旧東欧圏諸国との成長についての比較研究について執筆していた。毎年幾度も両地域を旅行するマクデルモットは、明快だった。「ラテンアメリカは、『新しいヨーロッパ』との競争で難しい立場に立たされるでしょう」と彼は言った。ポーランド、スロバキア共和国、チェコ共和国、その近隣諸国は、スペインやポルトガルで自動車部品や工具を生産してきた多くの企業をすでに誘致しつつある。すぐにも彼らは、現在メキシコ、ブラジル、アルゼンチンのようなラテンアメリカ諸国にある企業の誘致を始めるであろう。「EUの新加盟国は、安価な労働を提供するのみでなく、研究、開発、教育、経済的・政治的安定性、良好なインフラの点においても、はるかに多くのものを提供できるのです。彼らは、我々のラテンアメリカの兄弟国よりもはるかに先を行っています」と彼は述べた。「もし外国企業が、ヨーロッパ市場で販売するためのバイオ・テクノロジーやコンピューター製品あるいは機械の製造を考えるのであれば、彼らは、おそらくは最初にポーランド、ハンガリーまたはチェコ共和国に目を向けることになるでしょう」。

ラテンアメリカの隙間

それでは、ラテンアメリカは何ができるのか？　もし中国が低・中コスト製品の生産競争で勝ちつつあり、「新しいヨーロッパ」がより高度な製品の生産競争で勝ちつつあり、インドとアイルランドがサービスにおいてますます先を行くのであれば、何がラテンアメリカ諸国に残されているのか？　彼らは植民地時代のように安価な原材料を輸出し続けねばならないのか？

ほぼすべての専門家が同じことを言った。「ラテンアメリカは、地理的に世界最大の市場に近接し、同じ時間帯にあるという比較優位を活用すべきです」。これは本当に大きな強みである。「古いヨーロッパ」への近接さが、運送料を削減するためにポーランドやチェコ共和国による主要な利点の一つであったように、米国市場に近いことは多くのラテンアメリカ諸国にとって大きな長期的利点である。そしてグローバル時代においては、多国籍企業は彼らにとって最も都合の良い場所であればどこにでも情報処理やコールセンターを配置するのであり、米国とカナダと同じ時間帯にあることは決して無視できない有利な点を与えるのである。

「もしあなたが、1989年のアルゼンチンとポーランドを比較するのであれば、両国は、非常に似通っていました。双方共に3800万人のカトリック国であり、共にハイパーインフレと汚職の歴史を持ち、共に中央統制経済から市場経済への移行を行おうとしていました」とマクデルモットは私に述べた。

「そしてアルゼンチンは、はるかに先を行っていました。彼らは、はるかに進歩した市場経済を持ち、堅固な民主的伝統を有し、ポーランドよりもより組織化された政党を持っていたのです。それでもなお、ポーランドが先を越したのです」。ポーランドの最近の成功には多くの理由があったが、主要な理由の一つはEU市場との統合であった。ラテンアメリカは超国家的規則と責任ある経済行動の見返りとしてもたらされる経済援助を伴う同様のプロセスを緊急に必要としていると彼は述べた。

注

(1) 『グローバルランキング、UNCTAD-DITE、世界投資予測評価（GIPA）』図表2、グローバルランキング、2004年6月。
(2) トランスペアレンシー・インターナショナル「腐敗認識指数」2003年。
(3) 「世界開発融資　2007年」世界銀行、2007年5月29日。
(4) 「ポーランドにおける憂鬱な日々」『ニューヨーク・タイムズ』2005年1月26日。
(5) 『世界的優位を獲得』ボストン・コンサルティング・グループ、2004年7月14日。
(6) 『図表で見る教育』OECDインディケータ、2003年。

(7)「バベルの後、新しい共通の言葉」『エコノミスト』２００４年8月7日、41頁。
(8)在プラハ米国大使館の比較研究、２００４年。
(9)『ビジネス活動２００５年――成長の障害除去』世界銀行および国際融資公社、２００４年9月。
(10)『世界の未来地図――国家情報審議会２０２０年プロジェクト』国家情報審議会（ＮＩＣ）、２００５年、61頁。
(11)同右。

第5章　決してなかった「基本的な約束」

ほら話「私は南を向くだろう……私の大統領としての基本的約束として」
（ジョージ・W・ブッシュ米大統領、2000年8月25日、フロリダ州マイアミでの演説）

ワシントンDC――私がパネリストとして2005年初めに参加した米州開発銀行（IDB）での非公開会議において、当時のロジャー・ノリエガ西半球問題担当国務次官補は、米国がその南の近隣諸国に対し、より寛大な経済援助を与え、地域の発展により積極的に参加すべき適当なときではないのかと質問された。会合に参加していた3大陸からの当局者、学識者、報道関係者の中には、ジミー・カーター大統領の下での元西半球問題担当部長であり、この会議のときにはワシントンDCのアメリカン大学北米研究センター所長のロバート・パストールが参加していた。パストールは米国が欧州連合（EU）の例に従い、受益国が責任ある経済政策を採用することを誓約する代わりに、富裕国が最貧国に援助資金を向けるようノリエガに提案した。「援助の手を差し伸べる」解決策へのブッシュ政権の反対を見越して――ホワイトハウスおよびほとんどの米国人有権者の間では、無責任な国々への経済援助供与は逆効果かつ浪費であるとの考えが流布していた――パストールはノリエガに彼が提案しているのは、責任ある経済行動を条件とする援助であると説明した。言い換えれば米国とカナダがメキシコにおいてインフラと教育プロジェクトへの融資を支援する代わりに、メキシコは長期的成長を可能とするためにエネルギー、税、労働政策を改革するというものである。そうすれば誰もがプラスになるとパストールは主張した。米国は近隣諸国との所得格差を縮めることを助ける代わりに、不法移民の減少により恩恵を受けよう。そしてメキシコは、まさにEUの経済援助から恩恵を受けたスペイン、アイルランド、その他の諸国と同様、経済的繁栄を加速化する改革を立法化するための強力な理由を持つであろう。

ノリエガはメキシコ系のカンザス生まれであり、1980年代の中米紛争の間、超保守のジェシー・ヘルムズ上院議員の顧問として政治的経験を積んできた。彼はパストールの提案がまるで完全にナンセンスであるかのように、きっぱりと頭を振って直ちにその考えを否定した。国務省の西半球問題担当の高官である彼は、「言うまでもなく、ラテンアメリカとカリブ諸国が年間対米輸出収入2170億ドル、米国の投資200億ドル、さらに在米のラテンアメリカ人からの家族送金320億ドルを有効に活用できないのであれば、いかなる額の外国援助も貧困削減と経済成長刺激に実質的な影響を与えないでしょう」と述べた(1)。「私たちが今この地域にもたらしているものは、対外援助によってもたらすであろうものよりも無限に大きいのです。持続的経済成長の鍵はより大きな経済門戸開放、投資促進、そして自由貿易拡大へと導く改革アジェンダを採用することなのです」(2)。

私はブッシュ政権が、ラテンアメリカの成長のための米国のより大きな融資約束を含むいかなる計画についても、愚かにも心を閉じたと確信して会合を後にした。ブッシュとその顧問たちにとり、この地域の問題の唯一の解決策は自由貿易だった。ブッシュ大統領は自由貿易を対ラテンアメリカ政策の礎石としたのである。実際ブッシュがこの地域の将来について質問されたときはいつでも、そしてそれが北米についての質問のときであっても、彼は自由貿易を中心とするお決まりの返事をするのだった。テキサス州ウェーコにおける2005年サミットにおいて、ブッシュはメキシコとカナダの元首と一緒に「北米安全保障・繁栄パートナーシップ」を発表した。しかし閉会式の間に、カナダの記者がブッシュに対し、新たな連携がEUを手本とした北米共同体創設に向けた第一歩となると考えるかと質問した際、彼はノーと言った。「我々3カ国の未来は、西半球の残りの国々との貿易関係の確立により最もかなえられるでしょう……。私は市場、民主主義、透明性、法の統治への約束の範囲内で自由貿易に基礎を置く連合を心に描いているのです」(3)。ブッシュはメキシコと単独での、あるいはラテンアメリカ全体とのより包括的な計画は考慮しないであろう。

自由貿易――繁栄への確実な道なのか？

しかしラテンアメリカを第一世界入りさせる発射台として、自由貿易に期待するのは理にかなっているだろうか？　それともまったく無邪気すぎることであろうか？

ＥＵの成功物語は後者を示唆しているように思える。富める国と貧しい国の間の格差を狭めるには、自由貿易以上のものが必要とされている。なるほど自由貿易協定は、より小さな国により大きな市場への特恵的アクセスを与えた。しかしもし、これらの小国が輸出するものが何もないか、またはそれほど競争力がなければ、アクセスはあまり重要ではないであろう。さらに何かが必要なのであった。

ＥＵは関税同盟に合意したが、これは商品や人の自由な移動をカバーするのみでなく、より貧困な国々が長期的な構造改革を実行し、より競争的となる限り、完全な経済援助のシステムを約束するというものであった。そして西半球においては、近い将来に国境を労働力の自由な移動のために開放することは考えられない――拡大ＥＵの内部格差よりもはるかに深刻な北と南の所得格差だけで移民の殺到が保証されよう――が、他方でヨーロッパモデルの別の側面は見習う価値があるかもしれない。ヨーロッパにおいては、ドイツやフランスのような富裕国が最貧国に超国家的な政治的枠組みを与え、これがとりわけ経済援助が浪費されないことを富裕国に保証したのである。低開発国にとっては、超国家主義は紛争解決のための法的メカニズムを与え、海外での信用を高めるための地域的枠組みを与えよう。その結果より多くの外国投資とより大きな競争力がもたらされよう。これは米国により提示された自由貿易協定が与えられるものよりもはるかに大きかった。

公正を期するために言えば、メキシコとチリが米国と結んだ自由貿易協定は必ずしもすべての経済分野ではなかったものの、ラテンアメリカの両国にとって素晴らしいビジネス上の取り決めであったことが判明した。数字は圧倒的であり、ラテンアメリカにおけるこれらの傾向に反対した者は誰であれ、ひどく間違っていることを証明した。北米自由貿易協定（NAFTA）が発効した1994年から2004年にかけて、メキシコは、31億5000万ドルの対米貿易赤字から555億ドルの黒字となった(4)。近代貿易史の中でもこのような一国から他国への輸出における急成長は数少ない。これが協定の発効後10年にして、メキシコよりも米国の方に再交渉を求めるはるかに多くの声がある理由である。同様に04年のチリと米国との自由貿易協定の最初の年において、チリの対米輸出は32％増加し、米国の対チリ輸出は35％増加した。そして貿易バランスは、チリにはるかに有利のままとなっている(5)。

しかしながら自由貿易は、メキシコに魔法のように繁栄をもたらさなかった。貿易は成長のエンジンというよりも経済危機に対する保証となった。おそらくは、米国の経済的減速またはメキシコをして中国やその他のアジア諸国とより良い立場で競争させたであろう経済改革が不在であったために、メキシコの経済は2000年以来停滞してきた。米国との所得格差は再び拡大し、不法移民の急増とワシントンにおける新隔離主義者の抗議の引き金になったのである。NAFTAは通商上の成功であったが、ブッシュのラテンアメリカの進歩のための方策は明らかに不適切であった。

ブッシュだけではない。ワシントンが、1960年代および70年代の地域への経済援助は経済的な進歩を少ししか生み出していないと結論づけた後、自由貿易は数十年にわたり、米国経済政策の礎石となった。すでにビル・クリントン政権時代に、ホワイトハウスのこの地域へのスローガンは、「貿易であり、援助ではない」であった。

私が米当局者に対し、ヨーロッパ人が発見したように、ひも付き経済援助は良い政策でありうると指摘したとき、彼らは03年のメキシコのモンテレイにおける国連貧困対策サミットにおいてブッシュ大統領が明らかにしたミレニアム基金を通じて、ブッシュ政権はこの地域への援助を増加したのだと主張した。彼らは世界における民主的で自由市場志向の最貧国の貧困削減を目的とするこの基金は、米国の対外援助の50％増を代表するものであると述べた。しかしそれは落とし穴のある答えだった。なぜならその援助の非常にわずかな割合しかラテンアメリカには向けられていなかったのである。基金の総額50億ドルは、年1人当たり国民所得が1435ドル以下の15カ国の間で分配されることとなっていた。15カ国の裨《ひ》益国の間には、ラテンアメリカではわずかにホンジュラス、ニカラグア、ボリビアの3カ国しか入っていなかった。メキシコ、ブラジル、ペルーまたはアルゼンチンのような中所得国は多くの場合、裨益国よりもさらに大きく人口の多い極貧層を持つにもかかわらず一銭ももらえなかった。

貧困地域ではなく貧困諸国に資金を手交する政策は、米国政府内での抵抗に遭っていた。ドナ・フリナック駐ブラジル米国大使は、ブラジリアでのインタビューで私に「これは私たち米国にとって不利に働くこととなるでしょう」と言った(6)。この「これ」は、ラテンアメリカの人口の合わせて5%以下を占める3カ国への大きな援助パッケージである。ブッシュ政権が行っていたように、それをラテンアメリカ全地域への援助パッケージとして売り込む試みは、決して真剣に受け取られることのない、できの悪い戦略であった。

次の戦争はテグシガルパでは始まらないだろう

2001年9月11日のテロ攻撃以降、ラテンアメリカが本質的に米国の地図から滑り落ちたことは何ら秘密ではない。この攻撃の後の米国の首都への最初の訪問の間に、私はコラムで半分真剣に9・11以降のワシントンはイラク、イラン、そしてイスラエルという「I」の文字から始まる国々にしか関心がないと示唆した。そのほか何もかもが二次的であり、継続的にそうであった。私がラテンアメリカにもっと注意を払う必要性についての会話をしているとき、米国の当局者はいつでも米国は戦争状態にあり、ラテンアメリカ地域は含まれていないと返答するのであった。米国政府の第一の優先課題——実際上、唯一の優先課題——は、もう一つ別のテロ攻撃を予防するかまたは機先を制することであった。世界の残りの国々は後回しにしていいということだった。

ホワイトハウスの戦争思考は、ワシントンにおけるブッシュ政権のタカ派の一人とのインタビューで明らかとなった。私は彼に米国がラテンアメリカにあまりにわずかな注意しか払わないことは、重大な間違いを犯しているのではないかと聞いた。私は誰も大統領の優先課題が国の安全保障の防衛であることに疑いは持っていないと指摘した。「しかし、テロリストを寄せつけないことを助ける安全保障の防衛線を周囲に張るためには、とりわけラテンアメリカの経済成長への貢献に、より尽力することがワシントン自らの最善の利益とはならないのですか?」と私は尋ねた。

その当局者はまるで別の銀河から来た者に話しかけるように、片手で彼のメガネを取りはずすと、私を見下すように見て言った。「友人よ、しかたがないな。だが第3次世界大戦が起きるとすれば、それはテグシガルパ(ホンジュラスの首都)で起きるのではないのだよ」。当意即妙の答えは、気の利いたものであり、面白くさえあった。しかし実際には、そうした説明はワシントンの新しい政治的風潮を反映しており、そこでは対テロ戦争がラテンアメリカの経済発展を米国の政策目標として受け入れるのを完全に拒否するための論破できない根拠となっていた。

世界で最も重要な地域

私はほぼ30年間、ワシントンとラテンアメリカの間の関係について執筆してきて、いかに米国にとってラテンアメリカが重要であるかについて、米政権のあらゆる声明を聞いてきた。しかし2003年9月に米国務省式典でのコリン・パウエル国務長官から聞いたものほど強い調子の——同時に空虚な——ものはなかった。

私は国務省ボールルームでのロジャー・ノリエガの西半球問題担当国務次官補としての正式就任式典に招待されていた。部屋にはこの地域に関わっている大使、学識者、非政府組織(NGO)代表等の小ワシントン世界の名士約200名がいた。群がる人々がお祝い気分であったのも不思議ではない。ノリエガ——保守共和党の強硬派——について誰がどう思おうとも彼は、1999年以来上院により承認された米国務省のラテンアメリカ問題の最初の長であった。彼の2人の前任者のオットー・ライクやピーター・ロメロは、決して上院の承認を受けなかったために「暫定」として勤めることを強いられた。どの高官もブッシュ政権とラテンアメリカ諸国の間の対話を促進するのに十分な権限を有していなかったため、その日のノリエガの任命まで米国のラテンアメリカ地域に対する政策は漂流していた、とワシントンでは一般的に信じられていた。

このお祝いの雰囲気の中、パウエルがノリエガの正式歓迎の短い挨拶をするためにマイクを取ったとき、彼は報道機関ではニュースにならなかったが、驚くべき声明を行った。「米国国民にとって、この西半球以上に世界でより重要な地域はない」と言ったのである。

彼は真剣だったのか？　もしそれが真実であれば、なぜ米国政府はその通りに行動しなかったのか？　パウエルは聴衆をだましているのかおどけているのか。貿易、移民、麻薬密輸、環境、そして、ますます増大する石油生産の観点からは、ラテンアメリカ地域ほど米国の日常生活により大きな影響を与える地域は世界にないことは本当であった。米国はすでにＥＵ25カ国よりもラテンアメリカとカリブ諸国により多く輸出していた。カナダとメキシコは米国のトップの貿易相手国であり、米国は英国、フランス、ドイツ、イタリアを合わせたものよりも多くをメキシコに売っており、中国よりも南米の南錐地域により多く売っているのである。米国の四つの主要なエネルギー供給者——カナダ、サウジアラビア、メキシコ、そしてベネズエラ——のうち三つは西半球にある。そしていかなる国々も、メキシコ、エルサルバドル、コロンビアほどに移民、麻薬または環境等の内政問題により大きな影響を与えることはない。それにもかかわらず、日々の現実は、パウエルの演説がリップ・サービス以外の何ものでもないことを証明していた。

もしラテンアメリカがパウエルにとって、本当に世界で最も重要な地域であれば、なぜ国務長官は定期的にこの地域を訪問しなかったのか？　国務省によれば、彼は２００１年に就任してから「世界でラテンアメリカほどに最重要な地域はない」という発言までの間に39回外遊しているが、ラテンアメリカまたはカリブには９回のみである。もしラテンアメリカがそれほど重要であれば、なぜ彼はラテンアメリカ地域について議会で話すための招請を受け入れなかったのか？　なぜ国務省はこの地域の担当官をもっと任命しなかったのか？　ブッシュ政権の第１期の間、国務省ロシア局は11人の担当官を有していたが、他方ブラジル担当部は４人、南米諸国部は１ないし２人であった。そしてもしラテンアメリカがそれほど本質的であるなら、なぜ米国は2001年にアルゼンチン経済が瓦解したときに傍観したのか。米政権がそのとき国際通貨基金（IMF）を支援する姿勢だけでも示せば、アルゼンチンの近年の歴史における最悪の経済危機を回避できたというのに？

そしてなぜ、メキシコにとって非常に重要であった移民交渉を米国は再開しなかったのか？

CIAにとって重要性のない地域

これらの質問に答えるためには学者である必要はない。ブッシュ大統領はメキシコに親近感を抱いていると主張した元テキサス州知事であり、パウエルはジャマイカ移民の息子でラテンアメリカ地域と個人的な絆を有していた。しかし権力支配を続けた「強硬派」――ディック・チェイニー副大統領、ドナルド・ラムズフェルド国防長官、そして後にパウエル国務長官の後任となったコンドリーザ・ライス国家安全保障大統領補佐官――は、ラテンアメリカを必要なときには支援すべき裏庭として見たが、はるかに重要な他地域をおろそかにする犠牲を払ってまでは決してしなかった。強硬派――または立場によっては、現実主義者――にとっては不法移民の殺到や国境の環境問題、麻薬密輸の増大、米国への石油供給を中断しうるクーデターを防ぐためにラテンアメリカが経済的に成長することは重要であった。しかし最終的には新しいグローバルな文脈の中では、この地域は重要性のないものであった。この文脈はイスラム・テロに対する戦いと21世紀の経済大国・軍事大国としての中国の出現――そして、おそらくはインド――により定義された。最終的な分析としてブッシュは側近の顧問たちの世界の見方を採用したのである。

ブッシュ政権の見方は、米中央情報局（CIA）の長期的なシンクタンクである国家情報審議会（NIC）の2020年の世界についての予測の中で示されたものとは少し違っていた。NICの報告書は2005年に公表されたが、その表紙でこの報告書が必ずしも米国政府の意見を反映するものではなく、学会、実業界、政界から雇用された独立系専門家による野心的な研究プロジェクトの成果であるとしていた。この調査研究は1年以上続き、「世界の未来地図」という題名の文書となったが、その地図にはラテンアメリカはほとんど現れていなかった。

報告書は、2020年までに世界経済の重心はかなりの程度アジアに移動しているであろうと述べていた。なぜなら西洋の市場は飽和し、新しいビジネス機会は東アジアとインドに見いだされるだろうからである。今後数年間に中国の中産階級は2倍の大きさとなろう。多国籍企業はその需要圧力に対応しつつ、彼らのビジネスの文化的側面のみならず製品のデザインや好みまでも変化させながら、ますます巨大なアジア消費者市場に適応していくであろうと報告書は結論づけていた[7]。

新しい世界状況の中で、NIC報告書はラテンアメリカを周辺地域として描き、その中ではおそらくブラジルのみが、牽《けん》引効果を生み出し近隣諸国の成長を刺激するには十分ではないものの、突出するだろうとしている。「ブラジル、インドネシア、ロシア、南アフリカはおそらくは、中国やインドほどの政治的影響力は行使しないであろうが、経済成長に向かいつつある。彼らの経済成長は確かに近隣諸国に恩恵を与えようが、彼らはこの地域の経済の原動力――北京やニューデリーの増大しつつある政治経済力の鍵となる要因――とはなれないであろう」と述べている[8]。

進歩と退化の地域

それではラテンアメリカは何を期待できるのか？　NICの最終報告書はその点について少ししか述べていないが、同じプロジェクトの予備調査は、一般的な景気停滞の状況の中でラテンアメリカ地域は国によってまちまちの成長を経験するであろうと予測していた。その予備調査は「2020年のラテンアメリカ」と題し、2004年半ばにチリのサンティアゴでNICにより開催された会議の後、グローバルな研究に寄与するために雇用された独立系専門家によるいくつかの地域分析結果の一つであった。それが提示する地域の展望は「光と影の入り混じったもの」であった[9]。

調査報告は「この地域のわずかな国々が発展の機会を活用できようが、ラテンアメリカは地域としては地球の最先進国から引き離され、格差はさらに拡大していくこととなろう」と結論づけていた。執筆者はこう続けている。「いくつかの状況は改善するだろうが、常に変動や上下動、進歩と後退の循環の中でのことである。そして経済的、政治的、社会的方向性を見つけることのできなかった国々や地域は危機に陥り、後退を経験するだろう。

これらすべては、地域の不均質性が増大する中で起こるであろう」。

地域は三つのグループの国々から構成されるであろう。第一グループは最も成功した国々より成り、チリ、メキシコ、ブラジル、コスタリカ、そしてウルグアイを含み、2020年までに民主主義を強化し、世界経済に参画するであろう。アナリストたちはブラジルが地域的リーダーシップを発揮する見込みについては懐疑的であった。彼らは、ブラジルがその指導的役割の強化を試みるだろうが、その努力は「いくらかは進捗するが、新たな千年紀の初めに予測されたほどではないもの」となるだろうと示唆した。「ブラジル国内の複雑な政治的社会的プロセスは、最も必要とされる経済改革の障害となるであろうし、この経済改革なしでは、ブラジルは20年までに世界の大国として台頭することができない」とそれは述べていた。

第二のグループは、独裁主義傾向のある国々であると調査報告は述べている。これらはボリビア、グアテマラ、ベネズエラ、そしてパラグアイを含み、そこでは「今後数年で民主主義から離れ、新しい軍国主義に向かってゆく明確な傾向がある」。

第三のグループは、有効に機能する政府を持たない地域の破綻国または地域より成る。そこではどんな種類の中央政府もおそらく崩壊する可能性があり、他方で、国内紛争の激化、制度的崩壊、麻薬密輸や組織犯罪ギャング等のマフィアや「事実上の勢力」の激増等がある。「破綻国家のシナリオは、ハイチやその他のアンデス地域――必ずしも国ではない――のケースを含む」と調査報告は述べている。

行く手に横たわる危険

ラテンアメリカを脅かす主要な危険は何か？　第一にNICの地域研究によれば、何よりもまず治安の着実な悪化である。未来学者たちはコロンビアのボヤカ県やカケタ県、ベネズエラのブラジルとコロンビアとの国境地帯、そしてボリビアのコチャバンバ地域における政府当局の危険な不在を憂慮している。彼らはまた、我々がエルサルバドルにおいて国内のマラス・ギャングに対する「非常に手荒い措置」の実行を約束した大統領が選出されたことをすでに目のあたりにしたように、治安の悪さが大衆の権威主義的解決の要求を引き起こすことも示唆している。「治安の悪さと犯罪指標は、何年もの間、上昇傾向を示している」と調査報告は指摘している。「大半の国における貧困と不平等の増大を反映して、治安の悪化はラテンアメリカ社会における主要な問題となるであろうし、同様に政治的かつ選挙の上でますます重要性を持つ問題となろう。この現象は、『手荒い』措置を主張する政治家や候補者たちに、地域の市長職、州知事職、大統領職へのアクセスを与えるであろう」。

第二にNICのアナリストは、多くのラテンアメリカ諸国ですでに3人の労働者のうち2人を占める非正規雇用労働者の増大を警告している。「現在の推定では、今後15年間の雇用創出はますますインフォーマル・セクターで行われるだろうと予測されている」。その理由は主に、企業の労働者の新規雇用を妨げる厳格な労働法と国家部門の非効率である。その結果、国民の幅広い層が社会的便益やクレジットへのアクセスを欠くこととなり、ますます疎外されよう。「この現象は長期的な政治経済的な見通しを阻害する制度的な結果をもたらす。現在の年金受給者がより少ない数の納税者に支えられ、財政準備金が明日の年金受給者にとっては不十分となるため、将来の退職制度はインフォーマル・セクターの無秩序な拡大によって深刻な持続性の危険に直面する」と調査報告は述べている。同様にインフォーマル経済の増加は、ますます国家の徴税能力に影響を与え、国民生活への国家の寄与をさらに弱める可能性がある。

第三にNIC地域調査報告は、先住民の革命が起こりうることを警告した。「今後15年間、新しい民族的、地域的影響力が出現する結果、ラテンアメリカ社会における文化的矛盾が増大するだろう。この現象の最も知れ渡った発現が先住民運動であり、特にアンデス地域、中米、メキシコ南部でその影響の増大が見込まれている……。先住民運動や古い社会的価値観、歴史的な権利を主張する勢力がどこまで力を持つかは、既存の社会や権力が彼らをどこまで取り込むかの度合いにかかってくるだろう……。政治的・経済的な排除が厳格に広く行われているところでは、先住民運動はラテンアメリカでは支配的なヨーロッパ的構造を持つ社会的、政治的、経済的、文化的制度に公然と対決する、より過激な形態をとるようになるだろう。そうした状況になった場合、歴史的なアイデンティティーと補償要求の問題は、経済成長の期待を曇らせるだろう」と報告書は述べていた。つまりもし、各国が先住民を経済的にもっと統合しようとしなければ、白人あるいは混血の権力を相手にした民族紛争の時代に我々は突入するであろう。

ラテンアメリカとワシントンとの関係については、調査報告は、米州がパナマ運河に沿って本質的に区分けできると示唆している。「パナマ運河に沿った非公式な国境は一層深まるであろう。それより北の国々は米国の発展により影響され、他方で南の国々では彼らの亜大陸的なアイデンティティーをより強化しよう――特にブラジルが地域の指導権を熱望しているからである」。

ＮＩＣ文書の全般的な悲観主義はブッシュ政権の公式声明とは対照をなすものであるが、ワシントンでの支配的な考え方をかなりよく反映している。１５００人の士官を有し、米国の他の政府機関を合わせたよりも多くの人員がラテンアメリカに従事している米国南方軍司令部の内部文書もまた、不確実性に満ちた未来を予測していた[10]。南方軍司令部は、２００３年にすでに今後15年間ラテンアメリカ地域において民主主義に対する脅威が増大すると警告する内部文書を起草していた。

この文書はそれを見た人々によれば、最近の米州の歴史の中でそれぞれ異なった時期の五つの地図が描かれた図表を含んでいた。民主主義国家は緑色であり、全体主義国家は赤であった。１９５８年には、ほぼ全地域が緑色であった。わずかにパラグアイ、ペルー、エクアドル、コロンビア、ベネズエラ、いくつかの中米の国々、そしてキューバが赤色であった。78年には、ほぼ全地域が赤色であり、わずかにコロンビア、ベネズエラ、そしてガイアナが緑色であった。98年は米州の民主化の最高点であり、地図はほぼ完全に緑色であり、唯一小さな赤丸がキューバであった。４番目の地図は２００３年であり、すでに危険信号を示していた。アルゼンチン、パラグアイ、ボリビア、ペルー、エクアドル、コロンビア、ベネズエラを含む大半の地域が全体主義または過激ポピュリズムに分類されつつある「危険な状態の国々」として黄色であった。最後の地図は２０１８年であり、まったく白紙でアラスカからティエラ・デ・フエゴまでの全地域を覆う大きな疑問符がついていた。それは必ずしも楽観的な展望ではなかった。

多国籍大企業の予測はさらに元気づけるものではな

かった。ニューヨークに拠点を置く米州協議会――ラテンアメリカで活動する米国の主要な多国籍企業より成る――による国防総省のための調査は、過去数十年におけるこの地域での投資の落ち込みに警鐘を鳴らしていた。2005年に国連ラテンアメリカ・カリブ経済委員会（ECLAC／CEPAL）が、投資は5年連続の下落から反転し、前年に比べ44％増加したと歓喜に満ちて発表したが、ネットで見れば引き続きマイナスであった。外国投資は1999年よりいまだ20％少なかった。協議会の調査報告「西半球の投資環境を保証しつつ地域の発展を強化すること」は、投資の下落を生産性の下落、低い教育水準、政治的官僚的障害、汚職、そして――何にも増して――治安の悪さを含むいくつかの要因に帰していた。生産性指標は過去20年間に下落し、教育においても同じことが起こりつつあった。汚職に関しては、調査報告は過去40年間のトランスペアレンシー・インターナショナルの腐敗認識指数におけるラテンアメリカの格付けをアジアと比較し、またもやラテンアメリカは悪くなっており、2002年の地域における汚職平均は60ポイントに上昇し、他方でアジアは43ポイントに下落した。「もちろんこれらの傾向は投資家の心理に重くのしかかるものである」と協議会は述べていた(11)。

米州の世紀

ブッシュ大統領が就任してから最初の数カ月の発言から判断すれば、ラテンアメリカには、はるかに明るい未来が待っていたはずに思われた。2000年8月25日のマイアミでの選挙キャンペーン演説において、ブッシュ候補は「もし私が大統領になったら、後から思いついたようにではなく、大統領としての基本的約束として南に目を向けるでしょう」(12)。9・11までブッシュは――テキサス州知事の時代から、ヒスパニック有権者の歓心を得ようとしていた――、ラテンアメリカとの緊密な絆を模索するとの誓約においては、前任者たちよりも一貫してうまくやっていた。

ブッシュは最近の歴史の中でラテンアメリカにおいて最も悪口を言われる米国大統領となったが、興味深いことに彼と繰り返し会った地域の幾人もの元首に私が確認したところでは、個人レベルでは少なくとも2001年のテロ攻撃の日までは、この地域に最も親密感を感じていたと思われる人物でもあった。任期開始に当たりブッシュは、ラテンアメリカ、特にメキシコに対して前例のない振る舞いをした。彼は選挙キャンペーン演説のすべてをラテンアメリカ地域にささげた最初の大統領であった。選出されるやいなや彼は伝統を破り、カナダではなくメキシコに最初の公式訪問を行った。カナダの人々は激怒したが、ブッシュは彼の国が南に目を向け始めているとのメッセージを送りたかったのである。彼が最初に出席した大統領サミットは、2001年4月のカナダ・ケベックにおける米州サミットであった。そこでラテンアメリカとカリブの32人の大統領たちと共に、21世紀を「米州の世紀」とうたった宣言文に署名したのである。

01年9月5日、テロ攻撃の1週間前にブッシュは、ビセンテ・フォックス・メキシコ大統領をホワイトハウスに迎え、外国賓客のための新政権の最初のガラ・ディナーを催した。またもや前年までこの社交的、外交的特権を享受していたカナダ人がかんかんになって怒っていた。その夜の晩餐会の演説の中、2人の指導者の間の政治的牧歌の最高潮のときにあって、ブッシュはフォックスに言った。「米国にとっては、世界でメキシコと維持している関係ほど重要なものはない」[13]。私はワシントンでこの場面をテレビで見ていて、カナダや英国の大使がこれらの言葉を聞いたときの顔つきを想像しながら、笑いをこらえることができなかった。

なぜブッシュはラテンアメリカ地域に前向きの提案を行ったのか？　それはイデオロギー、家族のプライド、そして政治的必要性の組み合わさったものだった。ブッシュにとっては、クリントンとは異なり、メキシコとの自由貿易協定から最も利益を受けた州の一つであるテキサス州の州知事時代にその恩恵――より多くの貿易とより多くの投資――を自分の目で確かめてきたのであり、ラテンアメリカとの自由貿易は抽象的な概念ではなく具体的な政策であった。ブッシュは自由貿易が機能することを見てきたがために自由貿易を信じていた。彼はまた米国が支援する米州自由貿易地域（FTAA）プロジェクトの成功に個人的な関心を持っていた。当初のアイデアは、「米州イニシアチブ」の旗の下、彼の父親のジョージ・H・W・ブッシュ大統領時代に提案された。もしそれが通過していれば、FTAAはブッシュ家の政治的遺産の一部となっていたであろう。最後に就任早々の大統領として、メキシコとラテンアメリカへの首尾よい提案は、彼が4年後、再選のために立候補するときに彼にヒスパニック票をもたらすであろうことを、２０００年の紙一重の選挙を経験して十分よく知っていたのである。

いかにしてブッシュは、ラテンアメリカの「専門家」となったか

２００１年4月のケベック・サミットの際に、ホワイトハウスはブッシュ大統領をラテンアメリカの「専門家」として描き出そうと努力していた。彼はスペイン語の少しばかりの言い回し――テキサスで学んだもの――をつぶやくことができ、ラテンアメリカの同僚と互いに非公式に挨拶するときには、いくつか冗談を飛ばすことさえできた。しかし彼らと国家の問題について討議するために着席したときには、彼は通訳を必要とし、スペイン語の演説を聴くためには同時通訳のイヤホンを使った。多くのラテンアメリカの大統領が私に述べたところでは、ブッシュはフロリダ州知事の弟ジェブがメキシコ人女性と結婚しており、そのためメキシコ系米国人の甥たちがいると好んで自慢した。彼はよくラテンアメリカ系グリンゴー（米国人の俗称）であると冗談を言うのだった。

政治ではよく起こることであるが、ブッシュのラテンアメリカへの関心と考えられていた大半のことは、国内の政治的打算の産物であった。２０００年の選挙キャンペーン中、彼は外交経験がほとんどないと強く批判されていた。事実上、一度も国外に出たことはなかったし、国際的問題の処理を要請されるようないかなる職にも就いていなかった。これは競争相手であった当時のアル・ゴア副大統領と対峙《じ》するときには、彼を極端に脆弱な立場に置いた。一方、ゴアはホワイトハウスでの8年間に世界中を外遊し、いくつもの複雑な国際的交渉を担当していた。ゴアとブッシュの間の差は世界政治の知識に関する限り、非常に大きなものであった。さらに悪いことに選挙キャンペーン中の報道インタビューで、彼は幾人ものアジアの指導者が誰であるか分からず、間違った名前を挙げて物笑いとなっていたのである。ブッシュの補佐官たちは数年後、ブッシュのイメージ・コンサルタントたちが必死になって、外交について彼が精通していると紹介できるものをくまなく調べ、彼の過去を探し回ったと私に密かに話した。彼らが見つけたのは、ブッシュ

がテキサス州知事としてあるいは週末の社交行事でメキシコにわずかに公式訪問をしたことであった。問題は解決した。ブッシュがアジアの元首の名前を取り違えた不幸なインタビューの後、選挙キャンペーン陣営は彼をメキシコそしてさらに広げて――そう、もちろん――ラテンアメリカの「専門家」として紹介し始めた。手助けになろうと、ブッシュは彼の知っている少しばかりのスペイン語に磨きをかけ始め、メキシコとラテンアメリカとの接触を深め始めた。2000年11月の選挙がやってくるまでに、未来の大統領は彼自身をこの地域の「専門家」であると確信していたのであった。

もちろん実際のところ浅薄なものであり、ブッシュのラテンアメリカとの約束は、01年9月11日、ほんの数時間で崩れた。国連の同意なしにイラク戦争を開始するというブッシュの決定は広範な大多数のラテンアメリカ人から見て、彼を最も憎まれた世界の指導者にならしめたのであった。ゾグビー・インターナショナル社の世論調査によれば、米国主導の侵攻の後、03年末までには、ラテンアメリカ世論の大多数である87%がブッシュを否定的に評価した。ブッシュはしばしばこの地域への愛情を公言していたが、それも急速に姿を消した。大統領自身、第9章で見るように、テロ攻撃の後、メキシコおよび地域の大半の国々からの支援の欠如と見なされることに失望させられた。すでに、2001年9月20日の議会の上下両院合同会議における演説では、ブッシュは――2週間前には、メキシコを国の「最も重要な」2国間関係と発表していた――こう宣言した。「米国は英国以上に真の友人を持たない」(14)。何もかもが変化した。

約3000人の死者を出したニューヨーク市のツインタワーとペンタゴン（国防総省）への攻撃は由々しき打撃であり、米国報道機関によって国の歴史上、米本土で受けた最悪のものであると絶えず表現された。米国を第2次大戦に参戦させた1941年のパール・ハーバーの空襲とは違い、これは太平洋の遠隔の軍事施設への攻撃ではなく、米国のビジネスと政府の中心地域への攻撃であった。さらに米当局者は、これを米国の生活様式への正面攻撃であり、西洋文化をイスラムの過激な解釈に基づく神政政治的秩序で置き換えようとする計画の表れであると描いた。このような脅威に直面しているとすれば、国家を防衛するためにはいかなる努力も惜しまれなかった。米国の友人は、一緒に立ち上がった者たちなのだとホワイトハウスの当局者は主張した。

「マダム国務長官」と彼女の1日20%の時間

公正を期するために言えば、9月11日後、ブッシュはラテンアメリカに前任者たちよりもはるかに少ない注意を払ったというわけではない。クリントン政権下、マデレーン・オルブライト国務長官は72回の外遊を行い、そのうちわずか10回がラテンアメリカであった。オルブライトは、この地域について特別に話すために上院外交委員会に出席したことは一度もなかった。事実、ラテンアメリカについて話すために全体委員会に出席した最後の国務長官は、1995年1月のウォーレン・クリストファーであった。議会の歴史家によれば、彼の前は9年前の国務長官——86年2月のジョージ・シュルツ——が上院委員会でこの地域について証言した。

オルブライト女史の『マダム国務長官』と題する回顧録の売り込みのための新刊書ツアーの間、私は常に興味をそそられてきたあることについて質問するために、マイアミで彼女とのインタビューの予定を立てた。どのくらいの時間を国務長官たちは、ラテンアメリカに充てたのか？　ということである。オルブライトはプラハに生まれ、家族はナチから逃れ、その後は共産主義から逃れて、彼女が11歳のときに米国に到着した。国家の最高位の外交官として仕える最初の女性であったにもかかわらず、オルブライトは決してワシントンのスーパースターではなかった。彼女は政治家というよりも学者であり、クリントン政権で真の権力者となるために必要な議会や報道機関における人的ネットワークは決して築かなかった。彼女は知性ある女性であったが、まったくカリスマ的ではなかった。

私はかつて1998年、チリでの米州サミットの間に彼女の泊まっていたホテルのスイートで彼女にインタビューしたことがあった。彼女は夜遅く2人の顧問たちと一緒に私を迎えた。そしてインタビューの間、靴を脱ぎ、素足を椅子の上に乗せていたことを覚えている。

東欧、特に当時のバーツラフ・ハベル・チェコ大統領ら彼女の故国で民主主義の闘いを率いた人々について述べるとき、オルブライトは目を輝かせて情熱的にしゃべるのであった。彼女はソ連外交サービスについての博士論文を書いており、ジミー・カーター大統領のポーランド生まれの国家安全保障顧問でもう一人のソ連圏からの亡命者であるズビグニュー・ブレジンスキーのために働きながら、外交の世界での経験を積んだのである。ラテンアメリカは彼女の興味をそそる事項ではなかった。

我々がマイアミでこの問題について議論し始めたときに、オルブライト女史はブッシュの外交政策における「軍事への集中」および「ラテンアメリカへの配慮の欠如」を批判した。彼女はこの地域に自分ははるかに注意を向けていたと主張した。本当であろうか？　1日平均どのくらいの割合の時間をラテンアメリカに割いていたのですか？　と私は尋ねた。オルブライトは視線を上げて思い出そうとしながら、少しの間考えた後で答えた。「私の時間の20%か、おそらく25%を割いたのですよ」と述べた。しかしこれは、彼女の自叙伝の頁には反映されていない。インタビューの後、私が『マダム国務長官』を読み始めたとき、全29章の中で1章もラテンアメリカに割かれていないことを発見した。その本は東欧、中東、西欧、中国、ロシアに中心が置かれていた。５６２頁のうち、ラテンアメリカに割かれている頁は指で数えられるほどであった。そしてこれらの中では、大部分が二つの国、キューバとハイチに言及していた。キューバとハイチは、索引ではキューバが18頁、ハイチが12頁に出ていた。メキシコは6カ所、ブラジルが4カ所で触れられ、うち1カ所はハイチに関する国連決議に賛成投票をした国々のリストに出ていた。

オルブライトは——ヘンリー・キッシンジャーやブレジンスキー、そして実際、米国外交を担当するすべての人たちと同様——、冷戦の所産であった。彼女のヨーロッパ中心的世界観では、キューバはソ連の同盟国ゆえに重要であったのであり、ソ連はキューバを大敵である米国を攻撃するための潜在的な跳躍台にしていた。ハイチは混沌とした国であるがゆえに重要であったのであり、いつ何時でも絶望的な不法移民の新しい波が米国に押し寄せる可能性があった。その他のラテンアメリカ地域の国々は、いかに大きな国であっても、国務省を率いる者たちの頭の中ではごく片隅にしかなかったのである。

ラテンアメリカは自らを疎外した

オルブライトは、ラテンアメリカが世界の舞台において重要性がなくなっているのは、一つには主要な国際問題に、より積極的に参加しなかったためであり、自らに責任があると私に述べた。ラテンアメリカ諸国に何を助言するかと聞いたとき、彼女は彼ら自身のためにも、「世界舞台においてより積極的な役割を果たすべきです」と述べた。それでは、それは何を意味したのか？　元国務長官は、彼女の任期中、国際的な危機においてラテンアメリカからの協力がないことにしばしば不満を感じたと返答した。ラテンアメリカとヨーロッパの外交官の間の違いは、「後者の世界の他地域への関心の度合い」であったと彼女は述べた。「ラテンアメリカは北米との関係には関心があるが、世界のその他の地域についてはあまり関心がないのです」。彼女は思い起こして言った。例えば彼女が１９９３年から97年まで米国の国連大使であったときに、米国、ヨーロッパ、カナダ、オーストラリアが彼らの票を調整するための政治調整グループに参加したときに、ラテンアメリカ諸国は彼ら自身で別のグループを招集した。彼らは自らを疎外したと彼女は述べた。「私は国連の中に『米州グループ』となるグループを持つべきだと考えました。しかし、できませんでした」とオルブライトは述べた。事実、国連の外交官たちが後になって私に話したところでは、オルブライトは１９９０年代半ばに「米州グループ」を創設しようと試みたが成功しなかった。メキシコとブラジルはワシントンが他のメンバーを支配するのを恐れて、このアイデアを支援しなかった。「世界の他の地域と私たちの関係を発展させるためには、私たちは自然の同盟となるべきなのです」とオルブライトは続けた。国連の西半球グループは「ヨーロッパとの同盟よりもはるかに自然な同盟であったでしょう」と彼女は付け加えた。「世界中の平和維持活動に参加できるラテンアメリカの軍隊創設のような行動は、はるかに大きな国際的影響力を地域に与えたでしょう」。例えば、世界中の平和派遣団へのラテンアメリカのより多くの参加は、この地域の支援をより国際的に価値あるものにしたかもしれないと考えるのは道理のあることと思える。もっとも赤道アフリカの軍隊が国連平和維持軍に最近、頻繁に参加していることは、その地域の世界的な影響力を著しく強化したわけではない。しかしさらに重要なのは、彼女の視野が狭いままであったことである。彼女にとって世界におけるラテンアメリカの役割は、ワシントンのアジェンダを受け入れるかどうかにかかっているように思えた。私はインタビューの礼を言って別れを告げた。しかし、私は明白なこと——貧困や教育といった大きな問題を持つラテンアメリカ自身のアジェンダはどうするのか？ ヨーロッパのいくつもの国々がより貧しい近隣諸国に与えたような条件付き援助を米国は進んで供与するつもりだったのか？——について考えないわけにはいかなかった。オルブライトはラテンアメリカ諸国からの協力の欠如を全面的に強調したが、彼女はワシントンから南の隣国に対する持続的な約束の欠如についてそれほど配慮しなかったことは明らかであった。

クリントンの優先事項——キューバとハイチ

オルブライトの上司であるビル・クリントンは、ラテンアメリカ地域に充てた時間に関しては、ブッシュよりはるかに寛大というわけではなかった。ホワイトハウスでの最初の4年間に、彼はラテンアメリカに足を踏み入れなかったが、それはブッシュ政権が——最初の4年間にラテンアメリカ地域に多くの外遊を行った——後になって世界に気づかせたことである。クリントンの本、『マイライフ』の行間にあるものから判断すれば、彼はラテンアメリカの問題には多くの時間や知的労力を割かなかった。軽量ブロックほどもある957頁の本は世界の指導者との会合の話が書かれているが、ちょうど10頁——約1％——がラテンアメリカの問題と同地域の指導者との対談に割かれている。前金として1000万ドルを受け取ったこの本の中で、クリントンは彼が最も賞賛すると強調するラテンアメリカの大統領の名前さえも取り違えていた。彼は繰り返し元ブラジル大統領を「エンリケ・カルドーゾ大統領」あるいは「エンリケ」と呼んだが、彼の名前はフェルナンド・エンリケである。

クリントンがしばしば言及したこの地域の2カ国はどこか？ 国務長官が言及したのと同じ国々、キューバとハイチであった。索引ではハイチに29カ所、キューバに21カ所の言及がある。メキシコは15カ所だけであり、ブラジルは5カ所、アルゼンチン5カ所、そして、それらはほとんどいつも直接には関係のない言及であった。キューバやハイチがメキシコ、ブラジル、アルゼンチンよりもクリントン元大統領の注意を引いたのは偶然だったのか？ あるいは彼の本の編集者たちがこのようにすれば米国でのより大きな販売が確保できると示唆したのか？　残念ながらどちらでもない。これまで数十年の間、キューバやハイチはワシントンの地域アジェンダにおいて尋常ではない重要性を与えられてきたのである。

幾人かの米当局者は、ホワイトハウスにとってラテンアメリカには3種類の国があり、キューバとハイチ、そして「ROLA諸国」——ラテンアメリカの残りの国々（Rest of Latin America）の頭文字——であると私的な冗談を言った。キューバとハイチが重視されたのは何よりもまず内政問題からきている。ハイチは議会におけるアフリカ系米国人議員にとって決定的な問題であって、彼らはそれを国際的アジェンダの中心にすえていた。キューバに関しては、フロリダ州とニュージャージー州でのキューバ系米国人の票は、いかなる大統領選挙においてもこれら2州で勝利するための鍵である。「キューバ人はキューバでは彼ら自身の大統領を選出できないが、米国では4年ごとにそれを行ってきたのです」と民主党の政治家の一人が私に言った。

おそらくホワイトハウスの地理的視野の狭さの一つの例外は、米国の経済的・軍事的援助の世界最大の受益国の一つとなったコロンビアだった。2001年から05年の間に、コロンビアはワシントンから麻薬、麻薬に基礎を置くゲリラ、民兵組織に対する戦争のために30億ドルを受け取った。この援助がアルバロ・ウリベ大統領をして誘拐と殺人の大幅減少という成果を勝ち取ることを可能とした。民主党も共和党もどちらもコロンビアの援助パッケージに反対票を投ずる余裕はなかった。隣国ベネズエラにおいては、チャベスがロシア、スペイン、ブラジルから20億ドル相当の武器を買い付け、完全武装を固めつつあった。コロンビアはもはや米国議会にとって麻薬のみの問題ではないのであった。

2000年の選挙でのブッシュのヒスパニック系選挙民獲得に驚き、民主党はこの地域のためのより野心的な計画の組み立てに向けた措置を講じた。ジョン・ケリー大統領選挙キャンペーン陣営は、04年にラテンアメリカに対する強固で積極的なアジェンダを導入したが、それでもケリーはこの地域について少ししか知らなかった。ケリーの公式の声明とケリーが私に2回のインタビューで述べたところでは、この民主党上院議員はラテンアメリカの小規模ビジネスのための年間5億ドルの社会投資基金を含む「米州共同体」の結成を提案した。これはヨーロッパで行われたものの小規模版であるが、一つのスタートではあったろう。彼はメキシコ、カナダ、そして米国の移民・税関政策を統合する「北米のための安全保障防御線」の創設と「全米民主基金」への資金供与の3倍増も提案した。

移民の囲い込み

２００８年大統領選挙戦への準備が進んでいた米国では、民主党のヒスパニック票獲得を目指す人々がブッシュから思いもよらぬ贈り物を受け取った。大統領は06年末の中間選挙での党内の反移民派からの圧力を受けて、不法移民の流入阻止のため米国－メキシコ国境約３２００キロメートルに沿って約１１００キロメートルの柵を建設する法案に署名した。いくつかの見積もりでは、柵の建設コストは３７０億ドルであり、３００億ドルが電子監視、加えて物理的建設費70億ドルであった[15]。経費はメキシコにおける年間外国投資総額の2倍であったが、建設されても米国への大量のメキシコ人不法入国者をほとんど阻止することはないだろう（それは、２００６年中間選挙で共和党に少しの票しかもたらさなかった。彼らは、議会の両院で敗北し、熱烈な反移民候補たちは敗れた）。

反移民運動――その最も著名なスポークスマンは、隔離主義ポピュリストのＣＮＮテレビのアンカーマン、ルー・ドブスであった――は、イスラム・テロリストはメキシコとの国境管理の穴を利用して米国に潜入できる、ラテンアメリカ移民の波は全国的に学校、病院、公共サービスに負担を強いていると主張した。２００４年にハーバード大学国際地域研究所のサミュエル・ハンティントン所長は、彼の著書『分断されるアメリカ』の中で、反ヒスパニックの世論形成者たちに学術的お墨付きを与えた。彼は１９９３年にベストセラー『文明の衝突』を執筆しているが、最新の著書では米国がヒスパニックの殺到の下、埋もれてしまう危険性を主張した。「米国の伝統的なアイデンティティーに対する最も差し迫った深刻な挑戦は、ラテンアメリカ、特にメキシコからの移民とその移民の間での持続的に高い出生率水準に由来している」と彼は書いている。「米国は、一つの言語とアングロ・プロテスタント文化が支配的な国であり続けるのか？この問題を無視しつつ、米国人は二つの異なる文化と二つの言語を持つ二つの国民の国に徐々に変化していくことを受動的に受け入れつつある」。

メキシコ人移民はヨーロッパ人がしたようには米国には同化しておらず、将来、米国がメキシコから19世紀に奪い取った領土の返還を求めるかもしれないと彼は述べている。ハンティントンはマイアミでのスペイン語のテレビチャンネルはアングロ系の競争相手よりも多くの視聴者を得ていること、カリフォルニアにおいては、男子の赤ちゃんにつける最も人気のある名前として「ホセ」が「マイケル」に取って代わり、メキシコ系米国人はメキシコのサッカーチームが米国チームと試合をするときには、メキシコチームを応援することを懸念とともに指摘した。「メキシコ人移民は、米国の文化的、政治的な統合への主要な潜在的脅威と見なされる」と彼は書いている。

この論拠は疑わしい。ラテンアメリカ人移民の歴史は、移民は第2世代までには米国社会に統合され、完全な英語を話すようになることを証明している。私はそれを日々直接見ることができた。マイアミの多くの移民は英語を話さないものの、彼らの子どもや孫たちは話すのである。そしてマイアミは、まさに国内外において双方の文化に完全に対処できる2カ国語の専門家層を持つがゆえに、国際的なビジネスセンターとなったのである。ハンティントンの立場は現実に十分な根拠を置いていない。テロに関して言えば、9・11のテロリストの一人たりともメキシコから米国には入っていない。もちろん将来、それが起こる可能性はある。テロリストたちは、カナダまたは空や海でつながったどこからでも米国に入ることが可能だからである。

不法移民についての多くの批判が人種差別的でも隔離主義的でもないことは認めよう。移民の危機についてコラムを執筆したときには、しばしば私はカリフォルニア、テキサス、アリゾナの読者から、彼らのコミュニティーでの野放しの移民の影響を直接視察するよう招待する怒りの手紙を受け取るのだった。彼らの道路、学校、病院は移民で詰まっていると彼らは述べた。彼らが家族を病院の緊急治療室に連れていくと、何時間も待たされたり、または診てももらえずに追い返されるのは、治療を必要とするもっと深刻な緊急患者――しばしば不法労働者を含む――がいるためであると何人かが述べていた。何ゆえ、不法外国人が列の先頭にいるために、米国人の納税者が適切な取り扱いを拒否されねばならないのか？ 税問題については異論があるとしても――ある程度は不法外国人も付加価値税または他の形の税を支払っている――これら読者は偏狭な人々というわけではなく、自分たちの日常生活に影響する深刻な問題を是正したいと思っている法律を遵守する市民たちであった。

しかし、米国が柵により不法外国人の流入を阻止できるという考えは、良くてナイーブなのである。１９９０年初頭からワシントンがカリフォルニアの国境沿いに柵を約22キロメートル建設し始めてから、不法移民は急上昇した。柵は移民の横断地点をはるか東部に追いやったのみだった。１１００キロメートルの柵は、彼らに横断するためのさらに危険な場所を探すことを強いるだけであろう。たとえ米国が３２００キロメートルの柵を国境沿いすべてに建設したとしても――物理的に困難であり、底知れず高額――、移民たちは方途を見いだすであろう。彼らはトンネルを掘って、あるいは1万１３００キロメートルのカナダ国境を横断して、または米国の空港から非常に楽に入り続けるであろう。２００６年のピュー・リサーチ・センターの調査は、闇にまぎれて砂漠を通り忍び込む移民のテレビイメージを植え付けられている米国の大衆には知られていないことであるが、全不法外国人の約半数が米国の主要空港を通り、観光、ビジネス、学生ビザで入国し、単にビザ失効後も米国にとどまっていることを明らかにした。米移民当局の間では、彼らは「不法滞在（オーバーステイヤー）」として知られている。彼らやそれに続く多くの者にとっては、国境沿いの柵は効果がないのである。

米国と南の隣国の所得格差が現状のように大きいものである限り――世界銀行の数値によれば、米国の１人当たり平均所得は４万４０００ドルであり、他方メキシコでは７０００ドルである――移民を締め出すのに十分なほど高い柵はないであろう。もう一つの移民流入阻止のための米国の一方的措置は同様に失敗した。プリンストン大学のダグラス・S・マッセイ教授の調査によれば、米国は１９９０年代半ば以降、国境警備隊の予算を３８３％増加したが、それでも不法移民は2倍以上となった。幾人かの政治家や報道関係者によって推進されたより厳しい法の執行は、明らかに機能しなかったのである。

それでは、ワシントンは何ができるのか？

不法移民への対応においてワシントンは——全般的にこの地域により多くの注意を払い、米州共同体のための青写真をつくる以外に——いくつかの選択肢を持っている。米国の大衆に売り込むのに最も難しいものは、ジョン・コーニン・テキサス州選出共和党上院議員が2006年に提案したように、北米投資基金を創設する法律であろう。同資金は、ほとんどの米国移民の源泉であるメキシコ南部の道路およびインターネットブロードバンドの電話回線建設のために使用されるだろう。この計画の下では、資金の半分はメキシコにより支払われ、残りは米国およびカナダにより支払われ、基金の支出はメキシコが分別のある経済政策を採用することが条件となるだろう。

同投資基金は、1994年のNAFTAの重大な欠陥の一つ——メキシコ南部の貧困問題への取り組みの失敗——に取り組むこととなろう。他方でNAFTAはメキシコ北部にかなりの外国投資を生んだ。そこでは投資家が米国国境近くに製造組立工場を建設したが、貧困に苦しめられ、ほとんどが農村部であるメキシコ南部には同じことはしなかった。メキシコの南部・中部の人々は、最初にメキシコ北部に移りその後米国に移った。メキシコ政府の南部開発促進計画は——賃金はしばしばメキシコ北部の3分の1であるにもかかわらず——失敗した。なぜなら、とりわけこの地域には米国市場に商品を出荷するための高速道路がなかったのである。メキシコ南部の道路は、世界で最も混雑した場所の一つであるメキシコシティまでしか通じていない。

アメリカン大学のラテンアメリカ専門家のパストールは、2005年のIDB総会でノリエガ国務次官補と対立したカーター政権の元高官であるが、私にメキシコ南部への適当なインフラ建設は投資を引きつける磁力となり、国外脱出への誘因を削減するであろうと述べた。「もしメキシコ南部に道路や港、通信施設を建設すれば、外国投資はやってくるでしょう」と投資基金法案の草案者パストールは述べた。そしてもし、米国の世論がメキシコへの資金供与に抵抗したなら、低利の貸し付けの形でも資金を提供することは可能であると彼は述べた。まさにほとんどの米国人は、長い間このことを忘れていたが、1995年に当時のクリントン大統領がメキシコに500億ドルの資金的な救済措置を供与した際には——

この動きは、いくつかの方面からは、痛烈に批判された――メキシコは期限前に完全にその債務を返却したのであった。

米国がメキシコや他のラテンアメリカ諸国で雇用創出と安定を促進するには、その他にも方法があり、そのいくつかは米国に直接、利益をもたらすであろう。一つのアイデアは、もともとブラジルにより提案され、2007年のブッシュのラテンアメリカ外遊の間に開始された。中米・カリブ諸国でサトウキビ・エタノールを生産する米・ブラジル共同計画であり、米国の中東石油への依存の減少を助けるとともに、カリブ諸国の経済の加速を助けるであろう。再生可能エネルギーの世界のリーダーであるブラジルとのブッシュのエタノール提携は、車をサトウキビベースのエタノール車に転換することにより石油輸入の大半を代替するものであり、17年までに米国におけるガソリンの利用を20%削減するという07年大統領演説の誓約の一部分であった。ブッシュの包括的計画は、米国においてトウモロコシ・ベースのエタノール生産の促進を含んでいたが、環境主義者や多くの経済学者たちが恐れるこの動きは、食料価格を増大させ世界の貧困層に害を与えることにつながるものである。多くの専門家はサトウキビベースのエタノールが相対的にクリーンであり、化石燃料の効率的な代替品であることに同意している。

もう一つのアイデアで、そのときがやってきたかもしれないものは、西半球のヘルスケア契約であり、それにより今後30年間に退職する1億人以上のベビーブーム世代の人々が、この地域のメキシコ、中米、その他の国々の米国認定の病院において、より低い費用でより個人仕様のヘルスケアを受けるための医療保険の利用が可能となろう。当初は、この種のプログラムは主に米国のヒスパニックにより利用されるかもしれないが――多くのラティーノは、私の家族を含めてラテンアメリカでの休暇を利用して、米国の控除付き医療保険で支払うよりも安価な歯科治療や医療措置を受けている――医療観光はラテンアメリカに巨大な活力を与えるものであり、ワシントンの高騰するヘルスケアの費用の抑制を助け、さらに米国の巨大な財政赤字の削減を助けるものである。

メキシコや中米は、スペインのように北の国々から暖かい気候、より安い生活費、個人仕様のヘルスケアを求めてやってくる数百万人の退職者の第二の故国となりうる[16]。このいくつかはすでに起こりつつある。ダラス・モーニングニュースによれば、100万人以上の米国人がすでにメキシコに住んでおり、彼らの多くがここ数年で移り住んできた退職者である。私はしばしば、メキシコの行き帰りの飛行便で彼らに出会う。彼らは犯罪に苦しむメキシコシティからはるかに遠いサン・ミゲル・デ・アジェンデやロス・カボス等の場所に住み、この上なく幸せである。もしワシントンが米国の健康保険をメキシコの認定された病院で利用することを容易にする方法を見つけるならば、彼らの数は急増し、メキシコと米国財務省は大いに利益を被るだろう[17]。

医療観光と同様に、教育観光は巨大な機会をもたらす分野であろう。過去20年の間に、海外で勉強する米国人の数は4倍以上に増え、2006年には20万6000人となった。

しかしながらいまだに、わずかな米国の大学しかラテンアメリカでの交換プログラムを提供していないため、相対的にラテンアメリカ地域に行く学生は少ない。60％以上がヨーロッパを選択し——英国が最も人気のある行き先であり、イタリア、フランスが続いている——一方、ラテンアメリカには8％のみが行くのである[18]。専門家が私に述べたところでは、この理由の一つはヨーロッパの大学がしばしば米国の学生に、帰国した際に大学での単位請求を可能にする英語の授業を提供するからである。ラテンアメリカは、いまだにこの競争には参加していない。しかし生活費が手頃なこともあり、米国人学生にとり非常に大きな行き先になる可能性がある。

この地域へのボランタリー支援については、ワシントンは今でも、キューバと競うことは難しいであろう。ベネズエラ政府の報告書によれば、キューバはベネズエラだけで3万人の医師と教師を派遣しており、ラテンアメリカのその他の国々には数千人がいる（米国の平和部隊は、これに比べて2006年にはラテンアメリカ全体で2194人のボランティアを派遣しているだけである）。しかし、米国はその競争的な優位を活用し——近代性と先端技術の強力な評判を持つ国として——インターネットを通じた西半球英語教育プログラムを打ち出すことができるだろう。これは面白半分の話ではない。中国がすべての公立学校の3学年から英語を必修で教え始めた一方で、ほとんどのラテンアメリカの国々では――メキシコを含め――7年生までは英語を教えないのである。

米国は著名な大学により運営されるインターネットを通じた英語の無償授業を提供できるだろう。そしてアルゼンチン、ブラジル、ウルグアイ、その他の国々が米国やインドの製造業者から学校の生徒用に数百万台の150ドル・ラップトップ・コンピューターを購入しようとしており、英語の無償授業が実現すればラテンアメリカの競争力の加速を助ける黄金の機会が生まれるだろう。多くのラテンアメリカ人は、彼らの職能を強化するために授業に登録できよう。米国はその言語が21世紀の国際語である世界の大国としてのイメージを強化できるだろうし、また、近隣諸国に配慮するという近代民主国家としての色あせた名声のいくつかを取り戻すことができよう。

家族送金ブーム

もう一つ、もしワシントンが正しい方向にうまく舵《かじ》を取れば、成長の主要な動力となりうる要因がある。送金である。ラテンアメリカの移民による本国への電子送金は、多くの国々にとって主要な対外収入源となりつつあり、IDBによれば、2006年には過去最高の620億ドルを記録。これはIMFと世界銀行の融資を合わせたものよりもはるかに大きな数値であった。ラテンアメリカへの送金総額は、過去3年間のこの地域への外国投資平均を上回った。この現象だけで地域の経済的政治的地図を変えてしまうかもしれない。

プラス面で言えば、送金は最も恵まれない地域において、開発のための力強い原動力となりうる貧困層の人々に直接現金を与えることを意味する。IDBの調査によれば、もし送金を受けている6000万人のラテンアメリカのインフォーマル・セクターの労働者と農民が銀行口座を開き、公式経済に参加し、信用貸しが受け取れるようになれば、送金は巨大な相乗効果を持つことができるだろう。メキシコ、コロンビア、エクアドル、エルサルバドルにおけるIDBの実験的プロジェクトでは、銀行口座への現金送金を受け入れ始めた者たちは自宅を購入し、ビジネスを始め、教育費を支払うために2万5000ドルまでの融資資格を得ることができた。IDBの経済学者フェルナンド・ヒメネスは、電子マネーを信用保証のために使うことで、商業住宅ローンにアクセスできるメキシコ人の数を3分の1増加させることができたと私に述べた。「驚くなかれ、メキシコのような人口1億人の国で年間たった9000件の商業住宅ローンがあるのみなのです」とヒメネスは述べた。「私たちはすぐにもその数を3分の1増加させることを希望しており、いったんプログラムが人気となれば、さらに大きく増加させたいのです」。

ワシントンは620億ドルの送金のかなりの部分をラテンアメリカの辺鄙《ぴ》な農村部の信用組合に振り向けるための技術支援を提供でき、その結果、これら組合は農民への長期融資を開始できるであろう。米国政府はこの地域の送金受取国と協働しつつ、授業料パッケージの創設のための技術支援を供与できよう。そこではロサンゼルスやマイアミにいる移民が現金を送金し、それが新しいテレビセットや最新のスニーカーの購入に使われる代わりに、本国に残してきた子どもたちの教育に投資できるのである。ワシントンDCにあるインターアメリカン・ダイアローグの送金専門家マヌエル・オロスコは「この長所は、いずれも多くのお金がかからないことです」と述べている。

しかし、送金ブームは危険を伴う。政治的には、米国の利害関係によってラテンアメリカの選挙に影響を与える政治的テコの道具としてこれらの送金がストップされてしまう恐れがある。これはすでにエルサルバドルで起こった。そこではサカ大統領の支持者が——保守系の米下院議員の支援により——2004年の選挙に勝利するための宣伝の道具として送金抑制の脅しを利用した。サカの選挙キャンペーンの間、彼の右派政権政党民族主義共和同盟（ARENA）は、もし左派のファラブンド・マルティ民族解放戦線（FMLN）のシャフィク・ハンダル候補が勝利すれば、その結果起こるエルサルバドルと米国間の対立によって、ワシントンが、米国在住の230万人のエルサルバドル人からの家族送金の流れを規制するようになるかもしれないと警告したのである。

選挙終盤の数日に流された典型的な親サカ派のテレビ広告では、エルサルバドル人の中産階級の夫婦が、ロサンゼルスにいる彼の息子から悩みの電話を受けるところを見せた。「母さん、僕がおびえていることを知らせたい」と若者が言った。「どうして？」と彼の母親が尋ねた。「どうしてって、もしハンダルがエルサルバドルの大統領となったら、僕は国外追放となるかもしれないし、僕が送っている送金を母さんが受け取れないだろうから」と彼は答えた。その間にもエルサルバドルの役人が、選挙キャンペーンの最終週に与党の米国との良好な関係のおかげで、ジョージ・W・ブッシュ政権が米国にいる数千人の不法エルサルバドル人の一時的保護資格を再三にわたって更新してきたと述べた。これらの更新は、もしハンダルが大統領になれば終わるだろうとARENA支持者は主張した。サカはコロラド州のトマス・G・タンクレッド共和党下院議員からの支援も取りつけた。同議員は選挙の直前に、議会において、もしFMLNが勝利すれば、それはエルサルバドルへの送金についての米国の政策の「根本的変化を意味しうる」と述べた。

米国はエルサルバドルの選挙に干渉したのか？　当時のフランシスコ・フローレス・エルサルバドル大統領が選挙数週間前のインタビューで私に述べたように、おそらく中国やキューバがハンダルに味方して干渉しようとしたほどではないであろう。ハンダルの選挙キャンペーン担当のトップの一人が後になって私に確認したところでは、フローレス大統領が主張するように、中国共産党の付属機関がハンダルのキャンペーンで使用するため、コンピューター、Tシャツその他の品々の入ったいくつものコンテナを送付していた。それにもかかわらずサカは、一部には送金キャンペーンのおかげで58％の票によって、35％の票のハンダルに勝利した。干渉は起こったかもしれない。エルサルバドルの例はその他の国々で繰り返されるのか？　エルサルバドルは、成人人口の28％が米国の親類から資金を受け取っている、米国からの送金に非常に依存する国である。そしてこれは、２００６年のニカラグアの選挙では機能しなかったし、その年のメキシコの与党国民行動党（ＰＡＮ）により用いられた戦略でもなかったが、流言戦術が将来使われることについて、この地域で疑問を持つ者はほとんどいなかった。

送金の最大の危険性は、いくつかの国々が送金収入に慣れてしまい、かつて新しい国際的な借金の持続的流入に依存したように、彼らが経済計画をつくるときにそれを所与のものとして受け取り始めることである。コロンビア大学の調査研究は、より多くのラテンアメリカの移民が米国に家族を連れてきており、その結果、本国に送金しなくなるため、今後数年間で送金の流れは下落するだろうと予測している。コロンビア大学のジェロニモ・コルティーナ研究員は、「1980年代、90年代には、ほとんどのメキシコ移民が雇用機会を探す20歳から25歳の若い男性であった」とインタビューで述べた。「今や、より多くの女性や子どもが移民の中におり、家族が再び一緒になるそうした動きが、送金の減少をもたらすでしょう」。トルコでも同じようなことが起こった。80年代、90年代に、ドイツ在住のトルコ人の送金が大きく増加し、98年には50億ドルに達した。その後、ドイツへの家族の呼び寄せが加速されてから送金額は減り始めたのである。

希望のための理由

ラテンアメリカにおける米国の歴史が、多くの暗い章――20世紀初頭のキューバ、ドミニカ共和国、メキシコへの軍事介入から、今日のよそよそしい態度にまで至る――を持つとしても、またワシントンからの約束がラテンアメリカ人に空虚に聞こえるとしても、米国とこの地域の提携拡大は可能であり、おそらくは不可避でさえあると考えるべきいくつかの理由がある。

2003年6月18日の水曜日は、米・ラテンアメリカ関係の歴史における転換点として、歴史に残るであろう。その日は、国内の3880万人のヒスパニックがアフリカ系米国人3830万人を超えて、米国最大のマイノリティー・グループとなったと米国国勢調査局が発表した日であった。ヒスパニックは今や米国の人口の15％を占めている。そしてその数は、とんとん拍子で増え続けていくであろう。2070年までに、米国は4400万人のヒスパニックと4000万人のアフリカ系米国人を持つと国勢調査局は報告していた。

最も重要なことは、ヒスパニック票はその大きさと地理的配分によりますます大統領選挙にとって不可欠なものとなりつつあったことである。1996年には、ヒスパニックは9500万人の有権者のわずか5％を占めるに過ぎなかったが、04年の選挙では1億2200万人の有権者の8％以上を占め、そして――ゾグビー世論調査会社のジョン・ゾグビーによれば――08年には1億3000万人の有権者のうちの10％を占めると予測されている。過去2度の選挙がわずかな差――00年にはわずか500票――で決定される国においてはヒスパニック票はますます決定的となろう。さらに、ヒスパニックの有権者は最も選挙人の多いカリフォルニア、ニューヨーク、フロリダ、テキサス、イリノイ州に集中している。

ヒスパニックの強力な政治的武器の一つは、民主党候補にほぼ一様に投票するアフリカ系米国人とは違い、ラティーノ選挙民はどちらの政党からも当てにできる票として当然視できないことである。それはいかなる接戦をも左右しうる「揺れ動く」ブロックなのである。過去には、民主党がヒスパニック有権者の80%を得たことがあった。なぜなら民主党を、労働組合や一般的に貧困な人々と同一視していたからである。しかしブッシュの下で共和党がスペイン語での広告を開始し、ヒスパニック票の35%を獲得した2000年の選挙で状況は変わった。04年には、ブッシュはその土台をさらに広げ、民主党の見積もりでは40%、CNNおよび共和党出口調査では44%を獲得した。「それは、共和党候補によるラティーノ有権者の間でのこれまでで最高の結果であったのです」と代表的な民主党系ヒスパニック住民世論調査専門家の一人であるセルジオ・ベンディクソンは、当時、私に述べた。「これは2008年の選挙における民主党にとってのモーニングコールです。共和党は社会経済的理由からすれば民主党員であるべき幅広い多数の投票者のグループを奪っているのです。今後民主党はヒスパニック票を勝ち取るためにもっと激しく戦うこととなるでしょう」[19]。ヒスパニックを専門とするアイオワ州立大学の政治学者ステファン・シュミットは、「04年の選挙でヒスパニック・コミュニティーはそれぞれの政党に半分ずつ支持を与えた。このことは将来の選挙において、途方もない政治的な優位を与えるでしょう」と認めた[20]。

それでは新しく到着した移民よりも、自ら選択した国である米国に同化する傾向が強いヒスパニック有権者がラテンアメリカとのより緊密な絆を強く求める保証はあるのだろうか？　私は多くの専門家に聞いてみた。ほとんど全員が国際電話や衛星テレビ、インターネットの料金が急落していること——手頃な航空券に加えて——がラテンアメリカの移民コミュニティーをより母国に近づけていることに同意した。今日ではメキシコ人、アルゼンチン人、コロンビア人、そしてベネズエラ人は、ロサンゼルス、ニューヨーク、マイアミの自宅から彼らの親類たちがメキシコシティ、ブエノスアイレス、ボゴタやカラカスで見ているのと同じライブ・ニュース番組を見ることができる。

さらに、インターネットを通じて数百万人のラテンアメリカ人が毎日、母国の新聞を読んでいる――しばしば、米国の地元新聞を読まずにである。私はそのことを直に知っている。私のコラムは、ラテンアメリカの新聞に出る前にマイアミで英語とスペイン語の両方で出るが、一週間たたぬうちにそれを母国の新聞で読んだという米国ヒスパニックの読者からのＥメールを受け取るのである。メキシコ、中米との自由貿易協定のおかげで、多くの米国ヒスパニックは彼らの本国に商品を輸出入しながら生計を立てている。彼らは国境のおのおのの側に足を置いた、国家を超えた新しい世代のメンバーである。これは新しい現象で、技術革新の結果であり、ラティーノ・コミュニティーをラテンアメリカ諸国にはるかに近づける結果となっている。

世論調査専門家のベンディクソンによれば、２００４年選挙は「将来の選挙において最も争われる票は、最近やってきた移民の票であろうこと」を示した。これらの移民は「自由貿易またはラテンアメリカ問題等の話題に最も関心があるグループであり、彼らの親類に電子送金を行い、彼らと毎日通信し、ケーブルや衛星で母国のテレビ番組を見ている人々である」(21)。

04年選挙直前のゾグビー・インターナショナルとマイアミ・ヘラルド紙の世論調査は、ヒスパニック有権者のラテンアメリカに対する関心がますます高まっていることを確認した。52％のヒスパニック登録有権者が、米国の対ラテンアメリカ政策が「非常に重要」と考えると述べた。他の32％は「どちらかといえば重要」とした(22)。ゾグビーが後に私に述べたように、「それは新しいことであり、接戦となる選挙においては、ラテンアメリカを無視する候補は問題を抱えるだろう」(23)。

ますます強力となるヒスパニック票に加えて、大きな経済的理由からも米国の西半球における積極的な――増大する貿易、エネルギー、ヘルスケアでの協力に基づく――アジェンダがテロ、麻薬、不法移民に焦点を当てた現在の恐怖に駆られたアジェンダに優先することになるかもしれない。もしヨーロッパやアジアの貿易ブロック強化の動きが続くのであれば、米国は南の隣国との経済統合の強化をはるかに必要としよう。クリントン政権時代の国家安全保障会議（ＮＳＣ）ラテンアメリカ問題担当部長のリチャード・ファインバーグは「最近のEU拡大および2007年の中国と東南アジア諸国連合(ASEAN)の自由貿易圏創設は、米国に国際競争力維持のための自由貿易協定の拡大を強いるでしょう」(24)と、私に語った。

それはなぜなのか? なぜならヨーロッパとアジアの貿易圏は、富裕な加盟国の技術と最貧国メンバーの安い労働力を組み合わせることで、これら地域の競争力を増大させるだろうからであるとファインバーグは説明した。また米国は、取り残されることを希望しないだろうし、ラテンアメリカと同様の取り決めを模索しなければならないからである。まさにドイツの企業が、より効率的に低価格で車を製造するため、工場をポーランドやチェコ共和国に移しているように、そしてアジア自由貿易協定の下、シンガポールの企業がその商品を中国で生産し始めるように。もし米国がラテンアメリカや世界の他の地域と同様のことを行わなければ、その企業はもはや競争力を持てなくなるであろうと彼は述べた。世界経済の地域化さらにヒスパニック票の重要性の増大は、米国の一部にある反経済統合の空気に打ち勝つこととなろう。

メキシコのノーベル文学賞受賞者故オクタビオ・パスが私にインタビューで述べたように、「地理は歴史の母である」。ナショナリストが近隣諸国についていかに声高に抗議しようが近隣諸国を消滅させることはできないし、地域の経済がますます絡み合うことを防ぐこともできないであろう。あれは1994年のことだった。私はパスとメキシコシティの彼のアパートでその年の米国とカナダとの自由貿易協定に対するメキシコのナショナリストによる騒々しい抵抗について話し合っていた。もし今日生きていれば、彼はおそらくメキシコやラテンアメリカの他の国々との絆の緊密化を激しく非難する米国の隔離主義者に対し、同じことを言ったであろう。

注

(1)　2005年2月15日、ワシントンDCにおけるIDB主催のヨーロッパ・ラテンアメリカ・米国フォーラムでのロジャー・ノリエガの発表。この演説は、公表されなかったが、ノリエガは後に著者に引用する許可を与えた。

(2)　同右。

(3)　2005年3月23日、テキサス州ウェーコにおけるジョージ・W・ブッシュとビセンテ・フォックス・メキシコ大統領、ポール・マーティン・カナダ首相の記者会見。

(4)　メキシコ・米国間貿易バランス、メキシコ経済省、世界銀行の資料を含む。

(5)　テイラー・ブリッジズ「自由貿易はチリを助けたと資料が示している」『マイアミ・ヘラルド』2005年2月17日。

(6)　「巨大な米国援助パッケージは、ラテンアメリカの大半を無視するかもしれない」『マイアミ・ヘラルド』2003年2月9日。

(7)　『世界の未来地図——国家情報審議会2020年プロジェクト』国家情報審議会（NIC）、2005年、47頁。

(8)　同右、2頁。

(9)　『2020年のラテンアメリカ』国家情報審議会（NIC）、世界の傾向2020年プロジェクト、2004年6月7‐8日、チリのサンティアゴにおけるワークショップからの結論、2頁。

(10)　テレビ番組「オッペンハイマー紹介」でのジェームズ・ヒル将軍とのインタビュー、2004年11月13日。

(11)　『西半球の投資環境を保証しつつ地域の発展を強化すること』米州協議会、2004年11月。

(12)　「ブッシュのラテンアメリカへの公約は、大きな困難に直面する」『マイアミ・ヘラルド』2000年12月17日。

(13)　ビセンテ・フォックス大統領歓迎晩餐会でのブッシュ大統領演説、2001年9月5日。

(14)　ブッシュ大統領の議会演説、2001年9月20日。

(15)　アンドレス・オッペンハイマー「国境の柵の資金370億ドルのより良い利用方法」『マイアミ・ヘラルド』2006年11月23日。

(16)　国際教育協会からの資料、ニューヨーク、2006年11月。

(17) 私がウォルター・ラッセル・ミードの『権力、恐怖、平和そして戦争』で初めてこのアイデアについて読んで理解して以来、私はフェリペ・カルデロン・メキシコ大統領、オスカール・アリアス・コスタリカ大統領、多くのラテンアメリカの指導者たちとこの問題について討論したところ、彼らは熱狂的な反応を示した。彼らの国々は、第1級の医療観光サービスのみならず、米国人退職者の多くが、年中住むことのできる私設療養所も提供できると彼らは述べた。

(18) 前掲(16)。

(19) セルジオ・ベンディクソンとのインタビュー、マイアミ、2005年3月22日。

(20) ステファン・シュミットとのインタビュー、アトランタ、2004年11月2日。

(21) 前掲(19)。

(22) 「ヒスパニック有権者は、外交に影響を与えるだろう」『マイアミ・ヘラルド』2004年4月11日。

(23) ジョン・ゾグビーとのインタビュー、2004年10月1日。

(24) リチャード・ファインバーグとのインタビュー、2005年3月23日。

第6章　アルゼンチンのマラドーナ症候群

ほら話「キルチネルは言った。今日世界では、『アルゼンチン』は、違った目で見られている」
（アルゼンチン日刊紙『クラリン』見出し、2005年5月7日）

ブエノスアイレス――2005年11月、ブッシュ大統領が非常に待ち望んだ第4回米州サミットのためにアルゼンチンを訪問したとき、彼は、数年来の計画と数カ月の交渉の後、西半球から集まった34人の元首たちがユーコンからパタゴニアまで延びる自由貿易圏を創設する米国に支援された歴史的な協定の署名に向けて最後の一歩を踏み出すとの期待を抱いてやってきた。

ブッシュは恐ろしい敵のことは考慮に入れていなかった。彼がおそらく聞いたこともない男である。それは、ディエゴ・マラドーナという名前のアルゼンチンスポーツ界の伝説的人物であり、かつての世界最高のサッカーのスーパースターであり、今や大変な人気の文化的アイドルであった。いかにしてマラドーナが激しい反米政治勢力として台頭し、アルゼンチンのネストール・キルチネル大統領をして、サミット開会のほんの数時間前に、この包括的経済イニシアチブに反抗するよう動かしたのかは、アルゼンチン共和国でのポピュリズムと政策の腹立たしい気まぐれな変化についての教訓的な話である。

米州自由貿易地域（FTAA）の終焉《えん》は予告なしにやってきた。2005年11月2日午後8時頃、ブッシュ大統領がサミットの開催される海辺のリゾート、マール・デ・ラ・プラタに到着する48時間前、6カ月の交渉の後ほとんどの代表が署名の準備が整ったと考えていたサミット最終文書に、キルチネルが1994年以来ラテンアメリカに対する米国の政策の礎石であった計画を事実上没にする条項を導入したのである。

あるラテンアメリカの大臣の好意により、私はサミットの交渉が行われていたマール・デ・ラ・プラタ内の厳重に警備されたコスタ・ガラナ・ホテルで5時間過ごす幸運に恵まれた。彼の国の代表団の一員であると主張してこっそりと入れてくれたのであり、私はホテルには新聞記者は入れないと言ってきた4人の警備担当官に追い出されるまで残っていた。私が米国、カナダ、メキシコらの親FTAA当局者と話したところでは、交渉が急に頓挫したことに彼らが青ざめたことは明らかであった。「それはまったく不意打ちでした」と米国の高官は私に言った。「彼らの意図はFTAAを破壊することだと思われます」。

FTAAはもともとクリントン大統領により、1994年マイアミにおいて打ち上げられたものであり、当初は2005年1月1日に開始予定であったが、ブラジルとアルゼンチンによる米国の農業補助金に対する異議申し立てが主な原因となり、その期限は過ぎてしまった。ホワイトハウスは、マール・デ・ラ・プラタ・サミットが、06年の早い時期にFTAA協議の再開に導くことを希望した。その代わりにアルゼンチンは「均衡のとれた公平な西半球の自由貿易協定に到達するために必要な条件は整っていない」との文言を導入した。言い換えれば、ホスト国として会合の議長を務めたアルゼンチンは、この問題を議題から外したのである。

なぜアルゼンチンがFTAAの協議を台なしにしたのか？　コスタ・ガラナ・ホテルにいた外交官たちは、キルチネルがベネズエラのウーゴ・チャベス、そして——さらに重要なことは——ディエゴ・マラドーナに人気を奪われたくなかったがために、土壇場で考えを変えたのだと私に述べた。私は容易には信じられなかった。チャベスはアルゼンチン人の間で強い人気を享受していた。アルゼンチンの人々は当時、反米の段階を経験しつつあって、「帝国主義」に対するベネズエラの指導者の激しい非難を賛美していた。しかしマラドーナというのは？

私が耳にした話では、チャベスとマラドーナ――サッカー選手を引退してからアルゼンチンで最も人気のあるテレビ・トークショーの司会者となった――は、サミットの大講堂の近くのサッカースタジアムで大規模な反ブッシュの抗議集会を率いることが予定されていた。集会はサミットの開会式と同時に開かれる予定になっており、チャベスが彼自身の「対抗サミット」で公式会議の注目を奪うと誓ったゆえに、緊張は増大していた。アルゼンチンへの途次、チャベスは「マール・デ・ラ・プラタで我々はFTAAを埋葬するつもりだ」との誓約を発表したのである。

対抗サミットは親キルチネル議員により組織され――約束通り――、報道機関の脚光を奪った。チャベスはスタジアムでキューバやベネズエラの旗の中、4万人の群衆に向かって全国テレビの生放送で2時間の演説を行ったが、他方、訪問した大統領たちの演説は――ブッシュのものも含め――ほとんど顧みられなかった。その大部分はプレスセンターでさえも放映されず、そこでは公式サミットを取材していた1000人以上の記者が、チャベスの演説と彼のそばで拍手するマラドーナの生放送を見るためにテレビに釘づけとなった。

マラドーナは、米国での麻薬のリハビリのためのビザを米国政府が拒否した後、5年間キューバで麻薬中毒の治療を受けていた。そのとき彼は熱狂的なフィデル・カストロのファンになった。サミットの前の週に彼のテレビショー「ラ・ノーチェ・デル・ディエス」が、カストロとのマラドーナの5時間インタビューの第1部を放映し、他の主要なネットワークすべてを合わせたものと同じほどの、ほとんど記録的な視聴者を引きつけていた。次の日にはマラドーナとカストロの写真がすべての新聞の第1面を飾った。政府のレポーターにブッシュについて聞かれて、マラドーナは「彼は殺人者である」と答えた。彼の発言はアルゼンチンでは好意を持って受け取られた。親政府系左派日刊紙「パヒナ12」による世論調査は、58%のアルゼンチン人がブッシュの訪問に反対し、10%のみが米国とのより緊密に提携したアルゼンチン外交を望んでいることを明らかにした。

アルゼンチンは、ほんの10年前にはこの地域で最も親米の国々の一つであったが、世界で最も反米の国々の一つとなったことを別の世論調査が示している。「パヒナ

12」の世論調査を行ったエンリケ・スレタ・プセイロは、米国の対イラク戦争とハリケーン・カトリーナの直後のニューオーリンズの貧困に苦しむ黒人住民のテレビ映像が、多くのアルゼンチン人にブッシュのみでなく国家としての米国をも拒絶させることに導いたと述べた。スレタは、「米国は5年前に多くのアルゼンチン人が見た約束の土地であることを明確にやめたのです」と新聞で述べた。そうした文脈の中では、キルチネルの頭の中でアイデアの闘いがあったとすれば、ポピュリストの側が勝ったのである。マール・デ・ラ・プラタにおいて私が見たことから判断すれば、サミットは結局、ブッシュとマラドーナの間の対決となったのであり、キルチネルは明らかに敗者の側に参加したくなかっただけである。

キルチネルは演壇の隅から、ブッシュや31人の元首に向けたマール・デ・ラ・プラタ・サミット開会演説で、米国や国際通貨基金（ＩＭＦ）さらに対アルゼンチン外国債権者たちを非難した。私は米国の高官の隣に立っていたが、キルチネルが演説を終えた後、彼らのうちの一人が言った。「彼はたった今、おそらく彼を助けることができたであろう世界のほとんどすべての人を敵に回したのです」。サミットが終了して、そこにいたラテンアメリカの外交官たちの間の一致した意見は、チャベスがマラドーナの不可欠の支援により望むものを手にしたということである。11年のＦＴＡＡ交渉の後、初めて参加諸国は自由貿易協議の進展に合意――あるいは合意のふりを――することに失敗したのである。数年後、ブッシュ政権の高官たちでさえ、チャベスが予言したように西半球の自由貿易計画のための10年来の長期キャンペーンはマール・デ・ラ・プラタでほぼ死んだことを認めるのであった。

極端な国

アルゼンチンの１９９０年代の米国礼賛から10年後の熱狂的な反米主義への荒っぽい変化は、まさに西半球の自由貿易の協議を妨害するというキルチネルの土壇場での決定がアルゼンチンの大統領たちの変わりやすい行動歴の例外ではなかったように、国の極端な政治的周期の歴史と完全に一致していた。マラドーナ症候群――政治的に一貫性のない疑わしい権威のカリスマ指導者に従う国家の傾向――は、アルゼンチンの動乱の歴史において絶え間なく続いてきた。まさにもしラテンアメリカの政治が、信頼性のなさという自業自得の前歴を持っているとすれば、アルゼンチンはその確かな最たる事例であろう。何十年もの間、アルゼンチンは荒っぽい政治的な気分変動の国であり、新しく選出された大統領が直前の前任者を何事においても間違っていると非難し、国家を反対方向に進めるのである。その結果、進歩への周期的な一時的関心にもかかわらず、アルゼンチンはどこにも行き着かないのであった。

私がメキシコ・モンテレイでの2003年サミットで最初にネストール・キルチネル・アルゼンチン大統領と彼の夫人クリスティーナ・フェルナンデス・デ・キルチネルと出会ったのは、マール・デ・ラ・プラタの大失敗の約2年前であった。彼らとの2回の冗長な会話の後に私が最初に思ったことは、アルゼンチンは絶え間ない政治的な方向転換にふけることを禁止するような超国家的協定から最も恩恵を受ける国の一つであろうということであった。ネストール・キルチネルが、彼の勝手にさせれば、アルゼンチンが選び取ってきた集団的興奮から大衆の失望、そして再び元に戻るという10年ごとの振り子の揺れを止めるためには何もしないだろうことは明らかに思えた。

ひたむきさへの奇妙な性癖が、数年ごとにアルゼンチンを過去において同様の熱意で反対したまったく同じ政治的立場を熱烈に採用することに導いているように思われた。アルゼンチンはこうした揺れのゆえに、多くのアルゼンチン人自身がまず認めるように当てにならない国という評判を得てきた。彼らはそうした揺れから抜け出すことができなかった。私がモンテレイでその夜聞いたところでは、キルチネルは彼の前任者たちが述べたことを非難するという伝統を続けていた——それは彼自身が大統領になる前に支持していた立場である。

キルチネルは国民への売り込みに優れた人ではないことは明白であった。私自身が直接目にしたように、如才なさは彼の得意とするところではない。私は彼に2004年1月12日、モンテレイのカミーノ・レアル・ホテルで初めて会った。そこでは彼と34カ国の西半球指導者が米州サミットに参加していた。私がホテルのロビーで彼に出会ったとき、私は恭しく近づき自己紹介し、丁重にインタビューを依頼した。キルチネルは彼の人気の絶頂にあった。自国においては70％の支持率を得ており、報道機関は彼の巨大な人気を「K現象」と呼び、そして彼は大成功を収めている者であるかのように肩で風を切って歩いていた。

私は「はじめまして、大統領」と心を込めて挨拶し、彼がマイアミ・ヘラルド紙やアルゼンチンのラ・ナシオン紙の私の記事のいくつかを読んだか、または私のテレビ番組「オッペンハイマー紹介」のコメントの一つを見たかもしれないと示唆しつつ、自己紹介した。「インタビューを受けていただけますか？」と私は尋ねた。

彼はダブルのブレザーを片手で整えると、190センチメートルの高さから私をしばらく見下ろして、そして笑みも浮かべずに言った。「はい、はい、私はあなたが誰だかよく分かっていますよ。そして私からあなたに言わせてほしい。あなたの書くものはこれっぽっちも好きじゃない！」。彼の返答は私の意表をついた。報道界での30年間において、私は友好的な申し出に叱責で応じた大統領に——または他のどんな公人にも——決して出くわしたことがなかった。反対に、私は多くのジャーナリストと同様、私の仕事の偉大な賞賛者を装うかまたは少なくとも私の記事を念入りに追っていると主張し、あふれんばかりに挨拶する政治家たちに慣れていた（かつて、あるメキシコ人の大臣が私を大げさに抱擁し「アンドレス、会えて本当にうれしい。私は毎週ニューヨーク・タイムズであなたの記事を読んでいる」と言ったことがある。その新聞には人生で一度だけ執筆したことがあり、それは20年以上も前のことであったのだ）。政治家がジャーナリストを褒めるときは、一般的に嘘をつくものであるが、それはジャーナリストが政治家にインタビューを依頼するときに、彼らの発言が決定的な重要性を有しており、国民はぜひともそれを聞きたいと思っていると言うのと同じ「儀式」である。

しかしキルチネルは通常の政治家ではなかった。彼は私に気に入られることにまったく関心を有していないように思われた。これは、以下の二つのうちの一つを意味する。彼は誠実な男——本当に自分が考えたことを述べた——であったか、または自らの虚栄心ゆえに、彼の政権または国家のために米国のジャーナリストに愛想を言うことをしなかったかである。

「なぜ私の書くものが嫌いなのですか」と私は尋ねた。

「私が知る限り、私は決してあなたをひどく取り扱ってはいません」。それは本当であった。特に彼が2001年の国家金融瓦解を国際金融機関、米国、スペインのせいにして不必要に非難したときに、私はキルチネルの対決的スタイルを批判していた。私はキルチネルが自分を「粘り強い交渉人」に見せるという点ではうまくやったかもしれないが、他方、自国の問題について他者を非難し、自ら責任をとることを決して強いることのない相変わらずのアルゼンチン症候群に陥る危険を冒したと書いていた。しかし私はいつも、キルチネルはチャベスではなく、むしろ国内のリングに投げ込まれた元州知事は、時間がたてばおそらく成熟するであろうと指摘し、彼に有利なように解釈しながら論評を結んでいた。

「なぜ、あなたは私にそれほどつらく当たるのですか?」

私は彼に笑みを捨てず、眉をつり上げながら尋ねた。そのときまでに2、3人のキルチネル内閣の大臣が私の周りに集まってきていた。その中には興味をそそる場面を見損なうのを察知して別の会話をやめてやってきた当時のラファエル・ビエルサ外相が含まれていた。キルチネルは怒りと苛立ちの入り混じった表情で私をじっと見下ろしながら、「あなたは私が扇動家だと言った！　私は私を扇動家と呼ぶ人々が嫌いなのだ」と応答した。彼は競技場でぶつかった後のフットボール選手のように、ほとんど胸を突き出すようにして、あごを突き出して話した。

「失礼ですが大統領、しかし私はあなたを扇動家と呼んだことは決してありません」。私は奮い起こすことのできた最も友好的な笑みを浮かべながら答えた。キルチネルがおそらく言及していることを推測しながら私は付け加えた。「私のテレビショーであなたを扇動家と呼んだのは、有名なペルー人作家であるマリオ・バルガス・リョサです。八つ当たりは私ではなく彼にしてください！」。

そのとき彼の補佐官の一人が近づき、彼に携帯電話を手渡し、大統領は電話を受けるために数メートル離れていった。私は残って待ち、外相と談笑していた。しばらくしてキルチネルが初めて笑いながら戻ってきた。彼は私に携帯電話を渡して言った。「アルゼンチンであなたが得た最後の友人が挨拶をしたいようだ」。私は電話を取り、興味をそそられながら彼の内閣官房長官アルベルト・フェルナンデスの挨拶の言葉を聞いた。私は数年前、ラテンアメリカでの米多国籍企業を巻き込んだ汚職スキャンダルについて執筆した本のために、何度もインタビューで彼に会っていた。フェルナンデスと挨拶を交わした後、私はメロドラマを控えめに扱おうとして、再びキルチネルに対し、アルゼンチンでは誰もが私を憎んでいるわけではないと言った。「あそこには、いまだに私の母親が残っています」。私は彼を軟化させることを望みながら、笑ってそう指摘した。彼の顔全体に笑みが浮かび、前の彼の態度に戻っていった。彼は私に、後刻インタビューが可能かどうか見てみようと言った。それから彼は回れ右をして立ち去り、外相が彼の後を追った。

大統領の癇癪《かんしゃく》

アルゼンチン大統領の態度は、後で私が耳にしたところでは、特異なものではなかった。それは彼の人格の一部分であった。他の国々が彼らのイメージを改善し、投資を誘致するためにワシントンでロビイストに何百万ドルも支払っている一方で、キルチネルは世界のその他の国々が考えていることについてまったく気にしていないようだった。彼は世界の富裕国が彼について何を言おうとまったく関心を示さないことに個人的な満足を見いだしているとさえ思えた。報道関係者がこのことについて質問するといつでも、自分の仕事はアルゼンチンの問題を解決することであり、それにすべての時間をつぎ込んでいると述べた。1990年代、世界への経済開放の試みの惨めな結果に不満を抱いたほとんどのアルゼンチン人たちは、彼に拍手を送った。国外での行儀の悪さは、アルゼンチンでは素朴な不遜さの混じった国家的強がりの表現と見られた。2003年7月のスペインへの初めての訪問中に、キルチネルはスペイン企業連盟本部での会合で、スペインの主な投資家たちを酷評した。20人ほどのスペインの大富豪や最高幹部たちが出席していて、そこにはテレフォニカ社のセサール・アリエルタやレプソルYPFのアルフォンソ・コルティーナや出版界の巨大企業プリサ社のヘスス・デ・ポランコが含まれていた。アルゼンチンの新聞クラリンやマドリッドの日刊紙エル・ムンドによれば、キルチネルはスペイン人たちに対し、公共サービス料金の凍結につき不満を言うことはできない――スペイン企業は凍結の影響を受けたアルゼンチンの公共サービスの大部分を運営していた――、なぜなら彼らはすでに1990年代にアルゼンチンでかなり十分な資金を稼いだのであり、「慈善を施す」ためにアルゼンチンにいるわけではないからであると述べた(1)。

スペイン人たちはぎょっとした。アルゼンチンは2001年末に対外債務の大部分の再支払いを中止しており、彼らの企業により供与される公共サービスの料金を凍結していたが、それでもさらにキルチネルは国家の被っている問題につき彼らを非難したのである。もしキルチネルの戦略が、強い立場から交渉するというのであれば、その戦術は理解できるが危険である。なぜならそれは、国から一つ以上の多国籍企業の撤退を駆り立てることになる可能性があるからである。しかしもし言っていることを本当に信じていたならば、彼の演説はさらに当惑させるものであった。会合の終わりに企業連盟会長のホセ・マリア・クエバスがキルチネルに言った。「大統領、あなたは私たちの神経をキレそうにさせたのですよ」(2)。

数時間後、キルチネルはラ・ナシオン紙にこう述べた。「私の演説は露骨ではあったが、威厳あるものであった。私はすべてではないものの、多くのスペインの企業家が（カルロス・S）メネム政権（キルチネルの前任者）の間に大いに恩恵を受けたと考えており、このことは述べられるべきであったのである。今や彼らは、私たちの国においてはゲームのルールを尊重しなければならない」(3)。

次の日、スペインで最も影響力のある新聞エル・パイスが第1面の見出しに「キルチネルがアルゼンチンに付け込んでいるとして企業家を非難」と掲載した。ある社説は、「彼のしたことは、新しい地平線を開くという意味では有益ではなかった」と述べ、彼の傲慢な態度は会合出席者の誰かにより、「我々のよく知っている典型的なアルゼンチン人の態度に例えられた」と指摘した。マドリードの新聞ABCは、一般的により保守的な勢力の声を反映するが、その日にこう述べた。「彼のメッセージは選挙問題に動機づけられており、彼はスペイン企業家に厳しく対処するとのメッセージをアルゼンチン人に送ることに関心があった。彼は彼らに何らの保証も与えず、また彼らの利益に注意を払うことについて何の約束も行わなかった」(4)。

数カ月後に、私はアルゼンチン大統領が予見不可能であることの身近な証人となった。2003年10月マイアミ・ヘラルド紙の年次米州会議での主要演説者としての招待を受け入れた後に、キルチネルは何の言い訳もすることなく現れなかった。毎年数百人の米国企業家が参加する会合の組織者および司会者の一人として、私は数カ月の間、彼を招待するプロセスに巻き込まれた。

数週間前にブエノスアイレスの彼の事務所とワシントンの大使館の両方を通じて、キルチネルは参加を確認していた。当時のマイアミ・ヘラルド紙の発行者アルベルト・イバルグエンが招待状を書き、私が個人的にキルチネルの大統領首席補佐官であるアルベルト・フェルナンデスに手渡した。彼の出席が確認された後、ヘラルド紙は彼が会議での基調演説者となり、エクアドル、エルサルバドル、ニカラグアの大統領たち、チリの大統領首席補佐官、当時の米国務省ラテンアメリカ部局の長ロジャー・ノリエガも出席すると発表した。新聞は、招待された大統領たちの中にキルチネルを得たことを喜び、ほぼ毎日、他の参加する全大統領たちの上に、主賓としての彼の写真を発表していた。

しかし会議の48時間前に、偶然にも私はキルチネルが出席を計画していないことを知った。会議とは無関係のビエルサ外相への電話インタビューの途中で、外相が大統領はおそらくマイアミには外遊しないであろうと述べたのだ。私は驚いて、「ありえない！」と言った。「キルチネルはすでに大統領府を通じ確認しているのです」。ビエルサ外相は、外遊しないというのは大統領府内でのうわさであると私に述べた。その知らせに驚き――出席者たちはキルチネルが演説する昼食会の席に数百ドルを払っている――、私が外相に、公式にそれを連絡しているのか、あるいはオフレコで私的コメントとして述べているのか尋ねると、「後者だ」とビエルサ外相は答えた。確認は大統領府からのみなされると彼は付け加えた。

次の48時間に、会議組織者は大統領府とワシントンのアルゼンチン大使館に大慌てで電話をした。アルゼンチンの誰も電話に応答せず、ワシントンの大使は、彼の意図そのものは非難の余地のないものであったが、大統領首席補佐官からは何の回答も得られなかったと述べた。会議2日前に、我々はどうするか決めるためにヘラルド新聞社で会合を持った。３００人の企業家がすでに昼食会のチケットを購入していた。我々は彼らに何と言うのか？　多分、我々は即座にキルチネルがキャンセルしたと発表すべきだと誰かが言った。しかし何ら公式な確認がなされていないときにどうやってそれができよう？万一彼が結局のところ来たら？　我々は翌日、つまり会議前日の朝まで待つことにした。その日、アルゼンチンの新聞はキルチネルがマイアミには外遊しないであろうとの非公式情報を伝えた。アルゼンチン報道関係者からの殺到する電話に応対しつつ、イバルグエンは、キルチネル大統領は彼の訪問キャンセルを会議組織者にはまだ通報していないこと、それゆえイバルグエンは外遊をキャンセルする可能性があるとの非公式の報道を「驚き」と「懸念」を持って聞いたとの報道声明を発表した。

最終的に会議前日の午後、私はキルチネルの首席補佐官のアルベルト・フェルナンデスからの電話を受けた。彼は私に「そうです。大統領は、『足の怪我のため』旅行はできないでしょう」と言った。「足の怪我？」と私は尋ねた。アルゼンチンの新聞は大統領の足については何も言っていなかった。私はフェルナンデスに、アルゼンチンは悪く見られるだろうと述べ、「代わりに誰かを派遣することができますか」と聞いた。フェルナンデスは同意し、2時間もたたないうちに——その日のマイアミ行きの最終便までに残された時間は少なかった——彼はダニエル・シオリ副大統領が派遣されることになったと私に連絡してきた。彼はアルゼンチンの高官の中で最も国際人であるが権力は少ない——アルゼンチン報道機関によれば、彼は大統領への定期的なアクセスを持っていない——。しかし彼のプレゼンスは、空席よりもましであった。次の朝、シオリ副大統領が講演した。キルチネルの演説が想定されていた昼食会ではニカラグア大統領が彼の場所を占めた。

数カ月後にキルチネルは、ウラジミール・プーチン・ロシア大統領やヒューレット・パッカード社の当時の最高経営責任者（CEO）兼会長であったカーリー・フィオリーナら、我々よりもさらに重要な人物たちとの約束をすっぽかした。キルチネルは2004年6月26日、中国への途次、モスクワ空港においてプーチンと会う予定であった。しかしキルチネルは、プラハから2時間遅れで到着し、一方プーチンは自分の予定を守らざるをえず、鉄道拡張の開会式のためにサンクトペテルブルクに飛んだ。アルゼンチンの公式通信社テラムは、チェコ共和国における「暴風雨前線」がキルチネルのプラハからのフライトを遅らせたとのファン・カルロス・サンチェス・アルナウド在モスクワ・アルゼンチン大使の発言を引用した。しかしながら、しばらく後にホアキン・モラレス・ソラ記者はそのような暴風雨前線はなく、むしろプラハにおける晩餐会の会話が長引いたのだと報告した。モラレス・ソラは、ロシアの外交官によれば「アルゼンチン大統領が別の国での晩餐会後の会話に夢中になったこと」、そしてプーチンは40分以上彼を待ちたくはなかったのだと指摘した。数カ月後、外遊に同行したアルゼンチン高官は本当に起こったことを私に話した。キルチネルはプラハの街のとりことなって観光をしていて遅れたのである。「彼は今でもまだ世界で最も美しい都市だったと言っている」と彼は述べた。キルチネルが最終的にモスクワに到着したときに、彼とプーチンは電話でうわべだけの挨拶を交わした。アルゼンチン高官は「実は外国の大統領たちは彼を退屈させるのです。外交は彼の仕事で最も楽しむことのない部分なのです。彼の優先事項はアルゼンチンを貧困から引き上げることです」と、まるで一つのことが他のこととはまったく関係がないかのように、彼のことを賞賛しながら私に述べた。

キルチネルは２００４年半ばにも、当時米国で最も強力な女性企業家であるカーリー・フィオリーナを待ちぼうけにさせた。７月27日にフィオリーナは——投資計画の分析のための南米ツアーにおいて——キルチネルとの約束のためにブエノスアイレスの大統領宮殿カサ・ロサダに行った。しかし45分間以上彼が現れるのを待った後に、彼女は怒って去ってしまった。２日後フィナンシャル・タイムズはこう報じている。「報道関係者たちに話しながらフィオリーナは、南米の第二の経済大国は彼女の会社にとって非常に重要であった……と述べた。しかしヒューレット・パッカード社は左派大統領であるネストール・キルチネルにとってそれほど重要なのだろうか？彼は火曜日に大統領宮殿でフィオリーナに会う予定であったが、彼は彼女をそれほども長く待たせ、彼女の忍耐は尽きた。アルゼンチンへようこそ、カーリー」(5)。

そのすぐ後に、フィオリーナはチリに向かって出発し、そこでは彼女は当時のリカルド・ラゴス大統領に迎えられ、またブラジルではルイス・イグナシオ・ルーラ・ダ・シルバ大統領のみでなく、ルイス・フェルナンド・フルラン開発・産業・貿易相にも歓迎された。両者は、サンパウロのヒューレット・パッカード事務所まで彼女に同伴し、そこでフィオリーナは、ブラジルにおいて彼女の会社を今後3年間に2倍の大きさにすると宣言した(6)。

２００４年末にキルチネルは――アルゼンチン報道機関によれば――、巨大投資の発表を約束していた中国元首を迎えるために空港に下級の補佐官を派遣した。その1週間後、彼は気分が良くないとして、彼が主宰する予定であったベトナム大統領歓迎晩餐会をキャンセルした。「外国元首がやってくるときにはいつでも、私たちは震え始めるのです」。外務省の高官はいかに頻繁に大統領が約束を破るかについて私に話した。05年半ば、ターボ・ムベキ南アフリカ大統領と40人の企業家がラテンアメリカを訪問するちょうど12日前に、キルチネル政権は「予定がぶつかるため」と、訪問を延期するよう要請した。アルゼンチンの高官たちは、キルチネルは04年10月の議会選挙キャンペーンに専念したかったのだと述べた。「この態度は南アフリカの人々を驚かせ、彼らは大統領の南米訪問を計画し直さねばならなかった」とクラリン紙は報じた(7)。

気性の問題

アルゼンチンでは幾人かの政治アナリストは、キルチネルの外部世界に対するあからさまな軽蔑に髪の毛をかきむしったが、彼らは少数派であった。「K・スタイル」は誇りと反抗と独立の要素を伴う態度であり、非常に多くのアルゼンチン人が賞賛したものであった。多くの人々が「超大国アルゼンチン」のようなスローガンを信じる国で、また２００１年に議会がまるで国際的トーナメントで勝ったように「アルゼンチン！　アルゼンチン！」との歓喜の叫びで対外債務支払いの停止を祝った国では、世論調査は「K・スタイル」が大統領の人気をたきつけていることを示していた。この国の外交は11％のアルゼンチン人にのみ、あまり評価できないと見られていた(8)。

「キルチネルの外部世界への嫌悪、あるいは最も進歩する国々は世界経済との深い統合を歓迎する国々であることへの理解の欠如をどう説明するのか？」。私が別々のインタビューで同じ質問を2人の大統領府の閣僚メンバーに尋ねたとき、彼らはそれがイデオロギー的な拒絶ではなく気性の問題であると説明した。「キルチネルはＢＡＲなのです」と彼らのうちの一人が私に説明した。「Ｂ

AR?」私は彼が何について話しているのかさっぱり分からずに尋ねた。高官は、キルチネルの出身地のサンタクルス州のパタゴニアではBARはパタゴニアで「生まれ育った」ことを意味すると説明した。これが、彼らをブエノスアイレスあるいは北部州からの移住者と区別するのである。パタゴニアに「生まれ育った」人々は彼らのルーツに誇りを持ち、生まれつき外部からの誰に対しても不信感を抱くのである。そしてこの現象については、サンタクルスは人口20万人、自給自足以上の経済を持つ石油産出州であり、同国の最も素晴らしいいくつかの自然美を誇っているという解説があった。この解説によれば、12年間サンタクルスの州知事であったキルチネルは、単に彼の州の同胞たちの生まれつきの地方主義——あるいは孤立主義——を体現しているだけなのであった。

大統領就任前キルチネルは、ブエノスアイレスの多くの住民がニューヨークを見るように、ブエノスアイレスを重要だが遠方であると見ていた。彼は実際、決して国外に出たことはなく、外国語を話さず他の世界を開拓することにあまり関心がない。なぜそうなのだろうか？キルチネルが彼の経済補佐官の一人に述べたことを、同補佐官が後に私に話した。外国企業が石油を探したいときには、彼らはサンタクルスにやってくるのである。「彼は国内データに取りつかれた男です。毎晩7時に国家準備金、エネルギー備蓄、国庫の状況を点検するが、なぜいくつかの国々が他よりもうまくやっているのかについての知的好奇心は何ら持っていないのです」と外務省元高官は述べた。「他の国家元首たちとの会合の間、彼は頻繁に自分の時計を確認します。これらの会合は彼を退屈にさせるのです」。

経済と捕らわれの票

汚職やひいき主義をコントロールしないままの経済開放が破滅的であることを警告せずに、より大きな経済開放を推し進める国際経済学者たちをアルゼンチンが礼賛していた1990年代のひどく悪い思い出のお陰で、「K・スタイル」はアルゼンチンにおいてはうまくいった。加えて国内問題に焦点を当てるという大統領の戦略は筋が通っていた。アルゼンチンは、2001年に1410億ドルの対外債務の返済を中止しており、最近の歴史における最大の金融債務不履行を演じたばかりで、貸主といまだに債務の清算ができていない国を投資家に売り込むのは無益なことであったろう。その上、アルゼンチンが債務不履行となったやり方は——議会全体がアルゼンチン！　アルゼンチン！と唱和していた——、恥ずべきものであった。２００２年初頭、対外債務支払い中止の後、アルゼンチンは完全な混沌の中にあった。暴力的な街の暴動の中で1週間のうちに5人の大統領が交代し、高率の通貨切り下げが、年間1人当たり国民所得を一晩で７５００ドルから２５００ドルに急落させた。02年1月20日、私が参加したマイアミでの学術会議では、アルゼンチンを秩序維持や徴税といった政府の基本的機能を執行する能力を失ったアンゴラ、ハイチ、スーダンのような国々のために取っておかれた外交用語である「破綻国家」と考えるべきかどうかについて地域の専門家たちが真剣に討論した。

エドワルド・ドゥアルデは、02年の抗議後の5人の暫定大統領の最後の大統領であった。追放されたフェルナンド・デ・ラ・ルア大統領によれば、その抗議はペロニスタ党内のドゥアルデの政治的党派から資金を提供されていたかもしれなかった。彼は選挙実施を約束しつつ、同国はＩＭＦにより押し付けられた破滅的な緊縮政策の無実の犠牲者であったと主張することにより、秩序を何とか回復した。責任は国際金融機関と彼らと緊密な絆を持つ１９９０年代のメネム政権にあるとドゥアルデは述べた。「我々のやり方」に戻るときであると彼は主張した。

幸運はドゥアルデの側にあり、その後キルチネルの側にも同様にあった。ドゥアルデと共に始まったのは、アルゼンチンが商品価格の世界的な上昇と中国からの大量の大豆購入により恩恵を受けたことである。これらの要因は、ほとんどの経済学者が予測したよりも早くアルゼンチンが危機から抜け出すことを可能とした。アルゼンチンはすぐに、ここ数十年の間で最良の国際経済の環境の中にあった。高い商品価格、低い国際金利、成長する世界経済、中国におけるアルゼンチン大豆への旺盛な需要。アルゼンチン経済は２００1年に4％下落したが、02年には途方もない11％増となり、03年には9％成長に立ち戻った。世界銀行指標によれば、主に並外れて幸運な世界経済状況のおかげで、06年12月に終わる3年間に、年平均約9％の成長を続けることになるだろう。

後任のキルチネルのように、ドゥアルデは世界の問題には少ししか関心を持たない州知事であった。彼は最も好ましくないペロニズムの要素を復活し――政治的情実任用とポピュリストの美辞麗句――、そして全権力を持つ党の大統領が各選挙でバトンを次の者に渡し、世襲制民主主義をつくり出したメキシコの元与党、制度的革命党（ＰＲＩ）の長い間のやり方と組み合わせたのである。ブエノスアイレスのシンクタンクであるニュー・マジョリティー研究センターによれば、ドゥアルデが２００２年1月に就任後、政府の直接補助金を受けるアルゼンチン人の数は14万人から約３００万人まで増加した。「ペロニスタ党はより多くの支持者を持つゆえにではなく、その補助金に依存するより多くの人々を持つがゆえに票を獲得しているのです」と同シンクタンクのロセンド・フラガ所長はブエノスアイレスのコーヒー店で私に述べた。「アルゼンチンにおける貧困水準は20％から60％に上昇し、政治的情実任用はかつてなく拡大しています」。

ドゥアルデは01年に引き起こされた混乱からアルゼンチン人を救うための救済システムをつくり、世帯主計画と名づけた。これは１７００万人の失業者に月50ドルの補助金を供与するものである。この計画の批判者は、受益者がいつも失業者というわけではなく、また与党ペロニスタ党が受益者たちの忠誠心を買っているにすぎないと指摘した。市場志向で非営利のアトラス基金のマルティン・シモネッタとグスタボ・ラサリによる調査によれば、約20％の選挙民が今や国の補助金に生計を依存しており、「捕らわれの票」となっている。シモネッタが私に述べたように、「アルゼンチンでは、２００２年に世帯主計画が実施されて以来、捕らわれの投票者と考えられる選挙民の割合は倍増した。連邦政府はこれを農村部および都市における政治的な勧誘メカニズムとして使っている。より多くの人々が勧誘されれば、より多くの補助金計画が増大する」。その結果アルゼンチンにおける政治は、ますます「ゆがめられた状況」で行われ、そこでは「政府とその他の候補者の間に不公平な競争があるのです」とシモネッタは述べた[9]。さらに、世界銀行の調査がこの計画の有効性に深刻な疑義を提起した。サンドラ・セシリーニが取りまとめた調査によれば、独立系機関を通じてではなく地方政府を通じて補助金を与えるようにしたことで、「情実と汚職を促進しているのである」[10]。

他方で、ドゥアルデは03年4月の選挙で公然とキルチネルを支援した。批判的勢力が「6年間の世襲独裁主義」と表現したメキシコにおける20世紀の選挙の慣習の例に倣い、ドゥアルデは選挙日の数日前にキルチネルが勝利するであろうと宣言し、最も人気のある大臣たちを派遣し、候補者と並んでテレビに出演させた。22%のみの得票であったが、予測通りキルチネルが勝利した。

数年後にアルゼンチンの経済が2001年の崩壊から立ち直った後、ブエノスアイレスのヘラルド紙の元編集者ジェームズ・ニールソンは、経済的瓦解と数百万人の人々の突然の貧窮が経済の権力を民間セクターから政治階級に移し、今や政治階級は誰が特権を受け、誰が貧困となるかを決定するかつてない権力を持ったと述べた。国民の多くは腐敗した官僚の新しい階級を受け入れたが、その理由は、少なくとも彼らが経済を復活させたからであった。この受け入れが、国家を好きなように運営するために、より自由な競争よりも現行システムからはるかに恩恵を受ける支援ばらまき政治家、労組指導者、反資本主義運動家、企業セクターの取り巻き等の連合を可能としたのである。アルゼンチンの統治モデルは、「貧困の政治的管理」の一つであり、それは多くをなさないが政治階級を富裕にし、汚職を増大し、国家に停滞を強いるものであったとニールソンは述べた。

私は、このシステムを変えることを望んでいる

2005年のブエノスアイレス訪問の目的の一つである当時のロベルト・ラバーニャ経済相とのインタビューの間に、私は少なくともキルチネル内閣の一人の有力メンバーが、政治的補助金が経済的な後進性の原因であることをよく認識していたことが分かった。インタビューの間ラバーニャは——後に政府を離れ、07年に反対派の候補として立候補した——、世帯主計画はすぐに廃止されようと確言した。「私はこのシステムを変えることを望んでいます。私はこの緊急措置を、例えば1年間の限られた期間の援助を提供する失業プログラムに変えるように政府を説得しているのです。その間に、受益者は職を探し訓練を受ける必要があります」とラバーニャは述べた[11]。興味深い！「しかしキルチネル大統領は同意しますか？」と私は彼に尋ねた。ラバーニャはうなずいて、「大統領はこの考えを受け入れています。唯一の問題はいつ私たちが開始するかです」と言った。「おそらく、

２００５年10月の議会選挙の後になるでしょう」[12]。

ラバーニャは国の困難を他の誰かのせいにするというキルチネルの習癖を共有していたが、外国投資を誘致することがいかに必要かを政府内の誰よりもよく理解していた。今やアルゼンチンは01年の経済崩壊から回復し、再び成長しており、現状の率で成長を続けるためには、国内総生産（ＧＤＰ）の21％から24％に投資を増大させる必要がある。それは大きなものではないが、国家の持続的成長には本質的に重要なものであるとラバーニャは述べた。

その後、私がラバーニャの執務室を離れ、幾人かの友人にアルゼンチンがすぐに政治的な補助金システムを廃止し、外国投資を探し求めるための攻勢を開始するであろうと熱意を込めて話したときに、彼らの多くは懐疑的な笑みでもって私を見て、尋ねた。「それでは君は彼らを信じるのか？」。私はキルチネルが彼の補助金を受けた失業者軍団を解体すると信じるほどナイーブだったのか？　その軍団は親政府デモにおいて突撃隊として行動し、あるいは価格管理をあえて批判する多国籍企業を悩ませたのである。私は、キルチネルが彼の後を継ぐ政府支援の候補者として妻のクリスティーナをおそらくは任命するであろう２００７年の大統領選挙前にそれを行うと本当に考えていたのか？　彼らの疑念は正しかった。私がラバーニャとのインタビューをマイアミ・ヘラルド紙に発表した1日後、キルチネルの大統領府のある当局者が、ジャーナリストたちに大統領は大臣の経済計画を承認していないと述べたのである[13]。

ラバーニャは、ＩＭＦや外国の債権者たちに対立するアルゼンチンの指導的な代弁者であったが、２００５年までに国家が外国投資家の間で評判が悪いことで大きな犠牲を払うことになることを恐れ始めていた。カントリーリスクはまるで経済回復が決してなかったかのように引き続き非常に高いと彼は私に述べた。

ラバーニャは「何とも想像できないほど馬鹿げたことだ」と述べて、私たちが話していた会議テーブルから立ち上がり、彼の机の上の二つのコンピューターのうちの一つの方に歩いていった。最新の金融ニュースのウェブページを開くと、エクアドルで起こったばかりの流血の抗議の中の立憲的クーデターについての見出しを私に見せた。ルシオ・グティエレス・エクアドル大統領は追放され、ブラジル大使館に向かっている一方、議会は彼の代わりに副大統領を指名した。少なくとも３人の抗議者が死亡し、数十人が怪我を負った。しかしラバーニャがコンピューター上で私に示した通り、エクアドルのカントリーリスクはアルゼンチンよりもはるかに低いのである。J・P・モルガンのカントリーリスクをスクリーンの上で示しながら、ラバーニャは言った。「これがまったく馬鹿げていないのかどうか私に言ってほしい。まさに今、街に戦車が出ていて、エクアドルのカントリーリスクは722点なのに、一方アルゼンチンは6130点なのです」。流血の国家危機で混乱したエクアドルと平穏と回復の時期にあるアルゼンチンの間のカントリーリスクの差は、統治者の対決的な政策と美辞麗句のためにアルゼンチンが払い続けねばならない高い代償の証左である。

長く待ち望まれたインタビュー

キルチネルはモンテレイ・サミットの間、ホテルのロビーで我々が出会った２日後に、インタビューのあいまいな約束を果たした。

午後３時頃、ほとんど空席のホテルのバーで、私は録音機を片手に外交と内政政策について彼に聞くために座った。ワシントンを公に敵に回すことなく、独立した政策——ワシントンが好もうと好まざるとにかかわらず——を追求する代わりにメネム政権の米国との「肉体関係」に終止符を打つことを自慢するのが本当に賢明なのか？と私は尋ねた。75人のキューバ・ジャーナリストと平和的な反体制派が25年の禁錮刑に処せられた直後に、カストロの独裁政権と全面的な絆の修復を発表することは賢明なのか？　当時政府に対して暴力的な暴動を指導していたコカ農民指導者のボリビアのエボ・モラレスを支援することが正しかったのか？　左派の野党リーダーのタバレ・バスケスを支援することで、キルチネルはウルグアイの内政に干渉したのではないか？　武装闘争の支持者で米国の２００１年のテロ攻撃を賞賛した１９７０年代の独裁制の犠牲者グループである「５月広場の母たち」の過激指導者、エベ・デ・ボナフィーニに正当性を与えるのを助けたのではないのか？　これらの支援を示すことで彼はどんなメッセージを世界に送っているのか？と私は尋ねた。

私は特にキルチネルの人権の見方に関心があった。なぜなら彼が皮肉にも、はっきりと目に見えるように人権を彼の政府の最優先課題の一つに変えたことを大きな懸念を持って見ていたからである。キルチネルは自らを1976年から83年の軍事独裁制の犠牲者のチャンピオンとして描き、批判的なプレスに対しては決まってかつての体制支持者だと評したのである。しかし彼はそれを私にはできない。私は76年の軍事クーデターの後、国を離れ最初から独裁体制を公に批判してきた。事実、私のニューヨーク・タイムズ紙への唯一の記事は78年に発表された寄稿論説であり、その中で私はアルゼンチンにおける人権侵害とホルヘ・ラファエル・ビデラの市場志向的軍事政権への米国プレスの好意的な見方を強く批判した。

私がキルチネルの政策について憂慮するのは、キューバ——そしてその後のベネズエラ——における市民的権利と人権乱用を無視しつつ、民主主義を一緒に防衛していくという新たな地域的原則を蝕んでいたことである。アムネスティ・インターナショナルやヒューマン・ライツ・ウォッチ、その他の国際人権団体は、外国の人権侵害を無視しながら国内の人権チャンピオンにはなれないことをラテンアメリカの諸政府に説得することに近年かなり成功してきた。もしアルゼンチンがどこか他のところでの人権侵害について声を上げなければ、自らの民主主義が脅かされた場合に、誰がアルゼンチンを助けにくるであろうか？　ホルヘ・カスタニェーダ前メキシコ外相がかつて私に述べたように「国内での人権の尊重を確保する最良の方法は、どこで起ころうとも海外の人権侵害について国際的な非難を確実にすることである。もし人権の原則が国際的に侵害されれば、遅かれ早かれ国内的にも侵害されるのである」(14)。

キルチネルのインタビューでの応答は私が思っていたほどは悪くはなかった。彼が録音機に向かって言ったことは、1970年代の富める者を非難する旧守的な考えに少し固執しすぎるところはあったが、民主的な考えの範囲内であった。しかしチャベスとは違い、キルチネルは救世主的な印象は与えなかった。彼自身を政治的にどう定義するか聞かれて、キルチネルは私に言った。「私は経済自由主義の主要なテーマは信じるが、経済自由主義の中では進歩的である。私は正義と公平を伴う自由主義を信じる」(15)。

我々がキューバの議題に進んだときに、アルゼンチンの独裁政権を遠慮なく批判する彼が、なぜキューバの独裁政権との関係を温めたのか聞いた。ラウル・タレブ駐キューバ・アルゼンチン新大使がキューバとの関係正常化を発表したばかりであった。「いいかい、私たちは国民の自決権を支持している」とキルチネルは述べた。「私たちは、他の国々の国内問題に干渉したくはない。キューバにおける状況は多くの理由から非常に特別なのだ。キューバ国民の問題はキューバ国民により解決されるべきだ」と彼は付け加えた。「まさにその通りです」と私は応じた。「キューバ国民は彼ら自身の問題を解決しなければならないのです。しかし彼らが投票できず、あるいは独立系新聞または同様のものを何ら持つことができないときに、どうやってそうすることができるでしょうか？」。その上、「不干渉」や「民族自決」という言葉は、長い間、右派と左派両方の独裁者たちにより国内の人権弾圧についての国際的監視を妨げるために利用されてきた。今日の世界においては人権という場合、多くの民主主義国は他の国家の問題についての「不干渉」原則の前に、人権弾圧については「無関心ではありえない」との原則を置いている。キューバが国連憲章の謄写版の写しを配布した「罪」で人々を投獄していることにキルチネルは気がついているのか？　と私は付け加えた。

キルチネルは国家の自決権尊重の必要性について彼の立場を繰り返し、最後に「そのテーマについては各人の見方がある。キューバでの最近の出来事（反対派の25年間の収監判決）は否定的な悪影響を持った。それらは必ずしもカストロの最良の処置ではなかった」と付け加えた(16)。

キューバの話題はどういうわけかあまり情熱をかき立てるようには思われなかった。私はいずれにしろ最後の質問をした。今やアルゼンチンはキューバとの緊密な関係を発展させつつあるが、キューバではカストロとだけ話すのか？　それともカストロが2002年のアルゼンチンへの訪問や各外遊において極左グループと話すように、反対派と話すのか？　キルチネルは「現実の世界ではそれほど多くを求めることはできない」と応じた。「考えてみよう」。彼の返答は彼がキューバの独裁政権を賞賛するほどナイーブではないことを示唆していた。しかし彼は、このような善意の独裁政権があるという考え——世論調査から判断すれば、アルゼンチン社会のかなりの部分に共有されたもの――を暗黙に支持することで人権の大義に傷をつけていることを何ら考えていないように思われた。

話題を変えて、私は彼にアルゼンチンのプレスが報道したように、ボリビア訪問の際にモラレスの立候補を支持したか尋ねた。キルチネルはプレス報道とは逆の返答をした。「私は決して、我々が彼を支持するつもりだとエボ・モラレスに話したことはない。私はボリビアの国内問題に干渉していない。エボ・モラレスに話したことは、彼が反乱の考えを放棄することが不可欠と私が考えているということだ……。しかし私は別の国の候補者を支持するつもりはない。それは馬鹿げたことだ。それは受け入れられない干渉となるだろう」[17]。それでもそれは、まさに彼がウルグアイの左派候補者タバレ・バスケスに対して行ったことであると私は指摘した。事実、ウルグアイの当時のホルヘ・バトレ大統領は、キルチネルが後に大統領選挙に勝利したバスケスの後ろ盾になっていたと公言した。キルチネルはこの質問に気分を害して、バトレの非難について全体の流れの中でどう見るべきかを語った。「ウルグアイにおいては、伝統的政党と左派の広範な戦線との間に難しい政治闘争がある。それはひどく両極化している。そしてモンテビデオの市長マリアノ・アラーナが市の鍵を贈呈するために私たち――メサ、ドゥアルデ、ルーラを招待したのだ。それからバトレ大統領の補佐官の一人が――彼の発言は後に却下された――我々が国内問題に干渉していると言いながら現れたのだ。まったく違う。私は干渉していない」。

彼は、米国の9・11の攻撃について「うれしい」と言ったアルゼンチンの自称人権指導者エベ・デ・ボナフィーニを定期的に大統領宮殿に招待し、彼女に正当性を与えるのを助けたのではないか？　と私は尋ねた。「彼女には大きな好意を感じている」とキルチネルは答えた。「政治的にはいつも違う立場にあるが、彼女は息子をなくすことで一生を台なしにされた主婦であり、それから彼女自身述べているように革命の闘士となった。そしてそれほど苦しんだすべての母親たちの代表として、私に会いに来ればいつでも歓迎するだろう。それは彼女のすべての立場に私が同意することを意味するのではない。もし私が、執務室に来るすべての人に同意しなければならないのであれば、誰も部屋に迎えられなくなってしまうだろう」[18]。

プレスが彼をブラジル、ベネズエラ、キューバの仲間であると描いたときに気分を害したか？「そうだね、迷惑でも迷惑でないというわけでも、どちらでもないということだ。なぜなら皆それが何かを知っているからだ。南米において私が考えることのできる唯一の枢軸は、ブラジル－アルゼンチンまたはアルゼンチン－ブラジルの枢軸だ」。彼はアルゼンチンがベネズエラやキューバといかなる主要な共同合意にも署名していないと付け加えた。「しかし、単にいかなる合意も署名していないからといって、チャベスやその他の大統領を孤立させることに同意しているというわけではない。反対に私は対話が不可欠と信じている」[19]。

私はキルチネルにやや良い印象を受けてインタビューを終えた。キルチネルがあの日に私に述べたことから判断すれば——以前、チャベスと鍵となる経済合意に署名し、2007年に意義ある政治的支援をベネズエラ大統領に与えたにもかかわらず——、彼は我々の多くが信じているよりも民主的であり忍耐強いと思われた。おそらく彼は傲慢で対決的な個人的スタイルを持つ男ではあったが、結局のところ、鋭敏な思慮深い知識人であった。しかしながら次の日の夜、いったんサミットが終了し、私がより長い幅広い、私的な別の会話を持ったときに、キルチネルに対する私の当初の楽観主義は誤りであったことが証明された。

深夜、キルチネル夫妻と

夜の11時近くであった。私はヘラルド紙に自分のコラムを送ったところであり、自室で夕食をとり、誰か話すべき当局者が残っているか見るためにホテルのロビーに下りていった。バーに顔を出したときに、私はキルチネルが彼の妻クリスティーナとビエルサ外相と共にテーブルに座っているのを見つけた。彼らはアルゼンチンに帰国するための大統領機の準備が整うのを待っていて、荷物が運び下ろされている間、コーヒーを飲みながら時間をつぶしていた。私は彼らに挨拶に行き、彼らが私に一緒に座るよう招かざるをえないほど十分長くテーブルの横に立っていた。まもなく我々は、サミットで各人の注意を引いた話題について話していた。私的な会話であったためオフレコであり、私はキルチネルが言ったことを決して発表しておらず、今回もしない。ただ単に私が述べたことと彼の回答が私に与えた印象を語ろう。

その会話は私を心配にさせた。非公式の談笑の間、キルチネルは「経済自由主義の中の進歩派」の一線を越え、世界のすべての悪を米帝国主義と国際金融機関のせいにする旧守派の左派反動主義者に近づいたように思えた。我々の会話の間、ベネズエラ、キューバ、ボリビア、ウルグアイ、そしてアルゼンチン自身の問題が再び話題になった。今度は録音機はなく、キルチネルは時間をかけて、再び米国、ＩＭＦ、１９９０年代の自由市場改革、そして彼の前任者メネムを非難し続けた。彼が述べたいくつかのことは本当であった。米国はボリビアにコカ畑を破壊させるという大きな犠牲を受け入れさせた後、ゴンサロ・サンチェス・デ・ロサダ前ボリビア大統領を見捨てたのだった。他にも、アルゼンチンの経済的大失敗をＩＭＦのせいにするなど、異論はあるものの、それらはまだ真面目な政治的議論の範囲内であった。しかしキルチネルが次から次へと問題を挙げて、アルゼンチン以外の国の誰も彼も非難したとき私は心配になった。彼は退屈していたわけでもなく、私の意見を聞くことにあまり関心があるわけでもないことに気がついて、私は自分の役割を寛大な質問者にとどめ、私の意見は夜中の最後にとっておいた。そうしてラバーニャとビエルサ外相の2、3人の補佐官が合流した40分間の会話の後に私は自分の考えを表明した。

「大統領、あなたが言うことの多くは真実です。米国が特に20世紀においてこの地域で怪しげな歴史を持つことは否定できません。しかし米国が過去30年間にわたりいくつかの教訓を学び、この地域における民主主義や人権をしばしば支援してきたことは認めねばなりません。もしいくつかの建設的な批判を許していただけるのであれば、しばしばあなたの政府は、良いことでも悪いことでも1990年代になされたことの何でも反対のことをしたがっている印象を与えるのです」と私は言った。キルチネルは不信感をにおわせる無表情さで私を見た。「国家にとっては、新しい政府がそれぞれUターンをするのは良くないのです。絶え間のない方向転換は国内外の不信を生み、より少ない投資、より多くの資本逃避、より少ない成長、そしてより多くの失業を生む結果となるのです。スペイン、アイルランドあるいはチリのようにうまくいっている国々は、針路にそのままとどまり頑張っている国々です。それらの国々は左派、右派、中道が選挙で勝利しますが、誰も針路を変えないのです。選挙前にある政党や他の政党が勝利するのを恐れて、スペインやチリから投資家たちがパニックとなって逃げ出すのを見ることはないでしょう」。

キルチネルが静かに聞いていたので「アルゼンチンは絶え間のない政治的にジグザグの国です」と私は続けた。「アルゼンチン人がこれまで覚えている限りでは、安定がずっと続いた時期は、ほとんどなかったのです。その歴史は両極端により特徴づけられています。中道の立場を模索することは例外であって、習慣になっているというほどではないにしろ、世界の他の国々では穏健さを美徳と見ている一方で、アルゼンチンではそれを弱さの印と考えているのです。アルゼンチンは主要な中道政党でさえ、『急進党』の名前を誇りに持つ私の知る唯一の国です。21世紀においては、ほとんどの国々が投資誘致のために自分たちが穏健で実用的であることを競って披露するのに、それは馬鹿げていませんか?」。私は、数十年前に急進党が——逆説的に都市の中産階級を代表していた——分裂した際、穏健で開かれた考え方、合意形成等の悪徳に屈したものと誰も考えたりしないよう、「非妥協急進党」として再編成したことをキルチネルに思い起こさせた。アルゼンチンは1950年代のペロンの国家主義ポピュリズムから60年代の反抗的な反ペロニズムへ、73年のペロニズムの短期間の復帰へ——今や左派と同盟した——、76年の反ペロニズム右派軍事独裁へ、80年代の脆弱な民主主義政権へ、90年代のメネムの下での自由市場の仲間による資本主義へ、そしてその10年間になされたすべてのことは価値がないと主張している現在の政府へと続いてきた。最後に私は、「彼がメネム政権の汚職を批判することを賞賛するが、汚職や特定の政策を攻撃することと、経済開放や投資誘致の必要性の概念全体を攻撃するのとはまったく別のことであって、そうした概念がまさに中国、インド、ポーランド、そしてチリのような多様な国々が記録的な速さで貧困を削減することを助けているのです」と述べた。

キルチネルは聞いていなかったか、あるいは少なくとも聞いていないという印象を与えていた。彼は肩をすくめ鼻越しに私を見下して、彼のいつものメネムの自由市場政策の「野蛮さ」についての説教で応じ、どの国もいつも方向を変えたりすれば進歩はできないとの私の議論に言及さえしなかった。数分後、別れを告げるときとなった。私は建設的な批判の試みに惨めに失敗したように感じてテーブルを離れた。唯一の慰めは、ホテルのバーを後にしているときに、キルチネル夫人クリスティーナが、時がたっても国々は基本的な国家政策を維持するよう努めるべきであるとの私の意見は正しいが、アルゼンチンの2001年の経済破局の深さを理解する必要があり、いかにそれが人々の生活に影響を与えたか、そして社会がその針路の劇的な変化を熱望して危機から抜け出したという事実を理解する必要があるという趣旨のことを言ったことであった。彼女の主張には納得しなかったが、少なくとも彼女は私の言うことを聞いていたのである。

ワシントンからの見方

アルゼンチン大統領と私の対談がモンテレイ・サミットの唯一の驚きではない。もう一つの驚きはキルチネルとブッシュの会合が完全な成功であったと報じるアルゼンチン・プレスの報道であった。1月15日のラ・ナシオン紙は「政府が米国との関係を改善」と宣言した。第1面の記事はキルチネルのサミット参加を「昨日、政府は完全な成功と評価した」と報じた。最大の発行部数を有するクラリン紙は「ブッシュが支援を再開。しかし、対外債務に関する明確なシグナルを要求」との見出しをトップ記事としていた[20]。ニュースの分析では、「キルチネルはホワイトハウスのボスとの7カ月で2回目の会合でうまく駆け引きした」と述べていた[21]。

しかしこの会合に居合わせたブッシュ政権の高官たちが後に私に述べたのは、まったく異なる話であった。確かにキルチネルのブッシュとの会合は、礼儀正しく肯定的ですらあったとホワイトハウスの高官の一人が私に言った。しかし、数時間後のサミットでの演説で、キルチネルはラテンアメリカへのマーシャル・プランを要求しつつ、この地域のまずいことのほとんどすべてを米国のせいにしたのである。数時間のうちに肯定的な雰囲気は消えうせた。キルチネルの演説の途中でブッシュは同時通訳のイヤホンを外した。

当時のホワイトハウスのラテンアメリカ特使オットー・ライクは、インタビューで私にこう述べた。「アルゼンチン大統領の時代遅れのレトリックを受け、米国代表団の反応は不信というべきものでした。それは１９６０年代の第三世界的演説そのものでした」[22]。ライクは「米代表団にこれほどの否定的な衝撃を与えたのは、キルチネルの演説が米州サミットの閉会セッションで行われたからです」と付け加えた。同セッションでは、キルチネルが次回のサミット、２００５年11月のマール・デ・ラ・プラタ会合を主催する国の元首として議長を務めたのである。「サミットは成長の促進に充てられ、丸１日半の間、新しいビジネスに国家より課せられる官僚主義やその他の障害を除去することで雇用創出を図ることなどについて討議がなされました。そして国家の介入を減少させることで、いかに成長と雇用を創出するかについて話す代わりに、いまだに依存理論の観点から物事を考えている人物を私たちは見つけたのです」[23]。

ブエノスアイレスはキルチネルの演説が米国代表団に与えた恐ろしい衝撃を決して耳にしなかった。反対にアルゼンチン政府の当局者は、まるで何らの代償を払うことなく、神と悪魔の両方と手を結ぶことに成功したかのように勝ち誇った様子で帰国した。両方の国の当局者と話していたごく少数のジャーナリストたちから見れば、アルゼンチンは思い違いをしていた。米国代表団メンバーは、キルチネルはモンテレイでの閉会演説の後はホワイトハウスに友人を持つのを諦めることになるだろうと述べた。そしてその通りとなった。数カ月後、キルチネルは米国への最初の公式訪問を行い、ニューヨーク、ワシントンを訪問した。しかしアルゼンチン大使館によるブッシュや当時のコリン・パウエル国務長官、あるいは当時のコンドリーザ・ライス国家安全保障問題担当大統領補佐官との会見アレンジの努力にもかかわらず、ブッシュ政権は見向きもしなかった。

ライクは、大統領は少しの間でいいからキルチネルと会うべきであるとホワイトハウスを説得しようとしたが無駄だったと述べた。だめだとホワイトハウスは返答した。「ホワイトハウスの人々は、『一体なぜ彼はもう一度会いたがっているのか？　打ち解けた良い会合をもう1回持ったとして、その後、彼が私たちに反対する演説をまた行うかもしれないではないか』と言っていました」とライクは述べた。ブッシュとキルチネルが２００５年のアルゼンチンの米州サミットで再会するまでには、1年以上かかるのであった。そしてそこでは、関係は改善するどころかさらに悪い方向に向かい、最近の記憶では最低の地点に達した。

米州の分割

2005年のマール・デ・ラ・プラタにおける西半球サミットは、一時的な——あるいはそれほど一時的ではないかもしれない——米州の分割を明白にしることとなった。一つのブロックは米国、カナダ、メキシコ、中米、チリ、そしてワシントンと自由貿易の取極を持っているか、またはそれらに署名しようとしている諸国から成っていた。もう一つのブロックは、ワシントンが米国の農業補助金を緩和しない限り、将来交渉をしないと決定したブラジル、アルゼンチン、ウルグアイ、パラグアイであった。そして米国との自由貿易を、カラカスを中心とした新しい反米同盟に取って代えることを公然と主張する石油富裕国のベネズエラがいた。

マール・デ・ラ・プラタの後、アルゼンチンはますますベネズエラの近くに引き寄せられ、ワシントンから離れていくのであった。国内的には、ベネズエラのチャベスほどには成功しなかったが、キルチネル政権は外国支配の公益事業会社の契約を一方的に無効にし、鍵となる産品に価格統制を課し、正統派経済学者が経済的ナショナリズムへの危険な逆戻りと批判するその他の措置をとった。国際関係では、アルゼンチンのチャベス寄り路線への傾斜ははるかに明白となった。アルゼンチン当局者は、それを経済的——政治的ではない——決定であると私に説明した。2007年初期までに、石油価格は1バレル65ドル以上となり、チャベスはかつてなく自由にできるより多くの金を手にした。彼は35億ドルのアルゼンチン国債を市場価格以上で買い上げ、これがキルチネル政権にわずかな外国投資家しかアルゼンチンに資金をつぎ込もうとしていないとき、非常に必要とされた資金流入を与えたのである。これはチャベスがアルゼンチンに寛大な姿勢を示した一例にすぎないと当局者は述べた。その他にも例えば彼は、大企業の日刊紙サンコールの破産を救済することに同意し、国家経営の600のガソリン・スタンドに投資した。加えて彼は、ベネズエラからアルゼンチンまでの200億ドルの途方もない天然ガス・パイプライン建設と70億ドルの南米銀行創設を誓約した。

チャベスは、この南米の開発銀行がワシントンを本拠とする米州開発銀行（ＩＤＢ）よりもこの地域の貧困軽減のために、はるかに適していると述べた。ワシントンが話している間にチャベスはテーブルに現金を置くのだとアルゼンチンの高官は述べた。

当然チャベスの気前よい施し物はただではすまない。ますますキルチネルはベネズエラとチャベスの利己的な振る舞いを政治的に支持することで報いなければならなかった。キルチネルが議長となった２００６年の南米南部共同市場（メルコスール）——当時アルゼンチン、ブラジル、パラグアイ、ウルグアイで形成されていた貿易ブロック——の会合で、メルコスールはベネズエラを新しい加盟国として歓迎し、そして拡大したブロックの最初の措置は、ベネズエラの国連安全保障理事会議席へのベネズエラの立候補を支援することであった（これは最終的に失敗した）。それから、２００７年にキルチネルは、ブッシュが隣国ウルグアイを訪問する前夜にチャベスがアルゼンチンを来訪するのを許し——ほぼ2年前にチャベスがマール・デ・ラ・プラタで行ったように——、ブッシュに対抗する巨大集会を行わせたのである。再びチャベスは、キューバ、ベネズエラ、アルゼンチンの旗を振る3万人の支持者を前に演説しながら、ブッシュの長く待たれたラテンアメリカ訪問から脚光を奪った。彼は米国大統領のこの地域への「帝国の周遊旅行」を非難し、ブッシュを「臆病者」そして「政治的死に体」と呼んだ。キルチネルは集会には参加しなかったが、その日の早朝の会合にチャベスを招待し、米国大統領のウルグアイ到着数時間前にブッシュからショーを奪うために必要な機会をベネズエラ大統領に与えた。ブッシュが２００７年3月のブラジル、ウルグアイ、コロンビア、グアテマラ、メキシコ訪問で、完全にアルゼンチンを外す決定をしたのは驚きではなかった。

大人になり切っていない国

アルゼンチンの未来をどう見るのか？　と私はマヌエル・ロチャに聞いた。彼は１９９７年から２０００年までブエノスアイレスの米国臨時代理大使であった。「暗い」と彼は答えた。私はロチャの意見を聞こうと努めていたが、それは彼が米大使館の高官であったばかりでなく、彼がラテンアメリカにおいて外交官人生の多くを過ごし——

直近では02年まで在ボリビア大使であった——、そして西半球問題の情熱的な研究者であったからである。なぜ彼はそれほど悲観的だったのか？「なぜなら国家の共通のプロジェクトについて支配階級の中に合意がないからです。支配階級の中にはすさまじい分裂があります。チリでは左派、中道、右派の誰と話しても、経済政策の点からはあまり相違がないことが分かるでしょう。アルゼンチンでは経済政策について話すときには、ペロニスタ党の内部でさえ、いかなる基本的な合意も見いだすことができないのです」。ロチャによれば、これは「未熟な政治階級が無能なためであり、彼らは部分的には、ペロニズムの大衆迎合的な名残のために、彼らの属するような国が持つべき国としての規範を遵守していないのである。そしてまた企業家階級も無能なためである」。世界経済の中で近代化し、競争する必要性を理解することについて、アルゼンチンのビジネス指導者は「要するに分かっていないのです」と彼は付け加えた。

しかしアルゼンチンはラテンアメリカで最も洗練された知的、政治的、ビジネス階級を持っている国の一つではなかったのか？　南米で最も前衛的な劇場、オペラ、博物館、会議、ブックフェアを持つ国ではないのか？「彼らは洗練された国民ですが、うわべだけです」とロチャは述べた。「彼らは英国製の服を着ますが、香港やシンガポールの男性やさらに中国共産党の高官とさえ比べても、これら3者の方がアルゼンチンの政治家や企業家よりもはるかに洗練されているのです。それはアルゼンチンが大変個人主義的な、誰もが自分のためだけという文化を持つからなのです。そこでは皆どんなやり方でも、できるだけ早く金持ちになろうとするのです」。

ロチャは１９８６年メキシコのワールドカップでのマラドーナの有名なゴールの例——同胞により今日まで祝われる——を引き合いに出した。英国チームに対する試合で、マラドーナはヘッディングシュート——サッカーでは許されている——のふりをして、ボールを手でたたいてネットの中に入れたのであり、それはまったくルール違反なのである。審判はこれに気づかずゴールを認めた。ジャーナリストが試合の後、マラドーナに彼が手でボールをたたいたのかどうか聞いたところ、彼は笑って「神の手だ」と言った。アルゼンチンの人々は今日まで彼の機知を祝うのである。マラドーナ引退の何年も後、かつてのスターがイタリアでの脱税により告発され、ヨーロッパとキューバの麻薬リハビリ診療所に出入りした後でさえも、2005年の世論調査では「誰が最もアルゼンチンを代表する有名人か」とアルゼンチン人に尋ねれば、マラドーナが51％で1位、キルチネルが31％で続いたのである[24]。「すさまじい才能を持つ素晴らしい国であるが、その才能にもかかわらず、国民は手でゴールを得点した男を拍手喝采するのです」とロチャは述べた。「彼らは勤勉や規律よりもずるさを賞賛するのです」。キルチネルが借り入れ停止措置についてIMFや銀行、債権者たち――アルゼンチン人を除き国外のほぼ誰でも――を非難することで、アルゼンチン国内で大きな拍手喝采を得たのは、偶然の一致ではないと元外交官は述べた。

ロチャはアルゼンチンの「未熟さ」の多くを、ポピュリスト・ナショナリストでベニート・ムッソリーニの頃のイタリアでの経験から政治的着想を引き出したファン・ドミンゴ・ペロン将軍の遺物のせいにした。「ペロニズムは個人が国家に依存するという個人と国家の間の関係をつくり出しました。アルゼンチン人は、国家が彼らのすべての問題を解決し何でも世話をしてくれることを期待しているのです。アルゼンチンでは国民は、ジョン・F・ケネディの『あなたの国があなたのために何ができるか問わないでほしい。あなたがあなたの国のために何ができるかを問うてほしい』の代わりに『私の国は、私のために何ができるのか』を求めるのです。それゆえに誰かを責めるときには、国家やIMF、資本主義、あるいは自由市場モデルを責めますが、決して彼ら自身の行動に責任をとることを考えもしないのです。それは未熟な、大人になり切っていない国です。そして契約の尊重のような最も基本的な行動もとることができないために、危機からは抜け出せないでしょう」。

厳密な意味では、ロチャのペロニズムへの視点はアルゼンチン外では非常に広く受け入れられているため、コンドリーザ・ライス国務長官自身が――明らかに彼女はアルゼンチンの与党の創設者を批判しているとは気づかぬままに――、2005年5月12日の議会での証言の中で、ペロンは今日のチャベスのように「ポピュリスト」大統領であって、その扇動主義は彼の国に何ら良いことをなさなかったと述べた。隣国のチリにおいてさえ、イグナシオ・ウォーカー外相は、就任した際に04年10月、日刊紙のエル・メルクリオで「チリとアルゼンチンを分かつ真の壁はアンデス山脈の連山ではなく、ペロニズムとその道理に反した論理である」と書き、アルゼンチン政府に謝罪を強いられた。そこではウォーカーは、キルチネルのペロニスタ党を「権威主義的、組合主義的、ファッショ的な特質を持つ運動である」と呼んだ。そして「1945年にペロンが権力について以来、ペロニズムと軍国主義はアルゼンチンを体系的に破壊してきた」と付け加えた[25]。

しかしキルチネルが急がずに物事を行っているということは有りうるのではないのか？　私はロチャに尋ねた。アルゼンチンの大統領は、最新の世界経済の傾向を取り入れる国際人ではなかった。しかし2001年の危機で残された経済的大損害を処理するためには、投資を探し、または世界経済に国を統合する前に自分の家を整理する必要があると決意したのかもしれない。事実、キルチネル政府の高圧的な戦術は、少なくとも一つの点においては機能した。彼はアルゼンチンの債務の返済における大きな軽減を確実にしたのである。そしてそれはあざけるべきものではなかった。「それが本当であると思いたいが、残念ながら真実ではないのです。われわれが話題にしているのは、世界で何が起きているかを理解する能力を欠いたアルゼンチンの指導的立場にある人々のことなのです」とロチャは結論づけた。

彼らはさしあたり救われている

2000年から03年まで駐アルゼンチン米国大使であったジェームズ・ワルシュはこの国について前任者よりもわずかに悲観的でない見方をしていたものの、結局のところ彼の見解もそれほど異なるものではなかった。ワルシュはアルゼンチンと緊密な絆を持っていた。17歳のとき交換留学生としてコルドバ州で勉強したのだった。彼は1960年代末に米国の若手外交官として戻ってきた。大使としての最後の任期の間、彼はアルゼンチンの近年の歴史で最大の政治的危機に対処しなければならなかった。1週間に5人の大統領交代である。「私は毎日『米国政府は、アルゼンチン新政府を承認する光栄を有します』との口上書を持って大統領宮殿に行った男なのです」と彼は退官後の電話インタビューで回想した。「新聞が土曜の朝、私がネクタイなしで4度目か5度目に大統領宮殿を離れる写真を撮って、半分冗談めかして、大統領の交代がそれほどまでに日課となったため、米国大使は承認の口上書をレジャーウエアを着て渡しに行ったと書いたのです」。

ワルシュにとってはアルゼンチンの青臭さとずる賢さの特質は、国全体というよりも首都により当てはまった。彼がコルドバにいた数年間にブエノスアイレスで目撃した自己中心的文化が同様に賞賛されるのを決して見ることはなかった。「国中を旅行すれば、あなたは誠実の概念と人の言葉の価値が本当に存在することが分かります。コルドバでは誰かがずる賢いということは、褒め言葉ではありません。ブエノスアイレスでは、別の意見があるのです。同じ概念が何か肯定的にアピールするように見られるのです」。しかし、ワルシュはキルチネル政府と――世論調査から判断すれば――ほとんどのアルゼンチン人が共に2003年、04年、05年の経済成長をまるでそれが繁栄の時代の始まりかのように祝いながら幻想の中で生きていることに同意した。ほとんどすべての米国外交官や外国の企業家たちと同様、ワルシュは長くは続かない外的要因の産物である約9％の経済成長率を目の当たりにした。「彼らはさしあたり救われてきたが、実際は遅かれ早かれ利子率は上昇し、原材料価格は低下し、バブルは弾けることでしょう」とワルシュは私に述べた。

それではドゥアルデとキルチネルの高官たちは、あなたがこれらのことについて述べたときどう答えたのですか？　と私は聞いた。「彼らの半分は同意し、何かをしなければならないと私に言いましたが、それから何も起こりませんでした。そして後になって経済が改善し始めた2003年には、『それ見たことか、彼らが我々に実行するよう助言した馬鹿げた考えを我々は何ら実行する必要はなかったのだ』と人々が口にするのを聞くようになったのです。それは馬鹿げています。なぜなら当然彼らは、助言を受けたそれらすべての制度的・構造的改革を実行する必要があったからです。なぜなら、もし物事がうまくいっているときにこれらの転換を実行できないのなら、遅かれ早かれくるであろう経済低落の始まるときにどうやってそれを行うのでしょうか？　あなたがトップにいるときこそこれら改革を行うときなのです」。明らかにキルチネルは必要な改革を行っていなかった。「私がアルゼンチンの新聞を読みながら、遠くから今見ていることから判断して、この多くの楽観的な美辞麗句は蜃気楼なのです」とワルシュは述べた。

キルチネルの報道機関への圧力

問題の一部分は、アルゼンチンの報道機関のほとんどがその勇気を失ったことである。日刊紙ラ・ナシオンあるいはノーティシアス誌のような数少ない例外はあるものの、アルゼンチンの報道機関は今やほとんどいつも大統領宮殿から与えられた良いニュースを少しの疑問もなく反映させているのである。報道機関の擁護者は、あえて批判する者は誰でも——特にテレビでは——政府、そしてしばしば大統領自身からの怒りの電話を受けるのだと述べた。テレビの最高幹部の一人は、彼のテレビ番組の総合司会者の一人が政府の計画を発表している間に懐疑的な笑みを浮かべたことで、キルチネルが個人的に彼に不満を述べてきたと述べた。別のアルゼンチン・ジャーナリストは、キルチネルが最近の歴史の中では最も報道に取りつかれた大統領であり、つまらないことですぐに怒る大統領であると私に述べた。私は米国の新聞の記者であり、彼の怨恨が私の職業生活を変えることができなかったものの、私自身、彼との最初の会合で直接そのことを目にしていた。しかし政府広告に資金的に依存している会社でしばしば働くアルゼンチンのジャーナリストにとっては、大統領の癇癪は小さな問題ではなかった。それらはしばしば上司への電話や、解雇や降格という結果になったのである。

時がたつに従い、政府のジャーナリストへの「締めつけ」についての報告はより頻繁に、より公然となった。キルチネルは新聞の意見欄の批判は許容したが、第1面のニュースについては、許容度はより少なかった。米国の人権団体フリーダムハウスは、毎年、世界中の報道の自由を分析しているが、アルゼンチンを「部分的に自由」として195カ国中105位にランクした[26]。米州報道協会（IAPA）は、「制限付き」の報道の自由はあるが、「妨害に加え、やや深刻な動向や事実もあり、もしそれらが継続すれば、やがて報道の自由の展望に悪影響を与える可能性がある」と結論づけた。脅しの電話とは別に年4600万ドルと見積もられる政府の広告支出が政治的に利用されていると同協会は述べている。例えば、独立系日刊紙ラ・ナシオンは、発行部数が10倍大きいにもかかわらず、政府系の「パヒナ12」と同額の政府広告収入しか得ていなかった。アルゼンチンの幾人かのトップジャーナリストたちとの対談で、私は政府支配の下で働くこれら記者もキルチネルの圧力に憤慨しつつあることを感じた。「今は皆、彼の指導に従っています。しかし世論調査で彼が49％まで落ちるのを待って、それからは誰もが彼を攻撃し始めるでしょう」と、よく知られたジャーナリストが、広く共有されている心情を反映しつつ私に述べた。別の分野と同様に、ここでもキルチネルは危険な火遊びをしていた。

アルゼンチンは、うまくやっているが正しい方向に進んでいない

経済回復に有頂天となり、長期的成長の達成のための市場改革を実行していないことで彼を批判した者たちに挑戦しつつ、キルチネルは２００４年12月30日に、アルゼンチンの経済成長は、「暗い未来を予測した人々に人生訓を与えた」と誇らしげに宣言した[27]。アルゼンチン経済は世界経済の全般的拡大や中国の大量の農産品購入が原因ではなく、ＩＭＦの正統的な処方箋を無視したがゆえに、活気があると彼は確信しているようであった。いかにブエノスアイレスの店が満員となり、失業率が落下し、産業が何年もの間で初めてそのエンジンのウォーミングアップを始めたことが皆には見えないのか？

２００５年６月に、アルゼンチンが返済不能の債権約１０００億ドルの大部分に関する再交渉に成功した裏に、再交渉したとき――世界最大の債務再交渉であった――キルチネルの支持者は彼のタフガイの態度が効いたのだと自慢した。アルゼンチンは債権価格の約75％の値引きを獲得した。ラバーニャによれば、これは債務返済での６７０億ドルの節約とともにアルゼンチンが01年以来初めて信用市場に回帰するための青信号がともったことを意味した。確かに同国は危機から抜け出したが、国際投資家たちが大挙して戻ってくるには長い時間がかかるであろう。そして経済の好況は長くは続かないであろう。世界経済が冷え始めたところアルゼンチンの見通しはより不確実となった。世界銀行の予測はアルゼンチンの約９％の成長は、07年に７・５％に減速し、08年には５・６％となり、09年には３・８％となるだろうことを示している[28]。

キルチネルは国民に、ここ数十年で最悪の経済危機の後に必要とされた自信を与え、債務不履行となった国家のためにより良い返済条件を交渉するという両方のことを何とかやり遂げた。しかしアルゼンチンを世界経済に統合し、長期的な成長の道に置くことには失敗した。彼はアルゼンチンを持続的成功国に変えられたであろう経済・教育改革を実行する50年間――幾人かの経済学者は1世紀と述べている――で最良の国際的経済環境を無駄にしてしまった。アルゼンチンが外的要因のおかげで成長していることを認め、世界経済の中で競争する必要性を国民に訴え始める好機をつかむ代わりに、キルチネルは、最後は傍観し陽気に騒ぐこととなってしまった。

2005年のブエノスアイレスへの旅行において、私はプエルト・マデロのレストランで政府の高官に偶然出会った。そこは上品な趣味の河畔の遊歩道で、巨大なサイロや格納庫が数年前から優雅なレストランに変わっていた。コーヒーを飲むために座ったときに、私は彼に自分の考えを述べた。疑いなく、アルゼンチンは01年よりもより良い状態となった。しかし中国、インド、その他の国々が投資や輸出市場のために競争している世界経済においては、自分自身を過去と比較するのでは十分ではなく、自分自身を他者とも比較しなければならないと私は彼に言った。そうでなければ投資は減り、国の輸出も減り、より貧しくなろう。アルゼンチンはうまくやっているが、正しい方向に進んでいないと述べた。

もしアルゼンチンが世界経済の有利な風を今活用せず、より大きな競争力の探求に失敗し、教育、科学、技術、より洗練された製品を海外に売ることを可能にするその他すべてを促進することに失敗すればその未来は暗い。

高官はうなずき、「あなたは正しい。しかし2001年の危機があまりに破壊的だったため、いまだに明日について語るのが非常に困難なことを理解すべきです」と言った。海外に住んでいる者にとってはアルゼンチンが何をなすべきか見るのは容易であり、おそらく彼らは正しいのだろうと彼は述べた。しかしアルゼンチンに住んでいる人々は、自国の歴史の中で最悪の経済的崩壊のショック状態の中にいまだにいるのであった。「船が出航する前に、私たちは船底の漏れ穴を修繕すべきなのです」と彼は締めくくった。我々が河畔のカフェに座りボートが通り過ぎるのを見ていたため、それはうまい暗喩であった。私は彼が部分的には正しいこと、そして将来キルチネル政府について執筆する際には、彼の洞察を考慮するだろうと言った。しかしもし満潮のうちに船が港を離れなければ、いったん干潮になれば出帆は不可能かもしれないことも真実であった。

注

(1)「スペイン企業家たちの強い非難」『エル・ムンド』2003年7月18日。
(2) 同右。
(3)「キルチネルの企業家たちとの厳しい会談」『ラ・ナシオン』2003年7月18日。
(4) 同右。
(5)「ゲームを待ちながら」『フィナンシャル・タイムズ』2004年7月29日。
(6)「ヒューレット・パッカードが、3年間でブラジルにおける市場規模の倍増を主張」『オ・エスタード・デ・サンパウロ』ウェブ版、2004年8月4日。
(7)「選挙キャンペーンのためキルチネルが南アフリカ大統領を迎えず」『クラリン』2005年5月31日。
(8) ラリー・ロッター「アルゼンチン指導者の気まぐれが、批判を招く」『ニューヨーク・タイムズ』2004年12月27日。
(9) アンドレス・オッペンハイマー「捕らわれの票の危険な増大」『ヌエボ・ヘラルド』2004年7月2日。
(10) 同右。
(11) ロベルト・ラバーニャとのインタビュー、ブエノスアイレス、2005年4月20日。
(12) 同右。
(13) 世帯主計画の受益者数は、2006年に40%――または約86万1000人――減少した。アルゼンチン経済の成長が、同計画の適格者である失業者の数を減少させたからである。しかし、政府は社会保障費を決して払ったことのない85万人の退職者に終身自動年金を与えた。「最終的には、捕らわれの票の数はほとんど変わらないこととなった」とアトラス基金研究者グスタボ・ラサリが２００７年に私に語った。

(14) ホルヘ・カスタニェーダとのインタビュー、メキシコシティ、２００３年９月23日。

(15) ネストール・キルチネルとのインタビュー、メキシコ・モンテレイ、２００４年１月13日。

(16) 同右。

(17) 同右。

(18) 同右。

(19) 同右。

(20) 『クラリン』２００４年１月14日。

(21) 「ブッシュとクーラーとの間で、大統領は、その政治権力の強化を模索した」『クラリン』２００４年１月15日。

(22) オットー・ライクとのインタビュー、ワシントンＤＣ、２００５年１月21日。

(23) 同右。

(24) 「サン・マルティンとマラドーナ、国を最も代表する者たち」『クラリン』２００５年３月31日。

(25) 「我らの隣人アルゼンチン人」『エル・メルクリオ』２００４年10月２日。

(26) 『グローバルプレス・フリーダム２００７』フリーダム・ハウス。

(27) 「アルゼンチン人たちが教訓を与えた」『ラ・ナシオン』２００４年12月30日。

(28) 「世界開発融資　２００７年」世界銀行、９頁、図表１・１。

第7章　ブラジル——南の巨人

ほら話「ブラジルは、未来の国であり、常にそうであろう」
（ブラジルの伝統的なジョーク）

ブラジリア——私がセルソ・アモリン・ブラジル外相にブラジルの首都の外務省本部イタマラチの巨大な執務室でインタビューした際に、最も私の注意を引いたのは、彼の述べたことではなく壁にかかっているあるものであった。アモリン外相はキャリアの高官であり、イタマール・フランコ元大統領の下で外相として仕え、最近ではロンドン駐在の大使であり、典型的なブラジルの外交官であった。都会的で国際派で熱烈なナショナリストであった。イタマラチの大半の同僚と同様、彼は英語をはじめ数カ国語を上手に話した。しかしこのことは、愚かにも私が2年間ポルトガル語を勉強していると言った後で、彼がインタビューはポルトガル語で行うよう主張するのを妨げることはなかった。彼の巨大な執務室の隅の小さなコーヒーテーブルをはさんでの1時間ものインタビューで、アモリン外相は私が以前聞いたことのないことは何も言わなかった。それでも部屋の端にある彼の机の後ろの壁にかかっている巨大なタペストリーを見たとき、私はブラジリアに来てよかったと思った。そのタペストリーは、ルイス・イグナシオ・ルーラ・ダ・シルバ大統領政権とブラジルについてすべてを語っていた。

それは世界が逆さまになった幅数メートルの地図であった。ブラジルが中央にあってタペストリーの大部分を占め、アフリカが上の一方の側にあり、他方で米国やヨーロッパははるか下の遠い南にあり、ほとんど地図から落ちそうになっていた。インタビューが終わった後、執務室の扉の方に歩いていた間に、私は地図を指さして、なぜルーラ大統領の政府がそれほどまでにナショナリスト的傾向が強いのかがやっと分かったとジョークを言わずにはいられなかった。同政権の外相は、ブラジルを世界の中心に置き、米国とヨーロッパを最低部に配置する地図の下で、毎日働いているのである。アモリン外相は肩をすくめて、その地図はカルドーゾ元大統領の下で外相を務めた前任のセルソ・ラフェールから引き継いだものだと淡々と事務的に説明した。彼が知る限り、タペストリーはいつもそこにあったのである。

後で分かったことであるが、タペストリーはブラジルの芸術家マデレーネ・コラソの作品で、古代のイタリアの地図製作者による世界地図に基づいたものであり、本当にそこに、イタマラチ（ブラジル外務省）の誰もが思い出せないほど昔からあった。外相や彼の補佐官がかけたものでもなければ、多くの注意が払われるようなものでもなかった。事実、後で私が知ったのは、ブラジルは上下逆さまの地図、いずれにしても世界のその他の国々を植民地化した北半球の国々によって作られた伝統的な地図と比較すれば、逆さの地図であふれているということだった。私が日刊紙オ・エスタード・デ・サンパウロの編集者を訪ねたときに、彼の机の上には文鎮が逆さまの地図と共に置いてあった。ブラジルのバリグ航空のオフィスでは、世界が逆さまのポスターを見つけた。それはブラジル人にとっては、ずっと昔に国の地政学的民間伝承の一部となった古いジョークであり、外国人訪問客以外は誰も気がつかなくなったものである。

サッカー、音楽、街のフェスティバルで国際的に卓越していることとは別に、このブラジルの優越感に根拠はあったのか？　あるいは偉大さの錯覚であったのか？　ブラジルは南米では断然、最大の国であり、その国内総生産（GDP）は南部地域のその他の国々の半分以上を占める。しかしカルドーゾ政権が終わるまでは閉鎖的な大国であり、自らに誇りを持つが、隣国や世界の他の国々からは孤立していた。これらは不思議なことではない。

ブラジル人だけが他の隣人たちと違った言語を話すだけでなく、その地理は、この広大な国に外交官が「国内スペースの一体化の探求」と呼ぶものに焦点を当てることを強いてきたのである。850万平方キロ以上（世界で5番目に広い）の面積と1億9000万人の人口を持つ、米国、ロシア、中国、インドと似たような大陸国家であった。21世紀の変わり目において、米国の外交官ジョージ・F・ケナンは、ブラジルをその大きさからだけでなく、その経済的な重要性ゆえに、「怪物の国々」と彼が呼ぶリストにすでに含めていた。しかし二つの隣国（メキシコとカナダ）しか持たない米国とは違い、ブラジルは10カ国と国境を接する。この現実が、平和を保ち、力強い国家のアイデンティティーを維持するために外交能力と国内の統一を歴史的に必要としてきた。同時にその経済規模——世界10位——とその隣国への広範な優越性により、ブラジルはその生産能力のためのかなり大きな市場を求め、常に北と東を向いてきたのであり、地理上の隣国の慢性的不安定に影響されることを回避しようと努めてきた。1990年代末までは、南米はブラジルの歴代政権の優先事項では決してなかった。

ブラジルで1990年代に入って聞かれたジョークさえもが、その近隣諸国——とりわけアルゼンチン——への愛着の乏しさを反映していた。99年のブラジルの通貨切り下げは、隣国からの輸入の急激な削減を誘発し、2001年のアルゼンチンの経済危機への道をならしたものであるが、その通貨切り下げ後にサンパウロで聞いたジョークによれば、当時のカルドーゾ大統領が次のメッセージを伝えるためにブラジルの国営テレビに現れた。「我がブラジル人の同胞よ、私は良い知らせと悪い知らせを持っています。悪い知らせは、私たちが通貨を切り下げねばならないことであり、それは数千のブラジルの企業閉鎖、大量解雇、失業、貧困を引き起こし、私たちの国にとって今後困難なときが来るでしょう」。彼はそこで息を継ぎ、いたずらっぽい笑みで付け加えた、「良い知らせは、同じことがアルゼンチンで起こるだろうということです」。

しかし90年代がソ連圏の崩壊とともに始まり、国際的な2超大国による管理体制が唯一の超大国と多くの地域的大国により成る体制に取って代わられると、ブラジルは世界のトップ層に続く新興大国の一つとして自らを確立するために必要なステップとして、南米における指導的役割を模索し始めた。その計画の一環として、ブラジルは国連の安全保障理事会常任理事国入りに向け積極的にキャンペーンを開始し、そのためには南米の隣国の支援を必要とした。

それゆえブラジルは、同国が指導するであろう新南米ブロックの創設を開始した。カルドーゾ大統領は、2000年8月30日にブラジルで第1回南米大統領サミットを主宰した。地域的リーダーシップのためのキャンペーンの最初の一歩であり、彼の後継者ルーラは大統領就任1期目にさらに高い優先度をこれに与えた。

地域において指導力を発揮するという考えは、これまで決して積極的には追求されてこなかったものの、ブラジルでは新しいものではなかった。この国の政策立案者は、20世紀初頭から地域統合について討議してきた。ブラジル外交の知的創始者、リオ・ブランコ男爵は1909年に、「南米諸国間の同盟と友好に貢献する」ことを提案、この試みの柱の一つはABC同盟——アルゼンチン、ブラジル、チリであるべきだと付け加えた(1)。

それ以来、ブラジルの経済は南米南部共同市場(メルコスール)の近隣諸国とますますつながりを深めてきた。メルコスール諸国との貿易がかなり上昇したのみならず、ブラジルは、東からの石油輸入を隣国からのエネルギー供給で代替し始めたが、これは地域連携の将来に対する信頼の明確なサインであった。ブラジルはベネズエラとアルゼンチンから石油を、ボリビアから天然ガスの購入を開始した。パラグアイとは、ブラジル南部と南東部州のほぼ全域に電力を供給するイタイプダムの建設で協力した。そしてメキシコ、米国、カナダを含む北米自由貿易協定(NAFTA)が1994年に発効後、メキシコの対米輸出がダイナミックに増大するのを見て、ブラジルの外務省は北米、ヨーロッパ、アジアが別々の地域的貿易圏を創設している一方で、もしブラジルが新しい世界経済において地理的な無人の土地となるのを避けようとするのであれば、同国は地域の経済諸国の重要な集合体との強力な絆を必要とすると判断した。そうしてブラジルは南米同盟の計画に賭けることを決定した。

バイバイ、メキシコ、ようこそ「南米」

2000年のブラジリアでの12人の南米大統領が参加

したサミットは、象徴的会合以上のものであった。それは新しい地政学的プロジェクト――南米を正式に認められた地域とすること――を持つブラジルの地域舞台でのデビューであった。ラフェール元外相は地域の指導者となるというブラジルの意向を隠さず、メキシコと中米は米国の事実上の衛星国となり、ブラジルがそれまで「ラテンアメリカ」と呼んでいた部分ではもはやないと主張した。ラフェールにとっては、メキシコと中米はすでに国境の向こう側であった。「ラテンアメリカのその部分の未来は、米国で起こることにますます依存しています」と彼は述べた。「他方で、南米は自らの特異性を持っているのです」(2)。

すぐにブラジルは歴史を書き換え始め、ブラジルを議論の余地のない地域的指導者として残しつつ、実質的にメキシコと中米を除外する方法で地域の地理を再定義し始めた。おそらくそれは地域大国としての世界的な承認を確保することが、世間の注目をメキシコと分かち合うのを妨げたためか、または2001年のアルゼンチンの経済的崩壊が――債務不履行による――ブラジルを大陸における唯一の実質的な大国として残したことが理由である。理由は何であれ、事実はイタマラチの官僚たちが西半球の歴史の新しい解釈を唱道し始めたということである。1990年代後半にはブラジルの外交官は、「ラテンアメリカ」が存在しないという考えを広め始めた。代わりに西半球は南米、中米、北米の3地域より構成された。ブラジルの地理的修正主義は、メキシコをラテンアメリカ地域から締め出し、米国に支配された「北米」における副次的役割に格下げした。これは自動的にブラジルを残りの地域における議論の余地のない指導者とさせた。

私が最初に、ブラジル当局者が「ラテンアメリカ」という概念の誤りを指摘するのを聞いたのは、2000年にワシントンでルベンス・A・バルボサ駐ワシントン・ブラジル大使が対談の間にほとんど偶然にこの問題を持ち出したときであった。バルボサは、ブラジル外交界の重鎮であった。カルドーゾ大統領により米国への特命全権大使に任命され、後にルーラ大統領により承認されたのであり、ルーラ大統領の左派新政府が前政権の高官をそのままポストにとどめた珍しい例の一つであった。「私たちは新しい経済情勢の中、21世紀に入りつつあるのです」とバルボサは私に述べた。「その中で財界は、ラテンアメリカを3地域に分割されたものとして見ています。北米、中米・カリブ、そして南米です」。南米諸国は3億4000万人の人口を持ち、国際貿易・投資のハブとなりつつある経済を持ち、北に属する近隣諸国と異なる地理、歴史、価値を共有すると彼は述べた。南米諸国はまた、「価値を共有するのであり、彼らは民主制度の強化、持続的経済成長、社会的不正への闘いを通じてより良い未来を建設するという約束を共有するのです」とバルボサは述べた。

ラテンアメリカ——時代遅れの概念か?

3年後にブラジルは地理上の修正主義をさらに進め、「南米」は自然の地域であるが、他方「ラテンアメリカ」は、地理的な現実を反映するというよりもむしろ政治的必要性に応じるために19世紀につくられたものであると断言した。「ラテンアメリカの概念は時代遅れなのです」とバルボサ大使は、マイアミでのラテンアメリカの将来に関するパネルで述べ、さらにこれは19世紀の半ばにフランスの社会学者によりつくられたものだと付け加えた。「彼はマクシミリアン皇帝がメキシコに擁立された後、その概念をつくり出しました。当時、フランスはその帝国をそこから南に拡大するためにメキシコへの軍事遠征を正当化しようとしていたのです。しかし19世紀以降、物事は大きく変化し、今日では私たちは、『ラテンアメリカ』という概念を完全に時代遅れとする地域の新しい地理を有しているのです」とバルボサは述べた。

私はパネルでバルボサの隣に座っていたが、彼を当惑して見ていた(何よりも私の無知からであった。なぜなら「ラテンアメリカ」という言葉がフランスの造語であったということを聞いたことがなかったからである)。私の驚きに気づき、ブラジル大使はより詳細に入った。彼は現在、地域が経済的のみでなく政治的にも三つのブロックに分かれていると説明した。『ラテンアメリカ』の概念の解体についての話すとき、私は米国が行っていることも反映させているのです。誰も米国の対『ラテンアメリカ』政策について話すことはできないのです。なぜなら、そのようなものは存在しないからです。存在するのは異なる国々あるいは国々のグループに対する政策なのです。米国務省でさえ、我々を『ラテンアメリカ』とは呼びません。我々を『西半球』と呼ぶのです」(3)。私は米国務省の西半球担当部局は、おそらくカナダを含むためにそう命名されており、それゆえに、多分「ラテンアメリカ局」とは呼べないのであろうと返答した。しかしバルボサは私の好奇心をかき立てた。

彼は正しかったのか？「ラテンアメリカ」の概念はフランス人による比較的最近の発明であり、帝国主義的大国の政治的利益に呼応するがゆえに米国が採用したのか？ マイアミ会議の数日後、私はバルボサに電話をかけてこの有名なフランス人の名前を尋ねた。彼は数日後に私に電話を返し、それが旅する知識人で上院議員のミッシェル・シェバリエールであると述べた。シェバリエールは米州におけるフランス帝国主義の理想の唱道者であり、フランスが——米国ではない——この地域との偉大な歴史的類似性を持つ国であることを証明したかったのである。シェバリエールは、米国の南の国々は「ラテン」で「カトリック」であり、他方で米国とカナダは「アングロ・サクソン」で「プロテスタント」であると主張した。彼の米州分割の論理的結論は、当時の世界の主要な「ラテン」大国であるフランスが、米州の姉妹国を率いるように運命づけられているということであった（数年後、スペインがその地域の指導的役割の野望にふさわしい言葉をつくり上げるのであった。スペイン人たちにより今日まで使われている「イベロ・アメリカ」である）。

シェバリエールは彼が望んだ新世界におけるフランス帝国への第一歩として、メキシコにマクシミリアン皇帝を擁立するようナポレオン3世を何とか説得した。彼の本『メキシコ遠征』（1862年）と『古代と現代のメキシコ』（1863年）の中で、彼は米州における「ラテン」帝国のために熱烈な主張を行っている。この帝国は、世界でのフランスのプレゼンスを高め、シェバリエールが「大陸におけるイギリス系米国」あるいは米国の「アングロ・サクソン・プロテスタント帝国」と呼んだものを抑止する防壁として働くのであった。

シェバリエールは公に彼の意図を宣言した。翻訳すれば「ヨーロッパ人またはフランス人のみのための理由、メキシコ問題への干渉」というタイトルの文書の中で彼は書いていた。「フランスの遠征は、その公言された目標を持つのである。その目標は、メキシコの政治的再生の出発点となるという意図である。……そして世界の政治的均衡のために、過去何年にもわたって米国アングロ・アメリカ人たちが取りつかれてきた侵略的精神を抑制するダムを最終的に建設する必要性である」(4)。

米国におけるフランスのプレゼンスを支援するために、シェバリエールは、フランスは新大陸に介入するのに、英国や北欧諸国とは異なった特別の理由を持つと述べた——フランスは「ラテン諸国」の一つであった。ラテン諸国の強化はフランスの将来にとって不可欠であった。米国が西半球のラテン諸国の支配権を獲得するのを防ぐことが彼の国にとって優先事項とならねばならなかった。フランスは「文学で傑出し科学と芸術に秀でており、その産業はますます多産であり、農業は偉大な未来を持ち、その軍隊は大軍であり、よく尊敬されている。しかしもしラテン諸国がいつか世界舞台から消えることとなれば、フランスは取り返しのつかないほど弱体化し孤立するであろう。それは軍隊なしの将軍のごときもので、ほとんど体のない頭のようなものである」(5)。

「ラテンアメリカ」についての別の見方

しかしながら、「ラテンアメリカ」の概念がシェバリエールから始まったとの考えは——1965年に米国歴史学者のジョン・レディー・フェランの研究論文で論争となり——ますます反論されることとなった。1998年にスペインのインディアス誌で『ラテンアメリカ』の名前の起源と伝播」と題する論文で、歴史学者モニカ・キハーダは、シェバリエールは実際には、決して「ラテンアメリカ」という言葉を使わなかったと主張した。むしろ彼は、「米州のラテン人」そして「ラテン」と「カトリック」である米国の存在について話したのである。キハーダによれば、「ラテンアメリカ」という言葉を最初に使ったのは、ラテンアメリカ人自身であった。ドミニカ共和国のフランシスコ・ムニョス・デル・モンテ、チリのサンティアゴ・アルコス、フランシスコ・ビルバオ、そして特にコロンビアのホセ・マリア・トレス・カイセド等の随筆家たちは、シェバリエールの執筆の数年前の1850年代初頭に地理的な言及としてこの言葉を使い始めた。そして彼らの動機は、ヨーロッパの支配を正当化するためではなく、米帝国主義に抵抗するためであった。

「『ラテンアメリカ』は、外国の利益によりラテンアメリカ人に押し付けられたレッテルではなく、ラテンアメリカ人自身により、自身の切望の表現としてつくられ、意識的に採用された名前であった」とキハーダは書いている[(6)]。ラテンアメリカ人は、米国がさらに南へ南へと拡大していく帝国を建設する決意を固めているかに見えた頃、この言葉を採用した。1850年代にワシントンは、大西洋と太平洋をつなぐ運河を中米に建設することを企てていた。その10年間の半ばに、ワシントンの外交政策は米国の海賊ウィリアム・ウォーカーがフランクリン・ピアース米国大統領の公然の支援を受けて、自らをニカラグアの大統領と宣言したときに、この地域でさらに大きな警戒心を引き起こした。これは米国の入植者によるテキサス占領に続き、米国による広大なメキシコ領土の併合に加えて、「多くのラテンアメリカ人に、偉大な解放者シモン・ボリバルの連合主義の古い夢に目を向けさせた」とキハーダは書いている。「これらの理想の再出現を呼び起こした主な理由は、米国のますます増大する権力と攻撃的な政策に対抗する必要があると多くの人々が感じたことであった」[(7)]。

かなり奇妙なことであるが、地理的な地域としての「ラテンアメリカ」への最初の言及として知られているのは、ある詩作の中であるとキハーダは述べている。その詩は、コロンビアのトレス・カイセドの「二つのアメリカ」であり、第9節において「ラテンアメリカの人種が／サクソンの人種と対立する」とうたっている。その後、シェバリエールの本とブエノスアイレスでのラテンアメリカ雑誌の創設は、この言葉の使用拡大にかなり貢献し、19世紀末までには、国際的に最も頻繁にこの地域を呼ぶのに使われる言い方となったと彼女は述べている。

もし、キハーダが正しければブラジルの地理的修正主義者は、歴史的な正確さにおいてその主張の多くを失う。「ラテンアメリカ」という言葉は、駐ワシントンのブラジル大使が指摘したように確かに新しいものだが、おそらくは帝国主義的な意図から生まれたものではなかった。反対にそれは、ラテンアメリカ人が北のアングロ・サクソンの隣人たちと自分たちを区別し、共通の宗教と共有する価値を防衛するためにヨーロッパ諸国と橋を築こうとする意図から出てきたものであった。

ワシントンでは、ハイチはブラジルと同様に見なされる

まさに数十年間、ブラジルはラテンアメリカのその他の国々を無視し、米国もブラジルを無視していた。ブッシュ政権の国務省は、南米最大の国についての部内の専門家があまりに少ないため、ブラジル関連事項についての西半球問題担当部局に助言してもらうために、部外者であるウィリアム・ペリーを採用しなければならなかった。問題は、多くの駐ブラジル米国大使が私に指摘したように、国務省の6階——そこでは西半球問題担当国務次官補が働いている——ではポルトガル語を話し、あるいはブラジルについてよく知っている当局者がわずかしかいないことであった。おそらくは、ブラジルのうぬぼれ、国家の誇り、そしてワシントンが多くの問題に関して何を述べるか述べないかについての相対的無関心さゆえに、ブラジルは決して、自分のキャリアを気にする外交官が熱心に求める任地ではなかった。ブラジルが他のラテンアメリカの国々とは違って、米国大使を事実上の帝国の総督としてあがめなかったこともそうした傾向を助長した。

ブラジル専門家の不足のため、国務省のブラジル担当部の主要ポストは、一般的に世界のその他の地域の専門家により占められていたが、彼らは何らかの政治的あるいは個人的過失によりブラジルに配属された。ワシントンの西半球問題についての中道シンクタンクであるインターアメリカン・ダイアローグのピーター・ハキム会長は、国務省で長年繰り返し語られるジョークを私に話した。外交官が不手際を犯したときはいつでも、同僚たちが「君はブラジル問題担当部局に送られるだろう」と言うのだった。

外交政策について大統領に助言するホワイトハウスの米国家安全保障会議（NSC）でも、状況はそれほど違わなかった。第1期クリントン政権のリチャード・ファインバーグNSCラテンアメリカ問題担当部長は、かつて私に半分面白がり半分ぞっとした様子で、同部には当時2人の担当官しかおらず、「1人はハイチ担当で、もう1人は私、その他すべてのラテンアメリカ諸国担当だった」と述べた。第2期クリントン政権とその後のブッシュ政権の下では同部は6人までに拡大されたが、各人のカバーする領域の不均衡は引き続き著しかった。2004年には、1人のフルタイム当局者がハイチとキューバを担当し、別の1人がブラジル、アルゼンチン、ウルグアイ、パラグアイ——メルコスール諸国——を担当した。言い換えれば、ホワイトハウスは大統領にラテンアメリカについて助言するのに、総人口が1900万人以下で、GDPが430億ドルの二つのカリブ諸国と総人口が2億4000万人以上で、GDPが合わせて1兆4000億ドルの四つの南米の国々に同じ数のスタッフを配属したのである。

そのようにワシントンはブラジルに、地域の最重要国に値する注意を決して払わなかった。コリン・パウエル元米国務長官は、約4年間の勤務の中で一度もブラジルに足を踏み入れなかった。彼が離任2カ月前になってようやく訪問したのは、全任期中に南米最大の国に行かなかったと言われないためだ。ハキムが私に不満げに述べたところでは、インターアメリカン・ダイアローグが2003年に議会指導者の支援により、年末の休会中に南米の巨人の重要さを知ってもらうために費用全額負担でのブラジル旅行に議会の議員435人全員を招待した際に、十数人のみがいくらか関心を示し返答し、そしてただ1人のみが行く結果となった。

ルーラ、ウォール・ストリート、そして革命

確かにルーラの2002年選挙キャンペーンでの発言は、ワシントンのいかなる当局者をもブラジルに大きな関心を払うよう転向させるものではなかった。左派候補者のキャンペーンを監視していたブッシュ政権の保守主義者たちを激怒させることをルーラが言わないで1週間がたつことはなかった。選挙数カ月前に、ブラジリアで私がルーラにインタビューした際に、彼はいまだに米国が支持した西半球の貿易協定、米州自由貿易地域（FTAA）を「ブラジル経済を米国経済に併合する計画である」と呼んでいた。彼はブラジルの対外債務の不履行と国際通貨基金（IMF）との絆の破棄——彼はこの立場を選挙直前に変更した——そしてキューバ独裁政権への支持を誇らしげに宣言した。もちろんこれらの多くは、彼の党の急進派の熱狂的な支持を確実にし、多少彼らを満足させるために行われたものだが、一方で彼はブラジルの企業家階級との橋を構築し、市場経済に向かって進むことを暗示した。しかし彼の発言は、ホワイトハウスや特に米議会にしばしば冷たいシャワーを浴びせるようなものだった。

ブラジリアにおいて、私がルーラに彼のキューバとの絆に関するワシントンの懸念について尋ねたとき、彼は

「私は過去20年間、何度もキューバに行き、自分自身をキューバの友人として、またキューバ人民の賞賛者と考えています。彼らは問題や逆境にあるときに引き下がらない大きな自尊心を持つ人民であり、そのために非常に高い代償を払っているのです」と答えた。私は好奇心をそそられ、40年間自由に投票ができないのに、「キューバ人民」が欲するものをどうやって知ったのかと彼に尋ねた。その上、彼のような自国で国際主義に対して闘ってきた労働組合員が独立系労働組合を容認しない独裁政権を一体どうやって支持し続けることができるのか？ルーラはひるんだものの、それもほんの少しだけだった。「明らかに、私がキューバの友人であることは彼らが行うことすべてに私あるいは労働党が同意することを意味しないのです。最近の訪問において、私はフィデル・カストロに対して、私たちにとって米国やフランスがモデルではないように、キューバはモデルではないと公的に言う機会を持ちました」(8)。

選挙に勝利し2003年1月1日に就任後、ルーラはその中道への劇的な移行で世界を驚かせた。しかし彼には問題があった。彼自身の顧問たちが非公式に認めたように、彼はしゃべり過ぎるのであった。私が彼の就任後1カ月以上たった2003年2月にブラジルに戻ったときに、ブラジルの報道機関を日々騒がせるものは新大統領の言葉の節制のなさであった。米国、ヨーロッパあるいは世界のその他どこかで誤解を招くことを何か言わない週はなかった。彼が言ったいくつかのことは愛嬌があり天真爛《らん》漫で国内での賞賛を勝ち得た。「進歩的」指導者との会合のためにロンドンを公式訪問した際に、彼は「もし私が米国について賞賛することが一つあるとすれば、それは彼らが第一に考えるのは彼ら自身のことであり、第二も彼ら自身のことであり、第三も彼ら自身のことだという点である。そしてもし、その後でまだ時間があれば、もう少し彼ら自身について考えるのである」と言い(9)、別の折には彼の主張はもっと敵意がある外交的事件を引き起こした。

かつて私は偶然、ルーラの怒りの爆発の一つに立ち会った。それはブラジルの報道機関によって多くの批判を浴びた。私は当時のロバート・ゼーリック米通商代表に――ブッシュ政権のFTAA交渉を担当し、2007年に世界銀行総裁となった――米国が支援する西半球自由貿易計画に関するブラジルの非難についてインタビューし、彼は珍しく強硬な答弁をした。ゼーリックは、ブラジルは主権国家として何でも好きなことをできると述べ、それから皮肉を込めて、もしブラジルが米国とビジネスをすることに関心がないのであれば、「彼らは南極大陸とビジネスができるのである」と付け加えた。マイアミ・ヘラルドの私の記事が翌日、ブラジルの新聞に再掲載されたとき、ルーラは「木端役人」の発言にあえて反応するつもりはないと述べた。彼のコメントは、ブラジルの報道機関で非難の嵐を引き起こした。それはルーラが――反論する代わりに――議論を個人の問題にしてしまったためであると同時に、通商代表としてゼーリックは米国の政権内で閣僚級であり、ルーラの方が間違っていたためだった。

2003年2月のブラジリアへの訪問では、私は彼の不注意な発言への懸念を耳にしつつも、ルーラに対する一般的支持の雰囲気を見いだした。私はテニス・コートに囲まれた一連の山小屋のあるテニス・アカデミー・ホテルに宿泊していた。そこは新しく任命された新閣僚たちのほとんどが、ブラジリアの首都での家を探す間に宿泊しているため、私が宿泊するよう助言されたところであった。それは素晴らしい選択となった。私がほとんど好奇心から、接客係にテニスレッスンにいくらかかるのか聞いたところ、1米ドル相当であると言われた。それは――マイアミでの1時間40ドルと比較すれば――格安であった（次の日から私はインタビューの合間にいくつもテニスレッスンを受け、インタビューした人に今回の訪問でルーラ現象について理解が深まるかどうかは定かではないが、テニスの腕は上がるだろうと冗談を言った）。

ある夜、ブラジリアの米国大使館の政務班長で退官したばかりの外交官ウィリアム・バーを夕食に招待した。彼はこの街に政治コンサルタントと民間ビジネスマンとしてとどまることを決めていた。私が彼に「ルーラの最初の数週間の仕事ぶりについて、どう思いますか？」と聞くと、「良いと思うが、少ししゃべりすぎです」とバーは答えた。「ルーラはいつもそれぞれの聴衆に合わせて演説を行うが、彼の発言の幅広い影響については本当に考慮していないのです。問題は今や彼が大統領ということです」。

就任から6カ月後、ルーラは100回の公開演説を行ったが、それらの多くは準備なしに行われたものであった。ブラジル最大の影響力を持つ週刊誌ベージャは、この習慣は大統領の労働組合指導者時代の名残であり、彼を不必要な問題にさらしていると忠告した。「労働組合の世界では、言葉は行動とほとんど同じほど大変な重みを持ち、最高の演説をする者は大衆を勝ち取ることができる。しかし政府においては、大衆を勝ち取ることは、ほんの第一歩である」とベージャ誌は指摘した。

ルーラと「アメリカン・ドリーム」

多くの政治分析家と同様、私が常に考えてきたことは――やがて間違っていることが分かったのだが――、その一般的な横柄さや外交問題における不器用さにもかかわらず、ブッシュ政権がラテンアメリカで行った良いことが一つあるということである。それは左派候補の頻繁な米国批判の発言にもかかわらず、そのイデオロギー的偏見をのみ込み、ルーラに対して友好的な姿勢をとったことである。事実、2002年のキャンペーン中、ブラジルの多くの人々が、米国はルーラの勝利を妨げるためにできることは何でもするだろうと予想していたが、ブッシュ政権はまったく反対のことをした。ルーラの立候補に対する外見上洗練された立場は皆を驚かせ、それは最終的にはルーラに非常に有利になり、ある程度まで、彼の選挙の勝利を助けることとなったのである。

選挙キャンペーンの間、ルーラの最大の挑戦は中道票を勝ち取ることであった。彼の前任者や左派出身の他の多くのラテンアメリカの大統領とは違い、ルーラは当時中道社会民主主義者ではなく、強硬派社会主義政党の指導者であった。1989年に彼は、「労働党の最優先課題は社会主義であり、社会主義は党の最終目標である」と宣言した(10)。2002年選挙の数カ月前まで、彼はFTAAは「米国経済への併合メカニズムである」「ブラジルはIMFと関係を絶つべきである」とのスローガンを繰り返した。選挙が近づくにつれ、ルーラのライバルたちは、彼がブラジルを新たなキューバに変える左派過激主義者であると非難、恐怖キャンペーンを強化した。米国では27人の連邦議員が恐怖キャンペーンに加わり、ブラジルがラテンアメリカでキューバやベネズエラと一緒になって、新たな「悪の枢軸」を形成するだろうと警告する公開書簡をブッシュに送付した。

この鍵となる時期に、多くの人々は、ブッシュ政権は沈黙を守るか、ルーラが脅威をもたらすだろうと明言するか、あるいは暗に示唆するコメントを出すと予測していたが、まったく反対のことが起きた。ドナ・フリナック米大使は驚くべき声明を行った。ブッシュ政権がルーラの勝利を恐れているかと聞かれて、彼女はノーと言ったのである。彼女自身の父親がルーラの父と同じく鉄鋼労働者であったので、彼女はブラジルの左派候補を大変よく理解していると言った。さらに彼女は彼が貧困な子ども時代から働きつめて――彼は高校を退学せざるをえなかった――南米最大の国の大統領候補となるに至ったゆえにルーラに敬服していると述べた。「ルーラはアメリカン・ドリームを体現しているのです」と大使は言った。その発言はブラジルで各紙の1面の見出しを飾り、ルーラの勝利がブラジルをマルクス主義革命の道に置き、米国との危険な対立に導くであろうとの彼のライバルたちの選挙キャンペーンでの主張を即座に台なしにした。そのとき以来、それまで慎重にルーラと距離をとってきたブラジルの企業家指導者たちは彼らの懸念を再考した。もし保守的なブッシュ政権がルーラを承認することを表明したのであれば、ワシントンがこの左派候補者について彼らが知らない何かをおそらく知ったのだろうと多くの企業家たちは考えた。もし彼が米国にとって受け入れ可能であれば、ブラジルのビジネスコミュニティーにとっても悪いはずはなかった。

しかしながら数年後、この本のためのインタビューを行ううちに、ホワイトハウスがこの状況に立派に対処したとの当初の認識が間違いであったことが分かってきた。実はフリナックがブラジリアを離れ、外交官を退任した直後の2004年にフリナックに対して、彼女の有名な「アメリカン・ドリームの体現」のコメントは、事前にワシントンの上司に相談したのかどうか聞いたところ、彼女は相談していないと述べた。「本当ですか?」私は驚いて彼女に尋ねた。彼女は国務省と協議することなしにこのような勝手なことをしたのだろうか?「本当にワシントンとは相談しなかったのですよ。選挙キャンペーンの最中にルーラについて、私は自分が最も害がないと信じていることを話しました。確かに否定的なことは言いたくありませんでした。でもそれは、私たちが彼を後押しする決定をしたということではありませんでした。

『私たちはすべての候補についていかなるコメントもしない』と言いたくなかっただけなのです。私は何かもっと前向きなことを言いたかったのです。なぜならルーラに対する私たちの反対についてブラジリアの報道機関で多くの推測がなされていたからです。それで『アメリカン・ドリーム』ということになったのです」とフリナックは私に述べた(11)。

ブッシュ政権の中でルーラに反対はあったのか？ 私は彼女に尋ねた。フリナックは、パウエルやコンドリザ・ライスがルーラに反対したかどうかは決して知らないが、27議員の署名の書簡に見られるように、反対派は議会の共和党議員の間で増大していたと答えた。国務省の彼女の直属の上司が彼女の「アメリカン・ドリーム」発言後にどう反応したのか？ フリナックによれば、当時の国務省の西半球問題担当の高官であったオットー・ライクは彼女には直接何も言わなかったが、彼の配下の2番目の部下――カート・ストルゥベル――を通じて、彼女がルーラについてこれ以上何らの意見表明も行うべきではないとのメッセージを送付した。明らかにある共和党下院議員は、ルーラに対する米国の明確な支持についてライクに不満を述べていた。

ライクはこのことについて尋ねられ、この話を確認しルーラ選出の後、国務省は大使の介入は最終結果としてはルーラにプラスに働いたと見なしたと付け加えた。「彼女が言ったことは、我々が決してやらないことなのです。彼女は一人の候補に味方し選挙キャンペーンに介入したのです。そしてそれがワシントンでは、ホワイトハウスと議会の双方で問題を引き起こしたのです。私たちは多くの苦情を受けました」。ライクは思い出を語った。「私たちは彼女に対し、完全な中立性を維持すべしと念を押すこと以上のことはしませんでした」(12)。

労働党とウォール・ストリートの間

しかしそれがブッシュ政権のおかげであろうとなかろうと、米国は成功を収めたのである。ルーラは大差で選挙に勝利し、すぐに中道に移り世界を大いに驚かせた。彼は市場経済志向チームを任命し、それが企業家階級に安心感を与え、ウォール・ストリートを喜ばせ、前任者の経済政策を維持した。その後少ししてから、ラテンアメリカの大統領サミットから帰国した数時間後、エスピリト・サント州の鉄鋼工場での演説で「私はラテンアメリカの大統領たちが、いつも第三世界の不運を帝国主義のせいにするのを聞くことに飽き飽きした。それはナンセンスだ」と彼は述べた(13)。

彼の自由市場政策が2004年の市町村選挙——そこで党は、サンパウロとその他の都市での市長職を失った——では高くついたとの労働党の急進主義派からの批判にもかかわらず、ルーラはその路線を維持することを誓った。「もし、この政府が行ったことで良いものが一つあるとすれば、それは経済政策である」と彼は述べた。04年の選挙結果に触れて、彼は「労働党はその敗北の言い訳を探すための取り組みにおいて、この政策の批判の後ろに隠れることはできない」と付け加えた(14)。数字は彼が正しかったことを示している。任期2年目において、経済は10年間で最高の5%の率で成長した。ブラジルのカントリーリスクは、7年間で最低レベルに低下した。輸出は記録的な950億ドルに達し、雇用は6%上昇した。

05年、彼の政権を汚職スキャンダルが揺さぶる前に、ルーラはほとんどの人が想像しなかったことを成し遂げた。彼は実用主義左派のモデルとなったのである。また同時に、世界の最も富裕で最も影響力のある人々の集まるスイスのダボスでの世界経済フォーラムや反グローバリゼーション運動家の集まるポルト・アレグレでの世界社会フォーラムで花形の賓客となることができた。ルーラは米国の政策と国連や国際金融機関の両方における民主主義の不在を批判し続けた。しかし彼は中国、インド、その他の途上国が外国投資を競い合って誘致していることを承知しており、ブラジルが後塵を拝することができないことを知っていた。側近の顧問たちがほとんど左派から来ているにもかかわらず、どういうわけか彼は政権の中に注目に値する均衡を達成していた。「ルーラは外交政策を労働党に任せ、経済政策をウォール・ストリートに任せた」とワシントンのフォーリン・ポリシー誌の編集者モイセス・ナイムは述べた。ルーラは中国、ロシア、南アフリカ、その他の新興国と経済的政治的絆の強化のために時間を費やしたことを自慢したが——ブラジルがより多極的な世界から恩恵を受けると主張しつつ——、一方で彼を導く星はイデオロギーではなく、経済的な実用主義であった。

ルーラとフリナックの後任のジョン・ダニロビッチ米国大使の間で行われた会談は、このブラジル大統領について多くのことを明らかにしている。後で大使が私に非公式に語ったところでは、彼とルーラはサンパウロ州のカンピーナス市における米国の重機工場で行われたブラジル最初のキャタピラー工場の50周年記念式典に参加していた。式典はルーラが胡錦濤中国国家主席を数週間後に迎えることを発表してから間もないときで、中国がブラジルに数十億ドルの投資をするだろうと報道機関が憶測する中で開催された。この行事の後、会場から退場しながらダニロビッチがルーラに「大統領、あなたは中国、インド、その他の数カ国との経済協定を大成功裡に達成しました。私はあなたが米国を忘れないことを望みます」と言った。ルーラは立ち止まり、ダニロビッチの目を見ながら笑みを浮かべて「確かにブラジルは中国、インド、南アフリカとの貿易増大のために大きな努力を払っています。しかしもし、最も重要な関係と最も重要なビジネスパートナーが米国であることを私が完全に確信していないと一時でも信じるのであれば、あなたは私を大馬鹿者と思わねばなりません」と言った。大使は笑みを返して「いいえ、私はあなたが馬鹿者だとはまったく思っていません」と答えた[15]。

ブラジルの三つの目標

ルーラと共にブラジルは、地域のリーダーとなる野心を一つ新しい段階へと引き上げた。ブラジルの高官から聞いたところから判断すれば、同国の戦略は3段階から成っていた。第一は南米同盟の創設であり、これは2004年12月9日にペルーのクスコにおける厳粛な式典で公式に開始された。第二は05年または06年までにブラジルの国連安全保障理事会入りを確実にすることである。第三に06年または07年までに米国と自由貿易協定を強い立場から——国連安全保障理事会議席を持つ世界の新興大国として——交渉することである。

南米同盟の創設により計画の第1段階が実行され、ブラジルが南米の指導者として、また米国との地域の主要な対話者として位置づけられると、ブラジルは日本、ドイツ、インドと並んで国連憲章の改正と安全保障理事会の新議席創設のために全力を尽くし始めた。これら4カ国とその他いくつかの国々は、米国、英国、フランス、ロシア、中国と同じ資格で世界政治のメジャーリーグに参加することを望んだのである。今やブラジルは南米における地域的リーダーシップをかつてなく必要としていた。ブラジルの南米の他の国々に対する門戸開放は、経済よりも政治に動機づけられていた。

このことはもちろん誇り高い南の隣人、アルゼンチンを悩ませた。2001年の金融崩壊の前に、アルゼンチンは南米のリーダーシップをブラジルと分かち合うこと——ドイツとフランスが地域のリーダーシップを数十年にわたり分かち合ったヨーロッパで起こったように——を希望していた。しかしアルゼンチンは常に、ブラジルは実際にはあまり譲歩するつもりがないのに、より多くの統合を約束しようとしているのではないかと疑念を抱いていた。アルゼンチンは地域共同市場であるメルコスールに関しては、常にブラジルよりも熱心であった。1990年に地域ブロックが台頭する間に、アルゼンチンは自国のパスポートを段階的に廃止し新しいものに代替し、その表紙には——欧州連合（EU）メンバー国のように——メルコスールの名前をつけていた。アルゼンチンはまた、公立学校でのポルトガル語教育を熱心に推進した。そして1994年にアルゼンチンは、メルコスールを超国家的主体として承認し、地域統合条項を含めるための憲法修正を行った。94年憲法の下では、近隣諸国との統合条約は国内、州、市の法律に優先するのであった。

ブラジルは決して完全には相互主義的ではなかった。ブラジルではメルコスールの規則と国内法が対立する場合、メルコスールの規則が国内法に優先するためには、国会が地域規則を批准し、それを国際条約として承認することが必要だったし、今も必要である。90年代に駐ブラジル、駐米大使であったアルゼンチンの元外交官ディエゴ・グエラールは「彼らは主権を共有することなしに主導することを欲するのです」と述べた。「彼らは、南米共同体の『ヨーロッパ的』ビジョンを持っていなかったのです。彼らは話すが行動しないのです」[16]。アルゼンチンにとって99年のブラジルの通貨切り下げは、アルゼンチンの輸出を深刻に損なった裏切り行為であり、2001年の国家経済危機に導いた要因の一つであった。しかしグエラールは、ブラジルの地域的リーダーシップはアルゼンチンを圏外に追いやるための皮肉な計画の一部ではなく、ブラジルが単に強くなりすぎ、南の隣国のことを恐れる必要がなくなったためであったと認めた。「当初の考えは、ブラジルとアルゼンチンがヨーロッパにおけるドイツとフランスのような統合地域を創設することでした。それは平等な関係だったのです。２００1年のアルゼンチンの崩壊後、これはもはや可能ではありませんでした。しかしこれは現実がそうしたものであり、ブラジルの邪悪な陰謀によるものではなかったのです」とグエラールは述べた(17)。

アルゼンチンのキルチネル政権は就任後すぐに、メネム大統領時代のワシントンとの「肉体関係」を絶ち、ブラジルとの緊密な絆へと代える方針を宣言するのであるが、隣国同士の恋愛関係は長くは続かなかった。キルチネルが就任してから2年後、アルゼンチンはすでに「兄」の行いに不満を述べていた。キルチネル政権への優先的アクセスを享受していたアルゼンチンの日刊紙クラリンによれば、アルゼンチン大統領はローマ法王ヨハネ・パウロ2世の逝去直後の社交行事において、「もし世界貿易機関（ＷＴＯ）に空きポストがあれば、ブラジルがそれを欲し、もし国連に議席があればブラジルがそれを欲し、もし国連食糧農業機関（ＦＡＯ）に仕事があればブラジルがそれを欲する。彼らはブラジル人の法王さえも欲するのだ」と言ったのを漏れ聞かれていた(18)。

ブラジルでは、過去さえも不確実である

ブラジルは南米の世界的大国になるのだろうか？　それともその偉大さの夢は政治スキャンダルや国内分裂、隣国の不信感の重さのために崩壊するのであろうか？　チャベスの下のベネズエラが２００６年にその石油マネーの気前よさでブラジルのリーダーシップを凌《しの》ぎ始める前でさえ、05年の一連の汚職スキャンダルがブラジルの外交攻勢を弱体化していた。とりわけルーラの政党が何人もの国会議員に彼らの支援と引き換えに月1万２０００ドルを贈賄していたと報じられた後に、ルーラの全能の内閣官房長官ジョゼ・ディルセウと労働党党首ジョゼ・ジェノイーノが辞任した。ルーラの政党は、02年の選挙では主としてその反汚職の立場と過去の地方政府の運営において得た誠実さの評判のおかげで勝利したのであり、今やそれが守勢に回り、政権がそれほども厳しく批判した汚職の同じ慣行に陥ったことを非難されていた。もしルーラがスキャンダルを何とか克服し、06年選挙で勝利

しても——彼は地滑り的に勝利したが——多くのブラジル人専門家たちは、彼がブラジルを世界大国として登場させるのを助けるために必要な国内的支援を維持できるかどうか疑っていた。

ルーラ政権の最初の数年間、南米の問題におけるブラジルの新しい行動主義の極みにあっても、ブラジルはコロンビアにおける戦争という地域で最も論争のある問題の解決努力において指導的役割を果たそうとしなかった。確かに、他方でルーラのブラジルはハイチに軍隊を派遣し、ベネズエラの政治危機で仲介を行う友好国グループの形成を支援し、南米共同体創設において舞台裏で主導的な役割を果たしたが、コロンビアに平和をもたらすことを助ける地域的なイニシアチブは決して打ち上げなかった。どうしてブラジル当局者は、自国——地域の強大な大国——がゲリラ、民兵グループ、テロリスト、麻薬密輸者に対する戦争にコロンビアが勝つのを助けるためのいかなる解決策も提供することなしに傍観していながら、コロンビアでの米国の軍事訓練教官の駐留に不満を述べられるのか？　これがブラジルの地域的リーダーシップについて尋ねたとき、外国の外交官や学識者が持ち出す論点である。

それは妥当な質問である。ワシントンの米国防大学教授のジョン・アル・コープ退役大佐は私に「ブラジルはコロンビアに影響を与えられる唯一の国です。しかしそれをしていないのです。ブラジル側に政治的な意思がないのです」と述べた。私がブラジルの元外相に、なぜ彼の国は隣の国で起こっている血なまぐさい地域戦争の終結を助けることを決して欲しないのかと尋ねたところ、彼はブラジルの軍は、常にコロンビアで突出した役割を果たすことに反対してきたが、それは両国国境沿いで活動するコロンビア革命軍（ＦＡＲＣ）ゲリラが紛争をブラジルの領内に広めることを恐れるからであると説明した。それは国内政治の視点からは意味があると私は答えた。しかしそれは議論の余地のない地域リーダーとなるとのブラジルの新たな野望を蝕んだのであった。

ブラジルの将来に懐疑的な人は、２００５年の汚職スキャンダルの余波で、ブラジルから出てくるものは何でも多少疑ってかからねばならないと述べた。ブラジルは地域における競争者のいない強大な国かもしれないが、果たされない約束の土地でもあったのであり、彼らは古いジョークの言うように、永遠に未来の国として運命づけられていると述べた。その巨大な地理的・経済的な広大さと偉大な業績にもかかわらず――サトウキビ・エタノール生産の世界の先駆者であり、米国とヨーロッパで有名なブラジル製のエンブラエール飛行機を販売している――ブラジルは引き続き、最大の貧富の差と世界で最高レベルにある官僚主義と汚職を持つラテンアメリカの国である。

ブラジルのアントニオ・フェレイラ・ビアンナ下院議員（1832－1905年）が1世紀以上前に「ブラジルはただ一つの法律を必要とする。その他のすべての法律はその法律に従うべしとの法律である」と述べた。

遅かれ早かれ不平等が国の貧困層の反乱の引き金になろうとの予測は常にある。ブラジルの知識層では、この国を「ベルインディア」と言及するのが――少なくとも最近のインドの経済ブームまでは――普通であった。そこでは一握りの少数派がベルギーと同じような第一世界に住み、他方で巨大な多数派がインドのような極貧の中で生活するのである。ほとんどの経済学者がブラジルの未来について楽天的ではあるものの、それが確実だと言う者はほとんどいない。私がグスタボ・フランコ元中央銀行総裁に国の長期的な経済的安定を保証できるかどうか聞いたときに、彼はこう述べた。「いいえ、ブラジルでは過去さえもが不確実なのです」。

ブラジルの大躍進

しかし、2007年までのルーラの政権第2期のブラジルを冷静に見れば、ブラジル人の永遠の自虐的ユーモアを後押しするよりも、はるかに楽観的な見方が可能になった。目を見張る率での成長ではないものの――世界銀行の予測によれば、07年の予測は4・2％、08年4・1％、09年3・9％[19]――ブラジルが堅固な持続的成長の道にあると信じる理由があった。外国投資家の意欲を妨げる最大の要因である社会保障システムの合理化やカフカ的な官僚主義手続きの削減等、主要な経済改革をルーラはまだ実行しておらず、また残りの任期中に実行しそうにはないとしても、その左派政権は、ブラジルが国の最大の問題を克服するのを助けたのである。つまり経済的不確実性という汚名である。ルーラが初めて選出され、カルドーゾ政権の経済政策の最良の部分を保持することを決定したときから、ブラジルは巨大な一歩を踏み出した。最初の社会主義大統領を選出したときのチリのように、ブラジルは国内外の投資家を敬遠させるような荒っぽい経済的変動を行わない真面目な国々のクラブに参加した。そしてそれはうまくいき、ルーラの最初の4年間の任期中、部分的には大規模な社会プログラムのおかげで、1人当たり所得は、年1・4%増大し、貧困は、合わせて15%減少した。

もしルーラが彼の政権任期中に何もせず、今の路線を維持するだけだったとしても、彼の最大の輝かしい業績は、キューバのフィデル・カストロやチリのサルバドール・アジェンデのトラウマ的な事例にもかかわらず、ラテンアメリカの最大の国が、責任ある非ポピュリスト的左派政権をもたらすことができることを示すものとなったであろう。2005年半ばに、彼の最高補佐官が汚職で告発され、彼の人気がかなり落下したときに、ルーラは言った。「今後1年で選挙があるという理由だけで、私にいかなるポピュリスト的な経済的動きをも期待しないでほしい。私たちはただ1年間の成長のための堅固な基礎を構築したくはない。この国は、もしいつの日か真の先進国になりたいのであれば、10年または15年の持続的成長サイクルを持つべきである」[20]。

外部の世界に関心の少ないラテンアメリカの大統領たちとは違い、ルーラは――彼の前任のカルドーゾのように――世界経済においては、ますます競争力を持つ必要があることをよく承知していた。国営ラジオ番組「大統領とコーヒーを」で、外遊しすぎるのではないかと聞かれたとき、ルーラは自分が大統領となって以来のブラジルの顕著な輸出の増加を指摘した。「今起こっていることは、このグローバル化した世界では、ブラジルのように潜在的な生産能力のある国であっても、ただ椅子に座って人々がやってきて発見してくれるのを待っているわけにはいかないということなのです。思い切って生産物を両腕に抱えて世界に売りにいかねば、グローバル化した世界でのこの戦争に敗れるのです」と反論した[21]。

繰り返される政治危機にもかかわらず、ブラジルについて私が楽観主義を持つ主な理由は、カルドーゾ元大統領とのインタビューを特集した私の主宰するテレビショーの中で、ある学識者から聞いたことに基づいている。我々はマイアミのスタジオでショーを録画していた。そしてカルドーゾは――衛星電話で話していた――ショーの多くの時間を、彼の長年の政治的ライバルであり、彼の大統領任期中に反対派リーダーとしてカルドーゾの人生を哀れなものにしたルーラの批判に費やした。私が今や野党であるカルドーゾに、空港の担当官が米国での同様の措置への報復として、入国する米国人の写真や指紋をとることを要求するブラジルの最近の決定に同意するか尋ねたところ、カルドーゾは、首を振って、ルーラ側の「子どもじみた」措置であるとし、これはブラジルの観光産業を傷つけるだけだと述べた。同様に私がルーラの多くの外交政策上の決定について尋ねたところ、カルドーゾは、おそらく後任者の経験不足あるいは世界の問題への無知の結果であると答えた。

しかし、それから番組の終わり近くとなって、私は元大統領にルーラの外交政策における努力を1から10までの段階で評価するよう頼んだ。カルドーゾは眉をつり上げて、彼の答えに重要性を付加するよう肩を軽くすくめて「7か……8だ」と答えた。そのすぐ後、ショーが終わりに近づいていたので、私はスタジオの招待ゲストたちにカルドーゾが述べた中で最も興味深いと感じたことを何でもコメントするように頼んだところ、彼らのうちの一人が、私に考えさせるあることを言った。フロリダ国際大学のラテンアメリカ研究の教授であるギリェルモ・ロースターが、「最も強い印象を受けたことは、元大統領の前任者に対する評価です」と言った。「アルゼンチンでキルチネル現大統領が前大統領のエドワルド・ドゥアルデに7か8の評価をつけたり、ドゥアルデが元大統領のフェルナンド・デ・ラ・ルアに7か8をつけたり、さらにデ・ラ・ルアが元大統領のカルロス・S・メネムに7か8をつけ、さらにそれが続いてゆくことなど想像できないことでしょう」とロースターは述べた。おそらく同じことが、ほとんどの他のラテンアメリカの大統領についても言えるであろう。ブラジルで毎日聞くすべての政治的な雑音にもかかわらず、何かが同国では変化していた。そしてそれはより良い方にだった。

注

(1) セルソ・ラフェール『ブラジルの国際的アイデンティティー』FCE、メキシコ、2002年、63頁。
(2) 同右、68頁。
(3) ルベンス・A・バルボサ、フロリダ国際大学のジャーナリストと編集者のためのワークショップにおいて、マイアミ、2003年5月2日。
(4) ミッシェル・シェバリエール『古代と現代のメキシコ』1863年　387頁、391頁。
(5) 同右、404頁。
(6) モニカ・キハーダ「『ラテンアメリカ』の名前の起源と伝播」『インディアス』No.214、1998年、595－616頁。
(7) 同右、605頁。
(8) アンドレス・オッペンハイマー「ブラジルの候補は、キューバに疎い」『マイアミ・ヘラルド』2002年8月22日。
(9) 「ルーラの軽率なおしゃべりが米・ブラジルの蜜月を危うくする」『マイアミ・ヘラルド』2003年7月20日。
(10) 『ベージャ』2002年10月30日。
(11) ドナ・フリナックとの電話インタビュー、マイアミ、2004年12月22日。
(12) オットー・ライクとのインタビュー、2005年1月5日。
(13) 『ベージャ』2003年4月20日、40頁。
(14) 『ベージャ』2004年12月8日。
(15) ジョン・ダニロビッチとのインタビュー、2004年1月11日。
(16) ディエゴ・グエラールとの電話インタビュー、2004年12月22日。
(17) 同右。
(18) 「ラテンアメリカの内紛」『ヌエボ・ヘラルド』から引用、2005年5月8日。
(19) 「世界開発融資　2007年」世界銀行、9頁。
(20) 「大統領の言葉」『ベージャ』2005年6月8日。

(21) 国営ラジオ番組「大統領とコーヒーを」２００５年5月16日。

第8章　チャベスのナルシシスト・レーニン主義革命

ほら話「ベネズエラは社会的、倫理的、さらに精神的に成長している」
（ウーゴ・チャベス・ベネズエラ・ボリバル共和国大統領、2005年7月1日、米・ベネズエラ・マクロビジネス・ラウンドテーブル閉会式にて）

カラカス――2004年5月の第3回ラテンアメリカ・欧州連合（EU）サミットの開会セッションでウーゴ・チャベス・ベネズエラ大統領が国王さながらに入場したとき、それほども多くのニュース記者の眉が一斉につり上がったのを私はかつて見たことがあったろうか。チャベスは、私的なビデオ撮影者、カメラマン、官邸記録者、大臣、次官、警護官、特別賓客らの随行者を引き連れていた。私はメキシコのグアダラハラ・コンベンションセンターで、報道機関や特別賓客のために用意された場所にいて、サミットに参加する58の代表団の到着を見ていた。

ジャック・シラク・フランス大統領、ゲアハルト・シュレーダー・ドイツ外相、ホセ・ルイス・ロドリゲス・サパテロ・スペイン首相、そしてヨーロッパのほぼすべての同僚たちがちょうど到着したところであり、それぞれおそらくは2、3人の補佐官に付き添われていた。しかしチャベスが頭を高く掲げ、地平線を凝視して入場した際、彼は巨大な代表団の先頭に立って到着した。近くにいたヨーロッパ人たちは、困惑とおかしさの入り混じった表情で私を見た。彼は自分をナポレオンと思っているのか？　私は肩をすくめ、何も言うことができなかった。

チャベスのナルシシズムは彼を密接に追っている我々にとっては何らニュースではないが、各国の大統領と一緒に初めてラテンアメリカにやってきたヨーロッパのリポーターたちにとっては、第三世界のリーダーについての型通りの陳腐な決まり文句を再確認する奇妙な場面であった。

サミットの開会式の後、数多くの大統領演説があまりに退屈で、マイアミ・ヘラルド紙の翌日のコラムに書くようなましなものがないので、私は実験してみることに決めた。チャベスの風変わりな代表団に対するヨーロッパのジャーナリストたちの反応を見て、他の政府のサミット代表団と比べて彼の代表団がどれほど大きいのか知りたいと思った。ある国の随行団の規模とその国の国民総生産（GNP）との間に何らかの関係はあるのだろうか？というわけで、ベネズエラ代表団が実際に同サミットで最大の代表団であることを知ったのであった。彼はフランスから5900万ドルで購入したばかりの新しい大統領専用機エアバスA319で198人を連れてきたのであった。

グアダラハラの新聞エル・インフォルマドールが次の日に報じたように、ベネズエラの随行員の多くはチャベスの個人的なリポーターとカメラマンより成っていた。まさにキューバのフィデル・カストロ終身議長がすべてのサミットで行ったように——カストロはEUを「キューバに対する犯罪と侵略の共犯者」として切り捨てたので、今回のサミットではない——、チャベスは国際通貨基金（IMF）や「野蛮な新自由主義」に対する彼の演説のことごとくを細部にわたり記録する個人的な年代記編集者の小軍団を従えて飛んできたのである。

一方、各国の随行当局者によれば、シラク・フランス大統領は90人の代表団で登場し、シュレーダー・ドイツ首相は約70人、ロドリゲス・サパテロ・スペイン首相は48人の代表団で登場した。世界の中でも最も早く成長している経済を持つ幾人かの東欧の指導者たちは1台の車に収まる程度の代表団で来ていた。エストニアはいくつかのリストで世界で最も経済的に成功している国のトップに挙げられているが、ユハン・パルツ首相は5人でやってきた。そして大げさな政治的演説をする代わりに、エストニア人たちは投資機会を特定するために他の国々の企業家や当局者との会合に時間を費やした。そして半分冗談で、私は国の経済発展ぶりを測る奇抜な方法――それは国際的サミットでの代表団の規模に反比例する、とコラムで紹介した。

最近のベネズエラの歴史で最大の経済的な棚ぼた利益を浪費しながら約２００人の代表団を連れてくるチャベスを他にどうやって説明できるだろうか？　ある程度はチャベスが彼より前のカストロによく似て、報道機関のショーに非常に依存していたからであった。彼らの人気は新聞の見出しを飾り、紛争をつくり出し、常に中央の舞台でさまざまな大義の犠牲者と擁護者の役割を演じることに依存していた。それは一つには、悩ましい国内問題から大衆の関心をそらすためであり、他方では永遠の英雄としてのイメージをつくり上げるためである。グアダラハラのサミットも例外ではなかった。何十年もの間、国際サミットでカストロを見てきた後、今やチャベスを見ているのであり、私はその儀式を暗記している。それは台本が少し違うだけのいつもの同じ映画であった。

チャベスは、「外国の侵略を導く目的で、ベネズエラ政府を不安定化させ、混乱をつくり出そう」とたくらむ「クーデターの陰謀者たち」――伝えられるところでは米国やコロンビアの民兵グループ、ベネズエラの反体制派の支持を受けている――の告発にグアダラハラでの機会を活用した。チャベス自身が１９９２年2月４日に流血のクーデター未遂事件を主導した元中佐であり、それ以来、自らの政府転覆の試みを自慢するばかりか――いったん大統領となると――赤いベレー帽の利用を制度化し、クーデター未遂を記念するために2月４日を国民の祝日と宣言したことを考慮すれば、この主張は奇妙と言うほかない。今や彼はこれ以上のクーデターを防ぐために「国際的連帯」を要請したのである。彼はサミットでの演説に割り当てられた20分間を使い、「お前たち、金持ち」――シュレーダー・ドイツ首相を指し示しながら――にラテンアメリカの貧困の責任があるのだと35分以上にわたって熱弁を振るった。ヨーロッパ人たちは首を横に振った。エストニアの代表団は聞いてさえいなかった。そのメンバーは経済活況の現象を経験しつつある小さな国に、どんな新工場を誘致できるかを探るために携帯電話に釘づけとなっていた。

予想通り翌日のラテンアメリカの新聞は、チャベスの演説とIMFに対する激しい非難、そして「お前たち、金持ち」をグアダラハラ発のトップ記事として報道した。ラテンアメリカの新聞は、チャベスのナルシシスト・レーニン主義がベネズエラ史上最大の資本逃避を引き起こし、政府自身の数値で、貧困が1999年の人口の43％から2004年の53％に上昇し、他方で極貧――1日1ドル以下で生活する人々――が17％から25％に急上昇したことをいまだ知らなかった[1]。

1年後、ベネズエラ国家統計院からこれらの数値が発表されたとき、チャベスは、これらは公式数値ではあるが信頼できない――資料が偽りであると言うつもりはないが、彼らが現実を測るための道具は適切ではない。なぜなら、彼らは我々の現実を新自由主義の国のごとく測っているからである――と05年4月に彼のテレビ番組「ハロー、大統領」で述べた。政府は統計院が今後国際基準に基づく数値を発表するのを禁止し、裏づけが不可能なキューバ方式の数値と取り換えることを考えたが、石油の記録的価格がすぐに彼を窮地から救い出した。2006年にベネズエラの貧困率はチャベス以前のレベルに低下し始めたのである。

選出された独裁制または権威主義的民主主義?

2004年8月、サミットの数カ月後、私は自分自身の目でボリバル革命を見るためにベネズエラに旅行した。チャベスはいかにして選挙に勝利するのだろうか? ベネズエラが急速にキューバ方式の独裁制となりつつあるとの反対派の非難は本当なのか? それとも選挙で敗れたベネズエラの政治階級が、過激な演説は行ったが、すべての欠陥にもかかわらず、選挙を尊重し勝利した伝統的なポピュリストの信用失墜を望み、その脅威を誇張しているのか? カラカスへの飛行便に搭乗したときに私の頭の中にあった質問は、革命の宣伝ポスターが至るところにあり、あちこちの通りに官製神話の現実のあるいは想像上の殉教者の名前がつけられた、1980年代のニカラグアやキューバのようになってしまった国に着陸するのだろうかということであった。驚いたことにどちらも見当たらなかった。むしろ私は80年代のベイルートをより平和にしたようなところにいた。そこは地理的、政治的に2分割された都市であり、一方の側の住民はあえて他方には入ろうとしなかった。東カラカスと西カラカスがあったのである。

かなり奇妙なことに、チャベスと彼の自称ボリバル革命は、いくつかの仰々しいこと――国名を冗長な「ベネズエラ・ボリバル共和国」に変え、そのためすべての政府機関は書簡用紙を再印刷しなければならなかった――を行った。しかし彼らは、通りの名前を変えるという革命政権が通常最初に行うことをしなかった。

キューバにおいては、私はしばしばチェ・ゲバラ、ホー・チ・ミン、マルクス主義ゲリラの闘士、世界では長く忘れられていた戦闘で亡くなったその他のキューバ兵士の名前のついた広場を見かけた。ニカラグアではサンディニスタの下で、公園がマルクスやレーニン、共産主義時代の偶像たちの名に改名されていた。メキシコにおいてさえも、1910年のメキシコ革命を継承した政党が2000年の選挙で政権を失うまで数十年間統治したが、首都の目抜き通りは、「改革」や「革命」の名前がついていた。いまだにチャベスは、カラカスの富裕な地区ではこの種のことを何もしていない。ロス・ロサレス、アルタミラ、チャカオそして東部カラカスの中・上流の地区を見学した後、私は前回、数年前のチャベス政権が始まったときに訪問して以来の変化はあまり見いだせなかった。

「チャベスは、市のその地区の通りの名をいじることはしなかったのです」とある友人が、私が驚愕《がく》したことに驚いて言った。事実、チャベスはより労働者階級のいるカテイア、ペタレ、エル・セントロ等の西カラカス地区の通りの名前もいじらなかった。彼はベネズエラの名前を変え、首都とその他の最貧地区で働く1万7000人以上のキューバ人医師と教師を受け入れたが、大通りの名前を改名する誘惑には――少なくとも今のところ――負けなかった。反対派のアルフレッド・ペーニャ・カラカス市長が説明したように、もしチャベスが欲するなら、片手を動かすだけで大通りに革命の英雄たちの名前をつけ不朽の名声を与えることができたであろう。

それでは、もし独裁制に向かっているのであれば、なぜチャベスはこれを片付けてしまわなかったのか。私は後日インタビューした全員にそのことを尋ねた。最初に私が会った一人がテオドロ・ペトコフであり、彼は今も感情によって周りが見えなくなることなく、国家の現実を分析できる数少ないベネズエラの政治的リーダーの一人であった。ペトコフは元ゲリラ闘士であり、政界に入った後は社会主義への運動の創設者、それから企画相、そして現在は独立系の新聞「タル・クアル」を率いていた。彼の小さな事務所で夜遅く、私はカラカスの通りがまるで何も由々しきことが起こらなかったようにいまだに古い名前をつけていることに驚いたと述べた。

ペトコフは眉をつり上げ、まるで木星から下りてきた誰かと話しているかのように私を見た。彼は単に革命がなかったために、ベネズエラでは革命の目に見える印がないのだと私に述べた。「唯一ベネズエラで起こった革命は、チャベスの頭の中と、共産主義が死んだ後もまだそれを信じている米国およびラテンアメリカの大学人の頭の中にあるのです」とペトコフは私に述べた。「決して履行されなかった土地改革を通すほかには、彼は何も革命的なことをしなかったのです。彼は一党制度を創設せず、反対派を抑圧せず、外国企業も国営化しなかったのです」[2]。ベネズエラにおいては、「キューバ化」のプロセスは不可能ではないが非常に難しかったであろうとペトコフは付け加えた。キューバで起こったことと違って、チャベスは国民を管理できる政党や軍の組織をつくり出すことができなかった。彼がそれを欲しなかったのではない。例えば彼はキューバにおける「革命防衛委員会」に倣って「ボリバル・サークル」と名づけた政治的管理を行う隣人グループを結成し、終わりのない国民向け演説のため、より多くのテレビの時間帯を徐々に収用していった。彼自身のテレビ番組「ハロー、大統領」さえ持っていた。その中では、彼は監督、ホスト、インタビュアー、政治アナリスト、歌手、そして——彼が旅行するときはいつでも——観光ガイドを務めたのである。しかしそれは共産主義というよりもナルシシズムの事例であったとペトコフは述べた。ベネズエラはキューバではなかった。民主主義の伝統があり、閉鎖された独裁制を強制することを非常に困難とする言論の自由の伝統があった。「ここには強権を持つ者をさらに強くするために制度を弱体化するプロセスはありますが、ここはキューバではないのです」とペトコフは主張した。

私が話した他のアナリストたちは、まったく正反対の情報を私にくれた。チャベスがいまだに通りの名前を変えないのは、彼の革命がカストロによって厳密に計画され、細かく助言を受けた漸進的プロセスであり、いくつものを段階を経て伝統的な権力者の基盤を切り崩していくことを想定しているからである。通りの名前はいまだに改名されていないが、時が熟していないためであると幾人かの批評家は説明した。事実は単純に見えると彼らは言った。最初に１９９８年の選挙勝利後、チャベスは憲法を変え将来の選挙への出馬――そして勝利すること――を可能とする法制度を創設するためにその政治的資力を使った。それから２００１年には、土地、石油、銀行についての法律を通過させた。これらの措置が大規模な反対派の抗議の引き金となり、その後全国ストライキとなったときに、チャベスは主要な企業家組織であるフェデカマラス（商工会議所連盟）を解散させ、最も重要な労働組織であるベネズエラ労働者連盟（ＣＴＶ）と国家予算への最大の貢献者であった独立系の国営ベネズエラ石油（ＰＤＶＳＡ）にも同じことをした。02年４月には、実態のはっきりしない軍事反乱の後、軍指導部を粛清した。チャベスはその反乱で――誰を信じるかによるが――48時間後に結局は権力の座に復帰したものの、辞任を強要されたか、クーデター首謀者によってポストを追われたのだった。04年、彼の任期に関する国民投票で勝利した結果、チャベスは最高裁を20人から32人に拡大することを命令し、忠誠な支持者でそれを埋め、報道の自由と選挙法をめぐり将来いかなる争いが起きても、最終決定を行うことになる最高裁のコントロールを確実にした。その同じ年には報道を検閲するための事実上の権力を政府に付与する報道機関法を承認した。言い換えれば、現実の敵や潜在的な敵を全員一人一人取り除いていき、政治の３部門をコントロール下に置き、ある程度、国家権力のすべての要素をコントロールするに至ったのである。

「彼が通りの名前を改名するのは単に時間の問題です」と元大学教授であり、エル・ウニベルサル紙のコラムニストでチャベスについての多くの本の執筆者であるアルベルト・ガリードは言った。いくつかの対談の中でガリードは「私たちが現在見ていることは、チャベス自身が移行期と呼んだものです」と述べた。「チャベスは新しい国家を創設しなかったが、徐々に既存の国を吸収しつつあります。すでに議会、最高裁、選挙評議会等の支配権を得ているのです」。この現実を見たくなかった者はいずれも思い違いをしていた。なぜなら、チャベスは決して彼の意図を隠さなかったからであるとガリードは付け加えた。事実この大統領は自ら、2021年まで権力の座にとどまるであろうと繰り返し述べていた。彼は何度も、代表民主主義は「ラテンアメリカの諸政府のためには機能しない」と述べ、彼の政治キャリアの当初から、革命は一歩一歩漸進的に実行されるだろうと表明していたとガリードは指摘した。

流血クーデター未遂で収監され、ヤレ刑務所にいたとき、チャベスはすでに長い声明文を書いており、その中でベネズエラで革命を成し遂げるには政権を握って20年かかるだろうと指摘した。この声明文は、「この迷路からいかに抜け出すか」と題し、1992年7月に刑務所から発表された。それはベネズエラが「市民と軍との融合」を必要とし、「シモン・ボリバル国家計画の戦略的目標は、最初の計画から20年後のはるか遠い地平線に置かれている」と述べていた(3)。そしてチャベスが大統領として支配権を握ってから5年しかたっていないとガリードは指摘した。「外から見れば、通りのような施設には以前と同じ名前がついています。しかしだまされてはいけないのです。なぜならすべてが変化しつつあり、多くの場合、すぐにはその変化は見ることができないのです」と彼は確言した。

ベネズエラの政治システムは、選出独裁制なのかあるいはカリスマ的リーダーを持つハイブリッド民主主義なのか？　ペトコフとガリードとのインタビューの数日後、2004年8月15日に国民投票が行われ、私は自分の結論に達することができた。ベネズエラは閉鎖された独裁制——少なくとも現状では——ではなく、ハイブリッド民主主義でもない。それはむしろ悪賢いポピュリストにより徐々に蝕まれている権威主義的民主主義なのであった。

過去の傲慢

チャベスは大変な強みを持っていた。ベネズエラの「寡頭政治」に対する彼の演説は、強力な根拠を持っていた。ベネズエラは何十年もの間「収奪政治」のモデルであり、そこでは腐敗した政権と媚びへつらう企業家たちが石油の利益を思いのままに分かち合い、困窮した大多数を完全に無視していた。多くの国々と同様に、石油はベネズエラをだめにし、何も生産されず、不必要なものまですべて海外で購入する国に変わっていた。1970年代の石油ブーム前には、ベネズエラはスウェーデンで事前に組み立てられた病院さえも輸入し、寒い気候を知らないマラカイボのような都市のための暖房器具や除雪機を完備していた。１９７０年代の「サウジ・ベネズエラ」は国内産業を破壊してしまった。そして旅行先のマイアミで万一のために何でも二つ買ったベネズエラ人が使った有名な文句にちなむ「二つ私にください」現象を生んだ。企業家階級は国の寛容さに完全に頼って生きており、同国がジョニー・ウォーカー黒ラベルのプレミアム・スコッチの1人当たり消費量が世界最高であり、自家用機の数がラテンアメリカで最大であることを自慢した。

私は84年にマイアミ・ヘラルド紙に新たに雇用されたジャーナリストとして初めてベネズエラを見て、支配階級の経済的社会的な無分別さにショックを受けたことを覚えている。70年代の石油景気は2年前に終了していたが、ベネズエラはまるで何も問題ではないかのようにお金を無駄に費やし続けていた。政府の補助金は天文学的であった。その大半は貧困者のためではなく、中・上流階級の贅沢な習慣——ウイスキー輸入への補助金を含む——を維持するためであった。

当時、私はベネズエラで組み立てられた米のビュイック・センチュリーをどうやったらマイアミよりもはるかに安い９０００ドルで買うことができるのかについて、カラカスから記事を書いた。理由は簡単であった。ベネズエラは自動車部品の輸入に補助金を出していたからだった。ガソリンは、非常に安く——1ガロンが15米セント相当であった——なぜなら政府が生産コストよりも安くガソリンを売り、輸出でその差額を支払っていたからである。ジョニー・ウォーカー黒のボトルは、米国よりもはるかに安い18ドルである。なぜなら、政府が薬の輸入業者に与えるのと同じ優遇為替レートをウイスキーの輸入業者に与えたからである。首都カラカスから２６０キロ北東のマルガリータ島までの往復航空券は、国営航空アエロポスタル社では18ドルであった。私は国際航空会社の飛行機とまったく同様の素晴らしい飛行機に乗って自分で旅行するまでは、それが信じられなかった。

ベネズエラで生産するよりも生産物を輸入した方が安価であったため、はるか昔に国内産業は崩壊していた。国の外貨準備は１９８１年の２００億ドルから88年には80億ドルに急落したが、80年代の終わりまでに、ベネズエラは人口が約2倍の隣国コロンビアのほぼ2倍を輸入するようになっていた。「ベネズエラ人は、もはやかつてのような富める国ではないという事実を受け入れることを拒否しているのです」と米国外交官は私に述べた。1989年に私がカラカスから報じたように「誰もが、明日がないかのように暮らしているのである」(4)。

企業家階級の横柄な振る舞いは訪問者には信じ難いものである。カラカスへの旅行で、私はベネズエラの最も富裕な名門の一つ、ボルトンズ家の企業家にインタビューする機会があった。この男性はとても忙しく、彼の私的なクラブの理髪店で話すことに合意した。私が到着すると彼は理髪用の椅子で3人に取り囲まれて座っていた。理髪師が彼の髪の毛を切っている間、2人のマニキュア師が彼の両手の指先の手入れをしていた。私は自己紹介し、彼が終わるまで待とうと言った。驚いたことに彼は英語で答え、すぐにそこでインタビューできるように私に自分の前の鏡の隣に立つように言った。「OK、問題ないですよ」と私はスペイン語で返事をした。最初の質問をしたときに、彼は再び英語で答えた。彼の世話をする者たちの前で私たちは外国語で話しており、心地よくはなかった。私は次の質問もスペイン語でしたが、彼は再び英語で答えた。なぜなら、その方がより易しいか彼が言っていることを誰にも理解されたくなかったからなのか――奇妙な選択であった。なぜなら、インタビューは後日地元で発表されるからである――あるいは言語により彼の召使いたちとは違う階級に属していることを主張したかったためであった。いずれにせよそれは馬鹿げた居心地の悪い状況であった――私は彼にスペイン語で質問し、彼は英語で答えた。その間、理髪師とマニキュア師たちは聞かないふりをした。なぜかそれはベネズエラの企業家階級の一握りのメンバーの横柄さを例示していた。

1970年代の石油ブームの間に統治したカルロス・アンドレス・ペレス元大統領が89年、彼の前任者たちの繁栄を国に取り戻すことを約束し、ポピュリスト的キャンペーンで選挙に勝利した。予想された通り、政権についてから数週間後に、彼は約束したこととまったく反対のことを行うしか選択肢がなかった。彼は政府支出と都市交通に与えられていた補助金を含むいくつかの補助金を削減した。バス料金値上げは暴動を引き起こし、

350人の死者と数千人の負傷者を出した。どの政治家も大衆に対して誠実に話さず、彼らが持っていないものは費やせないとは言わなかったため、数千人のベネズエラ人が裏切られたと感じ、街頭デモに訴えたのは驚きではなかった。

私は当時のチャベス中佐により率いられた1992年2月のクーデターの数時間後にベネズエラに戻った。軍の5大隊が大統領官邸ラ・カソナ（大きな家）や多くの政府機関を取り囲み、ペレスが降伏せざるをえなくなることを期待しつつ大砲の砲火で攻撃した。少なくとも14人の大統領護衛官を含む56人が戦闘で死亡した。数時間後AP通信は、少なくとも42人以上が死亡し、そのほとんどが流れ弾に当たった市民であると報じた。私がカラカスに次の日到着したとき、暴動は鎮圧されていた。政府はクーデター未遂の指導者は、チャベス中佐と呼ばれる男であり、彼はベネズエラに軍事政権を強要しようとした通称ボリバル軍事運動のメンバーであることを明かした。

大統領スポークスマンであるホセ・コンスエグラは次の日、「彼らは軍事評議会の設立を発表するテレビ放映用に準備された録画を持っていた」と報道機関に述べた。「彼らは国営チャンネルである8チャンネルを奪取し、放送するところでした」。しかしテレビ局に配置された14人の反乱軍兵士は、技術的困難のために放送することができなかったとコンスエグラは付け加えた。反乱軍は建物のコントロールは何とかやり遂げたものの、そのテープをいかに放送するのかを知らなかった。ジャーナリストたちが、どのような種類の政府をチャベスは設置しようとしたのか尋ねたとき、スポークスマンは「右派政権」と答えた[5]。

1992年のクーデター未遂後のベネズエラへの私の旅行で最も印象的だったのは、その受動性――ほとんどのんきに構えていた――であり、ほとんどのベネズエラ人たちが受動的に反応していたのを私は思い出した。

70年代に南米の軍事独裁政権を間近に見てきた我々のうちの何人かは、起こったばかりのことにぞっとした。最後の軍事政権は59年に終焉《えん》していたので、ベネズエラはラテンアメリカで最古の民主主義国の一つであった。そして多くのベネズエラ人は、流血のクーデター未遂を拒絶する代わりに、肩をすくめるかまたは政府はクーデターに遭うに値すると述べた。カラカス・ヒルトンの自室で、過去数時間の出来事が話し合われていた議会討論のテレビ中継を見ていて、私は議員たち——彼らは民主主義を防衛する最初の者たちであるべきであった——が政治的違いを脇に置いてクーデター未遂を非難するより、むしろ現政権への批判に集中した激しい演説をしていたのに驚いた。元大統領で当時の中道右派の野党上院議員ラファエル・カルデラは、「政府の経済政策の修正」を要求した。私はそれが信じられなかった。彼はクーデターの陰謀者たちを暗黙のうちに正当化し、まるで国家が1970年代の石油の富に頼って生きていけるかのように、ペレス大統領の予算削減を攻撃していた。その後すぐに、カルデラはペレスの辞任を要求した。ポピュリズムはあらゆるタイプのベネズエラの政治家の血管を流れているように思えた。

「あなた方はクーデターの陰謀者に協力しているのが分からないのですか?」。私は友人たちやカラカスでインタビューしたかなりの人々にこう聞いた。彼らの大半が私の方が間違っていること、なぜならベネズエラではチリ、アルゼンチン、その他のラテンアメリカの国々で数年前に起こった独裁政権のようなものが繰り返される危険はないからだと私に述べた。ベネズエラ軍人は違うと彼らは言った。軍人はその他のラテンアメリカ諸国のような上流階級出身ではなく、労働者階級の出身であり、彼らだけが民間セクターが入ったこともない地区での直接の経験を持つがゆえに、国家の問題についてより精通している。ベネズエラの政治エリート層もまた、民主主義のモデルではないのであると後にチャベス政権のメンバーとなる(そして後に最も頑強な反対派となった)民主主義左派の知識人や政治家は主張した。

1959年の民主主義の到来以来、主要な両党——中道左派の民主行動党と中道右派のキリスト教社会党(COPEI)——のリーダーたちは、国家をまるで共同所有する農場であるかのように、彼らの間で権力を分け合った。両党のリーダーたちは、下院議員や上院議員のリストを作成し、知事、市長、地方議会メンバーを任命した。公職のための候補を選出する予備選挙の概念は実際上、知られておらず、最近となって——恐る恐る——そして、限られた場合に実行され始めたばかりであった。国会の190人の議員の大半は、自分がどの地区を代表しているのかほとんど知らなかった。彼らの名前は党の指導部により、アトランダムにリストに掲載された。彼らの忠誠は彼らを任命した指導者たちに対するものであった。

ペレス大統領は世界中の外遊に時間を費やしすぎ、ベネズエラの石油の富を壮大な国際政治プロジェクト推進のために使い、国の問題処理のためにあまりに少ししか時間を費やさなかった指導者と見られた。事実、クーデター未遂が彼の不意をついたとき、当時69歳のペレス大統領は、米国とヨーロッパへの外遊から帰ったばかりであった。報道機関は、彼が1989年から90年の任期2期目の最初の2年間に34回の外遊を行っていたことを必ず批判した。そしてチャベスのクーデターの1年前の91年も、同大統領は年平均17回という外遊ペースを維持していた。クーデターに先立つ数カ月の間、彼はハイチの危機、コロンビアの武力紛争、キューバ危機、中米の内戦、そして石油輸出国機構（OPEC）の内紛を解決しようと努めていた。軍事反乱のまさに数日前にカラカスの新聞エコノミア・オイは「彼は早急に首相を任命し、自分が最も好きなことに専念するべきである。我々の大砲が、ベネズエラ沖合のオルチラ島にはほとんど届かないのに、国連安全保障理事会議席をベネズエラが得ることがなぜ重要なのか。我々は世界的文脈においては、重要な役割をほとんど果たせないであろう」と報じた。数年後チャベスに起こったように、石油のにわか景気がペレスを慢心させたのである。

1993年末にカルデラは天国を約束し選挙に勝利し、次の年の初めに2回目の任期に就いた。彼は78歳で、いつもかかとの後ろに頭があるようにふんぞり返って歩いた。彼の政権の最初の行動のうちの一つは——それは国の歴史を変えるものであったが——92年2月のクーデター未遂あるいは同じ年の11月の別のクーデター未遂に参加した30人の将校に大統領恩赦を与えたことだった。その後まもなく彼は、チャベスを含む失敗したクーデターの何人かの主導者のために赤絨毯を広げた。あのレセプションは、ベネズエラの民主主義に最悪の前例を与える、まったく無責任な行動であった。もし、少なくとも56人の死者をもたらした将校グループが数カ月収監された後、解放され大統領に迎えられれば、その他の者たちが将来彼らの例に従うことを妨げられないであろう。その後まもなく、チャベスと彼の信奉者たちは定期的にメディアに登場し、英雄として扱われた。カルデラ政権は誤った経済措置と最高レベルの縁故主義に対する増大する批判の中で瓦解し始めた。彼の息子の一人アンドレスは大統領首席補佐官であり、もう一人のフアン・ホセは与党の党首であった。大統領の義理の息子のルベン・ロハス・ペレスは大統領護衛隊を率い、大統領軍事顧問の一人であった。カルデラ政権は家族の仕事であった。

一方で、文民・軍人の左派同盟を長い間提案してきた元ベネズエラ共産党指導者であり労働者革命党創設者のルイス・ミキレーナは、彼の傘下に最近釈放されたばかりのチャベスを迎え入れた。一つ一つの政治的ステップに対するミキレーナの助言により、チャベスは１９９８年に軍服で選挙に出馬し、92年のクーデター未遂を力強く正当化した。「さあどうぞ、彼らに私をクーデター賛成派と呼ばせよう。クーデターは正当だと信じる者に手を挙げさせよう」。彼は、群衆に一斉に腕を打ち振らせながら選挙戦の演説で言うのだった(6)。

しかし選挙戦中、チャベスは彼自身をカストロ・スタイルの革命家として見せないよう注意を払った。「私が共産主義者？」チャベスは、軽蔑の笑みでジャーナリストたちに尋ねるのだった。１９９８年の選挙の2カ月前に私が彼にインタビューし、ベネズエラとコロンビアの諜報報告書――彼がコロンビア反乱軍、キューバ、リビアとの緊密な絆を持つと主張している――について質問したとき、チャベスは「過去5年間、彼らは政治的、倫理的に私を破壊しようと試み、あらゆる種類の物語をでっち上げてきた。これらの話は完全に、まったくでたらめである」と彼が過激左派であることを否定し、反自由市場の激しい演説は、法王ヨハネ・パウロ2世により着想を得たものであり、「選挙戦の思考」から生まれた修辞上の表現にすぎないと付け加えた(7)。

選挙当日の98年12月6日、チャベスは56・2％の票で選挙に圧勝した。主要な競争相手のエンリケ・サラス・ローマーは39・97％、元ミス・ベネズエラのイレーネ・サエスは2・82％の票であった。そのときまでに国は半分に分裂していたが、チャベスはその後の4年間で、毎日、反対政党、報道機関、教会、「寡頭政治勢力」あるいは彼の政府をあえて批判するようないかなるグループに対しても激しい非難を浴びせ、国家の分極化をさらに進めたのである。任期の最初の数年でチャベス政権に対する批判は日々増大した。なぜなら、チャベスの破局的な運営が逆の経済的奇跡を達成したからである。彼が就任したとき1バレル9ドルの石油価格が2004年には50ドルに急騰し、その恩恵を受けた新たな好景気にもかかわらず、このベネズエラの大統領は、前任者たちがかつてほとんどできなかったことであるが、国家を貧困化させることに成功したのである。彼の政権発足後、7000以上の工場が閉鎖された[8]。資本逃避は360億ドルを超え、経済は20％以上縮小し[9]、都市の失業率は15％から18％に上昇した[10]。元米州開発銀行（IDB）主任経済学者であるリカルド・ハスマンによれば、チャベス政権開始以来、貧困者の数は250万人増加した[11]。

4月の「クーデター」

短命に終わった2002年4月の軍事反乱がチャベスを執務室から48時間離れさせたとき、ブッシュ政権の不手際はチャベスにとって思わぬ幸運であった。企業家と労働組合のまれな連帯のケースで、企業家連盟フェデカマラスとCTVがPDVSA労働者の全国ストライキの支持に団結し、その結果ゼネストが、ベネズエラ史上最大の抗議を引き起こした。4月11日木曜日に、労働組合に先導された労働者と雇用者により鼓舞された非組合員労働者の数十万の人々が、チャベスの辞任を要求するためにミラフローレス大統領宮殿の前に参集した。午後1時にPDVSAビルの前に集合した抗議者の列は大統領宮殿に向かい始めた。軍は——その将軍たちは後になってそう述べるのだったが——チャベスの大衆鎮圧命令に従うことを拒否した。デモ隊がダウンタウンに到着するや、民兵の狙撃者やチャベス派の武装グループが、彼らを散会させるため、あるいは反チャベス派の首都警察の発砲に応戦するために彼らに発砲した。その後続いた流血の戦闘により、少なくとも19人が死亡し、数十人がけがを負った。その夜、軍の最高司令部がチャベスに反旗を翻した。明け方に、大統領は権力を「放棄」することに同意したと公に発表した。「『私は去る』。しかし憲法を尊重するよう要求すると私は彼らに伝えた」と彼は述べ、彼の支持者であった国会議長が後を継ぐだろうと示唆した[12]。数分後チャベスの盟友であるルーカス・リンコン軍最高司令官はテレビで、軍が大統領に辞任を要求し、「彼が受け入れた」と発表した。同時にリンコンは、企業家リーダーのペドロ・カルモナが憲法上の継承の秩序が確立されるまでは、少なくとも短期の間、臨時大統領として行動すると述べた。しかし12日の金曜日の午後に、誇大妄想か愚行か、またはその両方からなのか、カルモナは国会と最高裁を停止し、次の年に大統領選挙が行われるまで彼自身が暫定大統領となると自ら宣言して世界を驚かせた。

ブッシュ政権は、明確な違憲的権力移譲を即座に非難する代わりに――チャベスが辞任したとしても、彼に代わる者は国会指導者であるべきであった――、他の方法を求めた。さらに悪いことに、米国はチャベスを転覆に導いた政変をめぐり彼を非難した。偶然、コスタリカでのサミットに参加していたメキシコ、アルゼンチン、その他のラテンアメリカ諸国の大統領がカルモナの自演の大統領戴冠を非難している間に、ホワイトハウスのスポークスマンであるアリー・フレイシャーは、12日金曜日の正午、カルモナの正式な政権奪取の数時間前に、「チャベスは、政権の支持者が彼の命令に従い、非武装の抗議者に対して発砲した後、権力を失った」と述べた(13)。それは事実からは遠くかけ離れてはいなかったが、カルモナがチャベスの合法的な後継者ではないと述べることを怠った。フィリップ・リーカー国務省スポークスマンは、「チャベスが大統領を辞任した」そして「辞任前に彼は副大統領と内閣を解任した」と述べた。リーカーはこの出来事をこれまでの3年間の「チャベスの反民主的行動」のせいにした。

4月14日、日曜日、チャベスは彼の忠実な軍将校たちにより復権を遂げ、クーデターでの米国の役割について国際的非難が構築され始めた。チャベスは彼が米国の陰謀の犠牲者であると告発し、ますます多くの世界中の世論形成者たちが、ブッシュがクーデターを鼓舞したものと憶測した。いくつかの申し立ては、真面目にとることが困難なものもあり、その中には「軍事反乱のときにクーデター陰謀者に支援を供与するために米国の軍艦がベネズエラ沿岸に近づいた」というチャベスの申し立てもあった。しかし、その他の多くの申し立ては、ブッシュ政権に対する議会の主要な批判者であるクリストファー・ドッド民主党上院議員による申し立てのように妥当なものであった。ドッドは適切にも、ブッシュ政権によりクーデターが即座に非難されなかった事実について遺憾だとし、この点に関する国務省の役割について内部調査を要求した。ニューヨーク・タイムズ紙が、国務省の西半球問題担当部長であるオットー・ライクがカルモナとこの出来事の間に電話で話し、彼に国会やその他の憲法上の機関を解散しないよう助言したと報じ、憶測はさらに広がった。もし会話が行われていたとすれば、ライクがカルモナとずっと以前に接触を持っていたかどうか、またおそらくは彼の政権奪取の事前承認さえ与えていたのではないかとの疑問が惹起された。

カルモナは後に、このようないかなる会話があったことも否定した。そしてブッシュ政権は――チャベスが政権に復帰した後に――、カルモナに電話して議会を解散しないよう要求したのは、チャールズ・シャピーロ駐ベネズエラ米国大使であると述べた。数週間後、ドッド上院議員により要請された内部調査は、チャベス転覆に米国の関与はなかったとの結論を下した。クーデターの1日前の4月11日木曜日に国務省は、ベネズエラで街頭暴力が起こっている間に、米国は紛争における「どちらの側からのいかなる違憲的活動も」強く非難するとの公式声明を発表した。いったんベネズエラの軍司令部幹部が反乱を起こし、4月12日の夜明けに、チャベスの辞任と副大統領と国会指導者の解任が発表されると、「国務省と大使館の双方は早期に選挙を実施し、国会と最高裁の承認を得るように臨時政府を説得するため舞台裏で活動した」。同調査は、「暫定政府が米国の助言とは逆に、国会と最高裁を解散し、反民主的なその他の措置を採択したときに、国務省は米州機構（OAS）を通じて、これらの出来事を非難し、ベネズエラにおける民主主義と憲法秩序の回復のために活動した」と付け加えていた(14)。

国務省の内部調査は「チャベスの政治的反対派が反民主的または違憲的な手段により彼を権力の座から解任するために、米大使館あるいは国務省からの支援を要請したのか？　答えはノーである」と結論づけた。「反対派は米側の窓口となっている担当者に対し、彼らやその他の者たちの意図について報告し、米当局者は組織的に、これらの報告に対して、非民主的または反憲法的な手段で政権からチャベスを解任するいかなる取り組みにも反対するとの声明で応じた」(15)。

しばらく後に、ライクが職務を去り、政府から退官した後、私はライクにブッシュ政権がチャベスの辞任を当かと尋ねた。当のベネズエラ大統領は今や決して辞任などしていないと主張している。ライクとワシントンの彼の同僚たちは、どのようにチャベスが辞任したことを知ったのか？「リンコン・ベネズエラ軍最高司令官がテレビでチャベスが辞任したと発表したのです。リンコンはチャベスに任命された男でした。加えて、西洋のある国の大使がシャピーロ米国大使に電話してきて、その大使はチャベスと話したばかりであり、チャベスは彼の家族に何事も起こらないよう支援を要請してきたと述べたのです。ベネズエラの新しい当局はチャベスがキューバに行き、そこで彼の家族に会うための準備をしたのです」とライクは回想した。一晩中、英国、スペイン、その他の国々の大使がシャピーロに連絡をとり、ヘルマン・サンチエス駐ベネズエラ・キューバ大使から、チャベスの安全を保証するため外交団のメンバーがキューバまで同行するよう要請がきていると告げた、と当時ライクに報告した米当局者が私に述べた。ライクや彼の補佐官たちによれば、クーデターはなかったのであり、報道機関が実際に起こったことをゆがめたのである。なぜなら、ブッシュ政権の声明が行われた4月12日金曜日の正午段階では、ベネズエラにおいて違法行為は起こっていなかったからである。「大衆を鎮圧せよとの違憲命令をチャベスが出し、軍がそれを実行することを拒否した後、ベネズエラ軍将校と国民の反乱があったのです」。そして大統領が辞任した。「カルモナが違法に権力の座についたのは、その日の午後4時すぎだったのです」とライクは述べた[16]。

4月12日午後、カルモナの権力奪取の数時間前、ライクはシャピーロ大使から、チャベスの暫定後継者が国会を解散し、自ら大統領として宣言するつもりであることを聞いたと述べた。

「シャピーロが電話してきて、カルモナが彼自身を大統領として宣言しようとしていると述べたとき、私は『彼は自分を何だと宣言しようとしているのだって？』と答えたのです。信じられませんでした。それから、シャピーロにカルモナ自身に電話するよう頼んだのです――自分では話をしたくなかった――。そしてもしカルモナが、憲法的筋道を破り、自ら大統領宣言をするのであれば米国の支援を当てにはできないと言うように頼んだのです。制裁という言葉を使ったかどうかは本当に思い出せないのですが、もし彼らがそうした行動をとれば重大な結果を招くだろうと言ったことは明確に覚えています。そしてシャピーロに対し、私に代わって米国政府を代表して話す際には、そのことを明確にすべきであると述べました。正午を回った頃でした。午後２時、シャピーロは私に電話を返してきて、カルモナに話をしてそのメッセージを伝えたところ、彼は『我々は自分たちのやっているいることが分かっている』と答えたと言ったのです。私は、これらの言葉は彼が口にできえた最も愚かなことの一つとして歴史の記録にとどめられるだろうと思いました」[17]。

事件の数カ月後、国務省の内部調査が出た頃までには、チャベスはすでに世界のあちこちで、ワシントンのクーデター扇動をまるでそれが議論の余地のない真相であるかのように告発して回っていた。ベネズエラでは憶測が正式な歴史となっていた。そしてまもなく海外のベネズエラ支持者に引き継がれるのだった。時とともに、それはほとんどの政府によって受け入れられたのだった。事実であるのは、ブッシュがチャベスに巨大な宣伝のための贈り物を与えたということである。彼は今や「帝国主義」米国の犠牲者たる自らの資格を自慢でき、彼自身をチリの故サルバドール・アジェンデ大統領と比べることができた。米国はクーデターを支援していなかったにもかかわらず、躊躇《ちゅうちょ》し、違憲的大統領継承を暗黙のうちに受け入れたのである。ドッド上院議員が指摘したように、「政府の違法な転覆の間、沈黙していることは極めて憂慮される事実であり、西半球の民主主義に今後深刻な影響を与えるであろう」[18]。

チャベスの２００４年の勝利

私は——ベネズエラの反対派の多くとは異なり——チャベスが２００４年８月15日の彼の任期に関する国民投票の選挙結果を不正に操作し勝利したという確信はない。反対派は「膨大」なコンピューターの不正行為を告発したが、その日カラカスで私が投票を取材したことから得た結論は——反証する決定的証拠がないことから——、投票を監視し、投票結果を変えるほど十分な不法行為はなかったと結論づけたカーターセンターとＯＡＳの判断が一応、尊重されるべきだということである。それでも私がベネズエラ滞在中に見たことからして、投票に至る数カ月の選挙プロセスにおいては疑いなく「環境上の不正」があった。チャベスはあらゆる策略に訴え――あるものは合法であり、その他のものは非合法――選挙当日の反対派の投票率を下げようとした。これらの障害は彼の勝利を無効とするものではないが、一方で彼の栄光を奪ったのであり、国際選挙監視による世界の注視の下に持ち出されるべきであったと私は結論づけた。

いかにしてチャベスは勝ったのか？　それは、石油ポピュリズム、反対派の貧弱なキャンペーン、政府の脅迫、そして反チャベスの投票者を投票させないために選挙プロセス全体を通じ彼がとった措置の組み合わせを通じてである。チャベスの任期に関する国民投票は、チャベス自身のボリバル憲法の下、反対派の求めで実施された。同憲法によれば、ベネズエラ国民は、十分な数――当時は２４０万人と見積もられていた――の署名を集めれば、選挙で選ばれたいかなる公職者も解任するための国民投票実施を求めることが可能だった。反対派が２００３年に「目いっぱいの登録」を組織し、国により印刷された申込用紙に３００万人の署名を集めた後、政府は署名が有効と認められる条件を遡及的に変更し、１００万人の署名を無効としたため、署名総数は必要な数を下回った。２００４年5月に、抗議の波とカーターセンターおよびＯＡＳの圧力の下、チャベスの忠誠者の支配する国家選挙評議会は、無効とした約１００万人の署名を一つ一つ検証することに同意した。

その後も政府はあらゆる障害を立ち上げた。政府は投票所の数、形式、反対派の署名ができる日数と時間を制限し、署名が無効とされる38の新たな基準を発表した。同時に、政府としては国民投票の請願に署名した者のリストを注意深く審査するつもりであり、政府の被雇用者または政府と契約を持つビジネスマンは、これまでと同様の取り扱いを政府から受けられると期待すべきでないことを人々に分からせた。言い換えれば、請願に署名した者たちは報復行為にさらされるということである。請願に署名した反対派が不当に扱われているという最初の告発がプレスに現れ始めたため、政府は、「後悔」した者たちは請願リストからの削除を要求する新しい申込用紙に署名できると発表した。それでも反対派は、再び何とか十分な署名を集めることができた。政府が数十万人の署名を無効にした後でも、それは国民投票に必要な数をはるかに凌《しの》いでいた。国家選挙評議会は、その年の８

月15日に投票を行うより他の選択肢はなかった。

しかしそれは単なる始まりにすぎなかった。国民投票の日が近づくと、チャベスは外国の監視員を阻止するために追加的な障害物を持ち出した。その要求はあまりにわずらわしいものであり、ＥＵは投票の数日前にオブザーバーを引き揚げた。カーターセンターとＯＡＳは強力な制限にもかかわらず、彼らの約束を堅持した。その間にもチャベスは徐々に、テレビ「チャンネル」——彼の演説の生放送——をほぼ毎日利用し始め、反対派には放映の時間帯を認めなかった。反対派テレビ局によれば、少なくとも２００３年に国営放送で２０３回大統領演説が放映され、ラジオとテレビ局は04年に91回大統領演説を放映しなければならず、その大半が国民投票の直前であった。しばしば演説は数時間続いた。その間にチャベスは、独立系非政府組織（ＮＧＯ）スマテ——国民投票プロセスを監視していた——が国民投票を監視するために、「民主主義のための国家寄付基金（ＮＥＤ）」から５万３０００ドルを受け取ったがゆえに、ブッシュ政権のために働いていると非難した。ＮＥＤは米議会により創設された無党派の機関であり、選挙監視員が職務を行えるよう携帯電話やコンピューターの借り上げのための支払いを行うことなどで、メキシコや多くの南米諸国、アジア、アフリカの選挙監視に何十年もの間貢献してきた。スマテは党派的な宣伝は行っていなかったため、告発は馬鹿げたものであった。一方チャベスは、ベネズエラの最も困窮した近隣諸国に親政府的宣伝色の強い軍事使節団を派遣するとともに、国民投票までの数カ月間、彼の「革命」を支援する1万７０００人のキューバ人医師や教師をベネズエラに連れてきたことを自慢し始めていた。

いくつかの場合には、政府により設けられた障害物はあまりに子どもじみたもので、嘲笑に値するものであった。在外投票のための登録を欲している30万人のベネズエラ人の間で——彼らの多くは、米国在住の反チャベス派——５万人のみが日々増大する政府の厄介な要求リストに何とか応じることができた。ほとんどのベネズエラ人がチャベスに敵対的である市では、投票したい人々は何時間も待たされ投票できなかった。マイアミの領事館においては、外交使節の下級職員がようやく午前の半ばに下りてきて、１階で足止めを食った投票予定者の群衆に対して、不幸にもエレベーターが故障したと述べた。長い間待った後、彼らの多くは、決して投票を許されないであろうと確信して家に帰った。

我々はアパッチ砦《とりで》に向かっている

投票者への脅迫は、私がカラカスで見ることができたところでは、巧妙なものではなかった。国民投票の数日前に、私はチャベスを当初支援し、現在は反対派に参加している多くの政治家の一人であったアルフレッド・ペーニャ・カラカス市長にインタビューを要請した。私は10年前、ペーニャがカラカスの新聞エル・ナシオナルの編集者であったときに彼に会っている。1990年代の終わり頃、チャベスが彼よりも前のラテンアメリカの数多くの者たちと同様、権威主義的な軍事独裁者となることを恐れると私が書いたとき、ペーニャは、ベネズエラ軍の労働者階級的性質と特にチャベスの現象を理解していないと私をたしなめた。その後すぐに、彼は新政権の鍵となる地位であるチャベスのスポークスマンかつ内閣の長に就任した。しかし新大統領との蜜月は長くは続かなかった。4カ月のうちに彼は政府の増大する軍国化と権威主義に幻滅し、大統領自身によって信用できる軍人に交代させられた。

それ以来、ペーニャは反対派に寝返り、圧倒的多数の得票でカラカスの市長職を勝ち取った。しかし彼は地理上、政治上の問題を抱えていた。市庁舎はチャベス派の領域の心臓部のエル・セントロにあり、チャベス政権の最強硬部門が集中する建物に囲まれていた。市庁舎の隣は外務省であり、その向かいには国会とリベルタドール市役所本部があり、そこの市長は政権の汚れ仕事を担う騒乱鎮圧民兵部隊の責任者だと反対派から告発されていた。1ブロック離れたところには副大統領府ビルがあり、そこではチャベス政権の影の頭脳の一人であるホセ・ビセンテ・ランヘルが職務に精を出していた。2ブロック離れたところにはミラフローレス宮殿（大統領官邸）があり、そこにはチャベス自身が住んでいた。

私は、カラカス東部にあるJ・W・マリオットホテルからタクシーに乗り、運転手にエル・セントロの市庁舎に連れていくよう無邪気に頼んだときに、ペーニャ市長の問題を理解し始めた。タクシー運転手は、まるで私の言ったことを聞き間違えたかのようにゆっくりとした動きで振り返った。行き先を繰り返したとき、彼は神経質そうに笑みを浮かべ、私をそこに連れて行くことはできないと言った。さらに、非常に危険だから絶対行かないよう私に勧めた。その後まもなく、ペーニャは防弾のスポーツ用多目的車（SUV）で私を連れてくるために彼の息子を派遣したが、車の中には完全武装した市役所の警察官が3人おり、さらにバン2台が護衛していた。「私たちはアパッチ砦に向かっているのです」。ペーニャの息子が微笑みながら私に言った。「心配しないでください」。

ベネズエラ版の東ベイルートから西ベイルートに向かって市内を横切るに従い、私はいかに景色が変化するか驚かずにはいられなかった。市の東側では大半のポスターが「イエス」に賛成であり、チャベスの大統領職からの早期更迭を人々に呼びかけていた。2、3ブロックごとに、「ノー」のポスターが1枚見えた。西カラカスに入るに従い、「イエス」のポスターの数は徐々に減っていき、それから完全に消えた。エル・セントロでは、実際すべてのポスターは、チャベスを権力から追い出す提案に「ノー」と投票するよう人々に呼びかけていた。ダウンタウンのペンキの塗られていないビルは、「ブッシュ出ていけ」「帝国主義出ていけ」「彼らをノックアウト（kNOck Them Out）せよ」「2021年までノー」「おい、おい、チャベスはとどまるためにここにいるのだ」等のスローガンを掲げた大きな看板で覆われていた。軍本部の壁にさえ——理論上は非政治的な機関——巨大な「ノー」の横断幕がかかっていた。実際、建物9メートルごとに親チャベスのスローガンがあり、反対派のポスターは一つも見当たらなかった。「ここでもし、あなたが『イエス』のサインを描けば、あなたは生命の危険を冒しているのです」と市長の息子が説明した。

私たちは市庁舎に小さな防弾扉を通って入ったが、扉は野外駐車場の一方の側にほとんど隠れるよう設けられており、そこで市長が私を待っていた。ペーニャは何としても、市庁舎訪問の案内をしたかったのだが、その動機はすぐに明らかとなった。そこはすでに何度も攻撃を受けた包囲された要塞であった。すべての窓は柵で防御されており、すべての1階の扉は明らかに攻撃を避けるためにしっかりと固定された木の枝または鉄の柵で封鎖されていた。ペーニャによれば、チャベス派の騒乱鎮圧部隊——通りを隔てたリベルタドール市役所ビルにいる治安部隊——は、反対派の抗議活動や行事を鎮圧する命令があるまで広場の周りに座り、ただ待っているのであった。建物は火器と投石により26回攻撃されていた。ペーニャは私をカフェテリアの内部に連れていった。そこは少なくとも2ダースほどの人が座れる長方形のテーブルのある巨大なホールで、彼は壁にある銃弾の穴を私に見せてくれた。広場から飛んで来た銃弾で市役所の5人の警官と2人の市民がすでに怪我をしたと彼は窓のカーテンの血痕を指し示しながら説明した。おそらくベネズエラの最も有名な画家であるアルマンド・レベロンの作品を含む市役所の最高の絵画コレクションのいくつかは銃弾で穴が開いていた。最後にペーニャは、チャベス派の暴徒が行った暴力行為の一覧メニューの中で、いわばメインディッシュに当たるものを私に見せた。幹部用ダイニングルームにある彼自身の椅子であり、背もたれの真ん中を弾丸が貫通していた。「もしあの日私がここで食事をしていたら、私は生きてこの話をすることはなかったでしょう」とペーニャは述べた[19]。

明らかにペーニャと反対派リーダーたちは、ほとんど手出しをする余地がなかった。チャベスが支配するテレビ・チャンネルへのアクセスがなく、政権が行うようなばらまき資金もなく、選挙機関も掌握せず、自分の都合に合わせて規則を変える権限もなかった。しばしば市庁舎のような彼らが支配する施設に支持者たちを一緒に連れてくることさえできなかった。政府の脅迫はどこにでもあった。「私の事務所を26回襲った者たちは、武装チャベス派であり政府職員なのです。私たちはすでに彼らを知っています。なぜなら彼らは、ほら、広場のあそこに座っているのが見えますが、同じ連中なのです」と市長はそう結んで、窓のところに私を連れていき、頭を外に出してみるように言った。ただしあまり出しすぎないようにということだった。

しかしながら選挙をめぐる最大の脅迫は、国民投票のため政府がスタートさせた新しい電子投票システムを通じて起こった。これはそれまでどこでも決して試されたことがなかったものだった。国民投票の請願に署名した公務員の解雇や署名したビジネスマンへの政府契約の拒否等で脅しながら、他方で政府は新しい投票システムが投票者の指紋を登録する「指紋採取」機器を持つものであると発表した。理論的には、これは誰もが2度以上投票することを妨げるためのものだった。新しい電子投票システムにより、ベネズエラ人はチャベスを更迭する「イエス」、あるいは彼をとどまらせるための「ノー」をコンピューターのスクリーン上で投票でき、彼らの投票を登録した投票用紙を受け取ることができるであろう。即座に公式報道機関は、「指紋採取」機器のおかげで、政府がおのおのの市民がいかに投票したかを正確に知ることができ、それゆえに国民は投票が秘密だと誤って信ずるべきではないとの見解を広めた。投票機械はチャベス政権が28％を所有する米国企業ビッサ社のソフトウエアを使用するというプレス報道からすれば、国民投票直前の同様の警告はさらにもっともらしく思われた。マイアミ・ヘラルド紙が同社がフロリダ州に登録されていることを暴露した後、ビッサ社はベネズエラ政府の株式を買収することを発表した。しかし数百万人の市民は、新しい電子投票システムを不信感で見ないわけにはいかず、また、もし彼らが「イエス」と投票した場合の自分たちの将来について懸念しないではいられなかった。

しかしチャベスの合法的な策略と広範にわたる投票者への脅迫にもかかわらず、選挙当日、彼を最も助けたのは、その選挙キャンペーンを可能とした石油ドルの殺到であった。大統領は、ＰＤＶＳＡ——ベネズエラの国有石油独占企業——からの16億ドルから36億ドルの資金を投票前の数カ月に、数十万人の若者や失業者に毎月１５０ドル以上の一時的奨学金の形で支出した。それらは大半が教育奨学金であったが、いかなる勉学の義務も含まない奨学金でもあった。チャベスは石油ドルの中で泳いでいた。石油が輸出の80％を占め、国家の主要収入源である国において、チャベスは大量の資金を有し、基本的には票を買うために現金をばらまいていたのである。

それゆえ選挙日の終わりに、国家選挙評議会がチャベスに59％、対して反対派は41％の得票としたのは驚きではない。反対派はそうした結果はありえないものであり、スマテが組織した出口調査では、反チャベス派票が18％リードしていたと述べた。いかにしてチャベスが逆にほぼ同じ差で勝利できたのか？　反対派のリーダーたちは疑問を呈し、最高機密のコンピューターセンターで最終結果が不正に操作されたことを示唆した。しかしＯＡＳやカーターセンターは、政府との口頭での議論の後、無作為に票を数え直し、チャベスが本当に勝利したことで納得した。大統領は難題に直面し、選挙プロセス中にあらゆる策略を使いながらも、勝利したのであった。

インフォーマル経済の票

次の日、私はカラカスの街を歩き回り、街で安物雑貨を売りながら市を占領しているかのように思える数千人のインフォーマルセクターの労働者たちを見て、チャベスの勝利は、おそらくインフォーマル経済の労働者の票のおかげであったと結論づけた。確かに反対派の政治キャンペーンは、正式の仕事を持ち、あるいはかつて持ち、あるいはいつの日にか持ちたいと希望する人々に向けられていた。しかしインフォーマル経済の中で働く数百万人のベネズエラ人——通りで物を売り、あるいは種々のビジネスにおいて帳簿の外で働いており、その数はチャベス政権の最初の数年間の工場閉鎖の結果増大してきた——にとっては、反対派の処方箋はチャベス政権がくれる150ドルの現金と比べれば、空虚な言葉であった[20]。

チャベスの下で労働市場に入り、正式の職を持ったことのないカラカスの街中で中国製のプラスチックのサンダルを売っている若者にとっては、一部の反対派政治家や知識人が、政権が始まってから数千の工場が閉鎖され、都市部の失業率が着実に上昇し、過去5年間に360億ドル以上の資本が海外に逃避し、ベネズエラが世界競争力ランキングで最低まで落ちたといってもあまり意味がないのである。これらの数字は、正式な職を得ようと希望する者や持っている職を格上げしようとしている者たちにとっては一定の意味を持つだろうが、街の物売りやインフォーマルセクターの労働者たちにとってはほとんどどうでもいいことなのである。これら数百万人の埒《らち》外に置かれた人々は、チャベスの汚職や浪費、入札なしの政府契約、価格リストでは4200万ドルの新型フランス機に5900万ドル支払ったこと、あるいは数千ドルする時計をはめていることなどは、あまり気にならないのである。彼の前任者たちも同じことをしたのではないか？サウジ・ベネズエラにおいてはそれほど驚くべきことではなかったのである。

おそらく、ベネズエラの多くの街頭物売りやインフォーマル労働者たちは、世論調査員に対して、チャベスは彼らにとって道化役のように思え、政府が混沌として物事が毎日、司令官の気まぐれ以上の理由もなく変わっているがゆえに、チャベスには反対票を投じるだろうと述べたであろう。それまでの5年間でチャベスは59人を下らない大臣を解雇した。エル・ウニベルサル紙の記録によれば、省庁間で異動させた者たちの数を入れれば、6人の財務相、6人の国防相、6人の商務相、そして5人の外相を含む80人に上る大臣任命を行った。チャベスがいくつかの大規模社会計画や巨大公共事業あるいは全大陸的イニシアチブを発表しない週はないが、それらは数時間以内に完全に忘れ去られるのだった。彼を真面目に受け止めることは難しかった。しかし選挙民が票を投じるその真実のときに、おそらく彼らは、ベネズエラはより多くの投資のための環境創出によってのみ長期的成長を達成できる、あるいは政府補助金は、いったん石油ブームが終われば急落し、国は以前よりもっと貧困となるとの反対派の主張よりも、チャベスが彼らに与える現金の方がより意味があると結論づけたのであろう。多くの者が、藪の中の百羽の鳥よりも手中の一羽が良いと考えたのである。

石油ドルと大陸の革命

２００４年の国民投票でのチャベスの勝利と米国政府による彼の勝利の受け入れに続き、米・ベネズエラ関係の将来は、ベネズエラがラテンアメリカでその政治的暴力の支援を続けるか——あるいは増大させるか——どうかに大きく依存するだろうと米当局者たちは私に非公式に話した。彼らによれば、ブッシュ政権は多くの善意の証しをチャベスに与えた。5年の間、米国はブッシュの「帝国主義」や「野蛮なネオ・リベラリズム」に対する日々の痛烈な批判に沈黙して耐えた。米国大統領は決して応酬せず、彼のカラカスの大使は一つの頬を打たれれば別の頬を差し出す政策を推進したと彼らは述べた。さらには、チャベス政権の最初の数年間、ジョン・マイスト米国大使は、世界はチャベスを彼のレトリックで判断すべきではないと公然と主張し、ベネズエラ反対派に激しく批判された。マイスト大使は、「彼の言うことを見るのではなく、彼のやることを見なさい」と繰り返しジャーナリストに述べ、さらに「ベネズエラ大統領は彼の革命的レトリックにもかかわらず、いかなる外国企業も接収しておらず、テレビ局も閉鎖しておらず、また——ワシントンにとって、さらにより重要なことであるが——、米国への石油の供給を中断していない」と付け加えた。

しかしながら国務省やホワイトハウスの中では、チャベスがラテンアメリカ諸国で過激主義グループを支援しつつあるとのいくつものラテンアメリカ諸政府からの情報について懸念が増大していた。当初よりチャベスは、コロンビアのアンドレス・パストラーナ政権からコロンビア革命軍（ＦＡＲＣ）のゲリラ戦闘員を支援しているとして批判されていた。２０００年に、ＦＡＲＣの最高幹部オルガ・マルティンがベネズエラ国会で演説するために招かれた後、コロンビアは正式抗議を提出し、大使をカラカスから一時的に引き揚げた。チャベスは個人的にマルティンの招待を許可していなかったと応じたが、コロンビアの当時のギリェルモ・フェルナンデス・デ・ソト外相は、同年の11月28日付の声明の中で、チャベスはコロンビアプランを絶えず批判するだけでなく、コロンビアでの米国の軍事援助のために南米が「ベトナム化」すると予言することに加え、「政府の後援の下に開かれ、当局者も参列するベネズエラでの会議にＦＡＲＣ代表が参加するのを認めた」として不満を述べた[21]。

ほどなく当時のウーゴ・バンセル・ボリビア大統領が電話インタビューで、11人の死者と１２０人のけが人を出した暴力的なストライキを実行したばかりのフェリペ・キスペの極左インディオ信奉者たちをチャベスが支援していると私に述べた。彼はいかなる非難も公然とは行いたくないとのことだったので、バンセルの示唆で、私が大統領の最高補佐官ウォルター・ギテラスにインタビューしたところ、彼は「バンセル大統領がチャベス大統領に我々の国への彼の内政干渉について懸念を表明した」ことを確認した。同じ頃、エクアドル政府は、チャベスがハミル・マフアド政権を転覆させた軍とインディオのクーデター指導者ルシオ・グティエレス大佐を支援しているとの懸念をワシントンに伝えた。これらの告発について尋ねた、当時の国務省の西半球問題担当部長でクリントン政権出身の民主党員でエクアドル大使であったピーター・ロメロは、インタビューで「チャベス政権がボリビアにおける暴力的なインディオ運動とエクアドルにおける反乱軍将校グループを支援している徴候がある」と言明した[22]。チャベスは即座にロメロを「国際的扇動家」と非難し、ベネズエラの外相は彼を「ピノキオ」と呼んだ。

しかし地域におけるチャベスの暴力グループへの関与についての諜報筋の報告は、止まらなかった。その後まもなくアルゼンチンの国家情報庁（ＳＩＤＥ）は、ベネズエラ政府による二つのディーゼル燃料の売買契約——おのおの35万ドル以上に相当——が、「5月広場の母たち」の親カストロ分派の指導者エベ・デ・ボナフィーニとつながりのある弁護士に与えられたとの情報を受け取った。そして、2002年に「USニューズ・アンド・ワールド・リポート」誌は、チャベスの断固とした否定にもかかわらず、コロンビア反乱勢力がベネズエラ内に野営地を持つとの「詳細な情報」があり、「地図が実際、野営地の場所を正確に記述しており、ベネズエラ当局者が訪問したことを示す直接の証言がある」と指摘する長文の報告書を公表した。同誌によれば、ベネズエラにおけるFARCの主要な訓練キャンプはレスミデロ村の近くのペリハの山中にあるとされ、コロンビア・ゲリラの最高司令官の一人リバン・マルケスが、700人の反徒と共にそこにいるかもしれないと付け加えている。離脱者からの情報として同誌は、FARCがマチケス市の近くのアサンブレアの街から徒歩で2日以内のところに小さな野営地をも持っており、そこからコロンビアとの国境沿い約50キロのところに秘密のラジオ放送局を持っていると指摘した。同誌のインタビューに応じた証人の一人は、野営地の一つで7カ月を過ごしていた。彼はヘリコプターでベネズエラ当局者がやってくるのを見たと述べた。別の離脱者は、彼の小部隊がコロンビア軍の隊列に待ち伏せ攻撃を実行し、それからベネズエラで安全な避難場所を見つけたことを明らかにした(23)。

チャベスがこれらすべての背後にいるのか、あるいはベネズエラ当局者がチャベスの知らないところで行動しているのか？　ほとんどすべてのコロンビアの高官は、ゴーサインはベネズエラ大統領府から来たと強調したが、あくまで非公式にそう述べたのである。アルバロ・ウリベ政権の始まりから、2005年初頭のベネズエラにおけるFARCの「外相」ロドリゴ・グラナダの誘拐まで、コロンビア政府はベネズエラとの関係をかき乱すようなことを公然と発言することを拒否した。コロンビアは、コロンビアゲリラへの支援を大きく増やす能力を持つ隣国との新たな戦線を開かなくとも、内戦で十分すぎる問題を抱えていた。2004年に私はウリベ大統領に対し、チャベスがFARCを支援しているかどうか尋ねたが、彼はそれが「複雑な」問題であるとのみコメントしつつ、イエスかノーかを言わないのだった。そのときまでに、少なくともチャベスの元最高司令官の一人が、ベネズエラにおけるFARCキャンプの存在を確認していた。

しかし情報は漠然としていた。かつては全権を持つ内相だったミキレーナは、チャベスと絶交した後、ベネズエラ政府がボリビア、エクアドルあるいはコロンビアのFARCに資金的または軍事的援助を供与しているとの非難は「まったく嘘」であると言うのであった。しかし彼はいくつかの限定された目的のためにゲリラとしばしばコンタクトしたことを認めた。「私たちは、ベネズエラ人の人質を解放するためにFARCや民族解放軍（ELN）とコンタクトしたのです。彼らがセサール・ガビリアOAS事務局長の兄弟を誘拐したときでさえ、親類たちは彼を解放するようチャベスにゲリラとの仲介を頼んだのでした。唯一私たちが行ったことはニカラグアのサンディニスタ民族解放戦線（FSLN）を支援したことです。2001年のニカラグアでの選挙の間、我々はサンディニスタにポスターのためのいくらかの資金や物資を与えました。しかし、それは2000万ボリバル——2万7000ドル相当——以下で、現金の形で送金されたのではなく、印刷された宣伝素材を提供したのでした」。ミキレーナは、これを自ら監督していたのだろうか？「その通りです」(24)。

事実、チャベスはその他の国々の暴力グループや左派政党に援助を与えていることを断固否定したが、彼がそうしているとの多くの指摘があり、それらは多様な情報源からきていた。南方軍司令官ジェームズ・ヒル将軍によれば、チャベスはボリビアにおけるインディオ反乱グループのみでなく、エルサルバドルのファラブンド・マルティ民族解放戦線（FMLN）にも資金を提供した。ベネズエラはラテンアメリカの暴力グループにとって地中海クラブとなり、彼らが会合し休息し、大陸の「革命」を計画できる場所となったが、政権は別の見方をしていた。チャベスはベネズエラが断固としてコロンビアの軍事紛争において「中立」であることを強調しつつ、コロンビアのゲリラ戦士——しばしば自動車爆弾で市民を攻撃し、多くの無実の人々を殺害している——をテロリストと表現するのを拒絶することで、FARCとELNに結びついているのではないかといううわさをいつもあおっていた。チャベスはコロンビアゲリラと同じ言葉で話した。２００２年10月25日に彼は演説で「代表民主主義はどのラテンアメリカ政府にとっても役に立たない。なぜならすべてそれは堕落した階級に支配権を握らせ、人々を貧困に押しやるために役立つからである」と述べた。

地域におけるチャベスの暴力グループ支援に深刻な疑惑を抱いていることを認めた多くの南米大統領や元大統領にインタビューした後、私はその種の活動が存在することにほとんど疑問を抱かなくなった。大きな疑問は、チャベスが個人的に担当しているか、あるいは彼の部下が指揮系統の乱れの中で勝手に行ったかである。また別の大きな疑問は、チャベスが彼の革命を輸出していたのなら、なぜ米国政府が彼に関する諜報機関のすべての情報を暴露しなかったのかである。

１期目のブッシュ政権の末期に、私はコロンビアとベネズエラ情勢を注意深くフォローしている国防総省高官にワシントンのレストランでインタビューし、この質問をぶつけてみた。彼はコロンビアゲリラにベネズエラが援助を与えたとされる多くの事例について詳しく述べてくれた。しかし彼の言うことを書きとめようとペンをポケットから出したとき、私をさえぎり、彼が私に述べていることはすべてオフレコであり、公表はできないと述べた。「なぜですか？」と私は困惑して尋ねた。ブッシュ政権はチャベスがラテンアメリカの暴力的運動を援助しているとされることについて、報道してほしくないのか？　その高官は、「ＷＭＤ（大量破壊兵器）」という３文字の答えをした。私は理解できなかった。イラクにおいて米政府が決して発見することのなかったこれらの大量破壊兵器が、チャベスのラテンアメリカの反乱勢力への援助と何の関係があるのか？「大いにあるのです」と彼は答え、そしてサダム・フセイン政権が大量破壊兵器を持っていたとの主張により、米国が多くの国際的な嘲笑を受けた後、米中央情報局（ＣＩＡ）やその他の米国の諜報機関は、文書や録音、または反論できない証拠に「１００％」裏づけされていなければ、何も漏らしてはいけないとの厳命を受けていると説明した。「チャベスのケースでは、私たちは彼がその他の国々の暴力グループを援助していることを95％裏づける情報を持っていますが、イラクの後では、１５０％の裏づけを持つまでは公表しないのです。そしてこの情報の大部分が、何人かの離脱者からの目撃情報であるため、検証することが難しく、私たちは危険を冒せないのです」と国防総省の高官は私に述べた。米国はイラクでまさに起こったような、もう一つの諜報上の大失敗の危険は冒せなかったのである。

チャベス、非常に予測不可能な男

チャベスは残りの任期をどう統治するのであろうか？ 彼は、2004年の国民投票から得た新鮮な政治的資本を民主的制度の中で少しだけ残ったものを破壊するために使い、もし石油価格が低落した場合、将来の選挙の敗北から自分自身を守りつつ完全な独裁制を確立するために使うのであろうか？ あるいは、逆に彼は市民的自由のための余地を——制限されたものではあるが——残しつつ、他方で無期限に統治を継続できるとの結論を下すのであろうか？

ベネズエラを離れる前に、私はチャベスを最もよく知っている男へのインタビューが——互いの知り合いを通じ何度も試みて失敗した後に——、ようやくできることになった。ルイス・ミキレーナ、チャベスの政治的助言者で彼を権力に上らせた立案者である。この会合は、最近までワシントンのベネズエラ大使であり、幾年もの間ミキレーナと親しかったイグナシオ・アルカヤの自宅で行われた。当時86歳のミキレーナは少し足を引きずって歩いたが、素晴らしい知的鋭敏さを見せた。

ミキレーナはチャベスの知的師父であり、彼の最初のキューバ訪問を裏で推し進めた男、1998年の最初の選挙の勝利における選挙マネジャー、大きな影響力を有する内相を務め、チャベスと絶交し2002年に辞任するまで国会議長であった。92年のクーデター未遂事件の直後、チャベスが彼に刑務所を訪問するよう招いたときに初めて出会ったとミキレーナは述べた。そのときミキレーナは、政党制度自体が疲弊していると主張し、国家の「再創設」のための制憲議会を提案していた。チャベスは個人的に彼に会いたいと思っていたことに加えて、その計画に関心があると述べた。刑務所訪問は左派政治家で互いの友人であるパブロ・メディーナを通じて準備された。「それは心地よい会合で、本当に心のこもった楽しいものだった。共感があった。私たちは友情を築くことができたのです」ミキレーナは思い起こした。

ミキレーナは、チャベスよりも40歳も年上であったが、そのとき以来チャベスの思想的な助言者となった。父と子の友情が育った。チャベスは刑務所を出た後、ミキレーナの自宅に住み込み、1998年に大統領選挙で勝利するまで4年間そこにとどまった。「私たちはそこで、よく座って空想したものです。立派な国家、慎ましやかな国家、国が苦しんでおり、苦しみ続けるであろうまったく正当化できない貧困に対して闘う、泥棒のいない国家について話し合いました」ミキレーナは思い起こした。

94年にミキレーナは、泊まり客であるチャベスをキューバ大使に紹介し、次に大使はチャベスをキューバに初めて招いた。「チャベス、ヘルマン・サンチェス・キューバ大使と私は、自宅で昼食をとり、そこで私たちはキューバへの旅行を計画したのです」。ミキレーナが私に述べた。キューバ側はチャベスのできる限り早期の旅行を熱望していた。カルデラ・ベネズエラ大統領は、マイアミのキューバ人亡命者のリーダー、ホルヘ・マス・カノサの訪問を受けたばかりであった。そしてカストロ政権は、チャベスをハバナの米州の家で演説するために招待することでカルデラ大統領に仕返しをしたかったのである。

昼食の間、ハバナに頻繁に旅行するミキレーナは、大使に対してチャベスがカストロと会えるよう要求した。「なぜなら、キューバに行ってカストロに会わないのはまったく意味がないと思われたからです」。大使は保証はできないと述べた。招待はあくまでチャベスが演説を行うためのものであった。「彼らが確実ではないと言った後、私は『よろしい、その場合、私は行かない』と言いました。そしてチャベスが1人で行ったのです」ミキレーナは思い起こした。

チャベスとミキレーナ双方が驚いたことに、カストロは訪問中チャベスと話したばかりでなく、彼が到着したときに空港で彼を出迎えた。「フィデルは彼を飛行機のタラップで待っていました。そして、彼が帰りの飛行機に乗るまで彼を離さなかったのです。彼はフィデルと一晩中一緒にいました。さらに彼らは、食事をする場所を見つけることができず、真夜中にベネズエラ大使館に行きました。ベネズエラ大使は後になって、彼の夫人がそこにいなかったため、彼は何も彼らに出すことができなかったと私に述べました。フィデルはチャベスに同行して、あの『儀典ハウス』の一つ――外国元首やその他の政府の賓客のための特別な邸宅――に行ったのです。その時点から、チャベスはフィデルのシンパとなり、同じ考えを分かち合う友人となったのです」。

ミキレーナは、チャベスが彼の助言を聞かず扇動的な演説を和らげず、ますます労組、企業家、教会、軍人たちを敵に回し、政府の敵をつくっていることに失望し、２００２年の半ばに政権から引退した。それ以来2年前に私がインタビューするまで、ミキレーナは低姿勢を保ち、ときどき声明を出し、丁重に彼の元弟子に民主的規則を尊重するよう求めているが、まれにしか報道機関には話さない。彼が政権を出た後の数カ月間、彼とチャベスはときおり意見交換したが、そのときにはお互いを旧友のように遇した。

私はミキレーナに「チャベスをどう定義しますか?」と尋ねた。新しいカストロか、左派に見せかけたピノチェトか、それとも何なのか? ミキレーナは、ほぼ10年にわたるチャベスとの毎日の接触からの逸話を思い出しながら、彼を「知的限界のある男、衝動的で、感情の起伏が激しく、低いレベルの従僕に囲まれ、生活のあらゆる面でずさんであり、時間を守らず、金銭的に不器用であり、贅沢に魅力を感じている」とし、とりわけチャベスは「一貫性がない」と述べた。そして、「彼は私が会った中で、最も予測不可能な男の一人です。彼がどうするかを計算することは本当に難しいのです。なぜなら、彼には感情の起伏が大きく、情緒的であり一貫性がないからです。そして、ひらめきのある男ではなく、明確な思想を持った男でもないのです。彼は対立のためにつくられたようなものです。国家の裁定者として、また物事の規則を確立し紛争を民主的な観点からきちんと扱うべき人間として権力を行使することを理解していないのです。彼はそのための準備ができていないのです」とミキレーナは答えた。

しかし、彼はチャベスがカストロの考えを共有すると述べたばかりではないか? 「イエス、そしてノーです」と彼は返答した。１９９４年のキューバへの最初の旅行とカストロからの予期せぬ歓迎の後、「チャベスは、カストロの経験は興味深いものであり、成功してきたと述べました。彼はそれほども長い間権力の座についているがゆえに、フィデルの成功を個人的成功として見たのです。しかし当時、彼はキューバがベネズエラには程遠いこと、また今日の世界ではこれらのことはうまくいかないであろうことに完全に気がついていました」とミキレーナは述べた。

「それでその後にどんな変化がありました？　彼は時とともにさらに過激になったのですか？」と私は尋ねた。ミキレーナは、事の成り行きがチャベスをさらにカストロに近づけていったが、イデオロギーよりも感情の起伏の理由によるものだと述べた。おそらくは、チャベスのナルシシズムが彼をますます対立的なレトリックに導いていったのである——非常にカストロと似ている——なぜなら、それが彼に全世界の最大の注目を集めさせ、大陸の政治リーダーとして彼自身を印象づけることを可能とするからである。彼の演説が「反帝国主義者」となればなるほど、より大きな新聞の見出しとなり、より多くのラテンアメリカの左派が彼を真剣に受け止めるであろう。同様に、ベネズエラの政治的悪化がより明白となればなるほど、それを説明するための外部の口実を必要とし、地域においては現実的または仮想的な「攻撃」について米国を非難すること以上に良いことはない——特にブッシュが権力の座にある間は——のであった。最後にミキレーナは、「最初からフィデルがチャベスの頭の中に、彼らは彼を殺そうとしているとの考えを植えつけたのです」と述べた。それがチャベスがカストロの個人的警護官と訓練を始め、彼の治安機関や諜報機関にますます多くのキューバ人を連れてきた理由である。石油ストが2002年に始まったとき、キューバは政府の問題克服を助けるために技術者とエンジニアを派遣した。そしていったん彼の権力が強化されると、チャベスは国の最も遅れた地域に医療看護と教育を提供することを可能とする1万7000人のキューバ人医師と教師を喜んで受け入れたのである。

しかしチャベスは決して明確なイデオロギーや長期的な計画を持たなかった。なぜなら彼は基本的に規律の欠けた男であったからであるとミキレーナは述べた。彼の統治スタイルはほとんど青臭いものであった。彼は自分が思いついたばかりの素晴らしい着想を分かち合うために、真夜中すぎに大臣たちを呼び出し、右に左に指令を与え、誰もがイエスと答え、そして誰も彼の命令をフォローアップしなかったのである。後になって物事がうまくいかないと、彼は大臣たちを更迭するのだった。政権5年間で彼が80回の内閣改造を行ったことは偶然ではない。「彼は軍隊で『雑用係』と呼ばれる人々に囲まれていた。彼のそばにいる誰もがあえて彼に反論する機会はなかった」とミキレーナは思い起こした。チャベスの元ワシントン駐在大使で政府閣僚、司法相であったアルカヤは、ほどなく私にこう話した。チャベスはいつも彼に夜遅く電話し——ときには午前4時ということもある——いくつかの要請を行うが、次の日にはほとんど決まって忘れてしまうのである。「私はかつて彼に言いました。『ウーゴよ、混乱の主要な原因は君なのだ』」アルカヤは思い起こした。「『なぜそう言うのか?』と彼は尋ねました。そうだね、なぜなら君は大臣に教育についての報告書を準備するよう頼み、それからサンドイッチを用意するよう頼み、そして米国に行って銀行と話すように頼み、それから帰ってきて子どもたちを野球の試合に連れていくように頼むからだ。君はそれを行うことはできない。なぜなら大臣たちは、決してそれができないとは言わないだろうからだ。彼らは、『もちろんです、大統領』と言うであろうが、それから彼らは何もしないのだ」。

ある夜、アルカヤがまだ閣僚であったときに、大統領が夜10時に彼に電話して、刑務所で持ち上がった問題についての緊急の報告書を要求した。「明日朝6時に大統領官邸ラ・カソナに持ってくるように」とチャベスは彼に指示した。アルカヤは彼の部下たちやその問題について知っていると思われる誰もに電話をかけ始めたが、その遅い時間には誰も見つけることができなかった。とうとう1人の友人と共に、朝5時まで寝ずに、寄せ集めでできる限りの報告書をつくり上げた。朝6時に彼はラ・カソナに報告書を手に現れた。彼が大統領に面会を求めると、私設秘書は彼にこう言った。「不可能です。彼は真夜中にマルガリータ島に行きました」。そして大統領は決してその報告書を求めなかった。マルガリータ島から帰任してから、彼は他のことが頭にあり、刑務所のことは完全に忘れたのであった。

チャベスはミキレーナを他の大臣よりもより良く扱ったが、強力な内相もまた大統領の混沌としたスタイルを我慢しなければならなかった。「信じられないほど本当に時間を守らない男で、何についても遅れてくるのです。まったくスケジュールを守らず、閣議を主宰せず、気の向いたときに事務所に来るのでした」とミキレーナは回想した。さらに、彼はスタッフを非常にひどく扱った。「部下に対する実際の扱いは横暴で屈辱的でした。彼らに恥をかかせたのです。かつて彼は高官たちの面前で、ある州知事に対し、くずで何も良いところがない、『すぐにここから出ていくのだ』などと言ったのです」とミキレーナは述べた。「後になって間違いを認め、物事を台なしにしたと悟るのですが、しばらくすると再び同じことをするのです」。

経済運営に関しては、チャベスはまるで自分の牧場を経営しているように、まったく専横的なやり方で運営した。彼は財務について何も知らず、完全に管理の規律がなかった。「突然、彼は『数百万をこれとこれの銀行に与えろ』と命令するのです」とミキレーナは言った。数日前に、チャベスは女性のための銀行で演説を行い、そこで気に入った計画を提示された。彼は言った。「これはとても良い。あなた方は素晴らしい仕事をしている。誰か大臣はいるか？　誰か軍高官はいるか？　おおゴンサレスお前はここにいたか。よろしい。ここに書きとめるように。この銀行に40億を与えよう」。ベネズエラの大統領はこれを全国テレビが放映する現場で言った。これが毎日起こり、そしてほとんどの場合、命令はすぐに忘れられたと元内相は述べた。

ミキレーナによれば、チャベスの激しいレトリックは政権内に不必要な敵をますます多くつくり出すばかりでなく、彼の政党内でも自らの信用を蝕んでいた。なぜなら自分が行っていることとは何の関係もない架空の革命について話していたからである。「チャベスは社会を富者と貧者に分け、寡頭支配者と人民に分けるレトリックを使い始め、現実の生活で起こっていることには何ら一致せず、また私の見るところ、いまだに起こっておらず、また決して起こらないであろうことについて革命的な言葉を使っていた」とミキレーナは述べた。寡頭政治を終わらせるであろう大陸の「ボリバル革命」について話している一方で、実際は、チャベスは自由市場の「ネオ・リベラル」経済政策に従っており、史上最も有利な譲許を米国の石油多国籍企業に与えていたのである。ミキレーナは「私は彼に、こうしたレトリックで自分たちのことを革命家だと信じる者たちをだましてはいるが、彼らはやがてだまされたことに気がつくだろうから、流血の事態につながるだろう、と可能なときはいつも言っていました」「そうしてこれらの嘘により、私たちは経済界の中枢に不安を与えるとともに、いまだに革命を夢見る左派主義者たちをだましていたのでした」と思い起こした。ミキレーナは彼の上司に対し、この種の演説で政府が得るものは何もなく両者からの支援を失っていると助言することに疲れてしまったのである。

私は「それで、チャベスはあなたがこれについて話したとき、どう反応したのですか」と尋ねた。彼は上手に反応し、そしてしばしば彼はミキレーナやホセ・ビセンテ・ランヘル――チャベス政権第1期の5年間に継続して外相、国防相、副大統領を歴任した――に対し、影響を受けた誰とも関係修復するように頼むのであった。「例えば、チャベスは演説で、あるジャーナリストを暴力的に攻撃するのですが、私は彼に、これはやってはいけないことであり、元首の役割ではないと言ったものです。彼は私に同意し、そして私はジャーナリストに電話し、すべて心配いらないと述べるのでした。しかしその後すぐに、5000人を前にしてマイクの前に立つと、抑制がきかなくなるため、彼は再び暴れ回るのです」とミキレーナは言った。

「あるときチャベスは、私にテレビ王のグスタボ・シスネロスに話しにいくよう頼みました。シスネロスは反対派のメンバーとして非常に攻撃的な立場をとっていたので、シスネロスと私たちが合意に至るようにするためでした。そして私は喜んで彼を招待したのです」。ミキレーナは後に司法長官となったイサイアス・ロドリゲスも招き、3人全員で長い昼食をとり、その中で彼らは双方ともに国内の平穏のためにレトリックをトーンダウンするとの理解に至った。昼食が終わった後、ミキレーナは事務所に戻りながら運転手にラジオをつけるよう頼んだ。彼が衝撃を受けたのは、まさにそのときにチャベスはシスネロスを攻撃し侮辱する演説を行っていたのである。「私がシスネロスと仲直りをするよう彼に提案され会話をしている間に、彼はその演説をしていたのです！　それが彼の性格なのです。それがあなたが考えうるすべてにおいて予測不可能な男の特質を説明するものなのです」。

ミキレーナが、チャベスの性格を変えることができないとの結論を下したとき、彼は唯一フィデル・カストロのみが責任を持って行動するようにチャベスを説得するのを助けるだろうと考えた。ミキレーナは「チャベスと永久に喧嘩別れする前に、私はベネズエラの状況について話をするために、チャベスにフィデルと彼と私の会合を準備するように頼みました」と思い起こした。

「フィデルは理解力のある男であり、不器用で下手に運営されたベネズエラがフィデルに本来なら恩恵を与えるかもしれないどんなプロジェクトも失敗に導くことに気づくに違いなく、彼にとっても、非友好的な政権よりは友好的な政権をここに持つ方が有利だと考えたのです」。この会合は、２００2年のマルガリータ島のヌエバ・エスパルタ・サミットの間に行われた。彼ら3人は2時間にわたり話をした。ミキレーナは、ベネズエラ政府の攻撃的なレトリックは混沌と統治できない状況に導くのみであるとの懸念を率直に表明した。「私が満足したのは、フィデルがより穏健なアプローチの必要性について、私にかなり同意したことでした。そして彼はきっぱりと一言一言こう言ったのです。『革命はベネズエラの持ち札の中にはない』。確かにフィデルは革命が何かを知っていましたが、チャベスは知らなかったのです。フィデルにとって革命は、一つの社会階級から別の階級への生産手段の社会的移転なのです。しかし彼はチャベスが革命を行っておらず、彼ができないことを知っていました。革命を行うことはベネズエラの持ち札の中にさえ入っていなかったのです」と彼は回想した。

カストロは、実際には現実主義者であり、何よりもチャベスを権力の座に維持し、彼がキューバに供与できる援助を評価していた。「それでチャベスはどう反応したのですか」と私は尋ねた。「彼は、『はい』と言い、同意したのです」。しかしこれまで何度もあったように、チャベスはカラカスに戻るや激しいレトリックを再開した。そしてカストロのいる前で内相がとった立場は、あまり良く受け取られなかった。その後まもなくミキレーナは辞任した。

インタビューが終わる前に、私はベネズエラに到着以来自問してきた大変重要な質問をいま一度せずにはいられなかった。誰が正しいのか？――ペトコフか？　彼はチャベスがベネズエラを独裁体制に導いてはいないが、むしろ制度を弱体化させるプロセスを通じて独裁者を強化することになっていると述べた。それともガリードか？　彼はチャベスは絶対権力を確実にするために注意深い計画に従っており、それは最初に大統領となったときから20年かかると見積もっていると述べた。「ガリードは、チャベスをイデオロギー的に構築された男で、この針路をとるために教育された者と見ているのでしょう。この点については彼に反対しなければなりません。チャベスの頭にあるものはどろどろの混ざり物であり、彼は彼自身、毎日起こることに夢中となっているのだと思います。彼は純粋に感情の起伏が大きい男であり、彼の指針となる星は、権力の座にとどまることです。彼は規律を持たず、また彼がどこに向かっているのかについての明確な理論も持っていないのです」。国民投票に勝利した後は、チャベスはある程度の民主的な外見を維持するだろうとミキレーナは述べた。「チャベスは権威主義的政府を創設し、見せかけの司法システム、見せかけの国会、見せかけの選挙の維持等、ある程度民主的な物事で彼自身を身づくろいするでしょう」とミキレーナは予測した。

二つのペダルの男

多くの人が恐れたように、チャベスは２００４年の選挙勝利の後さらに過激となった。05年半ばまでに、１バレル60ドルの石油――彼が就任したときのほぼ8倍――と、士気をくじかれ脅迫された反対派によって、チャベスはベネズエラ近代史上前例のない権力を蓄積していた。国民投票の数カ月後、彼の政党は24の州知事のうち22州知事を全国で獲得し、３３５市長のうち約２８０市長を獲得した。同時に、彼は恣意的に最高裁の判事の数を20人から32人に拡大し、彼に無条件に忠実な人々を最近創設されたすべての官職に任命した。彼は反対派の報道機関を思いのままに閉鎖する権限を彼に与える、メディアのための「情報内容法」を持っていた。そして国会のやり方を変更し、重要法案が単純過半数で可決できるようにし、自らの国会支配を確固たるものにした。国会では、彼の支持者は過半数をわずかに超えるにすぎなかった。

同時に、彼は世界中から武器を買うことに専念し、軍隊を再編し制服を変えて「反帝国主義」的なスタイルを与え、予備役を9万人から50万人以上に拡大した。とりわけ、ロシア製Ｍｉ－17、Ｍｉ－35ヘリコプター15機、同様にロシアからＡＫ－１０３銃10万丁、軍輸送機10機、スペインから警備艇8隻、ブラジルからスーパー・ツカノ軽攻撃ジェット24機を注文し、ロシア製ミグ29ハンター爆撃機50機の購入を交渉し始めた。全部で総額20億ドル以上である。ベネズエラの反対派にとって、最も懸念されたのが予備役の増加である。なぜならそれは、国防相の指揮下ではなく大統領自身の直接の指揮下に入るからである。多くの人が予備役の拡大は国民を監視するためのキューバ式「人民民兵」の創設にほかならないとして恐れた。そのときまでにチャベスとカストロは、キューバがベネズエラでの医師、教師その他の「国際主義者」の数を1万7000人から3万人に増加すると発表していた。そしてチャベスは反米レトリックの音量を上げ—ライス米国務長官を「コンドレンス（お悔やみ）」「無学」と呼び——また、キューバへの援助された石油船積みを日産5万3000バレルから9万バレルに増大させる一方で、地域における彼の影響力拡大のためにますます多くのオイルダラーを、キューバ、アルゼンチン、ウルグアイが共同スポンサーとなりチャベスにより創設されたテレビネットワークであるテレスールや彼が提案した南米地域統合イニシアチブである米州ボリバル代替構想（ALBA）への支援条項を含むカリブとの石油協定等のプロジェクトに投資した[25]。「キューバとベネズエラの革命はすでに一つであり、キューバとベネズエラの国民はすでに一つである」。2005年7月9日カラカスにおける96人のキューバ人顧問への叙勲式典において、チャベスはそう宣言した[26]。

チャベス政権がとりつつあった針路に興味をそそられて、私はペトコフに電話し——最近の事件を考え合わせて—彼はいまだにベネズエラがキューバ式の革命に乗り出していないと考えるかどうか尋ねた。国民投票のときのカラカスでの我々の最後の対談からほぼ1年がたっていた。ベネズエラにおける最も輝かしい頭脳の一人であるペトコフは、チャベスが疑いなく諸機関への支配を増大させたが、「彼のレトリックは、経済や制度の構造的な変化等の通常革命的な変革と関連したものを伴っていない」と答えた[27]。代わりに「彼の個人的権力の強化があり、そのために彼は諸機関への支配を増大させた」とペトコフは述べた。

「それでは、ベネズエラは全体主義システムとなったのかそれとも独裁者のいる民主主義となったのか」と尋ねると、ペトコフはチャベスの革命的演説にはあまり関心を払わないのだと述べた。「彼は片足を権威主義のペダルに乗せ、もう一方を民主主義のペダルに乗せて運転しているのです。彼は状況によって片方を踏み、またはもう一方を踏むのです」と彼は答えた。「国民投票の後は、明らかに彼は権威主義的ペダルをより強く踏んでいるのです」[28]。

ペトコフが言っていたこととカラカスでミキレーナが述べたことを総体的に見れば、チャベスは私が常にそうではないかと疑ってきた者だとより確信するに至った。知的には未発達の軍人であるが、極端にずる賢く、権力に執着し、その政治的成功は大半が彼の期待して待つ石油価格の急上昇のおかげである。彼の救世主的発言は、石油価格の上昇に直接比例して増大した。2005年半ばまでに、原油が記録的な1バレル60ドルに到達し、かつて穏健派として選挙キャンペーンを行い、その最初の優先事項が汚職との闘いであった同じ人物が、500年の抑圧の後のベネズエラの救国者として自分自身を紹介しているのである。彼はアラブのテレビチャンネル、アルジャジーラとのインタビューで「富者と貧者の間の分極化は、資本主義とネオリベラリズムによりつくり出されたのであり、チャベスによってつくり出されたのではない」と述べた。「それは5世紀以上続いた奴隷システムによりつくられたのだ。500年の搾取……。このシステムは社会的爆発につながる困難な状況をつくった。1989年に私は一人の軍人将校であり、この国が火山のように爆発するのを見た。それから二つの軍事作戦が存在した。その一つに私が数千人の軍人と文民の同志たちと共に参加したのだ」[29]。

権威主義的ペダル

2007年までにチャベスは、権威主義的ペダルを全速力で踏んでいた。06年12月、新たな6年間の任期のための選挙で63％の得票により圧勝した後、彼は次の6年間は、「2007‐21年のシモン・ボリバル国家プロジェクト」の一環として「21世紀の社会主義」の履行開始に向けられるであろうと宣言した。07年1月チャベスが動かす国会は、大統領に18カ月間、大統領令により統治するための全権を与え、とりわけ彼に経済の鍵となる部門を国有化し、軍を「社会主義的」機関に変え、独立系報道機関を弾圧することを可能にした。

政権2期目が開始されたすぐ後に、チャベスは国家の主要な通信会社CANTVの「再国有化」とともにカラカスの電力会社およびそれまで多国籍企業により運営されていたオリノコ川流域重油生産施設の接収を発表した。2007年4月12日の軍に対する演説の中で、チャベスはベネズエラ軍が「社会主義者」であり「本日、あらゆるレベルのどの司令官も魂から国旗を高く掲揚しつつ『祖国、社会主義か死か』と繰り返す義務がある」と述べた(30)。

チャベスは現在までにすでに1バレル70ドルに達した、かつてなく上昇する石油価格と――皮肉にも――前年に約280億ドルの対米貿易黒字をベネズエラに与えた米国の継続的な石油購入によって大胆になった。そして5月に彼は、国の最も古い民間テレビネットワークであるRCTVの免許を更新しないとの誓約を完全に果たした。これは彼の政権を絶えず批判する唯一の全国的な放送網の閉鎖を意味した。この決定はベネズエラでは学生の暴動を引き起こし、米国、チリ、そしてブラジル国会で非難された。チャベス政権はテレビ局の免許を更新しないのは、民主的政府の権利の範囲内であると主張した。しかし実際には報道の自由を擁護するすべての国際団体が、検閲の露骨な事例であるということで意見が一致した。5カ月前にチャベスは、02年のクーデター未遂についての同情的な報道を理由にRCTVの免許の更新を行わないと公然と述べたが、彼は他社がそのネットワークを購入することを可能としたであろう公開入札の呼びかけをしなかった。代わりに彼は、単に「資本主義の反価値感」を奨励しているとしてRCTVを告発し、同ネットワークをTVesと呼ばれる6番目の政府運営テレビと取り換えた(31)。その結果、チャベスは事実上、すべての主要テレビネットワークを支配した。唯一残った公然と政権を批判する大テレビ局――グロボビシオン――は、ケーブル網のみで利用でき、全国には届かなかった。そしてもし、同社が政府に非難を浴びせ続けるのであれば、同社は同じように閉鎖されようと彼は警告した。前例のない権力を蓄積したので、チャベスは今や彼が「ブルジョア民主主義」と呼ぶものへの攻撃の度合いを一段と高めた。2007年6月2日のテレビ放映された演説で、チャベスは、『北米帝国主義』が途上国に権力の分立、権力の交互の交替、民主主義の基礎としての代表制の考えを押し付けようとしているが、大嘘だ!」と非難した。

元大学教授でエル・ウニベルサル紙コラムニストのガリードは、3年前に私に対して、チャベスは20年の革命プロジェクトに乗り出したのであり、それを見たくない者は誰もが事実を見ないようにしているのだと述べたが、彼はずっと正しかったのか？　おそらくこの質問に対する最善の答えは、ベネズエラで最もよく知られた左派知識人であるマヌエル・カバリェロからのものであろう。私が彼に、「チャベスが本当の姿を現しつつあり、最後には心酔したマルクス主義独裁者となるのか」と尋ねたときに、彼はチャベスの左派主義は多少疑ってとられるべきであると述べた。何年もの間、彼を観察した後でカバリェロはこう結論づけた。「チャベスは共産主義者でもなければ、資本主義者でもなく、ムスリムでもキリスト教徒でもないのです。これらが２０２１年まで彼が権力に確実にとどまる手助けとなる限りは、彼はこれらのすべてなのです」[32]。

注

(1)　ベネズエラ・ボリバル共和国、国家統計院「統計報告」№2、２００４年、５頁。
(2)　テオドロ・ペトコフとのインタビュー、カラカス、２００４年８月10日。
(3)　アルベルト・ガリード『ボリバル革命の文書』執筆者版、メリダ、２００２年、１４２頁。
(4)　アンドレス・オッペンハイマー「ベネズエラの富は破産する」『マイアミ・ヘラルド』１９８９年３月６日。
(5)　アンドレス・オッペンハイマー「ベネズエラは鍵となる権利を停止する」『マイアミ・ヘラルド』１９９２年２月５日。
(6)　バート・ジョーンズによるＡＰ通信配信、１９９８年８月３日。
(7)　アンドレス・オッペンハイマーとティム・ジョンソン「大統領となる男」『マイアミ・ヘラルド』１９９８年10月５日。
(8)　コニンドゥストリア工業会議所「国家の生産的発展のための輪郭」２００３年７月、４頁。
(9)　国連ラテンアメリカ・カリブ経済委員会（ＥＣＬＡＣ／ＣＥＰＡＬ）「ラテンアメリカ・カリブ経済の予備的概観」２００４年。

(10) 同右、188頁、図表A－22。
(11) リカルド・ハスマン「ベネズエラの必要性と早期の選挙による解決」『マイアミ・ヘラルド』2002年10月9日。
(12) ファン・タマヨ「ベネズエラの反乱、事件の奇妙な寄せ集め」『マイアミ・ヘラルド』2002年4月16日。
(13) ティム・ジョンソン「指導者の退去は、米国を喜ばすが、その方法は喜ばさない」『マイアミ・ヘラルド』2002年4月13日。
(14) 「ベネズエラにおける明確な米国政策」『マイアミ・ヘラルド』2002年8月3日。
(15) 同右。
(16) オットー・ライクとのインタビュー、2005年1月5日。
(17) 同右。
(18) 「いかなる激励もベネズエラのクーデターには与えられないとホワイトハウスは主張する」『マイアミ・ヘラルド』2002年4月17日。
(19) アルフレッド・ペーニャとのインタビュー、カラカス、2004年8月13日。
(20) ベネズエラ・ボリバル共和国、国家統計院「社会報告書」№2、2004年、5頁。
(21) 「チャベスは、彼の近隣諸国にただ耳を傾ける必要がある」『マイアミ・ヘラルド』2000年12月10日。
(22) 「近隣諸国は、チャベスが暴力グループを支援していると述べる」『マイアミ・ヘラルド』2000年12月5日。
(23) リンダ・ロビンソン「家の近くの恐怖」『USニューズ・アンド・ワールド・リポート』2003年10月6日。
(24) ルイス・ミキレーナとのインタビュー、カラカス、2004年8月12日。
(25) ゲーリー・マルクス「ベネズエラの石油がキューバ経済を押し上げている」『シカゴ・トリビューン』2005年5月16日。
(26) アレハンドロ・M・エルナンデス「チャベスがロビンソン派遣団のキューバ顧問たちに叙勲」『エル・ウニベルサル』カラカス、2005年7月9日。チャベスの引用は、2005年7月9日にロイター国際通信でも流布された。
(27) テオドロ・ペトコフとの電話インタビュー、2005年7月7日。
(28) 同右。
(29) 「米国のイラク爆撃『恐ろしいテロリズム』ベネズエラのチャベスがアルジャジーラに語る」BBCモニタリング、

２００４年12月６日。

(30) クリストファー・ツースエイカー「軍にとってのチャベス、社会主義か死か」『ＡＰ通信』２００７年４月12日。

(31) フィル・ガンソン「抗議は微妙に変化」『マイアミ・ヘラルド』２００７年６月９日。

(32) マヌエル・カバリェロとのインタビュー、カラカス、２００４年８月14日。

第9章　メキシコの政治的麻痺

ほら話「出発した後の列車のように、徐々にスピードを上げ始める。今日のメキシコは、ますます速く進歩している」

（メキシコ大統領府のインターネットポータル、ビセンテ・フォックス・メキシコ合衆国大統領からのメッセージ、2004年10月22日）

メキシコシティ――2006年7月2日のメキシコの選挙で私を最も驚かせたのは、――中道右派のフェリペ・カルデロン候補の予期せぬ勝利に加え――継続性、グローバリゼーション、米国とのより緊密な絆の候補が若者に非常に人気であることであった。若者の票は大変重要であった。1300万人の新規選挙登録者のうち、1200万人が18歳から23歳だった。そして、彼らの多くがビジネスを支持するカルデロンを好んだのである。若者が左派候補や過激な変化に賛成するとの世間一般の通念――学生がチェ・ゲバラのTシャツで大学のキャンパスで集会する日々のイメージにより培われた認識――とは反対に、日刊紙レフォルマの出口調査は、18歳から29歳の投票者の38％がビジネス支持のカルデロンに投票し、34％が左派のアンドレス・マヌエル・ロペス・オブラドール元メキシコシティ市長に投票し、残りが中道候補に投票したことを示していた。左派候補により多く投票したのは年配の投票者であり、50歳以上ではロペス・オブラドールが37％の票を獲得し、カルデロンは34％を獲得した。

メキシコの若者は右派に移行したのか？　それとも同

国の左派は1994年の米国との自由貿易協定以降に成年となったメキシコ人世代が何を考えているかを理解できなくなっていたのか？　カルデロンは43歳でロペス・オブラドールよりも9歳若い。しかしカルデロンは――教会に行く保守派であり、黒いスーツを着てメガネをかけ、本好きの弁護士のようであった――主に彼の現実的で実用的なメッセージのおかげで、若者にアピールできたのである。彼の選挙キャンペーンのスローガンは、「より多くの投資、より多くの雇用」であった。彼は自らの集会でメキシコを一層グローバル化させるよう求め、海外から資金を集め輸出を増大し、世界経済の中で競争力を高めるべきだと呼びかけた。

対照的にロペス・オブラドールのキャンペーンは、メキシコ左派の伝統的な問題に焦点を当てた。高い水準の不平等、経済力の過度の集中、貧困削減のための大規模プログラムの開始の必要性、そして不当な米国の影響から国を守るための「国家主権」と「自決権」に基づく外交政策である。私は「若者たちはロペス・オブラドールよりもカルデロンの下で、より約束された未来を見たのです」と世論調査会社イプソス・ビムサ社のセサール・オルテガ社長に言われた。同社はエル・ウニベルサル紙のために同様の出口調査を行っていた。「彼らはロペス・オブラドールの19世紀の英雄的ナショナリズムよりもカルデロンの実用的な綱領に、より魅力を感じたのです」。大半の世論調査機関は、カルデロンへの票は継続性への票であり、それは国が正しい方向に進んでいると感じた人々によって投じられたと述べている。若者たちに加え、カルデロンは女性、都市生活者、最も高い教育レベルの人々、そして去年よりも今年の方が暮らし向きが良いと述べた人々の間で票を獲得したことを世論調査は示していた。ロペス・オブラドールは高齢者、農村部の人々、最貧層の間で票を獲得した。しかしメキシコは最近数年で、国民の80％以上が都市に住んでいる、より都会の国となった。数年間の緩慢な経済成長の後に経済は4％以上の成長率で成長している。そして過去5年間に、メキシコの貧困は国民の53％から47％に低下した。大きな低下ではないが、もし低下傾向が続くのであれば有意義なものとなりうるものである。

それでもカルデロンは、最近の歴史上、最も僅差で勝利した。彼はロペス・オブラドールに0・58％の差で勝利したが、オブラドールは即座に選挙の不正を告発し、自分自身を「メキシコの正統な大統領」と宣言し、さらに選挙を覆すためのつかの間の試みとして内閣を任命した。彼の左派の民主革命党（ＰＲＤ）は、初めてメキシコ国会の2番目に大きな政治ブロックとなり、手ごわい政治勢力となった。そしてメキシコではロペス・オブラドールが２０１２年の選挙に再び挑戦しないことにあえて賭ける人は少ない。

秘密の手紙

２００６年選挙からそれほど遠くない前には、ロペス・オブラドールは世論調査ではるかに有利な立場にあり、彼が確実な勝利者と思われていた。メキシコにおける一般的通念は、彼をメキシコ版のベネズエラのウーゴ・チャベスとして描くというよく計画された政府キャンペーンのみが、おそらくは彼の人気を蝕むことができようが、それでも彼に敗北をもたらすことはありそうにないというものであった。そしてロペス・オブラドールは彼の側近の顧問たちから催促され、彼の政敵からのどんな流言戦術をも避けるための行動をとった。

２００５年3月11日に、ロペス・オブラドールは国の数百人の最も富裕な企業家に秘密の手紙を送付した。手紙は決して公表されなかったが、「親愛なる友人」で始まり彼の扇動的な公の場の訴えとは完全に相反するものと思われた。それは、「否定的な根拠のない表現により」企業家たちの間で彼に「汚名」を着せようとする反対派の攻撃を告発するものであった。それは明らかにロペス・オブラドールはチャベスのような過激なポピュリスト的大統領になるだろうとの主張に反論したものであった。実際ロペス・オブラドールは手紙の中で、何も恐れることはないこと、彼の政府は決してメキシコのマクロ経済政策から袂《たもと》を分かつことを目指しはしないと述べていた。「問題への解決策は、ルイス・エチェベリア大統領やホセ・ロペス・ポルティーリョ大統領が統治していた１９７０年代に戻ることではないのです」と手紙には書いてあった。「今日、私たちはより民主的な国家に住んでおり、その経済と社会は国家の経済破綻がもう一度起これば、もはや耐えることはできないでしょう。また自由貿易協定の下にあり、同協定はグローバル経済の中で、非常に多くの労働者が依存している工業輸出品の生産に貢献しています。私たちは自らの利益のためにグローバル経済を利用していかなければならないのです」。それゆえに、「私たちは代替プロジェクトへと針路をとりつつあるところであり、国はその安定性を危険にさらすべきではないのです。公共財政と社会に害を与えるインフレ急騰を避けるためにマクロ経済の均衡は尊重されるべきです。責任ある財政金融政策があるべきであり、それは経常支出の削減から始まるものです」と彼は付け加えた。言い換えれば、ビジネスエリートは何ら心配することはないということである。もしメキシコで初めて権力がPRDの左派候補に移ったならば、色合いには些《さ》細な変化があるかもしれないが――「開発政策が必要とされ」「産業建設部門でのより大きな刺激策」と「生産活動にもっと近いところで信用を供与することができる地域銀行への新たな特権付与が必要とされる」――しかし革命ではなく過激な変化ではないのである。メキシコはチリ、中国、インドと競争する必要があると書簡は述べており、もしロペス・オブラドールが他のラテンアメリカの大統領に例えられるとすれば、チリのグローバリゼーション賛成派で社会主義者であるリカルド・ラゴスであろうと示唆していた。

この手紙は誠実なものであるか？　あるいはそれは冷徹な政治的動きで――チャベスが最初の選挙で行ったと同様――ビジネス部門の支援を得て中道票を獲得するために計算されたものなのか？　明らかに、ロペス・オブラドールは中道に移行する必要があった。彼の戦略家たちは世論調査を読み、メキシコは知識人たちが自認するよりもはるかに保守的な国であることを知ったのである。ロペス・オブラドールが手紙を書くよりも前にイプソス・ビムサ社により行われた全国調査では、左派よりも右派に賛同するメキシコ人がより多いことが明らかとなった。メキシコ人の36％が自らを「右派」と見なし、28％が「中道」、17％のみが「左派」と見なし、残りは政治領域のどこにも位置づけていない(1)。ロペス・オブラドールは、選挙で勝利するためにはPRDが絶頂期に獲得した24％の支持を獲得しなければならないことを知っていた。マヌエル・カマチョ・ソリス国会議員――PRDに移る前に制度的革命党（PRI）の大統領候補にあと一歩であった元外相でメキシコシティ市長――に助言されて、ロペス・オブラドールは大企業、米国、国際的報道機関の間で彼の立候補について懸念を引き起こしうる問題を中立化させることに専念した。そして彼はへまをしなかった。

彼の顧問カマチョは企業家たちに出した私的手紙の数カ月後、2005年6月にブッシュ政権のラテンアメリカのトップの専門家たちと会合するためにワシントンを訪れた。当時の国務省西半球問題担当国務次官補ロジャー・ノリエガや当時のホワイトハウスの国家安全保障会議（NSC）の米州問題担当部長トム・シャノンとの会合で、彼は手紙の内容と同じメッセージを持ってきた。米国はロペス・オブラドールの勝利を何ら恐れることはないというものである。カマチョは「私には彼らが非常に冷静に見えました」とワシントン会合の数日後に私に述べた。ノリエガとシャノンはメキシコの指導部におけるありうべきいかなるイデオロギー的移行よりもメキシコ国境における犯罪の急増に、より懸念を表明したと彼は付け加えた[2]。ブッシュ政権が以前にも同じような態度を示したことがある。2004年11月、コリン・パウエル国務長官がメキシコ訪問中に、もし左派主義者が勝利すれば米国はどう反応するかと聞かれて、ロペス・オブラドールに暗黙の支持を与えていた。「ブッシュ大統領は、他のメキシコの指導者を歓迎すると同様に温かくそのメキシコの指導者を歓迎しよう」とパウエルは述べた[3]。それから大統領選挙キャンペーンを正式に開始する前にロペス・オブラドールは、同様の安心させるメッセージを送るために次から次にマイアミ・ヘラルド紙、ニューヨーク・タイムズ紙、フィナンシャル・タイムズ紙とのインタビューを行い始めた。

私の参考とするのはカルデナス将軍である

私がメキシコシティの市長執務室で、パウエルの発言の数日後にインタビューしたとき、ロペス・オブラドールは満面に笑みを浮かべていた。彼が米国政府から好意的な言葉を受け取ったのは初めてであった。彼の執務室でそばにいたカマチョ国会議員と共に座ると、彼は自分のことを政治的穏健派で、「新世代」の精神的特質を持つ現代的左派主義の模範であると紹介した。しかし彼が私に話したことからすると、その政治的発想は最も退化したポピュリスト的メキシコ・ナショナリズムからきていた。

ロペス・オブラドールは、内気ではあるが思いやりのある男であった。彼の執務室はあまり人の手が入っておらず、彼の飾り気のないイメージそのままであった。政治家の執務室につきものの内外の指導者の写真や外遊のお土産も見当たらなかった。前夜、夕食で2人の有名なメキシコ人知識人が、ロペス・オブラドールは世界の他の地域で何が起こっているかについてまったく疎い政治家であり、外国に旅行したこともなく、パスポートさえ持っていないと述べていた。私が尋ねたとき、彼は肩をすくめて「嘘だ」と答えた。彼は一度ならずも外遊し、ニューヨークで証券会社の経済専門家とワシントンでは国務省官僚と会ってさえいたのである。

私はどのくらいの時間があるのか分からなかったので――最終的に彼は、私に1時間以上割いてくれた――単刀直入に話すことに決めた。「あなたは政治的に自身をどう定義しますか」と私は尋ねた。「誰の左派的枠組みに立つのですか、リカルド・ラゴスのですか、チャベスのですか？」。

L・O（ロペス・オブラドール）　私は人道主義者です。人々はいつも私がチャベスのようなのか、ルーラのようなのかを尋ねるのです。よろしい、私はアンドレス・マヌエルです。おのおののリーダーは、おのおのの歴史と環境を持つのです。カーボンコピーはないのです。

私　ですが例があります。モデルがありますが……。

L・O　そうですが、私たちはメキシコのプロセス、その歴史、この国において民主的運動であったものに集中すべきであると信じます。私は、私たちの国の歴史の最良のものに着想を得たと言いたいのです。

私　すみません、あなたは実際には何も言っていないのですが。

L・O　私はチャベスではないが、ルーラでもなく、フェリペ・ゴンサレスでもラゴスでもないと言いましょう。私はどの国家元首でもまた別の国のどの大統領であっても尊敬するように、彼らの政治的な立場がどうあろうと、彼ら全員を大変尊敬しています。彼らが右派であっても彼らを尊敬していると言いましょう。

私　メキシコ国内であなたを批判する人々は、左派、中道、または右派であってもあなたがもう一人のチャベスとなるだろうと言っています。

L・O　それは単なる安っぽい政治的発言です。それを真面目にとることはできません。それは代替的プロジェクトの進捗と最近数年間にこの国で適用された政策の失敗と関係しているのです。それでは彼らが他の者たちにはどのようにレッテルを貼っているのでしょうか？　彼らはどのように恐怖を広めるのでしょうか？　彼らはポピュリズムについて話すのです。概念的な観点から見て、彼らは何ら知的な厳密さを持っていないとあなたに言いましょう。彼らはポピュリズムが何かさえ知らないのです。我々の歴史、メキシコに属する歴史では人気のある政治家たちがいたのです。ラサロ・カルデナス将軍の事例があります。例えば、ここで起きたことは右派ポピュリズムでした。ポピュリズムは左派や中道よりも右派と結びつくということをあなたに言いましょう。

私　あなたにとってカルデナスは参考となりますか？

L・O　私にとっては、そうです。彼は参考となります。平等を探し求めたホセ・マリア・モレロスのように、あるいはメキシコのみでなく全世界において最も重要な政治家の一人であるベニート・フアレスのように。メキシコにおいて起こっていることを理解するためには、革命（1910－17年）から1970年までに起こったことを見る必要があります。メキシコは34年のカルデナス将軍の政権の始まりから70年まで発展したのです。

私は彼の答えについて考えてみた。現代史のこの時点において、彼の参考となるのがカルデナス将軍であることは、厄介であった。もし、20世紀が何かを教えたとすれば、それは進歩した国々が――彼が言及した中国、インド、チリを含む――カルデナス政権を特徴づけた国家管理介入主義をまさに放棄したことであった。厳密に話をすれば、カルデナスはインディオの権利に対する情熱といった美徳を持っていたものの、権威主義的大統領だったのであり、その経済政策はやがては国家を荒廃させてしまった。メキシコ革命の初期の原則への回帰を主張しつつ、彼の政府は1934年から1940年の間に、国家が実際に生産している、あるいは生産することができるよりもはるかに多くを分配した。彼は鉄道や石油産業を国有化し、小土地所有と共同体所有という非常に非生産的となった二つの所有形態のモデルを奨励する農地改革を実行した。カルデナス政権はメキシコ北部の企業家たちの間の反乱の引き金となり、彼らは39年にカルデナスの促進したポピュリズムへの反発として国民行動党（PAN）を創設した。

PANの公式な歴史、『国民行動党の歴史　1939

―40年』によれば、党はカルデナスの権威主義や政権の汚職、そして勤勉、犠牲、根気等の基本的価値を無視したことに対する返答として生まれた。カルデナスの政策はメキシコを「上からの解決という蜃気楼」に逆戻りさせ、実務的解決策を美辞麗句の解決策に置き換えた(4)。PANの創設者のマヌエル・ゴメス・モリンは、革命後の政権で働いたがすぐに失望し、「経済の完全な集団化や、メキシコ国家が所有者、企業家として疲弊した経済に不適切かつ腐敗した形で介入することに公然と反対する」新しい政党を創設した(5)。おそらくPANの成長は北部メキシコの企業家エリートの見方にゆがめられすぎてはいるが、すでに約100年前に期待外れと言われ、適用された多くの国々で失敗したポピュリスト的解決策への反発を反映しているのではないだろうか?

少しだけより相対的な自治

彼が話し終えると、私は「ポピュリズムで非難された候補が過激な枠組みを提示した私の知っているあらゆる国において、彼が生み出したのは資本逃避、企業閉鎖、さらなる失業、さらなる貧困の悪循環のみだったのです」と意見を述べた。カルデナス将軍の名前を政治的な参考として挙げることで、彼はまさにそうなることを約束しているのではないか?　ロペス・オブラドールはおそらくは沼地に迷い込んだと感じて、会話を現在に戻した。

「しかし私は過激な枠組みを提案してはいません」と彼は答えた。「私たちはマクロ経済政策を維持しなければならないと考えます。ただ経済学者あるいはテクノクラートたちが言うように、経済成長という変数を唯一付け加えるのです。そして、これまでそれは起こっていません。メキシコの経済政策は『惨めな失敗』でした」と彼は続けた。過去数十年を短時間で要約しながら、ロペス・オブラドールは「1954年から70年までの、アドルフォ・ルイス・コルチネス大統領任期から始まるメキシコは経済が年率約7%で成長した『安定した発展』を経験した」と回想した。「あなたが中国で見ていることは、すでに私たちがメキシコで経験したことなのです」と彼は言った。「もちろん所得の分配はなく、不平等の問題はありましたが、経済成長はあったのです」。

それから1970年が始まり、ルイス・エチェベリアとホセ・ロペス・ポルティーリョの大統領の下では、年率６％の成長の「分かち合う発展」として知られる段階がやってきた。「確かにマクロ経済の不均衡と、インフレ、債務、通貨切り下げを伴いましたが、経済成長もあったのです」と彼は続けた。「その後、テクノクラートの段階が１９８２年に始まり、経済が完全に停滞しました。『構造的変革を行おう』と。しかしながら、82年から現在まで経済成長率は年２％でした。１人当たり国民所得の成長率はゼロでした。それで、どうやって彼らのモデルが機能すると主張できるでしょうか？　21年間、経済成長なしだったのです。現在私たちが経験しているような不況や停滞は、メキシコの歴史では決して経験したことはなかったのです。革命の間でさえも決してなかったのです」とロペス・オブラドールは述べた。

彼の話は政治的には魅力あるものだったが、少しごまかしていると私は思った。メキシコ経済は82年にテクノクラートが政権の座について以来、まったく成長していないと述べたとき、彼はミゲル・デ・ラ・マドリッド政権から話を始めていた。そして、デ・ラ・マドリッドについてのテクノクラート的な唯一のことは、離任直前にペソ通貨切り下げを行い、銀行を国有化し、交換率を固定したロペス・ポルティーリョから引き継いだ経済的破綻を癒やすことに努める以外に選択肢を持たなかったことである。ロペス・オブラドールは１９８２年、87年、95年の経済破綻の結果を含む過去20年の平均経済成長の数字を使ってそうした主張を行ったが、それらの経済破綻はすべて中央集権的ＰＲＩ政権の浪費により引き起こされたものだった。だが現実が示しているのは、まったく反対だった。95年から２００４年まで、テクノクラートにより支援された経済開放政策が適用されたときには、１人当たり平均国民所得は年６７８０ドルから９６６６ドルへと43％増加した[6]。これらの数値は、ロペス・オブラドールが言っていることと正反対のことをはっきり示しているのではないのか？　明らかにそれは、すべて数値をどう読むかにかかっていた。

ロペス・オブラドールの支持者は、最近では米国とカナダとの北米自由貿易協定（ＮＡＦＴＡ）に反対したとき、間違いを犯した。同協定が94年に発効する前に、メキシコ左派の旧守派はメキシコを植民地化しようとする米国の策略であるとして協定に反対した。しかし、10年後に同協定の下ではメキシコが米国よりも有利な立場にあることがあまりに明白であったために、ロペス・オブラドールでさえ、もはや協定を完全に否定することを口にはしなかった。NAFTAはメキシコにとり成功であったことは疑問の余地がない。その貿易バランスは、1994年の31億5000万ドルの赤字から、2004年には555億ドルの黒字となった(7)。このことは、ロペス・オブラドールの党が国家の経済的利益よりも先にイデオロギー的偏見を置くことにより、大変な間違いを犯したことの何よりの証拠となるのではないか？

「開発という点では、メキシコのように国際金融機関の指図に必要以上に自らを適合させた国々は、あまりうまくいかなかったのです」とロペス・オブラドールは続けた。「ここに経済運営を行う人々の問題があり、彼らは国際金融機関が求めた以上のことを行ったのです。彼らは原理主義者のような大変な正統派でした。前進できた国々は、マクロ経済政策やグローバリゼーション政策のどちらも拒絶することなく、多少、より相対的な自治を維持した国々なのです。チリまたはスペインがそうであるように、アジア諸国はもちろん、ほとんどすべての例についてそうしたことが言えます。彼らは政策運営におけるより多くの自治権を持ったがゆえに、より高い経済成長率とより大きな発展を遂げているのです」と彼は述べた。

再び彼の経済的結論は、中国、チリ、その他の成功した国々への旅行の間に私が見てきた現実と衝突するように思えた。それらの国々は、——国際金融機関の処方箋に従ったのであろうとなかろうと——経済開放とグローバリゼーションに大きく賭けたのである。中国のようないくつかの国々は、国際通貨基金（IMF）からの条件付き融資を要求することなく、彼ら自身の経済開放の処方箋に従っていた。チリのようなその他の国々は、副次的なテーマについてはより大きな独立性を示したが、主要な構造改革に関する限り、国際金融機関の助言に文字通りほとんど従った。しかし良いとしよう。ロペス・オブラドールがおそらく彼の信じる政治的な立場を持つことは明らかであり、私は確かにそれは彼の支持者たちが聞きたいことなのであったと考えた。彼の強みは、我々が見るように彼の学生時代においても決して経済ではなかった。我々がそのテーマについて語り尽くしたと推測しつつ、私は次に移った。

それでは国際政治の点では、彼の参考とするのは何であるのか？　彼はルーラ、チャベスあるいはカストロを個人的に知っているのか？　彼らについてどう思うか？

私が彼に尋ねると、「私はルーラを知っており、フェリペ・ゴンサレスを知っています。チャベスは知りません。またフィデルもです。私はチャベスまたはフィデルと話したことは一度もありません。私はルーラとフェリペと話したことがあります。そしてラゴスやタバレ・バスケスにも会ったことはありません」と彼は答えた。それではベネズエラとキューバのプロセスについての彼の意見は何なのか？「これについては、意見を差し控えたい。各国はその状況と歴史を持つものと信じています。私は、そのことについて判断を下すつもりはありません」と彼は返答した。

地方の政治家から全国指導者へ

反ロペス・オブラドール派は、彼を苦難の過去――１９６８年、当時彼の15歳の兄は父親の店で２人が見つけたピストルで遊んでいるときに発砲により負傷し死亡している[8]――を持つ権威主義的な男として描いている。そして彼には、どこでも陰謀の存在を想像するという被害妄想の気があった。ロペス・オブラドールは、１９５３年にタバスコで生まれたメキシコ国立自治大学（ＵＮＡＭ）の活動家学生であり、万年学生であった。政治社会科学の学位を取るのに14年もかかった彼は、87年に34歳で卒業した[9]。その間、彼はＰＲＩの闘士であり、先住民共同体における熱心な政治的中核グループの一員として傑出していた。ＰＲＩの非先住民メンバーで、彼らの時間の多くをそこで過ごすことに関心を有していた者はごくわずかだった。87年には、彼は州都ビリャエルモサから32・２キロメートルのナカフカに拠点を置く国家インディヘニスタ院（ＩＮＩ）のタバスコ州代表に任命された。彼は先住民投票者の間での影響力により、すぐに州全体でＰＲＩの鍵となる人物となった。そして82年、29歳のときに彼は全州のＰＲＩの責任者に任命された。88年にクアウテモック・カルデナスや前年にＰＲＩを離れたＰＲＩ左派政治家の後を継ぎ、彼はカルデナスを支援した政党連合である国家民主戦線からタバスコ州知事に立候補した。カルロス・サリーナス・デ・ゴルタリの疑わしい選挙勝利の後に、ロペス・オブラドールは

1994年、その直前に創設されたPRDに参加、州知事職に再び挑んだ。選挙戦では、2006年の大統領選挙で最大のライバルとなる男、PRIのロベルト・マドラソ候補に立ち向かった。メキシコの最近の歴史の中で最もスキャンダラスであった選挙の後、マドラソは勝者に選ばれ、ロペス・オブラドールは巨大な不正を――おそらく正当な理由があって――公に告発した。

タバスコの不正は、ロペス・オブラドールをさらなる過激主義者に変えた。彼はメキシコシティへの「民主主義のためのキャラバン」を組織し、それは彼に全国的な知名度を与えた。96年にPRD全国指導部からの節度を守るようにとの要請を無視し、ロペス・オブラドールはタバスコにある国営石油独占企業メキシコ石油公社（PEMEX）の500以上の施設の封鎖をけしかけ、企業に地方経済へより多くの資金を献金するよう要求した。油田の封鎖は国を麻痺させる恐れがあるため、すぐその後、PRIのエルネスト・セディーリョ大統領政権が屈服し、タバスコの国営企業へより大きな資金を配分した。タバスコの運動は、ロペス・オブラドールをして全国的なPRDの指導者にならしめた。しかし同時に、首都の政界やビジネス界で疑念の種をまき始めた。力ずくで油田を奪取した政治指導者から穏健さや常識を期待できるだろうか？

多くの仕事、多くの債務

2000年にロペス・オブラドールは、国の2番目に最も重要な政治的ポストであるメキシコシティの行政府の長に選出された。勤務1日目から、彼の輝かしいコミュニケーション政策のおかげで、彼は全国メディアの見出しを毎日飾り始めた。彼は毎朝6時に記者会見を開き始めた、これは彼にダイナミックなイメージを与え、夜明けとともに起きる数百万人の労働者や農民と彼を結びつけるのみならず、全国の報道機関に毎日の政治的アジェンダを発表することを可能にした。毎日いくつものラジオ局で生放送される記者会見の間――他のどこで、その時間に「新鮮な」政治ニュースを得られようか？――ロペス・オブラドールが何か発言すれば即座に議論の的となり、全国政府から「人気をさらい」、政府を防御に回らせた。しばしばその声明は約束以上のものは何もなかったが、フォックス政権の停滞と眠そうなイメージとは対照的に、常に動いている有能な首都の行政府の印象を与えた。

同時に、ロペス・オブラドールはレフォルマ通りの改修のような見た目に大きなインパクトのある公共事業——第2レベルの環状道路——に着手し、テルメックスの所有者である大富豪カルロス・スリムの支援により市の歴史的ダウンタウン地区の経済再生を行った。老人への補助金や未婚の母への支援等のその他の措置は、報道機関に大きなインパクトを与え、市が大きな債務を抱えるとの批判を陰らせた。メキシコシティ議会の数値によれば、市の負債は、2000年のロペス・オブラドール政権発足当初の26億ドルから、04年末までに約40億ドルに増加した。それはかなりの額に上るが、公正を期すために言えば、メキシコの首都の歴史において前例がないわけではなかった(10)。

権威主義的な男か？

しかし反ロペス・オブラドール派は、彼の政権の特徴は権威主義、汚職、被害妄想、無責任にあると指摘した。彼の主要な協力者であるグスタボ・ポンセとレネ・ベハラーノが汚職で逮捕されたとき——前者はラスベガスのカジノで大きく賭けていたところをビデオで撮られ、後者はPRDと関係のある企業家からドルの詰まったアタッシェケースを受け取っていた——、ロペス・オブラドールは彼の補佐官たちに対する徹底的な調査と法の厳しい執行を要求する代わりに、逮捕は彼の信用を落とすためのフォックス政権と米国による陰謀の一環だと告発した。大部分の報道機関は彼のわなに落ちた。メキシコの報道機関は必ずしも彼を信用していなかったが、PRDの汚職を深く掘り下げる代わりに、彼の告発がそれに値するのかどうかの調査に集中した。再びロペス・オブラドールは議題の支配権を得て、それを彼の有利な方に転回し、汚職問題は影が薄れていった。

その後、ロペス・オブラドールが政治的な嵐を乗り切ったことが明らかになると、フォックス政権は彼の立候補にブレーキをかけようと試み——一度としてそれを認めることはなかったが——相対的に軽い犯罪で彼を弾劾しようとした。法廷侮辱罪の事件であり、没収令状に従わなかったことで告発されたが、うまくいけば2006年の選挙立候補を阻止することができたかもしれない。ロペス・オブラドールは攻勢に出て、フォックスとPRIが彼の政治的権利を否定することをたくらんでいると非難し、富裕な強者によりたくらまれた陰謀の犠牲者としての役割をかつてなく強化することに成功した。そうしたマントに包まれ、簡素な暮らしぶりと脚光を浴びた公務の評判に助けられ、彼はますます汚職と経済的無責任についての非難に抵抗力をつけていった。彼の登場する公のイベントに数万人をバスで運ぶことを可能とした公金利用のPRI後援スタイルの大規模集会で、彼は全国規模の混乱が起こる可能性をほのめかしつつ、フォックス大統領に彼を弾劾する試みをやめるよう無理強いした。政府がロペス・オブラドールに対しては、正当な理由なく軽犯罪で法律を厳格に適用しながら、富める影響力のある者にははるかに深刻な事件で法を適用しないことが一体どうして可能なのかと多くのメキシコ人たちは自問した。2005年4月フォックスは、不利な状況を何とか切り抜けようと決定した。彼は告訴を行った検事総長のラファエル・マセド・デ・ラ・コンチャ将軍を首にし、すべてが棚上げされた。

ロペス・オブラドールを弾劾し政治的に破滅させることにそれほどの賭けに出た後で、一体なぜフォックス大統領は方針を撤回せざるをえなかったのか？　最も明白な理由は、内外の世論がロペス・オブラドールに傾きつつあり、政府にとっては選挙まで1年足らずとなり、この出来事が忘れられるのを願いつつ迅速に手を引くことが最善であるとの冷静な計算であった。しかしロペス・オブラドールの内部関係者によれば、政府の決定には、あまり知られていないものの、決定的な二つの追加的な動機があった。第一にフォックスの決定の前日に、リカルド・クレメンテ・ベガ国防相は大統領に対して、もし大衆の抗議が再開されるのであれば、メキシコ軍はロペス・オブラドールの支持者に対抗する行動はとらないこと、また危機について政治的解決を模索する必要性があると述べていた。「将軍は、抑圧に反対でした」とロペス・オブラドールの選挙陣営の高官は私に述べた。第二に同日、最高裁のメンバーがロペス・オブラドールに対する訴訟事件は技術的な不備だらけであり、最高裁が無効審理を宣告する可能性が強いとフォックス内閣の2人の閣僚に内々打ち明けたことである。その状況でフォックス大統領は、撤回が最も犠牲の少ない代替策であると決定した。

後になって、当時の政権の閣僚サンティアゴ・クリールはそうしたうわさを否定した。彼によれば、フォックスはもっぱら判事が訴訟を却下し、訴訟手続きが成功するかについて深刻な疑義があったためにその決定を行ったのである。「私たちは、抗議行動については心配していませんでした。私たちは、政治的影響を心配していたのです」と数カ月後にクリールは私に述べた[11]。

ロペス・オブラドールの政治的勝利は、元協力者で少なくとも一つの訴訟では疑義のある活動について上司が知っていたと主張していたベハラーノとポンセのビデオ・スキャンダルから注意をそらせたのみならず、彼の政権に対する他のいくつもの告発からも同様に注意をそらせた。例えばスペインの投資会社エウメックス――2500の広告付きバス停を持つ市最大のバス停留所の認可保有者――は、1995年からエウメックスが享受してきた認可を奪うために、マフィアのコーサ・ノストラ風に雇用者や幹部に激しい嫌がらせをするよう扇動したとしてロペス・オブラドールを告発していた。

PANやPRI内のロペス・オブラドールの政敵は、市長の公共事業がポピュリズムのための記念碑であると述べた。それらはレフォルマ通りの改修のように非常に人目を引くものであったが、債務の増大や基礎サービスの質の低下を犠牲にして実行されており、将来、市に悲惨な結果をもたらすものであった。PRIが政権を担当する隣のメキシコ州政府によれば、メキシコシティはロペス・オブラドール政権期間中の水道供給網の投資と維持管理不足のために、2007年初めには飲料水が不足するであろうということだった。ベンジャミン・フォルニエール・メキシコ州水道公共事業長官は「ロペス・オブラドールは飲料水網の維持や大衆に水消費削減を教育することを気にかけていないのです」と述べた[12]。

ロペス・オブラドールは市を統治している間、反対派との間の溝を埋める才能を何ら示さなかったと彼に批判的な人々は述べた。4年半の任期中、彼は市議会の野党PANのいかなる代表も、また地方議会の議会調整官さえも執務室に迎え入れなかった。PANの2議員は記者会見に参加し、彼に質問できるためには提訴し勝訴する必要があった。「あなたが市政を運営しているとして、市で最も重要な野党であるPANと会合しないことを想像してみてください」とクリールは私に指摘した。「そのことを想像してください。それは閉鎖的な考え方をする当局であって、聞く耳を持たず、見ることもせず、誰が対面して机に座ろうと対話しないのです。これらは、国の民主的変化や民主的移行と相容れる民主的な特質ではありません」(13)。

ロペス・オブラドールの問題
――彼がしようとしないもの

ロペス・オブラドールと話し、彼が言うことを批判派の主張と比較した後で、私はどんな結論を引き出したか？この左派候補は個人的な質素さを含めて、いくつかの肯定的特質を持っていた。彼はいつも小さな控えめな家に住み、慎ましい日産セントラに乗っていた。メキシコの政治階級の大多数とは違い、規律正しい個人生活を送っていた。２００３年に妻と死別する前までは末期的病状の妻に長年寄り添い、３人の子どもの世話をした。高級な生活を望まず金に関心はない。彼が取りつかれているのは権力であった。朝5時に起床する習慣がすべてを物語っており、メキシコの政治家たちの大多数から彼を際立たせていた。先住民共同体で生活するという彼の履歴も、メキシコの先住民について関心があると主張しつつ決して言葉以上には何の約束も示さない多くのライバルたちから彼を際立たせていた。ロペス・オブラドールは、メキシコの先住民に親近感を持つ男であり、それは選挙の年の間だけではなかった。

しかしながら私がロペス・オブラドールに関して最も懸念するのは、彼の強みが経済ではないことである。大学生としての数年間に彼は七つの科目を落としており、その大半が数字に関するものである。経済学を2度、数学、そして統計学である(14)。これは些細なことではない。なぜならそれは、彼の政治演説や「テクノクラート」的と思われそうなすべてのことを――良かれ悪しかれ――本能的に拒絶すること、中国やチリにおける経済的成功の基礎条件に関する回答の中で彼が見せた取り違え、同様にメキシコシティ市長在任中の心もとない財政運営と完全に一致していたからである。

もし大統領となれば、彼は競争力、成長、貧困にしかるべき優先度を与えるのだろうか？　中国、チリ、その他の国々が長期的成長を確実なものとするために行ったのと同様の経済構造の変革を行うのだろうか？　彼はメキシコを無気力から立ち上がらせるために、保護主義的企業家、腐敗した労働組合、前近代的な国立大学に立ち向かうのだろうか？　これらは無意味な質問ではない。ロペス・オブラドールの支持の大半は、前近代的なメキシコに固執するセクターからきており、それは国最大の予算を持つ最大の国立大学であり、次の章でも見ることとなる教育の後進性の顕著な例である巨大なＵＮＡＭを含むのである。言い換えれば、ロペス・オブラドールの勝利により最も問題となることは、彼が何をするかではなく何をしないかである。

彼は結局、自ら破滅をもたらした。この左派候補は、選挙日の前の世論調査では優勢であったが、選挙キャンペーンの最終直線コースで、国内最強の大企業連合であるビジネス調整協議会に口頭の攻撃を始め、重要な基盤を失った。それにより彼は左派政権は社会的対立、資本逃避、工場閉鎖、雇用の減少等をもたらすとのカルデロンの主張の安易な標的となった。多くの人々がおびえ、カルデロンに投票することとなったのである。

ビセンテ・フォックスとメキシコの麻痺

２００６年初期の選挙キャンペーンでは、国が緊急に改革を必要としていることに疑いはないと思われた。メキシコは転換期において眠り込んでいた。一般的に言えば、ビセンテ・フォックス大統領はまともな統治を行ったが――勇気の欠如か、貧弱な政治的運営または反対派がすべての彼のイニシアチブを組織的に阻止したためか――国はほとんど前進せず、その間にも中国、インド、その他の新興諸国が先を急いでいた。フォックスの6年間の統治の間、メキシコは世界的な指標のほぼすべてで後れを取っていた。各国の経済、技術、組織の活力を考慮に入れた世界経済フォーラム国際競争力ランキングによれば、メキシコは２０００年の31位から05年の48位に下落していた。多国籍コンサルタント企業ＡＴカーニー社が編集した海外直接投資信用指標によれば、メキシコは01年の5位から04年の22位に急落していた。世界競争力センターＩＭＤランキングによれば、メキシコは00年の世界14位から05年の56位に転落していた。そして、エコノミストの情報ユニットの世界ビジネス傾向指標によれば、メキシコは00年の31位から05年の33位に滑り落ちていた。

何が起こったのか？　70年間のＰＲＩの鉄拳支配の後の最初の反対派大統領であるフォックスは少数派政権を運営した。彼の最も重要な法案は国会で多数派の野党により組織的につぶされた。強硬な態度をとることを彼が嫌がったことが――例えば、前政権のＰＲＩの汚職政治家を投獄すること――国会におけるＰＲＩ議員団に対して強い立場から交渉する能力を蝕んだ。同様に彼の政権は運が悪かった。最初の3年間の任期は、10年間における最初の米国経済の減速と一致し、メキシコの製造品輸出を減少させ、国の経済成長を麻痺させた。最後に、2001年9月11日のテロ攻撃が、米国との自由貿易協定を拡大して移民改革を交渉するとのメキシコの希望に壊滅的な打撃を与えた。ブッシュ政権――9・11のほんの数日前には、メキシコが世界における米国の「主要な2国間関係」であると宣言した――は、アフガニスタンとイラクにおけるイスラム・テロとの戦争に身を投じた。一夜にしてメキシコは、ワシントンの主要な2国間関係から戦略的に重要性のないものになった。

フォックス政権は、これらのつまずきにもかかわらず、いくつもの分野で成功を収めたと主張した。世界銀行によれば、貧困は任期の最初の2年間で4％低下した(15)。後に、政府自身のいくらか矛盾する資料が、貧困削減はさらに大きかったことを示唆した。フォックスは彼の政権の間に、700万人のメキシコ人が極貧から引き上げられ、貧困層は2400万人から1700万人に削減されたと主張した。しかし、社会開発省が厳選した学識者からなる貧困測定技術委員会は、極貧の削減はより少ない約560万人であると推定した(16)。

いずれにせよ規律のある経済、社会支出の増加は――世界銀行によれば総生産の8・4％から9・8％へ――、これまでの政権を襲ってきたような経済危機に見舞われなかったことから、当初「変革の政府」と呼ばれて生み出された期待よりもはるかに少なかったものの、フォックスの最初の5年間にメキシコは生活水準を上昇させることが可能となった。1人当たり国民所得は、2000年の年8900ドルから9700ドルに増大した(17)。加えて、これはＰＲＩ政権のような汚職スキャンダルなしに達成され、国民が初めてすべての政府調達の詳細を見ることを可能とする政府情報への国民のアクセスと透明性に関する法律を政府が通過させるという民主主義の風潮の中で達成された。

外交政策の点では、フォックスはキューバ独裁政権の無条件の同盟国としてのメキシコのイメージを変え――一方でキューバに対する米国の貿易封鎖には引き続き反対した――、そして国際関係における統治原則としての人権擁護においてヨーロッパの近代民主主義諸国に合流することで名声を得た。

これらはすべて進歩の印であり、ある場合にはフォックス政権の業績であり、その他は天運のおかげである。貧困削減の一部は純粋に幸運な要因のおかげによるものであった。米国で働くメキシコ人からの大量の送金は、2000年の年65億ドルから04年の166億ドルに急増した[18]。これは貧困国民のポケットに直接届く現金であり、貧困から数百万人のメキシコ人たちを救済する上で巨大なインパクトを持ち、国内消費を増大させ、経済を刺激した。メキシコは外国投資によるものと同等の資金を送金により受け取っていた。そしてそれは、フォックスが彼の政権の偉大な業績として挙げることはとてもできないものであった。

クリールには、強権が不足

フォックス政権は当初からいくつもの大きな間違いを犯した。そして後に与党の大統領候補指名を得ようとして成功しなかったサンティアゴ・クリール大統領府長官が、これら失敗の多く――全部ではないが――の中央舞台にいた。フォックスは選挙後の人気の高まりを利用して、メキシコが中国、インド、東欧との競争のために必要であるとの一般的なコンセンサスのある税制、労働、エネルギー改革を議会に承認させることに当初から集中すべきであった。代わりにメキシコ大統領は、チアパス州「平定」と地元指導者である下部司令官マルコスとそのサパティスタ軍との政治的合意模索のために任期最初の6カ月を浪費した。そのイニシアチブは予見されたごとく、どこに向かうこともなかったばかりか長い間国家の安全保障にとって脅威ではなく、数年前に新聞の第1面から消えていた問題について政治的資本を浪費することを意味した。

そのすぐ後、2002年半ばに、政府は提案していた主要なインフラ・プロジェクトをキャンセルすることで、大きな政治的敗北を被った。ほとんど1世紀前のメキシコシティの飛行場に代わる23億ドルの巨大空港のことである。PRDにより支援された300人の農民が、人質にとった幾人かの官僚を釈放する前に、彼らの土地のより大きな補償を要求し、9カ月にわたる抗議行動と道路封鎖を行った後に、政府は新空港建設を中止した。多くのメキシコ人に対し、フォックスは弱さの徴候を見せ、あるいは少なくとも計画を吹聴する前に農民たちと合意に至ることをせず問題の対処を誤った。いずれにせよフォックス政権のイニシアチブは姿を消し、一方でロペス・オブラドールは派手な公共事業の除幕式を開始した。

2002年12月、左派グループ、エル・バルソンの抗議者たちが、幾人かは馬に乗って議会に押しかけ、保健と教育へのより多くの資金を要求し、阻止しようとする者は——議員も含めて——打ちのめし、不動産に被害を及ぼしたときに、政権は再び優柔不断な印象を与えた。当時のPAN議員団の調整官であったフェリペ・カルデロンは、PRDが暴力行為に資金を融通しているとして非難したが、政府は手をこまねき、騒動を引き起こした者に何の行動もとらなかった。

おそらくフォックスの最初の最大の間違いの一つは、強硬な姿勢をもって政権を運営できるようにするために、前任者のPRIのサリーナス・デ・ゴルタリやセディーリョが行ったように、それまでの6年間の汚職で肥えた者たちを収監することに失敗したことであった。同様に彼は、1960年代後半に国家によって犯された失踪や人権侵害を解明するための「真相委員会」を創設するという、ホルヘ・カスタニェーダ外相やアドルフォ・アギラール・ジンセール国家安全保障顧問ら多くの閣僚の提案を支持しない決定を行った。それは「変革の政府」キャンペーンでの公約の一つであったが、新政権発足の数カ月前に、大統領府長官クリールの助言により切り捨てられた。

大統領夫人の野心

フォックスの引き続く間違いの一つは、年が過ぎるに従い、彼の妻のマルタ・サアグンが2006年の大統領選挙に立候補する意向があるような姿勢を常に示唆しつつ、政治をかき回し、大衆の注目を集めるのを許したことである。それはおそらく、その後のより重要性を持つ立候補のための観測気球として始まったが——おそらくメキシコシティ市長職あるいは上院議席——、しかし後継者を自ら「指さす」ことで任命し、国家権力を使って選挙に勝利するというPRIの歴代大統領の伝統に終止符を打つ「変革の政府」のフォックスの公約を根本的に蝕むものであった。

サアグンの野心は報道機関によってつくり出されたものではなく、彼女自身の事務所によりしばしば鼓舞されたものであった。2004年初めに、私が大統領夫人の スポークスマンであるダビッド・モンハラスにサアグンの立候補についてジャーナリズムが取り上げる憶測は何らかの根拠があるのか聞いたところ、彼はいわくありげな笑みを浮かべて、世論調査は大統領夫人に対する大きな支持を示していると答えた。公式な反応を尋ねたとき、彼は「マルタはすべての選択肢を開放しています。彼女はイエスとは言っていないが、ノーとも言っていないのです」と述べた[19]。数カ月後、私のテレビ番組の中でサアグン自身に、夫の6年間の任期が終了すれば立候補を考えているのか尋ねたところ、彼女は「今は私が立候補するかしないかを決定する正しいときではありません。今そうすることについて何ら義務があるわけではないのです。しかし完全に確信しているのは、自分の義務と良心を注意深く見守りつつ、しかるべきときがくれば行動しなければならないということです」と答えた[20]。

与党の指導者たちは、大統領夫人の野心を政府のアジェンダを混乱させる要因と見た。「彼女はその他の者たちと同様、彼女のキャリアに都合が良いのであれば立候補を求める権利があります。しかし政権半ばにおいて立候補について話をするのは、実に狂気じみています」。当時のPAN上院議員団長であったディエゴ・フェルナンデス・デ・セバリョスは、私に言った。「1億人のメキシコ人の生活状況の改善にどうしても必要な財政、司法の大変革を達成するための、この政権の歴史的な時期を信じられないことに逸しつつあるのだと私は思います」。能力主義の代わりに、メキシコは「夫婦統治」の危険を冒した[21]。2004年7月、大統領夫人の政府内部サークルへの政治的干渉があまりに頻繁となり、フォックスの私設「スーパー秘書官」であるアルフォンソ・ドゥラソは、失望して逃げ出した。政府の決定へのサアグンの絶え間のない干渉と自分が目にしたものに不満を抱き、彼は辞表に、「大統領の権力が夫婦により執行されているとの幅広く普及した考えに終止符を打つ必要がある」と書いた[22]。

なぜフォックスは人気の絶頂において、汚職と人権乱用に対して厳しい立場をとらなかったのか？「2000年選挙の後、PRIはものが言えないほど驚き、呆然となり、非常に悪い状態にあったのです」。政治分析家デニセ・ドレッサーは6年間の政権の末期にそう結論づけた。「あれが分裂を推進し、彼らを有利に利用する時期だったのです。それはニンジンで誘い、棍棒で罰するための完璧な時期でした。近代化主義者に共同政府を提案し、腐敗した者を迫害するのにふさわしいときでした。潜在的な同盟者に免責を与え、残りのすべての者に法の全矛先を向けるにふさわしいときでした。その戦略でPANは、議会において大多数を構築し、後に対立することとなった統一戦線を解体できたでしょう」[23]。

私がメキシコ政府の閣僚たちに、「調和が国を麻痺させることになるときでさえ、フォックスはなぜ、平和を危険にさらすことをあれほど恐れ、慎重だったのか」と尋ねたとき、その答えはほとんど常に同じであった。クリール大統領府長官が、メキシコ経済を実質的に回復させる税制、労働、エネルギー改革を承認することについて、議会でPRIの支持を今にも得られるところだと大統領を説得したのである。国の経済的未来は危険にさらされるべきではないとクリールは主張した。しかし戦略は完全な失敗であった。5年後、政府がいくつかの改革を承認するために国会で必要な票を獲得するまでにあと一歩であると幾度も発表した後に、フォックスは何の収穫もなかったことが分かった。議会は、決して政府から提案された経済改革を承認せず、その攻撃を緩めず、また政府はこれまでの政権の乱用を処罰するとの選挙公約を維持しなかった。多くの者がPRIは5年間、大統領府長官の善意につけ込み続けたのだと思った。議会でのPAN議員団の前調整官であり、後にエネルギー相、そして大統領候補となるカルデロンは、「クリールは強い姿勢が欠けている」と2005年半ばのクリールに対抗する党内キャンペーン中に言った。「誰もが彼について判断を下せなかったのです」[24]。

融和的交渉人

「なぜあなたは、PRIの汚職で肥えた者たちを投獄しなかったのですか？」。２００６年の党の大統領指名競争に参加するために、クリールが政府を辞めてからそれほどたっていない時期に彼に尋ねた。彼は、平和への変化、政治的安定を持つ変化、国に経済的安定を維持することを可能とする変化等のその他を優先していたのだと返答した。「私たちは、わずかなことができたかもしれない？　そうですが、それは安定を危険にさらしたでしょう」[25]。

彼の答えは、私には臆病なものに思われた。もっともクリールが――彼は政府の諜報機関の長であった――我々が知らない、政権の初めの数年間におけるメキシコの政治的安定への脅威について知っていなければの話である。隠れた脅威があったのか？　ＰＲＩあるいはＰＲＤが２０００年の選挙に敗北した後、公共の秩序を乱す状況にあったのか？　彼の応答が私を納得させなかったのを見て、彼は政府が過去の恣意性から自らを区別するために、原則を離れてこのように行動したのだと力説した。フォックスがサリーナス・デ・ゴルタリの例に倣うことができたことは明らかである。クリールは、ゴルタリは――いくつもの法的手続きを避けて――労働組合リーダーのホアキン・エルナンデス・ガリシア、別名「ラ・キーナ」を１９８９年に投獄したと説明した。「しかし私たちは、このやり方ではどこにも行き着かなかったのです」と彼は付け加えた。「多くの者が血を欲しており、彼らはショーを欲し、非常に近い将来に汚職で肥えた者たちが投獄されるのを見たかったのです。私たちは、あまり目を見張るものではない措置をとりましたが、最終的には私たちの国を強固とするために多くのことを成したのです」[26]。

なぜ60年代、70年代の犯罪を解明するための真相委員会がつくられなかったのか？　そうすれば人権侵害の時代に政権与党であったＰＲＩに圧力をかけるための、この力を政府に与えたであろうに。私はクリールに引き続き尋ねた。「なぜならそれは法的には、罪のある政党を裁くどんな裁判にもつながるものではなかったのです」と元大統領府長官は反論した。誰かを罰するためには、最初に最高裁がいくつかの犯罪についての起訴を不可能としている制限規則を廃止する必要があり、何もできないのに罪を犯した者を警察に密告する真相委員会を設置しても良いことはないのだと述べた。そしてもう一度、

「私たちは、残念ながら退屈な制度にのっとって進む道を選んだのです。そして今日では、国における大量虐殺は制限規則の対象とはならないと裁判所が裁決しているのです。これが真相委員会を欲したすべての者たちの議論を超えたフォックス大統領の業績であり成功なのです」と彼は述べた[27]。裁判所の裁定のおかげで、現在では人権侵害は時間の制限もなく、何年たっても訴追できると彼は述べた。それではなぜ、彼らはチアパスでの戦争が6年前に終わっているのに、合意を模索するために政権の最初の数カ月間、すべての政治的資力を投じたのか？

私は尋ねた。「あれは間違いでした」とクリールは認めた。しかし、それは彼の考えではなく、むしろ「サパティズムにより果たされた役割に非常に精力を注いでいたアドルフォ・アギラール・ジンセール国家安全保障顧問やホルヘ・カスタニェーダ外相、そして政府スポークスマンのロドルフォ『エル・ネグロ』エリソンドのせいだったのです」と彼は答えた[28]。しかしながら、後でカスタニェーダが私に述べた通り、クリールは決してその考えに反対せず、「内政においては、大統領府長官の希望に反して、外相に有利となるような決定をフォックスが行うようなことは考えられなかった」と私に述べた[29]。

9月の大失敗

最後に、私はクリールに2001年のテロ攻撃に続く対米関係で、政権の対処がうまくなかったことについて責任がないのか尋ねた。メキシコが国連安全保障理事会で、サダム・フセインが大量破壊兵器を開発していたとの証拠がないままブッシュ大統領がイラク侵攻を決定したことに反対投票を行ったことは、異議を唱えるべきことだとは思わないし、また国連の承認なしに米国がイラクに軍事介入したことを後にフォックスが非難したことを批判するものでもないが、9・11攻撃後の時期、メキシコ政府の動きはまずかった。

カナダとヨーロッパが米国との完全な連帯を誓約する一方で、メキシコはその支持を公に表明するのにかなりの時間をかけた。ニューヨークのツイン・タワーで亡くなったメキシコ人たちを追悼するため半旗を掲げるように国民に命じなかったし、いかなる象徴的な意思表示——例えば、看護師やボランティアの消防士チームの派遣——も行わなかった。これらは政治的独立をまったく犠牲牲にすることなく、米国において宣伝の点数を稼ぐことができたものであった。攻撃の後、メキシコは麻痺状態となった。米国に貿易の約90％を依存し、米国議会でのロビー活動に数百万ドルを費やし、移民合意を必死に模索しているメキシコにとって、いかなる統合措置にも反対するワシントンの隔離主義者たちに追加的な攻撃手段を与えるのは大きな間違いであった。フォックスはワシントンに外交儀礼的な支持のメッセージを送付したが、彼の政権はメキシコがどこまで米国を支援すべきかについての学術的な議論で動きがとれなくなった。カスタニェーダ外相は攻撃の後、すぐにメキシコは全面的に米国を支持すべきだと表明したが、クリールは公に彼に反論し、ワシントンに無条件の支援を与えることはできないと主張した。幾人もの目撃者によれば、クリールはフォックスの前で、もしメキシコがあまりに親米の立場をとれば、大統領が必死となって欲している税制改革へのPRIの支援は失われるだろうと主張した。

カナダおよびワシントンのヨーロッパの同盟諸国は、米国にあらゆる援助を提供したため、ワシントンとの第二の貿易パートナーであるメキシコの出足が鈍いことについて、批判が雨のように降り注ぎ始めた。政権1年目にフォックスの側近だった11人の閣僚が、何を行うべきかを見極めるために緊急会合を大統領執務室で行った。カスタニェーダはこう回想した。「誰かがこう提案しました。9月15日に独立前夜祭を祝うためにフォックス大統領がバルコニーに登場したら、ツイン・タワーで亡くなったメキシコ人、ラテンアメリカ人、中国人その他残りのすべての人々のため、『もちろん犠牲者の大半を占める隣国の米国人とビジネスパートナーたちのために』黙とうを求めることができるでしょう。もしヤジがあったとしても、テレビのマイクが拾う周囲の音は消されることとなっています」[30]。提案は承認された。しかしフォックスが独立前夜祭を祝うためにバルコニーに出て行ったとき、彼は黙とうを求めなかった。「私たちは、なぜなのか分かりませんでした」とカスタニェーダは言った。元外相は証拠はないと認めつつも、最後の瞬間に大統領を思いとどまらせた者の中にクリールが含まれていたことを疑っていると語った。

同時にメキシコの沈黙を対外広報活動の完全な失敗とさせないため、大統領夫人が象徴的な意思表示を行うことを提案した。彼女は大統領公邸ロス・ピノスでテロの犠牲者との連帯式典を行うことを提案した。そこでは彼女は、国際報道機関のカメラマンたちの前で、9・11攻撃の負傷者たちのために献血を行う予定であった。大統領夫人が献血するイメージは、対外広報活動の立場からはワシントンにおけるロビー活動にメキシコが費やしたすべての資金よりもより効果的であろう。しかしながら内閣はサアグンのアイデアを拒否した。「私はそうしたかったけれど、彼らが私にさせようとしなかったのです」と彼女は、すぐ後に外国からの訪問者にコメントした[31]。クリールがその案を阻止したと大統領夫人は述べた。その理由は？　議会での野党ＰＲＩとの対立への懸念である。

「嘘だ！」双方のイニシアチブについて尋ねたとき、クリールは私に言った。「実際のところは、ある国がもう一つの国を無条件に支持したりはしないということを私は言ったのです。それがすべてです」[32]。もう一人のフォックス内閣の鍵となる人物であり大統領府の政権革新部長であったラモン・ムニョスは、より自己批判的で納得のいく説明を私にした。当時フォックス新政権は内政のみに集中しており、迅速で適切な対応をとるための国際的な経験に欠けていた。「イデオロギー的反発以上に、国際的規模のこの種の偶発事件を取り扱うことに慣れていないことからくるショックだったのです。組織は機能していなかった。対応能力がまったくなかったのです」とムニョスは述べた[33]。

この問題については、米国は決してメキシコに対する悪感情を公式には認めなかったが、関係はかなり悪化した。数年後、本書のためのインタビューで当時の米国務省西半球問題担当国務次官補オットー・ライクは、初めてブッシュ大統領がメキシコとフォックスによって「深く傷ついた」ことを認めた。「それは、友人があなたに反抗するようなものでした。まさにその感覚だったのです。それは正確には怒りではなく、むしろ失望でした」とライクは思い起こした[34]。

「私たちはメキシコがアフガニスタンに軍隊を派遣することを望んではいませんでした」とライクは私に述べた。フォックスとの友情にもかかわらずブッシュは、メキシコが武力紛争において不干渉の伝統を持ち、メキシコの大統領は非常に高い政治的代償を払うことなしに軍事支援を約束することができなかったことを知っていた。その上、メキシコ軍はアフガニスタン侵攻への象徴的な貢献以上のことを行うための必要な国際的な作戦における装備も経験も持っていなかった。それでもブッシュは連帯の意思表明を期待していた。「ホワイトハウスの誰をも驚かせたことは、メキシコ人たちが軍隊を提供しなかったことではなく、起こったことについての哀悼の表明の他に何もしなかったことです。9・11から何日も過ぎたが……、何もなかった。その間にメキシコは何をすべきかとの国内の議論で動きがとれなくなったのです。そのことを想像できますか？　それはまるであなたの隣人の母親が亡くなったとき、お悔やみを言う代わりに、『実のところ彼女はうるさかった』とか『彼女は長い間挨拶しなかった』とかについて議論を始めるようなものです。彼らが哀悼の意を表明するのには長い時間がかかりました。そしてその後、彼らは何も提供しなかったのです。支援を提供した世界のすべての国々は、はるかに遠くの国で、いくつかの国は資源の点からははるかに小国でした。メキシコは何もしなかったのです。そして私はそれがブッシュ大統領にとって厳しい打撃であったと信じています」とライクは述べた。4年後、メキシコがハリケーン・カトリーナの犠牲者のためにニューオーリンズに軍の料理人と食料の車両部隊を派遣したとき、フォックス政権はワシントンの信頼の一部を回復した。しかし、フォックス大統領のほぼ全任期とブッシュ大統領の第1期の任期と重なる重要な数年が失われた。

9・11前後のクリールの指導的な役割は、2006年の与党PANの大統領指名で彼を打ち負かした男、カルデロンとの絶え間ない意見の相違を引き起こした。フォックス政権の全任期中、カルデロンは大統領に野党とのすべての交渉をクリールに委任しないよう、また大統領が議会の鍵となる議員との関係を掌握するよう説得——まれにしか成功しなかったが——しようとした。

しかしカルデロンは、国会のPAN議員団を率いていたときでさえ、大統領から隔離されていたとインタビューで私に不満を述べた。カルデロンは「私はフォックス大統領と最も多く話した者ですが、1年間にたった3回しか彼と話すことができなかったのです。なぜならサンティアゴ・クリールが大統領に、すべて彼の管理下にあると伝えていたからなのです」と私に言った[35]。ある時点でカルデロンはフォックスに対し、アルバロ・ウリベ・コロンビア大統領やビル・クリントンのように野党の国会議員と個人的にコンタクトをとるように助言した。「だが、そうしたことはここでは決して起こらなかった。予算投票の4日前に、PRIはフォックスに税制改革があるだろうと述べたのです。私は彼に『彼らは私たちを嘲笑しているのです』と言いました。そして私は正しかったのです」とカルデロンは述べた。多くの人がカルデロンはエネルギー相の任期後、政府から出たことにより、ひいきを失うと信じたが、彼は決して党内の支持を失わなかった。2005年9月11日、すべての予想をものともせず、カルデロンはクリールを相手にPAN候補のための最初の予備選に勝利した。彼の選挙スローガンである「堅実な手腕とメキシコへの情熱」、そして彼の誠実で率直なスタイルが、フォックスの第一の選択肢であった前大統領府長官の大統領への野望に厳しい一撃を加えたのである。

2006年のためのフォックスの賭け

選挙の1年前、大統領公邸ロス・ピノスにおいてフォックスの内部関係者の間で広く行き渡っていた見方は、世論調査でロペス・オブラドールが大きく優位に立っていても、与党が2006年に打ち破るべき敵は、その左派候補ではなく、かつての与党PRIであるということであった。そして05年末のほとんどの世論調査でフォックスの政党PANが最後につけていたにもかかわらず、当局者たちは06年半ばまでには非常に良い情勢となっていると確信していた。

世論調査が政府に対して大きな失望を示していたときに、何がPAN党員の楽観主義の基礎となったのか？フォックスの大統領首席補佐官であり主要な戦略家のラモン・ムニョスは、失敗した弾劾の試みの後、ロペス・オブラドールはすでに彼の人気の絶頂に達していたのであり、そこからはおそらく着実に坂を下っていくであろうと私に述べた。ロペス・オブラドールの05年末における世論調査での優位はあまり意味をなさなかったとムニョスは述べた。1999年11月に、世論調査ではPRIの候補フランシスコ・ラバスティーダは、21ポイント優位であったが、選挙では敗北したとムニョスは回想した。彼の2人の政敵とは異なり、ロペス・オブラドールは彼の政党の中で予備選の実行を計画しなかったが、それが報道機関での数週間の無料広告の機会を彼から奪うであろう。そして、メキシコシティ行政府を離れた後は、彼はもはや毎日の早朝記者会見のための強力な演壇を持てないであろう。さらに彼は自身の政党の中に、ＰＲＤの元大統領候補クアウテモック・カルデナスをはじめとする強力な敵たちを持っていた。「私の理論は、ロペス・オブラドールはすでに彼の絶頂期に達し、さらに成長する余地はないということです。そして彼の政党は、カニのかごのようであり、一匹が出ようとすれば残りのカニが彼を引きずり下ろすのです」とムニョスは述べた[36]。さらに重要なことは、この左派候補は相対的にフォックスの政党にとり都合の良い政敵であった。「彼は近代的な見方を代表していない男なのです。それが最大の弱点でありうるのです。英語を話さず、他の世界を何も知らないのです」とムニョスは述べた[37]。

ＰＲＩは、他方でロス・ピノスから手ごわい敵と見なされていた。「彼らは、２００６年に権力に返り咲くための企てにおいては、ＰＲＤよりも良い仕事をしていたのです」とムニョスは述べた。政党として大統領につながっていないことが、ＰＲＩに変化への選択肢として自らを示すことを可能とし、国内の富裕州を支配していることが選挙キャンペーンに巨額の資金を与えた。ＰＲＩの候補ロベルト・マドラソは悪い候補であったが、ＰＲＩはよく油が差された政治組織を持っており、不在者投票では彼が最も恩恵を受ける一人となるかもしれなかった。

しかしムニョスによれば、選挙でフォックスの党は多くの人々が期待しているよりもはるかに善戦するだろうとのことであった。なぜなら、とりわけ政権の人気はなくとも、フォックス自身は人気があったからである。「私の計算では、２００６年7月までには、フォックス大統領は65％から70％の支持率を持つでしょう。フォックス大統領の政権がうまく終わるだろうことに何らの疑いも持っていません」とムニョスは述べた。私が懐疑的な態度を示し、なぜそう考えるのか聞いたところ、彼は「私たちが彼の政権の残りの期間において行おうとしていることのためです。政府は、ここでもどこででも、種を植えて収穫して最終的に市民に届ける準備ができるまでに数年かかるのです。そして私たちは、公共事業、保健、社会問題の点では、できるだけ高水準で終えることとなるでしょう」と答えた。

何をもって6年間の政権の成果を高らかにうたい上げようと彼らは計画していたのかと私は尋ねた。フォックス政権は教育と保健に期待をかけた。その戦略は2006年、選挙に入るに当たり、各学校がすでに5、6年生でエンシクロメディア（Enciclomedia）という電子黒板を使って教科書に沿って学ぶことを可能とする英国の学校を真似た新しい教育システムを導入したと発表することであった。これは驚くべき技術であり、どんな生徒も教室の前に出て、彼や彼女の興味のある下線が引かれた言葉に触れば——コンピューター上のように——教育ビデオにアクセスできるのである。もし教科書がマヤのピラミッドについて語っていれば、例えば子どもが黒板上の「マヤのピラミッド」という言葉に触るとクラス全体が、ピラミッドに関する音楽付きの2、3分の記録映像を見ることができる。「06年8月までには、私たちは、ほぼ11万5000の機材装備の教室を持つか、あるいは5、6年生の教室100％が装備を持つこととなるでしょう。もしあなたが、この政権の後に何を私が残していくか尋ねるのであれば、これですと私は言うでしょう」とムニョスは私に述べた(38)。フォックス政権は2006年末、大統領がその年の12月にバトンを渡す前までに国民皆保険の普及を発表することを計画していた。あらゆる政権が投票者の頭に新鮮に残るように最後まで残しておく地方公共事業に加えて、それらが大統領選挙の最後に向けて与党に追い風を与えるか、あるいは少なくとも最後尾からの脱出を可能とする措置であった。そしてムニョスは言わなかったが、国民に恐怖心を抱かせるフォックスの戦術——ロペス・オブラドールを潜在的なチャベスであるとあざけること——は、06年選挙において政権支持候補を有利にすることを助けたのであろう。

カルデロンの意外な勝利

2006年の選挙日におけるカルデロンの紙一重の勝利は、特に驚きであった。なぜなら彼は候補者の中で、大統領職に手が届くことが最も見込まれていなかった者だったからである。カルデロンはフォックスの意向にもかかわらず——大統領は最初からクリール大統領府長官を支持していた——与党の指名を獲得しただけでなく、カリスマ的で堂々とした大統領候補には程遠かった。カルデロンが最初に与党の候補指名争いに立候補したときには、ほとんどの人が真面目にとらなかった。私のテレビショーの公開討論会に出席したとき、彼はそのチャンスをそれほど真面目にとっていないとの印象さえ私は持った。番組の終わりの方で、自分がメキシコの次期大統領となり、一連の改革に着手するであろうと言ったときに、彼はまるで彼自身の野心にほとんど決まりが悪そうにいたずらっぽい笑みを浮かべてそう言ったのである。

堅苦しい控えめな外観にもかかわらず、カルデロンは手ごわい政治家であった。ＰＡＮ創設者の一人の息子であり、学生時代から政党政治を学んでいた。カルデロンはモレリア州に生まれ、20歳代前半にＰＡＮ青年運動の代表となった。自らの政治キャリアを通して彼は政党政治に携わり、１９９６年に33歳で党首となった。当時、私が彼と話したときには、彼はブルージーンズをはいているのを想像するのが難しい若者という印象を与えた。いつも白シャツ、暗いネクタイ、黒いスーツを身につけ、大きなメガネは、年齢よりもはるかに年老いたように彼を見せていた。

訓練を受けた弁護士であり、英語を話さず外の世界についての知識は少なかった。それが１９９９年に党首としての仕事を離れ、家族と共に1年間米国のハーバード大学行政ケネディ・スクールで過ごした理由である。帰国してから、カルデロンは２０００年の選挙で議会議員に選出され、ＰＡＮ議員団団長を務めた。03年にフォックスは彼をバノブラス開発銀行頭取に任命し、1年後にエネルギー相に任命した。しかしながら、カルデロンは決してフォックスの側近グループのメンバーではなかった――カルデロンとは異なり、フォックス大統領は決してＰＡＮの内部関係者ではなかった。それでもカルデロンの長い間の与党での活動が、党指名での予想外の勝利を得るために必要とした同盟を取り決めるのを助け、フォックス政権に彼の立候補を支援することを強いるのを助けた。そしてフォックスには、カルデロンを熱烈に支援する以外の選択肢はなかった。大統領の最大の優先事項はロペス・オブラドールの勝利を妨げることだった。ロペス・オブラドールが勝利すれば、おそらく後任の左派政権はフォックスとその側近の補佐官たちへの政治的復讐に乗り出したであろう。

06年、予想外の勝利で世界中のニュースの見出しに取り上げられたにもかかわらず、カルデロンは６年間の任期を強い大統領として出発するには程遠かった。反対に彼はメキシコの最近の歴史で最弱の指導者として出発した。エルネスト・セディーリョ元大統領が1994年選挙で50％の票で勝利し、フォックスが2000年の選挙で43％の票で勝利したが、カルデロンはたった36％の票で勝者と宣言された——そして、彼のよく知られた競争相手のロペス・オブラドールは、票が盗み取られたと主張していた。ロペス・オブラドールの不平はやがて、新聞の1面からは消えていった。ますます多くの左派の支持者が票の数え直しを行った後でさえ、彼が選挙結果を受け入れることを拒否し、「正統な大統領」として自ら宣言したことに失望した——が、カルデロンはほとんど誰の英雄でもなかった。選挙の翌日、メキシコシティでフランシスコ・アブンディス世論調査機関所長が私に「国民は、必ずしもカルデロンに投票したのではなく、ロペス・オブラドールに反対投票したのです。彼らは、恐怖と拒絶が結びついて、そうしたのです」と述べた。さらに悪いことに、カルデロンは42％の少数派で議会運営をしなければならず、重要な改革を通すためには中道左派PRIの支援が必要であった。PRIは世界的競争には極めて重要であると経済学者たちが同意するエネルギー、労働、多くの財政措置を通そうというフォックスの試みを組織的に妨害した。選挙後に、PRIがフォックスよりもカルデロンに協力するつもりがあるかどうかは決して明らかではなかった。

構造上、麻痺が運命づけられていた

「メキシコは中国、インド、東欧に対して失地を回復できるのか？」。2006年選挙の数カ月前に、私はこの質問をヘナロ・ボレゴ元PRI総裁に向けた。彼は長年統治してきた中道左派政党の近代党派の指導者であり、メキシコ政党の内部事情を知っている数少ない人物であった。ボレゴは、現在はPRIの上院議員であり悲観主義者であった。「メキシコはPRIの権威主義的政権から議会で過半数を欠いた大統領による分裂した政権に移り、その最重要法案は日常的に反対派に阻止された」と彼は述べた。誰が勝利しても、引き続きこれに変わりはないことをすべてが示している。メキシコに三大政党——PRI、PAN、PRD——があり決選投票規定がない以上、誰が大統領職を得ても、約3分の1の得票の少数派で就任し、議会では妨害する多数派を持つこととなることは事実上、避けられない。「私たちは構造上、麻痺が運命づけられているのです」とボレゴは述べた[39]。

私がフォックスの元大統領府長官クリールに同じ質問をしたとき、彼は「我々のこのシステムが協力へのインセンティブを与えないがゆえに、政治改革の承認が喫緊の課題であると指摘しつつ、もし政治的善意と利他主義のみが我々を前進させると期待すれば、それは我々を失敗に導くであろう」ことに同意した[40]。しかしながら、誰もがこの問題について同意したとしても、自分たちが次期大統領職を勝ち取る可能性が最もあると見ている人々の利益が、常に政治改革を阻止することとなろう。「誰もが一般法則と共通課題には同意するのですが、詳細に入ると彼らは手を引くのです」とカスタニェーダ元外相は述べた。彼は政権を離れた後、3大政党以外の独立系大統領候補としての出馬を可能にするための法的申し立てを開始した[41]。

メキシコは本当にその政治システムにより麻痺していた。その停滞を克服するためには、国家は鍵となるいくつかの改革を可能とする憲法修正を必要とした。それは多数派の票による大統領就任を可能とする決選投票や議会に承認された首相職または内閣長官職であり、これは大統領に議会とのはるかに強力なつながりを与えることとなろう。また鍵となる法律の通過を容易にし、政治危機に際して大統領職を転覆させることなく、大統領が首相を解任することを可能にし、議会議員の再選は議員たちの選挙民への説明責任を与えるであろう。現状のシステムでは、下院議員や上院議員は1任期の後、故郷に帰らねばならず、有権者よりも彼らの党の指導者たち――次の仕事で彼らに依存している――と良い関係を続ける方により多くのインセンティブを持つこととなる。結果として、国民に奉仕するという誘因があまりなくなり、党の路線に従う代わりに良心に従って投票するという議員のインセンティブがなくなるのである。

メキシコ憲法は、大統領は直接選挙で選ばれるとだけ規定し、詳細は選挙規則に委ねている。1998年から2002年までに選挙規則に決選投票を追加する三つの法案が議会に提出されたが、いずれも多数票を取れなかった。98年PRIが与党であったときに、PANにより法案が提出され、また01年から02年にフォックスが権力についていたときには、同様の法案が2野党により提出された。簡単に言えば、政治改革が彼らを益する限り、彼らは全員、政治改革に同意するのである。議会に承認された首相あるいは内閣長官を持つ半大統領システムの創設に関して言えば、憲法を修正し改革を可能とするために2000年から03年の間だけで、少なくとも7法案――これらのほとんどがPRDにより提出された――が提出された。最初はどの政党も反対しなかったが、最後の瞬間に法案はだめになった。そして、憲法に規定された議員の再選禁止を無効とする提案は、40年以上の間、どこにいくこともなく漂っていた。03年にPRDのデメトリオ・ソディ上院議員が多くの支持を受けた再選法案の一つを提出した。それは05年2月10日にもう少しで承認されるところであった。しかしながら、上院で賛成50票、反対51票、棄権1票により試みは失敗した。当初法案を支持した幾人ものPRIの上院議員たちは、最後のときに党の指導部よりの圧力で回れ右をしたのであった[42]。

「メキシコは離陸するために必要なすべてを持っているが、その政治階級のわがままにより凡庸さに運命づけられているのです」。私はフォックスの右腕であったムニョスを、この前提を受け入れるかまたは拒否するかに駆り立てることを望みつつ言った。私が驚いたことに、彼は2006年に誰が勝利しても、政府の手を縛っていた政治的な結び目を切るために国が必要とする改革を何とか承認するだろうと楽観していた。ムニョスによれば、政治改革への圧力は高まりつつあり、中でも議会での合意欠如のために退職年金支払いの資金が尽きる07年が近づくにつれ、その圧力は急増しようとのことであった。「07年または08年までに年金問題は火山のように爆発するだろうし、退職者に支払う十分な資金はないであろうと私たちは推定しています」と彼は私に述べた。「これは、政党に『これではあなたや私にとっても誰にとってもうまくいかない』と言わせることとなるでしょう。その上、誰が権力の座にいても、この政権発足以来行ったことよりもより多くの政治的実践を行うこととなるでしょう。私たちはより多くの経験を蓄積してきたのであり、それを完遂するためのより良い条件が出てくるでしょう」と彼は付け加えた。

ムニョスは部分的に正しかった。カルデロンの06年12月1日の勝利の数カ月後、議会における与党PANとP

RIの同盟が、長年棚上げにされていた社会保険改革を承認した。これはここ数年に議会で通過した最初の大きな改革であり、新大統領はフォックスが失敗したところで成功するであろうとの楽観主義が増大することとなった。カルデロンは元議会指導者として、交渉を行うためのより多くの経験を前任者よりも持っており、そのプロセスを楽しんでいた。選挙キャンペーン中に新大統領が私に話したように、彼がPANの国会議員団を率いていたとき、フォックス大統領がほとんど彼に会わなかったことに不平を述べたが、カルデロンは議会の自尊心をくすぐるために彼の時間の多くを使ったのである。彼の早めの決定が政治的に脆《ぜい》弱な新選出大統領としてのイメージを克服するのを助けた。就任式の日に、ロペス・オブラドールの支持者たちが議会を取り囲みその区域を封鎖しているために、予定通りには宣誓できないであろうとの報道機関の憶測とは反対に、カルデロンは建物の方に進み就任の宣誓を行って人々を驚かせた。その後、就任の数週間後には、麻薬密輸者の軍事的取り締まりのため総力を上げ——その有効性についての多くの専門家の批判にもかかわらず——それが彼のリーダーとしてのイメージを固めることを助けた。

楽観主義者たちは、カルデロンがメキシコを奮い立たせ、活気に満ちた新興大国に変える潜在力を持っていると主張した。彼らは、フォックスは巨大な支持率とともに大統領任期を開始し途中でそれを失ったが、他方カルデロンは低い支持率から始めて、着実に支持を増大していると指摘した。就任から6カ月で彼の支持率は倍増し68%に達した。彼のナンセンスではない、結果志向の注意深い言葉遣いと犯罪における断固とした立場は、しばしばためらったフォックス政権からの変化として歓迎された。しかし大統領に当選するために大きな障害を克服してきたにもかかわらず、彼がメキシコをその政治的麻痺から解放できるかどうかについては疑問が残った。

カルデロン選出の1年後、今や上院を離れカルデロンを支援するためにPRIを去ったボレゴに電話し、楽観主義の余地を生み出せるようなメキシコの政治構造に何らかの変化があったかどうか尋ねた。ボレゴは、議会が2008年半ばまでに議会の慢性的行き詰まりを解決するための大きな政治改革を義務づける法律を通したと指摘したが、それが大きな変化に通じることについては、懐疑的であった。良いニュースは、カルデロンが前任者よりも議会と積極的に仕事をする意思を持っており、PRIが政府提出の法案を組織的に妨害することは有権者とうまくいかないことを学んだように思えたことであった。「カルデロンの議会での交渉能力とPRIの組織的法案妨害の否定的な経験のおかげで、私たちは最後に話したときよりも少しだけ良くなっているのです。しかし国の政治構造は同じままです」とボレゴは言った。

皮肉にも、メキシコ人がカルデロンは中国やインドと同じ成長率にメキシコを押し上げられるリーダーになるのだろうかと思っている一方で、メキシコの未来は大統領が難局をうまく乗り切るかどうかではなく、彼が統治することを許されるか、あるいは国家が絶え間のない政治的行き詰まりに終止符を打たせなかったやり方を変えるかどうかにかかっていたのである。

注

(1) 「メキシコ人のイデオロギーと価値」２００５年2月9日から14日に実施されたイプソス・ビムサ社の対面全国世論調査。
(2) マヌエル・カマチョとのインタビュー、メキシコシティ、２００５年6月20日。
(3) 「メキシコの左派リーダーは、コリン・パウエルから支援を受ける」『マイアミ・ヘラルド』２００４年11月14日。
(4) 国民行動党（ＰＡＮ）『国民行動党の歴史　１９３９–40年』１９９３年、6頁。
(5) エンリケ・マサ『プロセス』メキシコ、１９９５年6月5日、23頁。
(6) 「世界経済概観」国際通貨基金（ＩＭＦ）、２００５年4月。
(7) メキシコ経済省、メキシコ銀行の資料から、２００５年。
(8) ホルヘ・セペダ・パターソン『ロス・ススピランテス（ため息をつく人）』プラネタ、２００５年、12頁。
(9) 「評価とさまざまな驚き」『エンフォケ』（『別冊レフォルマ』）、２００５年4月15日。

(10)「年400ドル債務が増加（国民1人当たり）」『レフォルマ』2005年2月22日。
(11) サンティアゴ・クリールとのインタビュー、メキシコシティ、2005年6月23日。
(12) ベンジャミン・フォルニエールとのインタビュー、マイアミ、2005年6月27日。
(13) 前掲(11)。
(14) 前掲(9)。
(15)「貧困は減り、遅れは持続する」『レフォルマ』2004年7月29日。
(16)「大統領が克服された貧困を誇張」『レフォルマ』2005年6月25日。
(17)「世界経済概観データベース」国際通貨基金（IMF）、2005年4月。
(18) メキシコ銀行、支払勘定、エドワルド・ソホの『交代から開発へ』からの引用、経済文化基金、2005年、143頁および米州開発銀行。
(19) アンドレス・オッペンハイマー「メキシコ『夫婦政治』に向かう？」『マイアミ・ヘラルド』2004年2月6日。
(20) マルタ・サアグンとのインタビュー、テレビ番組「オッペンハイマー紹介」2004年5月24日。
(21) 前掲(19)
(22)「フォックスを放し、マルタの責にせよ」『レフォルマ』2004年7月6日。
(23) デニセ・ドレッサー「進歩した検死解剖」『レフォルマ』2005年7月4日。
(24) フェリペ・カルデロンとのインタビュー、メキシコシティ、2005年6月21日。
(25) 前掲(11)。
(26) 同右。
(27) 同右。
(28) 同右。
(29) ホルヘ・カスタニェーダとのインタビュー、メキシコシティ、2005年6月23日。
(30) ホルヘ・カスタニェーダとの電話インタビュー、2005年7月5日。
(31) アンドレス・オッペンハイマー『メキシコ、混沌の国境にて』第2版、2002年7月、B出版、メキシコ、19頁。

(32) 前掲(11)。
(33) ラモン・ムニョス大統領府政権革新部長とのインタビュー、2005年7月20日。
(34) オットー・ライクとのインタビュー、2004年8月3日。
(35) フェリペ・カルデロンとのインタビュー、メキシコシティ、2005年6月21日。
(36) ラモン・ムニョス大統領府政権革新部長とのインタビュー、2005年7月20日。
(37) 同右。
(38) 同右。
(39) ヘナロ・ボレゴとのインタビュー、メキシコシティ、2005年6月20日。
(40) 前掲(11)。
(41) ホルヘ・カスタニェーダとのインタビュー、2005年6月7日。
(42) ジェフリー・M・ウェルドン「メキシコにおける国家改革」『メキシコの統治』CSISプレス、2005年、27頁。

第10章　新世紀のラテンアメリカ

ほら話「次の戦争は……石油、ガス、水のような天然資源をめぐるものとなろう」
（エボ・モラレス、コカ農民リーダー、議員、将来のボリビア大統領、グランマ紙、2002年11月29日）

北京—ニューデリー—ワシントン—メキシコシティー—ブエノスアイレス——ラテンアメリカの左派の旧守派と右派のナショナリストは、わずかしか共通の土壌を有していない。しかし、彼らは21世紀の国際政治が天然資源への全面的な競争によって主導され、産物に富むラテンアメリカ諸国の最大の優先事項は、諸外国や多国籍企業が彼らの資源の支配権を握るのを阻止することだということで意見が一致している。この見方は、心に響く政治的雄弁や重々しい学術的な論文には役立つが、新たな千年紀の経済的現実を反映していない。ほとんどの国々にとって原料が最も重要な富の源泉であった過去の世紀とは違い、今日では国家の富は広い範囲でアイデアを生むことにある。多くのラテンアメリカの指導者は——ベネズエラやエクアドルの石油富裕国のみだけでなく——、我々が知識経済の時代に暮らしているということに気づいていない。

原材料はもはや進歩の保証ではないのであり、その上、ラテンアメリカにおいては、しばしば呪いであった。どんな地図でもよいから見てみるがよい。ベネズエラ、エクアドル、ボリビアの国々は、並外れたエネルギー資源を有しているが、歴史的にこれらの地域は貧困レベルが最も高かった。反対に世界の最も繁栄した国々のいくつかは、実際上、まったく天然資源を持っていない。代わりにそれらの国々は、教育、科学、技術に賭けたのである。最も高い国民所得の国々のリストの上位には、矮小な領土を持ち原材料をまったく持たないにもかかわらず、1人当たり5万4000ドルのルクセンブルクがくる[1]。「過去の世紀においては、経済発展が農業または大量工業生産に基礎を置き、より大きく、より豊かな天然資源を持つことや、より多くの国民を持つことが有利なのでした。今日ではそれが不利となっています」と元ハーバード・ビジネススクール教授で『未来があなたを捕らえるから（*As the Future Catches You*）』の著者ファアン・エンリケス・カボットは述べている。

おそらくソ連は、世界で最も豊富な天然資源の供給量を持っていたが崩壊した。そしてダイヤを持つ南アフリカも、石油を持つナイジェリア、ベネズエラ、メキシコも、農産物を持つブラジル、アルゼンチンも貧困根絶にうまく対処していない。これらの国々の大半は、20年前よりも現在の方がより貧しい。しかし、ルクセンブルク、アイルランド、リヒテンシュタイン、シンガポール、台湾、イスラエル等天然資源の少ない国々は、世界で最大の1人当たり国民所得を持つ国の中に入っている。シンガポールの事例は、特に心を打つものである。シンガポールは1965年までは、独立さえ獲得していなかった困窮した英国領であった。あまりに貧しいため、その指導者たちは隣国のマレーシアに併合を懇願したが、シンガポールの管理を引き受けることはビジネスにとって有害であると考えてマレーシアはこれを拒絶した。65年8月にシンガポールが国家として独立したとき、オーストラリアのシドニー・モーニング・スター紙は、「シンガポールにおいて実現可能な国を予見させるものは、現状では何もない」と指摘した[2]。しかし実際は、シンガポールはすぐに世界で最も豊かな国の一つとなった。リー・クアンユー首相は共産主義労働組合の弁護士であったが、すべての努力を教育に集中した。78年に英語を公式言語とし、彼のエネルギーを世界中から科学技術企業を誘致するために捧げた。20世紀末までに1人当たり国民所得は、ほぼ旧宗主国の英国並みに増加した——第3章で見たように、かつて英国の極貧の隣国であったアイルランドと同様の偉業である。

なぜ、オランダはコロンビアよりも多くの花を生産するのか？

なぜ、オランダはラテンアメリカの国々よりも多くの花を輸出できるのか――をいかに説明できるのか？　ミッチェル・ポーター・ハーバード大学教授が書いているように、ラテンアメリカ地域は世界最大の花の生産地となるべきである。それは安い労働力、広大な土地と太陽、最大の貯水、そして大変多くの花の種類を有しているからである。だが花の最大の生産国は、太陽が少なく、土地は狭く、世界で最も労働コストの高い国、オランダなのである。その説明は至って簡単である。今日花卉《き》産業で重要なのは、遺伝子工学、流通能力、市場戦略なのである[3]。

同様に、ラテンアメリカが世界最大のコーヒー生産国のいくつかを有しているのに、コーヒー産業収入のわずかな割合しか占めていないということをいかに説明できるのか？　世界最大のコーヒーショップ・チェーンのスターバックスの例をとってみよう。それは１９７０年代に米国に生まれ、今日では米国の６５００店に加えて米国以外の31カ国１５００店から成っている。コーヒー専門家は、米国で販売されるコーヒー1杯3ドルの3％のみがラテンアメリカのコーヒー生産者のものとなると述べている。エルサルバドルで私がこの例を講演で取り上げたところ、その国の最大のコーヒー生産者の一人が最後に私に近づいてきて、あなたの数字は間違っている――それは3％ではなく1％に近いと述べた。新しい世界経済の中で、価値があるのは種を植える活動あるいは種がまかれる土地を所有することではなく、遺伝子研究室での種つくり、加工処理、梱包、ブランドづくり、市場戦略、そして流通である。「ラテンアメリカにおいて、もし生物多様性が私たちを救うだろうと信じ続けるのであれば、ますます多くの問題を抱えることとなるでしょう。私たちは、いまだに、石油、鉱物または海岸が最も重要なことだと思っています。本当は、経済的視点からは、広大な天然資源を持つ大きな国である時の方が、貧しく孤立した国である時よりも間違いを犯しやすいのです」。メキシコで育ったエンリケス・カボットは言った。

実は、ほとんどのラテンアメリカの政治家や学識者は、彼らの国々が石油、ガス、水、その他の天然資源を所有しているがゆえに、成功間違いなしであるとの作り話を広め続けている。彼らが言わないことは、おそらく気づいていないからであろうが、原材料の価格が――過去数年間を通じてかなり増大した後であっても――20世紀には80％急落し、現状では世界経済に占める割合は小さいということである。１９６０年、今日のラテンアメリカの多くの大統領が政治的に教育されていたとき、原材料は全世界の総生産の30％を占めていたが、今日では４％にすぎない。世界経済の最大のシェアは、サービス分野の68％、工業分野の29％である(4)。ウォルマート、シティグループ、ＩＢＭといった多国籍の小売業、銀行、ＩＴ企業は、食料品または原材料を生産する国々よりもはるかに高い所得を持つ。55年には、フォーチュン誌の米国最大企業５００社のリストの上位20社が石油あるいは鉄鋼の商売をしていた。２００７年までに、このリストの米国上位企業20社のうち3社のみが石油または鉄鋼を商い、大多数は小売業、銀行、保険、自動車生産、医療保険分野であった。不幸にも21世紀の初頭において、ラテンアメリカは引き続き過去の経済の中で暮らしている。その巨大企業の大部分は、相変わらず基礎製品ビジネスにとどまっている。四大企業――メキシコ石油公社（ＰＥＭＥＸ）、国営ベネズエラ石油（ＰＤＶＳＡ）、ペトロブラス、ＰＥＭＥＸ精製所――は石油会社である。地域の12の大企業のうち、４企業のみが石油や鉱物ではない製品を商っている（メキシコのウォルマート社、メキシコのテレフォノス社、アメリカ・モビル社、メキシコ・ゼネラルモーターズ社）(5)。

今日、南米のエネルギー産出諸国の大半が、国際貿易交渉においては米国と欧州連合（ＥＵ）に対してラテンアメリカの輸出を害する農業補助金の削減を要求することに焦点を置いている。それは、正当でもっともな理由ではあるが、多くの場合に高付加価値産品を生産し輸出する必要性からラテンアメリカの諸政府の注意をそらすこととなる。問題となっているのは、より競争力をつけて21世紀の知識経済の中に入ってゆく代わりに、原材料により占められているせいぜい世界貿易の４％の地域の分け前を拡大していくことである。

ノキア――材木から携帯電話まで

ラテンアメリカ諸国は、原材料の生産を放棄すべきであろうか？　もちろん違う。私がこの質問を世界銀行のラテンアメリカ部長ダビッド・デ・フェランティーに向けたとき、彼はまるでこの問題がすでに決着済みであるかのように首を振った。そして、「農業、鉱業、その他の原材料の採掘はアルゼンチン、ブラジル、チリ、その他いくつかの国々が比較優位にある分野です。彼らはこの機会を利用し、これら原材料のより効率的な生産国となり、これら産業をより洗練された製品を持つ他の産業に多様化すべきなのです。彼らはフィンランドが行ったことをすべきです」と述べた。

フィンランドは、世界で最も発展した国の一つであるが、それほど遠くない昔には、主に木材の輸出国であった。それから家具の生産・輸出を開始し、その後、家具デザインに特化した。それから科学技術デザインに焦点を当て始め、それがより多くの利益を生み、携帯電話を含むすべての種類の製品のデザインを開始した。それからフィンランド人は、彼ら自身で携帯電話を生産し始めた。その発展については現在、世界の支配的な携帯電話メーカーの一つであるノキアの物語が良い実例となっている。ノキアは１８６５年に材木会社として南東部フィンランドの鉱業技師により創設された。20世紀半ばまで家具をデザインしていたが、その創造性をすべての種類の工業デザインに適用した。１９６７年にフィンランドのタイヤ会社およびケーブル線会社と合併し、今日、ノキア・コーポレーションとして知られる通信複合企業を創設した。従業員5万１０００人、年間販売額４２０億ドル――世界銀行によれば、これはボリビアの国民総所得の5倍、コスタリカの2倍以上である。

同じことが多国籍企業であるインドのウィプロ（Ｗｉｐｒｏ）社で起こった。同社は調理用植物油販売で仕事を始め、今日では世界最大のソフトウエア会社の一つである。フォーブス誌によれば、アジム・プレムジ――しばしばインドのビル・ゲイツと呼ばれる――は、彼の家族の事業を根本的に転換し、インドで最も富裕な男となり、世界の大富豪リストで38位となった。米国のスタンフォード大学で工学を勉強していた66年に父親が死去したため彼は故郷に帰らねばならず、21歳のときに家族の事業である西インド野菜産品会社（Ｗｉｐｒｏ）を引き継ぐこととなった。当時会社は総資産200万ドルと見積もられ、スーパーマーケットに調理用植物油を売っていた。プレムジはすぐに事業の多様化を開始し、手洗い石鹸の生産を開始した。1977年にはインドからIBMが追放されてできた空白の隙間を利用して、彼はコンピューターの生産を始めた。ビジネスは成功し、ソフトウエアに移り、そこで革新的で創造的な会社としての評判を高めた。今日、ウィプロ社は30億ドル以上の年商を稼いでいる。そのうち85%がソフトウエア部門で占めており、残りはコンピューター、電気スタンド、医療診断器具、そして――感傷的と思われるかもしれないが――手洗い石鹸と調理用植物油などである。従業員数は、2002年から3倍増加し6万6000人となった。バンガロールにある本社は、毎日平均24人を新規雇用している。

ノキアやウィプロ社のように大企業の多くは原材料の生産から始めて、より利益のある分野に多様化していった。「原材料を生産することが良いか悪いかについての古い議論は、誤ったジレンマです」とデ・フェランティーは私に言った。「有効な質問は、私たちの持つ産業をいかに活用し、それらをいかにより近代的な経済部門への踏み台として活用するかです」。それを行うために中国、アイルランド、ポーランド、チェコ共和国、その他いくつかの国々の経験が示していることは、知識経済において洗練された工業製品、サービスまたは製品を生産することができる国民を持つためには教育、科学、技術により多くの投資を行う必要があるということである。

特許ランキング

国の発展度を測るための明白な方法は、世界最大の市場における発明特許によるものである。

1977年から2003年までに、米国特許商標庁は、米国民または米企業から約163万1000件、日本から53万7900件、以下ドイツ21万件、ブラジル1600件、メキシコ1500件、アルゼンチン830件、ベネズエラ570件、チリ180件、コロンビア160件、コスタリカ150件の特許を登録した(6)。03年の1年間で見ると、日本の企業または投資家の特許は3万6800件、韓国は4200件を登録した。対照的にブラジル200件、メキシコ130件、アルゼンチン

76件、ベネズエラ30件、チリ16件、コロンビア14件、エクアドル5件を登録した——これは全体の中のわずかな割合である。ラテンアメリカにおける特許庁でも、状況は同じである。メキシコにおいては登録された特許の4％のみがメキシコの個人または企業からのものであり、残りの96％はプロクター・アンド・ギャンブル、3M、キンバリークラーク、ファイザー、ヘキスト、モトローラ等の多国籍企業からのものである[7]。

最も多くの特許を登録する国は、もちろん最も科学技術に投資する国である。このカテゴリーの中では、世界中の研究開発費のうち、米国36％、EU23％、日本が13％を占めている。対象的にラテンアメリカ・カリブ諸国は、ユネスコの出版物『科学の世界（*A World of Science*）』によれば、2000年に世界の研究開発費全体の2・9％のみを投資している。

高付加価値製品を製造する熟練労働力の創出についても、ラテンアメリカの状況はあまり良くない。中国では毎年約35万人、インドでは約30万人の大卒技術者が誕生する。これとは対照的に、公式数値によればメキシコは1万3000人の大卒技術者、アルゼンチンは3000人である。もちろん中国とインドは、はるかに大きな人口を抱えており、それゆえに彼らはより多くの大卒技術者を生み出している。しかし大卒技術者の総計は、グローバル経済では重要である。どの国に投資するかを選択するとき、情報技術企業や洗練された製品を生産する企業は最良の価格で最高の熟練労働力を持つ国を好むのである。

現在、中国におけるゼネラル・エレクトリック・プラスチックスの会長であり、ブラジル事業部長であったマール・ウォールによれば、中国は労賃が安いのみでなく、熟練労働力があるゆえに現状では世界の製造業で最もダイナミックな場所である[8]。また中国は、工場での労働を渇望し、製品の質を改善するのに必要であれば何時間でも働く用意がある学校を卒業したばかりの技術者たちの大群を提供している。その環境は1990年代のカリフォルニアのシリコン・バレーのものと類似しており、並々ならぬ熱意が多くのより良い専門家の育成につながり、製造業への投資を増大させ、新製品への積極的な研究開発につながっている。ゼネラル・エレクトリック社は、最近、上海に1200人の工学士と技術者を有する研究センターを設立した。モトローラ社はすでに中国に19の研究センターを持ち、国内販売および輸出のための新製品を生産している。中国におけるモトローラの携帯電話は、そこでデザインされ、中国市場向けにカスタマイズされている。そして、ずいぶん以前から中国の携帯電話関連技術が世界中に輸出されていたとしても驚きではないであろう。北京では人々は、地下鉄の中でも接続が切断されることなく携帯電話を使用できる。これは屋外でも携帯電話の通話が絶えず切断される米国では決してできなかったことである。モトローラ社は、中国南西部の四川省の省都である成都でこれらの技術の多くを開発中であり、そこでは外国企業が特別減税を享受し、40校の大学と100万人以上の技術者がいるのである。

正統派経済学者と国際金融機関は、途上国における教育の重要性を認めるのが遅かった。1990年代に彼らは経済政治改革について説いたが、教育を同様に強調することを怠った。もし何かがここにはっきり示されているとすれば、ラテンアメリカ諸国は――国際通貨基金（IMF）が要請するように――公共支出削減、低インフレ、対外債務支払い、汚職減少、政治的機関の質向上を行うことができたとしても、洗練された製品を生産するのを怠る限り、貧困であり続けるということである。「メキシコ人やブラジル人、アルゼンチン人、アフリカ人は、彼らの経済を絶えず再構築し続けるであろう。それでも、彼らは貧困のままであり、彼らの未来はますます暗くなっている……なぜなら、彼らは非常にわずかな知識しか生産し、輸出していないからである」とエンリケス・カボットは述べている(9)。

世界で最悪の大学？

ロンドンのタイムズ高等教育別冊（THES）により行われた2004年世界の大学200校ベスト・ランキングは、憂鬱な評点をラテンアメリカの大学に与えた。この調査は、ただ一つのラテンアメリカの大学のみがリストに属する――そして、ほとんど最低の195位――と結論づけていた。ラテンアメリカの大学はそんなに悪いのか、と私はそのランキングを見て自問した。ラテンアメリカの人々は、彼らの学者や科学者たちが欧米で賞賛を受けていると政府が言うとき、おとぎ話を聞かされているのか？　あるいは、THESのランキングが富める国々の大学に有利なようにゆがめられているのか？

このランキングによれば世界最高の大学は米国にあり、ハーバード大学、カリフォルニア大学バークレー校、そしてマサチューセッツ工科大学がトップに立っている。20校の最高の大学のうち、11校が米国にあり、続いてヨーロッパ、オーストラリア、日本、中国、インド、そしてイスラエルにある。このリストにあるラテンアメリカ唯一の大学は、メキシコ国立自治大学（ＵＮＡＭ）であり、多額の補助を受けた26万９０００人の巨大な怪物のような大学であり——メディカル・スクールや工学部等のいくつかの例外を除き——メキシコ国内では、過大評価されている[10]。

ラテンアメリカの大学の幾人かの学部長が出演したテレビ番組の司会者を務めたとき、私がこのランキングに見られるラテンアメリカの哀れな結果について尋ねたところ、彼らの大半は反論した。それは真実ではなく不公正であり中傷的であると何人もが述べた。もし我々の大学がそれほど悪いのであれば、我々はハーバード大学やスタンフォード大学、ソルボンヌ大学の学部でそんなにも多くの卒業生を輩出していないであろうと公言した。タイムズ紙の調査は偏っており、おそらく欧米の学者たちの見方とすべて英語で書かれる国際学術評論雑誌に掲載された学術論文の数に基づいていると彼らは述べた。そこでは、ラテンアメリカの大学は、明らかに不利である。相いれない意見を出した数少ないうちの一人は、ワシントンのシンクタンクであるインターアメリカン・ダイアローグのラテンアメリカの教育問題専門家であるジェフレイ・ピュリヤーであった。「このランキングの全体結果は、私をまったく驚かせるものではありません」とピュリヤーは述べた。「多くのラテンアメリカの大学は国立大学であって、政府は教育の質の管理という点であまり要求してこなかったのです。そして、彼らが質を要求しようとすれば、大学は学問の自治の原則を盾に抵抗するのです」。

私はＴＨＥＳの編集部に電話し、どのようにランキングがなされたのか尋ねたが、回答は、88カ国の学識者の調査、学術的出版物での引用数、各機関における教授と学生との比率を含む五つの基準に基づいて行われたということだった。学術的引用に与えられた重要性は全体の20％で、ＴＨＥＳによれば適切な地理的代表性もあった。インタビューされた１３００人の学識者の中で、約

300人はラテンアメリカからであった。もしこの調査が途上国からの学識者をより多く含んでいても、結果は同様のものであっただろうと彼らは付け加えた。上海の大学が世界のトップ大学500校の格付けを行ったが、選出されたトップ200校は、THESのものとかなり類似したものであった。

実際に、中国で最も古く傑出した大学の一つである上海交通大学は、中国の大学や学生たちが最も優秀な学生をどこに派遣すべきか決定するのを助ける目的で2004年に指標を公表した。中国のランキングは各大学のノーベル賞受賞者の数、学術的出版物における研究の引用、教育の質に基礎を置いていた。そして同調査は、世界最高の10大学のうち、米国に――ハーバード大学とスタンフォード大学をトップに――8大学、英国に2大学があると結論づけていた。

上海交通大学のリストには、欧米以外の大学は相対的に少なかった。中国に9大学、韓国8大学、香港5大学、台湾5大学、南アフリカ4大学、ブラジル4大学、メキシコ1大学、チリ1大学、アルゼンチン1大学であった。そしてラテンアメリカは、上位からは程遠かった。メキシコのUNAMおよびブラジルのサンパウロ大学は、その他の大学とひとかたまりとなり、153位と201位であった。一方、ブエノスアイレス大学（UBA）は202位から301位までの100大学の間にあった。そしてチリ大学、カンピーナス国立大学、リオデジャネイロ連邦大学は、302位から403位の間の約100大学の中に一緒に登場していた[11]。

実は、THESと上海交通大学のランキングは、共にラテンアメリカの諸政府が拒絶しながら生きながらえていることを示唆している。毎年メキシコ政府から15億ドルを受け取るUNAM[12]と1億6500万ドルをアルゼンチンの国から毎年受け取るUBA[13]は、おのおのの国における説明責任の欠如の恥ずべき例である。これら両大学は、自国の他の大学と比較するにはあまりにレベルが高すぎると主張して教育省からの認定調査を受けることを拒否している。「UNAMは、外部評価に閉ざされた機関です」とレイエス・タメス・ゲラ・メキシコ教育相はインタビューで私に述べた。「実際、UNAMを除き、国のすべての公立大学は外部評価を受けることに同意しました」[14]。ダニエル・フィルムス・アルゼンチン教育相は、

ＵＢＡについて同じことを私に語った。「私たちが大学認定を開始したときにＵＢＡは認定を受けないことを決定し、裁判所に訴えたのです。その理由はレベルが高く誰も認定できる人がいないこと、また大学以外で認定を行う機関を持つことは大学の自治に対する侵害であるというものでした。彼らは教育省に対して訴訟を起こしたのです」[15]。

給与なき教授、コンピューターなき教室

メキシコのＵＮＡＭとアルゼンチンのＵＢＡは、共に彼らの国では崇拝の対象であり、効率が悪く十分に機能していなくても、誰もあえて批判しないのである。２００４年ＴＨＥＳランキングが発表されたときに、メキシコの新聞はそのニュース——大学の歓喜に満ちたプレス・リリースから取られた——を、まるでその評価が優秀なものであったかのように報じた。メキシコで最も影響力のある新聞レフォルマ紙は、「ＵＮＡＭがトップ２００校の中に」と宣言する見出しを第１面に掲載した[16]。「ＵＮＡＭは、世界最高の２００大学の一つであり、ロンドンの日刊紙タイムズの高等教育別冊により行われた調査で名前が挙げられた唯一のラテンアメリカの高等教育機関である」と記事は述べていた。ファアン・ラモン・デ・ラ・フェンテＵＮＡＭ学長は、まるで大学がスポーツの大トーナメントで勝利したかのような賞賛に満ちたインタビューを受けた。同じやり方で、上海の大学のランキングが公表されたときに、別のメキシコの新聞ラ・ホルナダ紙は、「ＵＮＡＭがラテンアメリカで最高の大学と世界規模の調査が発表」との見出しを掲載した[17]。この記事は、「メキシコの私立の高等教育機関は国際ランキングに表れていない」と大きな扱いで報じたが、いずれの私立大学もＵＮＡＭのような法外な国家補助を受けていないと指摘するのを怠った。実際は、双方の調査におけるＵＮＡＭの乏しい成績——この大学がより高いランキングにある他の国々の数十の大学よりも多くの資金を国家から受け取っているという事実があるにもかかわらず——とラテンアメリカの大学がリストに不在であることは、国家および地域における議論の引き金になるべきであった。フランスでは、上海の大学の調査で世界最高の大学の中に入ったフランスの大学が22校だけで、最高ランクが65位であったことを聞いたとき、ヨーロッ

パの大学の水準をいかに改善するか徹底的な調査を開始するようEUに促す強い全国的抗議が起きた。

ラテンアメリカの国々は、十分な資金を教育に支出せず、しかも教えない教師への支払いや助成を必要としない学生への助成など、しばしば誤った項目に支出するのである。それら学生たちは、社会が必要としない分野で、決して取得することのない学位を取得しようとしているだけなのである。ラテンアメリカ諸国は、ヨーロッパやアジアの国々よりも教育投資が少ない。例えば、ノルウェー、スウェーデン、デンマーク、フィンランド、イスラエルは国民総生産（GNP）の7%を教育に向けている。旧ソ連圏諸国は約5%を投資している。対照的にメキシコは、4・4%を充て、チリ4・2%、アルゼンチン4%、ペルー3・3%、コロンビア2・5%、グアテマラは1・7%を充てている[18]。フアン・ホセ・リヤッチ・アルゼンチン元教育相は、私に「そして、私たちは支出が少ないだけでなく、使い方も下手なのです」と言った。リヤッチによれば、この地域の多くの国々では、ほぼすべての教育支出は、給与支払いに充てられており、しかもそれは教授スタッフの給与ですらなく、維持管理と事務局の人員の給与支払いなのである。世界銀行の調査によれば、ブラジルの大学における90%の公的支出は、現行および退職した職員の給与支払いに充てられ、他方、アルゼンチンでは、その数値は80%である[19]。結果としてラテンアメリカの大学システムは、過密な大学、傷んだ建物、機材不足、時代遅れの教材、教員の不十分な訓練と不熱心さを伴う「低品質」のあおりを受けている。同調査は、英国では大学教授の40%がPh. D. を持つが、ブラジルではこの数字は30%となり、アルゼンチンとチリでは12%、ベネズエラで6%、メキシコは3%、そしてコロンビアで2%であることを示している[20]。

信じられないことに、UBAの教授の約40%が名誉教授であり、彼らはアルゼンチンの最も有名な大学が給与を支払うことができないために無給で働いている。UBAにおける教員調査によれば、13の学部で1万1003人の教員が無給で働き、ほとんどが「補助講師」として任命された最近の卒業生である[21]。

富裕な学生を援助しているのは貧しい学生

おそらくノルウェーやスウェーデンが、教育にGNP

の7％を支出できるのは、彼らが街で飢える人々を持たないからであろう。しかし、最近数十年で教育水準を劇的に上昇させたその他の国々は、貧困層からの国家の資金を向け直したのではない。代わりに彼らは、中・上流層の学生に卒業の前または後に学費を支払わせたのである。ラテンアメリカは事実上、支払いのできる者にも助成がなされる世界でも最後の地域の一つである。それは社会の誰もが――貧者も含めて――、かなりの数の富裕な学生を助成する馬鹿げた制度である。世界銀行によれば、メキシコ、ブラジル、コロンビア、チリ、ベネズエラおよびアルゼンチンの国立大学の学生の30％以上が、社会の上位20％の富裕層出身である[22]。「ラテンアメリカ諸国における大学教育は極めてエリート主義であり、ほとんどの学生は富裕な社会層から来ている」とレポートは述べている。ブラジルにおいては、大学生の70％は社会の20％の富裕層に属し、学生の3％のみが貧困層の出身である。メキシコにおいては、学生人口の60％が20％の富裕層出身であり、アルゼンチンでは32％である。ユネスコの別の調査では、ブラジルの大学生の80％、メキシコの70％、アルゼンチンの60％が最富裕層から来ていると見積もっている[23]。これをどう説明するのか？　この調査の執筆者は、理由は簡単であると述べている。公立学校に行った貧しい出自の学生は、大学のための準備があまりにできておらず、大学が始まればすぐに中退してしまう。これが無償の大学で金持ちの学生が過度に居すぎるという矛盾した状況につながり、この制度が「不公平を増大させる受け皿として働いている」と世界銀行は結論づけている。

最近数年でヨーロッパの国々は、一般的に無償大学教育を放棄し、学費を支払える者には支払いを請求することを始めた。英国の国立大学は1997年に学生たちに支払い請求を開始した。スペインでは貧困家庭の出自の者または3人以上の子どもを持つ家庭の出自の者を除き、公立大学のすべての学生が学費を支払っている。ホセ・ルイス・ロドリゲス・サパテロ首相の社会主義政権のマリア・ヘスス・サン・セグンド教育相は、彼女の国で学費を払わない大学生の数は約40％であると私のインタビューに答えた[24]。残りの60％の中・上流階層の学生たちからの支払いが、大学予算のかなり大きな15％をカバーするのに貢献している。ヨーロッパにおける傾向は、大学の学費を支払う方向である。大臣が私に述べたところによれば、ほぼすべてのヨーロッパの国々は大学予算の約20％を学生の学費支払いに依存している。ドイツでは長い法律的係争の後、最高裁がすべての大学生に対して学費を請求することを許可し、すでにいくつかの大学では行われている。

いくつかのラテンアメリカの国々では、この金持ちへの補助金はすでにある程度までは矯正されている。チリ、コロンビア、エクアドル、ジャマイカ、コスタリカは資力のある学生は学費を支払わねばならないという制度を持っている。しかし１９９９年、エルネスト・セディーリョ大統領政権でＵＮＡＭが同様の制度をメキシコに導入しようとしたとき、学生のストライキが政府を麻痺させ、当局に後退を余儀なくさせた。フォックスが政権についたとき、政府も大学の当局者もあえてこの問題を再び取り上げることはなかった。

共産主義中国では、学生たちが学費を支払う

私が驚いたのは、共産主義中国においてさえ大学生は学費を支払い、こうして貧困な人々の教育助成を支援し、大学の資金増大に貢献しているということだった。これがなぜに中国が世界最高の大学のいくつかを有するかの説明を助けるであろう。北京大学はＴＨＥＳの世界ベスト２００大学ランキングでは、17位にランクされている――中国はＧＮＰのたった２・１％だけを教育に支出しているにもかかわらずである。国連開発計画（ＵＮＤＰ）の数値によれば、これはどのラテンアメリカ諸国よりも低い割合である。

中国の当局者が私に説明したところでは、中国の１５５２校のすべての大学は、部分的には学生の学費支払いのおかげで近代化した。私が北京の教育省を訪問し、幾人かの当局者にインタビューしたときに最も驚いたことは、大学生による学費支払いが単なる名目的なものではないことであった。１９９６年に全人無償教育が終了して以来、学費は徐々に増大してきた。教育省高官のジュー・ムジュー氏は私に言った。「当初、私たちは学生1人に対して年25ドル相当の支払いを請求しました。しかし、この数字は年５００ドルまたは６００ドルに増加しました。それは学生たちにとっても大きな金額ですが、学費は大学収入のかなりの部分を占めているのです」(25)。

事実、公式数値によれば2003年には中国の大学は、65%が国家資金で35%が学生の学費により資金調達された。しかしこれは、社会主義哲学の基本的教義と矛盾しないのかと私は尋ねた。同高官は当惑した様子で私に説明した。「中国は、政府が満たすことのできない巨大な教育の必要性を持つ国です。私たちは無償教育を提供することはできません。私は現在の制度は良いと思います。それは教育の発展を促進し、学生に勉学に真面目に取り組み、熱心に勉強するよう奨励するものです」。さらに彼は続けた。「大半は農村部の学生なのですが、最も貧しい学生たちのみ学費を支払いません。また多くの場合に、彼らは同時に働く必要なく勉学できるように追加的補助も受け取っているのです」。

何たる皮肉かと私は思った。ラテンアメリカの左派旧守派が大学の無償教育を守り続け、ラテンアメリカの大学は、ますますコンピューターを購入する資金や教授たちに支払う資金が少なくなっている一方で、地球上の最強の共産主義大国は、数百万人の学生に学費を要請し、何とか中国の大学を世界で最高の大学の間に置いているのである。なぜラテンアメリカの左派旧守派は、富める者に対してさえも大学の無償教育を行うことに固執し続けるのであろうか？　何人かは教条主義的であるためにそうしたのであり、その他は無知から、その他はラテンアメリカにおける汚職の水準を考えれば、貧しい者に奨学金を与えるために富める者に支払いを請求する制度は決して機能しないと信じているがゆえにそうしたのである。無償教育をやめれば、教育上のお役所主義が資金の大半を盗むこととなり、貧しい者は無償教育のみならず奨学金ももらえず取り残されることになってしまうだろうというわけである。理論的には、この主張にはそれなりに筋が通っている。しかしそれは、中国には少なくともラテンアメリカと同じくらいの汚職がある事実の下では崩れてしまう。ラテンアメリカの大学の悲惨な状況を考え合わせれば、富者も貧者も双方が不利を被っているのである。貧しい学生のための富める学校の代わりに、それは全人のための貧しい学校の制度である。

アルゼンチンやメキシコのような国に有償の大学制度は制定されるべきか？　おそらくこれは、最近の経済危機により多くの国々ですでに痛手を受けている中産階級にとって、あまりに厳しい打撃となろう。しかし、この暫定的な代替手段をとれば、大学の予算を増大させ、貧しい人々に奨学金を与えるための大きな助けとなろう。最も魅力的な選択肢は、オーストラリアのような混合システムであろう。そこでは若者たちが無償で勉強し、いったん卒業し、良い給料の職を見つければ学費を支払わねばならない。オーストラリアの大学は40％が国家予算に依存し、40％がある程度の支払い基準に達した卒業生により支払われる学費、そして残りの20％が民間部門へのサービスの売り上げに依存している。このような制度は、ラテンアメリカにおいては、中国や米国の制度よりも学生にとってはるかに寛大となろうが、地域における高等教育の質とその社会的平等を向上させることにそれでもなお貢献するであろう。

ほとんど誰もが入学し、わずかが卒業する

ラテンアメリカの大きな大学のもう一つの耐え難い特徴は、中国やインドではずいぶん前に廃止された「万年学生」集団を生む抑制されない入学登録者数である。高等教育への全人アクセスを追求することにより、メキシコ、ブラジル、アルゼンチンの大規模な大学は、ほとんど誰もがあまり勉強しないことを保証することとなっている。アルゼンチンでは国立大学に入学する10人の学生のうち2人しか卒業していない[26]。従って、約150万人の学生を持つこのシステムの中では、納税者は決して学位を終えることのない数十万人を維持することとなる。メキシコでは180万人の学部生のうち、毎年登録する学生の30％弱しか学位を取らないこととなる[27]。チリとコロンビアでは大学入学が許可される学生数に制限があり、その卒業率は前者よりいくらかは高く、国立大学に入学する10人の学生のうち3人から4人が卒業する[28]。

中国の全大学は2日間の入学試験を要求し、毎年600万人の学生が受験する。それは簡単なことではない。教育省によれば受験者の60％が合格する。最高の大学の籍を得るための競争は激しい。私の中国訪問の前に、中国中央電視台（CCTV）のテレビ番組「フォーカスTV」が、北京航空宇宙大学の3人の職員が入学と引き換えに幾人もの志願者をゆすり、1万2000ドル相当を要求したと暴露、汚職スキャンダルが爆発した。CCTVは電話の会話を録音しており、この事件は懲役刑の判決となった。新華社通信の当局者によれば、これは例

外的な事件ではなかった。数カ月前に、北部の陝西省の西安音楽院の職員が志願者1人当たり3620ドルの賄賂を要求した。スキャンダルは何人かの学生が支払いを拒否し、当局に通報したことで明らかとなった。「何人かの批評家は、これら事件が氷山の一角であると主張している」と国営新聞チャイナ・デイリーは報じた(29)。

中国の大学は全体で入学試験を受験する学生の60％を入学させるが、最難関の大学は志願者の10％から20％のみを受け入れる。他方、メキシコのフリオ・ルビオ高等教育次官によれば、メキシコ最大の大学――UNAMは入学試験なしに85％の学生の入学を許可している(30)。UNAMは同校の教育ネットワークの枠内の高等学校卒業生全員に「自動的合格証」を与えるため、多くの学生が入学試験を回避するためにUNAM関連の高校に通う。「これが、UNAMの質に影響を与えてきたのです」とルビオは、インタビューで私に語った。対照的にメキシコのおよそ428の公立、私立大学は、入学試験を要求している。

アルゼンチンでも状況は似通っている。私がフィルムス教育相に、なぜUBAには入学試験がないのか尋ねたとき、彼はアルゼンチンのように大きな社会的不平等を持つ国では、その種の入学試験は不公平となるだろうこと、若者たちはまったく準備のできていないまま高校を出るのであり、彼らに入学試験を受けさせることは、私立学校に通った者に褒美を与えることに等しいこと、それゆえに基礎的入学コースがあり、もし学生が6科目に合格すれば大学入学を許可されるのであると説明した。入学コースはフィルターである。50％の学生は6科目すべてに合格せず、そのために入学できない。「実際には、志願者は六つの入学試験を受けるとも言えるし、まったく受けないとも言えます。それをどう見るかによるのです」と彼は結論づけた(31)。しかしながら、おそらくほとんどの教育政策専門家は、中学校の80％の生徒が卒業しないのを考慮すれば、大学における過密状態を避けるために、国家が小・中学校にこれらの資力を向けることがより効率的であることに同意するであろう。

インドの教育成績重視主義

私がインドのニューデリーを2007年初頭に訪問したとき、ザ・タイムズ・オブ・インディア紙と他の国内新聞の第1面での論争の一つは、インドの幼稚園の入学試験についての議論であった。私の最初の反応は、私がそれを正しく読んだかどうか確かめることであった。幼稚園の入学試験？　まさか。インド最高裁は幼稚園児となる者は、本件についての裁定があるまでは次の学期に面接やテストをされるべきではないと決定したばかりだった。幼稚園は4歳児とその両親に面接し、しばしば子どもたちにテストを受けさせていた。テストのいくつかは4歳児に3文字の言葉を読ませることを要求した。他のテストは子どもたちに1から１００の番号のひとまとまりを与え、最も大きい番号を特定するように質問するものであった。こうしたテストは、裁判所が子どもたちに人生のあまりに早い時期に過度の圧力を与えることとなると結論を下した。しかし私立幼稚園が裁判所の命じることを細心の注意を払って遵守することに、または本年末に失効する一時的禁止の後に、その禁止命令が維持されることに賭けようとするインド人は多くはいなかった。インドの教育成績重視主義では、学校は自校の学生の全国成績の点数を競い、数千校の私立幼稚園はおそらく法律を回避し、より目立たない形でテストを行うであろうと私は言われた。

幼稚園入学前の試験の問題は、私にはまったく信じられなかった。インドの子どもが幼稚園に入るための入学試験に直面している一方で、ラテンアメリカの学生は地域の最高の大学に入学するのに入学試験に合格することさえ要求されないのである。インドの教育実績重視主義の最も顕著な例は、国の高等教育システムの至宝であるインド工科大学（ＩＩＴ）である。インドの七つの工科大学は国中に散らばり、全体で3万人の学生を有するが、あまりに厳格な一連の試験を適用するため１３０人の志願者につき1人のみが入学を許可されるのである。対照的にハーバード大学では、10人の志願者に1人が合格する。

インドとラテンアメリカ諸国が国民を教育する点において行っていることには、大きな類似点と相違点がある。双方の国において初等中等教育制度は惨憺《たん》たるものである。しかしインドは多くのラテンアメリカ諸国と異なり、１９５０年代に技術教育への大量の投資の必要性を決定し、52年に——政府が招集した教育委員会の示唆により——インド工科大学（ＩＩＴ）の創設を決定した。ジャワハルラル・ネルー首相は七つの工科大学を創設し、それらを世界最高の工科大学と連結した。ニューデリーのIITが英国のインペリアル・カレッジ出身の多くの教授を有し、他方カルプールのIITにはマサチューセッツ工科大学や他の米国の大学出身の教授を有し、ムンバイのIITは旧ソ連出身の学者を抱えた。「これらの国々の教授陣は、ここに来てここで教えたのです。多くの才能が輸入されました」とニューデリー工科大学学長のスレンロラ・プラサッド教授は、彼の事務所でのインタビューで私に述べた。

当初、ネルーは国民の大多数が読み書きのできない国で工科大学のエリートのために大金を使うことについて厳しく批判された。今日でもなおインドの子どもの100人のうち10人弱が高等学校を修了していない。しかしネルーは、インドが世界クラスの技術エリートを持たねば貧困からは決して抜け出せないだろうことを信じて計画を堅持した。数年後、ネルーの頑固さは報われた。IITの卒業生はインドで最も成功した情報技術会社のいくつかを立ち上げ——7万2000人の被雇用者を持つ巨大企業インフォシスを含む——すぐにそれは、国家経済の最もダイナミックな部門となった。欧米の技術者たちの費用の数分の1の価格でコンピューターソフトウエアの問題解決を提供する高い教育を受けたインドの技術者により、インドは中国が製造業の強大な国となったのとまったく同様に世界の情報技術センターとなったのである。

ところがニューデリーのIITの外見は——インドにおける多くの事柄と同様に——、落胆させるものであった。正面入り口に到着したとき、私はこれが本当に世界のトップの教育施設の一つかどうか自問せざるをえなかった。正面玄関は世界で最も革新的な技術進歩のための学術的な培養機関というよりも半分廃墟となった第三世界の田舎の高校のようであった。正門は土のグラウンドで取り囲まれており——一部に芝生があったが、長い間干からびていた——、そして正門の片方に取り付けられた学校名のサインは単に壁に描かれていた。工科大学の建物は1961年にさかのぼるが、かなり薄気味悪く見えた。廊下は暗く、私が訪問した日には冬の寒さにもかかわらず、暖房はほとんど利いていなかった。それでもIITとラテンアメリカの同じ工科大学の違いは驚くべきものであった。

「教育は、ここでは非常に競争的なものです」とプラサッド学長は、私に述べた。ＩＩＴ入学のための競争は小学校から始まり、インドの子どもたちは最初の標準テストを受けさせられる。高等学校では生徒はさらにいくつもの標準テストに合格する必要があり、いったん卒業すれば全国委員会テストに合格しなければならない。それからＩＩＴの独自の入学試験があり、それは全国委員会テストで良い成績を上げた学生のみが受験できる。ＩＩＴの超競争的な入学システムについて話すときにインド人学者はこぞって、著名なインド人の子どもたちが入学できずに、代わりにハーバード大学やマサチューセッツ工科大学に入った話――本当なのか想像なのか分からないが――をするのである。

しかし、ＩＩＴの成績重視主義は公正なのか？　この制度は私立大学で勉強し必要な学歴を持つ上・中流階級の学生たちにとって不利益を生じさせないのか？　プラサッドＩＩＴ学長は、ＩＩＴの学生の約50％が上流階級の出身であるが――議会により制定された積極的差別是正措置により――、50％は恵まれない出自だと述べた。ＩＩＴはインド資産の巨大な枯渇を生むのではないか？

そうではあるが、ＩＩＴはすでに研究助成金、コンサルタント費、年１５０ドルに上る学費から予算の30％を生み出している。そして、ＩＩＴは国家としてのインドにとって計り知れないほどの利益をもたらすことを証明した。彼らは世界レベルの情報技術分野の労働力を生み出すのみならず、ますます増大する技術革新能力をも生み出すのである。２００４年に、インドは科学技術担当の役所を閣僚級――科学技術省に格上げし、新しい省はＩＩＴや民間部門の投資家と協力して、例えば、第三世界の教室のための２００ドルのラップトップ・コンピューターや乾癬の薬の開発を行っている。07年までにインドは、年２３０億ドルの情報技術商品とサービスを輸出していたが、政府当局者は、09年までに年６００億ドルに急増することを期待していた。インドの多くの懐疑主義者が、情報技術分野が貧困をかなり減少させるための雇用をもたらすことができるかどうか疑問視している間にも産業はブームとなっている。「情報技術の輸出の成長率は年45％です。誰もが情報技術部門に入ることを欲しています。新卒の情報技術工学士の給料は、新卒の医師の給料の3倍なのです。一部の医師たちは、情報技術分野の方がはるかに稼げるために同分野に進みつつあります」とソフトウエア産業の中心地であるバンガロールのあるカルナタカ州のM・N・ビドウヤシャンカール情報技術相はインタビューでこう述べた。

ビドウヤシャンカール相の故郷のカルナタカ州とその州都バンガロールは、インドの情報技術ブームの多くを占め、それ自体が21世紀の知識経済におけるインドの進歩の象徴である。100年前にインドで最も富裕な州であったビハールやウッタル・プラデシュのような鉱物資源の豊富な州とは異なり、南西インドのカルナタカ州は天然資源が少なく、伝統的に国の最も貧しい州の一つであった。しかし、ビドウヤシャンカールが「英明な支配者」と呼んだ人々が英植民地時代、教育に多くを投資したおかげでカルナタカ州は現在では、技術科学エリートを有している。今日、同州はインド35州（デリー首都圏＋6連邦直轄地＋28州）の中で4番目に富裕な州であり、他方でビハールやウッタル・プラデシュ州は、ほとんど底辺に沈んでしまったとビドウヤシャンカールは述べた。

「私たちは、知識文化を広めたこれらの王たちの恩恵を今や受け取っているのです」と彼は私に述べた。「今では誰もがここに来たがります。2カ月前には、初めて日本の首相がバンガロールにやってきて、それからニューデリーに向かいました」。

外国学生ブーム

中国とインドは、ますます競争力のある科学技術エリートを生み出している。彼らは厳格な学問的カリキュラムを追求し、科学技術大学を創設することによってのみならず、多数の学生を欧米の最高の教育機関に派遣することによってそれを達成している。中国とインドだけではない。韓国、日本、シンガポール、その他のアジア諸国の学生が欧米の大学に押しかけてきている。その間にも海外のラテンアメリカの学生数は停滞し、いくつかのケースでは減少しつつある。米国の大学の外国人学生56万5000人の大半は、アジアから来ており、その数は32万7000人で、ラテンアメリカ人学生6万5000人の5倍である。米国で中学校より上の学生数が最も多い国は、インドの7万7000人であり、次に中国6万3000人、韓国5万8000人と続く。メキシコは米国に1万4000人の大学生を有するのみであり、ブラジルは７０００人、コロンビアは６８００人である。そして、その差は開きつつあるように思われる。米国の大学でのアジア人学生の数が２００６年に約１％増加した一方で、ラテンアメリカ人学生の数は、２％下落した。その年までに共産主義支配のベトナムさえもが、米国においてアルゼンチンやペルーよりも多くの大学生を有していた(32)。

私が思っていたこととは反対に、アジア人学生の殺到は本国からの政府奨学金の結果ではなかった。外国人学生の数字を編纂《さん》する非政府組織（ＮＧＯ）である国際教育協会（ＩＩＥ）の専門家にインドと中国からの学生の異常な増加について説明を求めたとき、彼らはアジア人家族の間の教育投資の文化が大きな理由であると答えた。ＩＩＥのアラン・Ｅ・グッドマン会長は私にこう述べた。「グローバリゼーションが、教育を真に評価する国民であるインドと中国に非常に大きな中産階級を生み出しつつあるのです。そこの人々は、子どもの教育に投資するため大きな資金的犠牲を払うことをいとわないのです」。グッドマンによれば米国の外国人大学生の２・５％のみが本国政府や大学からの奨学金を受けており、アジア人学生も例外ではない(33)。

このいずれもラテンアメリカにとっては良いニュースではない。それはアジア人がラテンアメリカ人よりもよりグローバル化した政治家、企業家グループを生み出しつつあり、彼らに世界のビジネス、科学、技術における大きな優位を与えていることを意味する。もし世界中の知識人の間でのコンセンサスが、ロンドンと上海の両大学ランキングが示すように、欧米が最高の大学を有するということであれば――知識経済の時代において――、彼ら卒業生たちはより良い準備ができており、世界の先導的な産業経済国やポスト産業経済国との強力な人的、文化的関係を持つだろうと推測するのに未来学者である必要はないのである。

あまりに多くの心理学者、不十分な工学技師

信じられないと思われるかもしれないが、メキシコ国立自治大学（ＵＮＡＭ）では、石油工学技師の15倍の心理学者が卒業する。石油が引き続き主要産業である国において、ＵＮＡＭは心理学卒業生約６２０人、社会学卒業生70人を生み、石油工学技師は毎年40人のみで

ある[34]。メキシコだけが例外ではない。アルゼンチンのブエノスアイレス大学（UBA）では、毎年2400人の弁護士と1300人の心理学者が卒業するのに対して、工学士は40人、農業および畜産学科の学士は173人のみである[35]。もし我々が学生全体を調査すれば――卒業生のみでなく――事実はさらに驚くべきものである。2004年にUNAMは、哲学文学部の学生6485人を有し、コンピューター科学は343人のみであった。UNAMでの26万9000人の学生の80％は、社会科学、人文学、芸術、医学の分野でキャリアを追求しており、他方で20％のみの学生が工学、物理学または数学を学んでいた[36]。教育プログラムと労働市場需要との乖離は、大きな大学に失業を運命づけられたと思われる職業専門家軍団をつくり出させていた。全国大学協会と高等教育院（ANUIES）の調査は、もしメキシコが潜在的雇用のない大学卒業生の過剰生産について何も是正しなければ、すぐにも130万人の失業する卒業生を生み出すこととなるだろうと警告している。「これは前例のない社会問題を生む可能性がある」と調査は述べている。

アルゼンチンでは、UBAの15万2000人の学生の40％が社会科学、心理学、哲学に登録しており、他方で3％がコンピューター科学、物理、数学を学んでいる。UBAは心理学学生2万7000人、工学を学ぶ学生6000人を有している[37]。「アルゼンチンでは2003年まで毎年、繊維工学の卒業生はたったの3人でした」とフィルムス教育相はぞっとするように私に言った。教育省によればブラジルの最大の大学では、学生の52％が人文・社会科学に登録されており、他方で17％の学生のみが工学、物理学、数学を学んでいる。

ラテンアメリカの弁護士の過剰供給は、政府の最高レベルの構成に反映されており、これが地域で工学、科学、技術教育への配慮が足りない理由の一つであろう。胡錦濤中国国家主席は水力発電の工学技師であり、中国共産党政治局常務委員会の8人のメンバーもすべて工学技師である。アブドゥル・カラム・インド大統領は宇宙科学者であり、マンモハン・シン首相は科学に取りつかれた経済学者である。しかし、ほとんどのラテンアメリカの元首――例えば、アルゼンチン、コロンビア、キューバ、ペルー、メキシコ――は、弁護士出身である。「より多くの弁護士の育成にあまりに多く投資する代わりに、ラテンアメリカの政府は、中学校と技術学校の創設に投資すべきです」とマイアミのエドワルド・ガマラ・フロリダ国際大学ラテンアメリカ・カリブ・センター所長は述べている。「ラテンアメリカの経済はより高度な付加価値を持つ輸出をつくり出すために、より大きな科学技術的要件を持つ産業に向かっています。これらの国々は技術者を増やし、法律や政治学の卒業生を減らす必要があるのです」。

UNAM——非効率のモデル

フアン・ラモン・デ・ラ・フェンテUNAM学長は、私がインタビューであなたの大学がそれほど多くの哲学者とそれほど少ない専門技術者をつくり出すのは馬鹿げていると思わないかと尋ねたとき、急に脇道にそれた。「最初に私が明らかにしたいのは……」彼は反論した。「UNAMがメキシコで行われた全研究の50％を実行したことです。ここ何年もの間、UNAMは、科学研究開発の推進力であり、これはメキシコにおいては基本的に公立大学を通じて達成されてきたのです」。

これは驚くべきことではないと私は思った。なぜならメキシコ政府は、大学に年15億ドルを供与しており、UNAMは99校の公立大学の間で分かち合われるべきと思われる高等教育のための国家予算の30％を吸い取っているのである。デ・ラ・フェンテは続けた。「問題は、基本的には環太平洋諸国のように、はるかに実りあるやり方で私たちに発展を可能とさせる中長期的ビジョンを持った国の政策がなかったことが原因なのです」と彼は述べた。

「あなたは政府にただ責任を転嫁しているだけではないですか？」私は何度も彼をさえぎろうと試みた後に尋ねた。「大学は国家から受け取る収入を他の資金源で補完すべきではないのですか？　なぜなら100万人当たりの科学者と専門技術者の数の統計値を見れば、メキシコはひどいのです。フィンランドは100万人当たり5000人の科学者と専門技術者、アルゼンチンは713人、チリは370人であり、メキシコはたったの225人です。それはどこよりも少ないということです」。

「彼らの大多数は、UNAMで教育を受けたのです」とデ・ラ・フェンテは反論した。それから彼は再び政府に責任を転嫁した。「メキシコで欠けていることは、大学、民間、そして国家自身を一緒にまとめる国家政策であって、政府は責任を回避できません。私は強調しますが、なぜならどの単一の機関もその約束がどのようなものであれ――UNAMの科学への約束のように――国家の発展のための唯一の触媒にはなれないからです。必要なのは中長期的な視点なのです。なぜなら科学への投資はすぐにには利益が上がらないからです。私たちはいつも直近の必要性によって圧力を受けているのです」。

おそらくデ・ラ・フェンテは、深い改革を実行するために必要な政府の支援を有していないのか、あるいはおそらくそれを行うための知的勇気を持たなかったのか、あるいは彼らにとっての必要性さえも彼は気づいていなかったのではないだろうか。しかし、いかなる場合にもUNAMの学長は――彼の多くの同僚と同様――、自分の責任を回避していた。UNAMは26万人の学生に教えるために年15億ドルを受け取ったが、一方、ハーバード大学は2万人の学生に教えるために26億ドルを集めた。なぜゆえに、ハーバード大学がそれほど多くの資金を持つのか？　なぜならUNAMが多くのエネルギーを国家に資金を懇願するために使うのに対して、ハーバード大学は卒業生からの寛容な寄付を持ち寄り、支払うことができる学生に支払いを請求し、民間セクターおよび国家との、いずれにも恩恵をもたらす数百万ドルの研究調査契約に署名するからである。

UNAMは、ラテンアメリカにおけるほとんどの国立大学と同様、どう見ても非効率である。数万人の学生が教室で7、8年を過ごし、教育コストを大きくつり上げている。メキシコシティの元市長で敗北した大統領候補のロペス・オブラドールは、例えば、UNAMの学生として14年間を過ごした[38]。

メキシコのほとんどの大学が行っているような外部評価を受けることをこの大学が拒絶することは、恥ずべきことである。教育省当局者によれば、これは1999年の学生ストの結果の一つである。「ストライキの結果もたらされた合意の一つは、評価機関の国立高等教育評価センター（CENEVAL）は民間企業と結びついた自由市場経済志向グループであるとして、UNAMが同機関との関係を絶つということであった」とルビオ教育次官は述べた。2005年にモンテレイ工科大学やバリエ・デ・メキシコ大学を含めたメキシコの公立、私立大学の3分の2は、CENEVALからの評価を受けることに同意した。UNAMの中でさえ外部評価の拒否は一部であまりにごうごうたる非難を引き起こしたため、大学の最も有名な学部のいくつか、例えば工学部が反発し、外部評価を受けるように要請した。医学部等はそうすることを強いられた。なぜなら政府が不十分な訓練を受けた医師が卒業しないことを確実にするために医学部の学生は、公認の学校で教育を受けるべしとの資格要件を公布したからである。しかし、2005年の教育省認可の独立機関に認定された学部を持つメキシコの大学ランキングでは、UNAMは最下位であった。トラクスカラ工科大学の100％の学部の学位が認定された一方で、同じカテゴリーでは、UNAMは22％しか認定されていないことは本当である[39]。結論は何か？「UNAMは、研究では大変高いランクに位置づけられるが、それは教育プログラムには反映されていないのです」とルビオは述べた。「1999年の紛争以来、UNAMはイメージと質の点で悪化したのです」[40]。

中国での英語

現時点で中国では米国よりも多くの児童生徒が英語を学んでいる。実際、中国は全国の各学校で約2億5000万人の児童生徒を教える――米国の初等中等学校の児童生徒総数の数倍――英語教育の大規模プログラムを開始した。中国では集中的英語学習が3学年から始まるのに対し、メキシコを含むラテンアメリカのほぼすべての諸国では、必修英語教育は7学年から始まる。この事実は印象的である。中国という、我々と完全に違う書き言葉を持つ地球の反対側の国が、メキシコという国――米国と国境を接しアルファベットを持ち、米国との自由貿易協定を持ち、その輸出の90％が偶然にも米国である――よりも4年も早く全公立学校に英語を要求していることをどう説明するのか？

中国における英語教育の約束は、政府によりなされた政治的決定である。それは1978年の国家の経済開放の最初の動きとともにおずおずと始まり、それから英語がすべての学校で義務的となった99年以降に加速された。中国に旅行する前に、私は中国教育省で英語教育プログラム担当委員会のチェン・リン委員長に電話インタビューした。彼は誇らしげに――そして完璧な英語で――中国はすでに世界最大の英語を話す国ですと私に言い切った[41]。チェン氏によれば中国の英語教育は1999年の世界貿易機関（WTO）参加決定とともに開始され、2008年のオリンピックの開催国に選ばれたときに大きく推し進められた。「私たちは、『北京は、英語をしゃべる』という運動を開始し、そこではすべての北京市民が08年に観光客が到着するときまでに少なくとも一つの外国語を話せるようになる必要があるのです。そして人々は熱心に参加しているのです。なぜなら、もし英語を話すことができれば良い仕事を見つけることがよりたやすいことを知っているからです」。例えば、外国語教育の義務的時間数が引き上げられ、大学に入学を希望するすべての学生の語学試験が導入された。「いくつかの北東部の省では、ロシア語あるいは日本語が学ばれていますが、学生の96％は、英語の授業に登録しているのです」とチェンは私に言った。

しかし北京と上海への訪問中、私は英語を話せる中国人はそれほど見つけられなかったと言わねばならない。店のほとんどの販売員は、私がしゃべったことを一言も理解しなかった。製品の値段を聞くと、英語の数さえ分からなかった。タクシー運転手はさらにひどかった。ほぼすべての観光客と同様、タクシー運転手がそれを読み、困らずに私を連れて行くようにするために、ホテルの接客係や幾人かの知人に私が行こうとしている住所を書きとめるよう頼まねばならなかった。これは大規模な公式英語教育の架空プログラムなのか、それとも私が出会わなかった数百万人の言語を学んでいる人たちがいたということなのか？　中国当局者に街では英語を話す人にあまり出会っていないと話したとき、彼らは英語を学び始めた新世代が労働人口に加わることとなれば、今後5年から10年で変化するだろうと主張した。

教育省教科書開発課長のジュー・ムジュー氏は、英語義務教育のガイドラインは1999年に発表されたが、それらは全国的に適用され始めたばかりであると私に述べた。当初は特に農村の学校ではテレビによる遠隔授業に付き添うための英語教育の訓練を受けた十分な教師がいなかった。つい最近になって、2005年に中国の学校の90％がカバーされたとジュー課長は述べた。毎週、学生はいくつの英語の授業を受けるのですかと私は彼女に尋ねた。「学校は第3学年から始めて毎週4回の授業をしなければなりません。1時間の授業2回、25分の授業2回です。さらに計画は、学校に討論会、ゲーム、歌、演技の授業を含めた英語による活動を要求しています」と彼女は述べた[42]。私がインタビューを終えた後、彼女の助手は私に言った。「3、4年で外国人観光客が英語で道を教えてくれる人間を街で見つけられない事例ははるかに少なくなるでしょう。3、4年あれば少なくとも基礎レベルで話が通じる子どもを見つけるには十分でしょう」。

北京だけで1000校の私立の英語学校がある

しかし、中国における英語教育に関わるおそらく最も印象的な事実は、学校の授業時間外に語学を学ぶ児童生徒の数である。北京だけで英語の専門学校が1000校あると見積もられている。そのうち約30校は大規模校である。報道機関や掲示板の広告では、彼らの講座を近代化へのパスポートとして描いている。

好奇心から私は中国で最大の私立英語学校である新東方学校の校長にインタビューを申し込んだ。この学校の本部は、北京の中心部の一区画全体を占める3階建てのビルの中にある。私はゾウ・チャンガン副校長に出迎えられた。彼は42歳で、以前BBCのアジア特派員として正式に働き、オーストラリアのコミュニケーション修士の学位を持っている。彼は1990年代半ばに、ユー・ミンホン高校のかつての同級生である資金後援者に私立の英語と数学の専門学校を創設するアイデアを提案したと述べた。彼の友人は、すぐにビジネス機会と見なして、最初の学校のために資金を供与した。10年後、専門学校は11の都市に学校を持ち、さらに4校を開校しようとしている。現在、何人の生徒がいるのですかと私はゾウ副校長に聞いた。彼が答えたときに私はほとんどひっくり返りそうになった。「2004年には約60万人おりました。半数が学校での試験に合格するために英語を強化する必要のある学生で、残りの半数は職歴向上のために英語を学びたいという大人たちです」と彼は答えたのだ。「07年までに、私たちは100万人の英語の生徒を持つことを計画しています」[43]。

ますます増大する多くの中国人にとって英語の学習は将来への投資と見なされている。ゾウ副校長は言った。「私が80年代に卒業したときには、大学の学位のある者は誰でも何ら問題なく良い職を見つけることができました。もはや実情はそうではないのです。今日ではより多くの知識が必要です。一つの学位では十分ではないのです。第二の学位あるいは第三の学位、さらには海外留学が必要なのです」と彼は述べた。この傾向は中国が世界に門戸を開いた15年前から始まった。「経済改革のため、国家ビジネスがその扉を閉じ始めたのです。そしてその場所に、はるかに多くを要求する外国企業が来たのです。それゆえ中国の父母は、子どもの教育に他の国よりもはるかに多くを費やすのです。ほとんどの中国人家庭は、彼らの子どもにできる限り最高の教育を与えようと一生の間、貯金するのです」。短期コースで児童生徒1人当たり約100ドルの支払いを請求する新東方学校は、財産を成しつつあった。年の収益が7000万ドルと報道された。ゾウ副校長は新しい講座、中でも就職面接に対処するテクニックを教える新講座の導入により、それを大幅に増やすことを見込んでいると述べた。

インドの繁盛する私立学校

中国と同様、インドは繁盛する私立学校産業を持っている。しかしインドでは、それらはしばしば、れっきとした小学校であり、英語を人気の高い呼び物として提供しているものの、一般的にインドの公教育の完全な失敗に対応するものである。NGOのニューデリー市民社会センターによれば、公立学校制度があまりにひどいため、貧しい人でも英語教育を保証する低額の私立学校に彼らの子どもたちを通わせている。大都市の2000万人以上、農村部の1850万人以上の、大半が貧しい家庭の子どもたちが、公立学校制度を迂回し、国のエリート言語である英語を確実に学ぶために私立学校に通っているのである。両方併せれば――しばしば地面がむき出しの小屋が教室となっている――、学費の安い私立学校が公教育を受けている6歳から14歳までのインドの1億4000万人の子どもたちのうち、4000万人を月2ドル以下の学費で受け入れているとセンターは述べている。

「それはまったく新しい現象です」と同センターのラジ・シェルバル主任教育専門官は、彼の事務所で私に言った。「政府の学校システムの状況は、かなりお粗末なのです」。そのシステムでは25%の教師が現れず、現れてもその50%は教えないとシェルバルは付け加えた。インドはウガンダに次いで公立学校の教師の欠席率が高く、教師はいまだに説明責任のシステムに向かい合っていない。多くのラテンアメリカ諸国同様、教師は終身在職権を持っている。いったん雇用されれば彼らは解雇されず、彼らの職を守るための強力な組合を持つのである。それでも最近数年で何かが変わってきた。「過去には、エリート私立学校に行くか、悪い公立学校に行くかのどちらかでした。今では貧困層は子どもたちを学費の安い私立学校に通わせています。それは悪しき政府の教育に対する貧困国民の反乱なのです」とシェルバルは述べた。

ニューデリーの最貧地区の一つである北シャフダラのスラムの中にある初等学校と高校に関する同センターの調査では、同地区の265校のうち、175校が政府とは何らつながりのない低予算の私立学校であることが分かった。予告なしの授業参観で、調査員は政府系学校の教師は38%のみが教えているのに対し、私立学校では70%の教師が教えていたことが分かった。「貧困層に仕える私立学校」とのタイトルの調査では、数学、ヒンドゥー語、英語のテストを3500人の子どもたちに行った結果、低予算の私立学校の子どもたちの平均が政府系学校の子どもたちよりも英語で246%、ヒンドゥー語で83%、数学で72%高かったことが分かった。

英語教育はインドの学費の安い私立学校の人気の大きな部分を占めている。インドの大都市にあるほとんどのスラムでは、数十のこれらの学校を見つけることができる。学校の多くは、「セント・メアリー」や「セント・アンソニー」等の西洋の名前がついており、それらはたいてい1クラス約30人の三つの小さな教室を持っている。これらの多くは子どもたちが年末に公立学校で標準試験を受けられるように政府系学校システムに登録されている。彼らは私立学校で1年を通じて勉強し、そこでは教師が彼らの出席と重点的な英語教育を保証し、1年に1回、地区にある公立学校に受験のときに現れるのである。「貧しい人々の大半は、英語教育を欲しています。なぜなら、彼らは市場経済の中でその恩恵を理解しているからです」とシェルバルは私に述べた。「多くの低学費私立学校は英語で教えるのですが、大半の公立学校は土地の言語なのです」。インド人はもっともなことではあるが——冗談半分にインドの三大急成長産業は低学費私立学校、私設警備員、そして水ボトルであると言う。市民社会センターのパルス・J・シャー所長が私に述べたように「世界の他の多くの地域と同様、インドでは教育について大きな議論があります。しかし貧困者は待ってはいません。彼らは自分たちの意思を示しているのです」。

チリ、メキシコ、ブラジル、アルゼンチンによってとられた措置

多数の中・上流階級のラテンアメリカ人たちが私立の初等学校や高校または放課後私立の英語学校で英語を学ぶとしても、また、大半が私立の財団の運営によるいくつもの小規模英語プログラムがあるとしても、少なくとも中国やインドで見たようなラテンアメリカの貧困層への英語や他の外国語教育のための大規模な取り組みを私は見たことがない。

２００４年初頭にチリはグローバル経済への統合を早めるために、英語を第2公用語として採用することを発表した。英語を第二の公用語とするラテンアメリカで最初の国となったチリは、その年の4月、アジア太平洋経済協力（ＡＰＥＣ）の教育相会合を準備中であった。この会合の主催者として、チリ人は英語教育が最上位の議題であるべきことを決定した。チリはすでにラテンアメリカがこの分野で立ち遅れており、アジア人がはるかに先に進んでいるのではないかと疑っていた。英語教育に関する会議のための事前調査は、チリの疑念を確認するものであった。会合で発表された結果は驚くべきものであった。シンガポール、タイ、マレーシアでは第1学年から各学校で英語を教えており、中国と韓国では3学年から教えていたが、ほとんどのラテンアメリカ諸国は7学年からだった。しかもそれがすべてではなかった。シンガポールが週8時間、中国が週4時間英語を教える一方で、チリとメキシコは数年後から英語教育を開始するのみでなく週2時間教えるだけであった。その差は底知れないものであった。英語教育のみがアジア諸国の経済発展を説明するものではないが、それは彼らを世界経済に統合させて急速に成長して貧困を削減した秘訣のもう一つの要素であった。

２００４年にチリが英語を第2言語として採用することを発表したとき、このニュースは他の中南米の国々ではほとんど顧みられなかった。公式調査によれば、チリでは大半の隣国と同様、人口の2％のみが英語を読むこ

とができ、基礎的な会話ができた。しかしチリ社会党政権は、英語教育を政治的目標として掲げた。「英語は輸出ビジネスを立ち上げるための扉を開き、デジタル識字教育への扉を開きます」とセルヒオ・ビタール教育相は言った。「英語は世界への扉を決定的に開くのです」[44]。チリは英語教育を5学年から義務教育化するだけでなく、2004年から5、6年生の児童全員に無償の英語教科書を供与することを開始し、10年にすべての8年生が鍵となる英語試験（KET）――第2言語としての英語の理解と読解のための国際試験――に合格することを要求する目標を設定した。また国家が国際観光をより多く受け入れ、顧客サービス・コールセンターのチリ誘致でアジアと競争するのを助けるために、従業員に英語講習を施す会社に対して税の優遇措置を提供し始めた。チリの開発公社CORFOは、1万7000人の英語技能試験実施と、バイリンガルまたは、ほぼバイリンガルな人々のデータベース創設のため04年に70万ドルを支出した。そして1万2000人が試験に合格し登録された。「私たちは英語に堪能な人々の名前と電話番号のデータベースを持っており、チリで開設を希望するどの会社もそれを利用することができます」とビタールは説明した。

メキシコにおいては、米国に隣接していることから潜在的な英語教師の巨大な供給アクセスを確保していると思われるものの、フォックス政権はすべての5学年のための十分な英語教師がいないためにチリの例には倣えないと結論づけた。メキシコはチリと同様の総合的な識字率を持ち――96％の両国の子どもたちは、小学校を修了している――、政府は栄養不足や幼児死亡率等の分野が英語の授業よりも、より多くの資金を受けるに値すると信じていた。そのためにすべての5、6学年の授業でエンシクロメディア（Enciclomedia）の電子黒板を使う遠隔英語教育を選択した。「2006年までにどんなに田舎や先住民地域でもこれを備え付けない学校をなくそうという計画です」とレイェス・タメス教育相は述べた[45]。米国のラテンアメリカの主要なビジネスパートナーであり、米国市場での中国の主要な競争者にとって子どもたち一人一人に合った英語教育は引き続き遠い目標なのである。

アルゼンチンでは英語の義務教育は、大半の州で7学年から始まるとフィルムス教育相は述べた。しかし、01

年の経済破綻後、第2言語に時間と金を充てる考えは他の優先事項のためにかすんでしまった。820万人の総学生人口のうちの51万1000人が中退しており、その大半は小学校後の3年間に中退していた。経済危機後に交代した政府は極貧ゆえに生徒が学校を退学すると結論づけ、それ以来教育の優先事項は中退者を防止することであった。

南米諸国にとっては、英語は必要とされる唯一の外国語ではない。この地域の多くの教育当局者はポルトガル語を話すブラジルが南米経済の生産高の半分以上を占めることを考慮し、ポルトガル語教育が同じく重要であると述べている。1990年代末に南米南部共同市場（メルコスール）ブームの間、野心的なポルトガル語の教育プログラムが打ち出され、ブラジルにおいてはスペイン語講座が同様にスタートした。アルゼンチンでは当時のスサーナ・B・デシベ教育相が2000年までに大半の学校はポルトガル語を教えているであろうと宣言した。「長い間、私たちの国々はお互いに背を向けてきました。しかし今や大変興味深い文化的統合のプロセスを経験しているのです」とデシベは98年のインタビューで私に述べた。しかし1年後のブラジルの通貨切り下げがメルコスールと南米統合に厳しい一撃を与え、計画全体がほとんど放棄された。数年後、もう一人のアルゼンチン教育相アンドレス・デリチは、全国ポルトガル語教育キャンペーン・プログラムで残っているのは、ブラジルと国境を接するミシオネス北部州の学校プログラムであり、それはアルゼンチンの学校在籍者数の5％を占めていると私に述べた。

ブラジルでは、1998年に議会が全学校でスペイン語を教える計画を討議し始め、2000年の法案に発展したリオ・グランデ・ド・スールやパラナ、サンパウロ等のいくつかの南部州は、すでにスペイン語講座を始めていた。そして議会の計画は——もし、連邦地区（首都ブラジリア）と26州が必要とする7万5000人のスペイン語教師を雇用する方途を見つけたときには——、これらのプログラムを今後10年間で全土に拡大することであった。議会は05年に法案を可決し、教育省に5年間に5学年から8学年までの全国のすべての小学校に利用可能なスペイン語の選択講座をつくるように命じた。

いまだに非識字者を根絶できていない国々で第2言語

を教えることは贅沢ではないか？「チリ人は歩きながら同時にガムをかむことができると信じています」とビタール教育相は私に述べた。「スペイン語、科学、英語を同時に勉強できるのです」。それはおそらくは本当であろう。スウェーデン、オランダあるいはデンマークを旅行した誰もが、もし子ども時代から外国語を勉強し始めれば二つか三つ、さらには四つもの言語を完璧に話すことができるのを知っている。より貧しいいくつもの国々で同じことが起こりつつある。私はキュラソーのカリブの島の最も不安定な条件の中に住む人々やニカラグア、ホンジュラスの最も貧しい地域に住む住民の中で完全にバイリンガルである人々を見つけた。もし中国人が――まったく違う書き方のシステムを持つ――小学校で英語を学び始めるのであれば、ハリウッド映画を見、アメリカンロックを歌い、英語のインターネットサイトを検索しながら育った数百万人のラテンアメリカ人たちが同じことをできない理由はない。

なぜアジア人はもっと勉強するのか？

おそらく、中国で私が出会ったすべての人たちの中で最も私に強い印象を与えたのは、私が北京のボヤ私立学校を訪問した際に出会った10歳の少年シュエ・シャンジエ君であろう。校長とのインタビューの後、私は教室に入って参観できるかどうか尋ねた。私たちは廊下を歩き、授業が行われているいくつかの教室を覗《のぞ》いた。私はそのうちの一つを選んだ。午後6時頃で12、13人ほどの子どもたちが一列の机に座っていた。教室の後ろには多くの男女が座り、明らかに祖父母であり、読み物をしたりクロスワード・パズルをしたりして時間をつぶしていた。

校長がドアを開け、私を米国からの訪問者として紹介したときに漠然とした驚きとくすくす笑い、そして教師からの歓迎の言葉があった、私は座り、教室を見た。すぐに一人の児童が特に私の目を引いた。彼は前列にいて、大きなメガネをかけており、素晴らしい英語で自己紹介しユーモアにあふれていた。授業の終わりにシュエ君が彼の学級で首席の児童であり、国際学生オリンピックに参加できるように、彼の成績をさらに向上するために放課後、英語と数学の個人授業を受けていると聞かされたときには正直驚かなかった。

大きくなったら何になりたいの？　私は後でシュエ君

に玄関で談笑しながら聞いた。「歌手です。多分」。少年は肩をすくめ笑いながら言った。その間、学友たちは彼の答えを褒め、ショー・ビジネスでの彼の未来を冷やかしていた。私は、両親は何で生計を立てているか尋ねた。彼の英語が上手だったので、外国に住んでいた外交官の子どもか長年家庭教師を雇っている財力のある家の出であろうと想像したのだ。しかし、それは違っていた。シュエ君は、父親は軍の将校で母親は事務員であると言った。彼の家族についての説明と校長や私に同行した中国人の助手が後で確認したところでは、シュエ君の家族は中流または中の下の階層であった。

君の典型的な一日はどんなものなの？　それから私は尋ねた。7時に起床し8時までに学校に行き、曜日によって午後3時か4時まで授業を受けると彼は言った。その後、父親が迎えに来る6時まで宿題をする。それでは一日の残りの時間はテレビを見ることができるの？　私は彼に尋ねた。「毎日30分だけテレビを見られます」。彼は微笑み続けながら答えた。「家に帰れば僕はピアノを弾き、日課をやります。夜の7時半までです。それから30分間テレビを見ることができ、それから9時に就寝します」。しかしそれがすべてではない。週に1度の放課後と日曜日の午後には、ボヤ私立学校で英語の個人授業を受ける。土曜日の午後には同じ私立学校で2時間の数学と中国語の授業を受けている。それでは、勉強がそんなに好きなの？　私は興味をそそられ彼に聞いた。「はい」と彼は満面に笑みを浮かべて答えた。「勉強はとても面白いのです。もし一生懸命勉強すれば、父がおもちゃを買ってくれるんです」[46]。

韓国の場合

学ぶことへのいちずな献身は中国人やインド人だけの現象ではない。中国やインドと同様、韓国、シンガポール、そしてアジアのいくつかの国々の子どもは、米国やラテンアメリカの子どもの1日当たりのほぼ2倍の時間勉強している。韓国では小学校の1日の平均勉強時間は10時間であり、これはメキシコ、ブラジル、アルゼンチンの2倍である。

韓国人の14歳、ジャエーホー・リー君は、ほとんど軍隊のような日課を過ごしている。朝7時に家を出て、前の日の授業の復習をするために授業の始まる30分前に学校に着き、午後4時に家に帰る。その後、英語と数学の個人授業を受ける。それはこれらの科目で遅れているからではなく、高い評点を維持するためである。「僕はクラスのトップに居続けたい。なぜなら自分の未来がかかっているからです」。その少年は韓国の教育現象についての特集記事を掲載したブラジルのベージャ誌に語った[47]。

韓国の教育省によれば、80％の子どもは毎日少なくとも10時間勉強し、83％が数学か科学の補習授業をとっている。教育改革は大学年齢人口に占める中等教育修了者の割合を１９６０年の７％から今日の82％に押し上げた。対照的にラテンアメリカ諸国では、大学で勉強するのは若者の20％であり、それ以下の場合も多い。韓国の大学卒業生の30％が工学士の学位を持つのに対し、ラテンアメリカでは15％である[48]。

韓国では何年もの間、ほとんどの学校が電子黒板――最近メキシコで採用されたものと同様――を持ち、そこで教授たちが授業を説明するためにビデオを見せる。さらにブロードバンド・インターネットとつながったコンピューター教室があり、教授は中南米の６倍の６０００ドルの月給をもらっている。「それは高い社会的地位を与える職業である」とベージャ誌は指摘している。ソウル国立大学の世論調査は、韓国人女性にとって男性教師は「最も結婚したい相手」と見られている。なぜなら彼らは良い給与、安定した仕事、長期休暇、そして子ども好きだからである。教師は労働条件からも素晴らしい恩恵を受けていて、授業を準備したり生徒の相手をしたりするための1日4時間――もちろん有給――も労働時間に含まれているのである。韓国での教育は、非常に真剣に取り組まれており、幼稚園の先生でさえ大学の学位が必要である。一般的に経済学者は、韓国の教育投資は報われており、さらにそれ以上のものであると信じている。熟練労働力の供給により誘致された国際投資の殺到のおかげで、韓国は１９６０年代には1人当たり国民所得がブラジルの半分だったものが、今日ではブラジルの3倍の平均所得を持つに至った[49]。

なぜ、アジアでは若者がもっと勉強するのか？　中国で聞いた最も共通の答えは、これは最近の現象ではなく紀元前5世紀に労働と勉学への献身等の価値を広めた孔子の教えにさかのぼる歴史的な伝統の継続であるということである。孔子は「もし1年で成長するのが汝の目的であれば、小麦を植えよ。もし10年で成長するのが汝の目的なら、木を植えよ。もし100年で成長するのが汝の目的なら、汝の子どもを教育せよ」と述べた。教育熱は中国の文化大革命の間は抑えられたが——新東方学校のゾウ副校長が指摘したように——、1980年代に新しく民営化されたビジネスが、高等教育レベルの労働力を要求し始めたときから経済改革とともに始まり、立派に復活した。

中国においては、教育熱を説明するもう一つの鍵となる動機があるといわれており、それは他の国にはまったくもって輸出できるものではない。一人っ子政策である。1970年代以降、人口管理政策として各夫婦はただ1人の子どもを持つことを許され、より多くの子どもを持つ夫婦は、第2子について懲罰税を支払わねばならないのである。それは、おのおのの男子または女子は——男子の赤ん坊が好まれるために男子が女子よりも多い——両方の両親、4人の祖父母、そして場合によっては8人の曽祖父母のもっぱらの注目の的となることを意味する。「私たちは小さな皇帝と皇后の国です」と北京の観光ガイドが私に言った。このことは、両親および祖父母からの若者への猛烈なプレッシャーとなる。「子が最高の大学で勉強ができ、良い職を得ることができるように家族全員が節約するのです」。ゾウ副校長は私に説明した。「私たちは、ここで格言を持つのです。『一人っ子、唯一の希望、唯一の未来』です」。この言葉がある程度、なぜそれほど多くの家庭が子どもたちを放課後に英語の個人授業に通わせたり、子どもを米国の大学に送るために一生節約したりするのかを説明してくれる。

いくつかのアジア文化についてのさらなる共通の要因は、幼い子どもがより多くより早く学習しなければならない必要性である。ほとんどの西洋の言語は26または27文字のアルファベットを持つが、いくつかの東アジアの言語は、約2万2000の文字を持つ。なお言語への基本的知識を得るには約2500文字が必要である。アジアの子どもは、第1学年に入学するはるか以前から文字を学び始めねばならない。幼稚園は集中的な書き方教室である。「第1学年に入学するときには、すでに2000字を知っていなければならないのです」と北京の教師、チェン・チュエンは私に述べた。学習がそれほどにも厳しいため、両親と祖父母は子どもや孫にこれらの文字を書くことを教えるのに週末を費やし、子どもたちは小学校に入学するときまでに、すでにラテンアメリカの子どもよりもはるかに多く勉学の訓練を受けるのである。それゆえ、アジア人は1日10時間勉強することを当然のことと考えている。テレビを見、サッカーで遊び、パーティーをすることは、数億人のアジアの若者にとっては、第一の優先事項ではないのである。

評価の文化

国際的な教育専門家の間でますます大きくなっているコンセンサスは――これはいまだにラテンアメリカにおいては、広くは受け入れられていない――、学業成績を向上させる最良の方法は、単に学校により多くの資金を投資することや勉強の時間を増やすことや教室1室当たりの生徒数を減らすことではなく、生徒にさらにより良く勉強することを強いる「評価の文化」をつくり上げることだというものである。もし資金が答えであれば、中国や韓国は政府の教育への支出が他の国々よりもはるかに少なく、世界で最も遅れた国々の中にあるべきであろう。また、それは単に授業時間やクラスの大きさの問題ではない。なぜならノルウェーやオーストリアのような国々では、これらの条件では大きな差異があるが、標準化試験では、同様の成績を収めるのである。しかしながら共通の要因が一つある。比較研究において、生徒がよく勉強するほとんどの国は、学生、教授、学校それぞれについて厳格な格付けがあるのである。格付けは競争の雰囲気を鼓舞し、そこでは教育システムが絶えず政府や父母に対して自らを正当化する必要があるのである。

私が北京でインタビューした教育省高官のジュー氏は、中国の教師は誰もが見られるように黒板にクラスの学生の成績を掲示するのだと述べた。「中国の学生は試験の出来は非常に良いのです。なぜなら彼らは若くしてクラスで首席から最下位まで評価されることに慣れているからです。それが彼らを非常に競争的にさせ、リストで上位に上がれるよう、成績を向上させるよう駆り立てるのです」と彼女は述べた。「政府の中では、格付けの実施を奨励していません」。しかし彼らがそれを妨げていないことも明らかであった。大学のランキングについても同様であると彼女は付け加えた。大学のランキングは大学を自ら向上させるよう鼓舞して、国家としても、教育に対する投資を評価することができるのである。

ワシントンのインターアメリカン・ダイアローグの教育専門家ジェフリー・プリアーによれば、立ち遅れている国々は両親のより多くの参加は別として、三つの基礎的な特質を導入すべきだとしている。それは小学校から始まり、その後もより高い水準を求めること、生徒の評価、そして教師と校長の説明責任システムである。「教育機関は誰かに対し、おそらくは両親または一般的に社会に対して説明責任を持つべきです。これらの機関は、何でも好きなように行うことや彼らの職務の結果を避けることは許されないのです」とプリアーは述べた。「ラテンアメリカの教育システムでは、実際、何ら結果がありません。良い教師も悪い教師もいるでしょうが、それがどうでもよくなっているのです。なぜなら良くても悪くても扱われ方に違いがないからです。教師は悪い業績ゆえに職を失うことがなく、良い業績ゆえにより多く稼ぐこともないからです」。ニュージーランド、オーストラリア、オランダ等のように、アジアのいくつかの国々では、教育改革は説明責任や生徒や学校の評価を促進するために実行され、大きな成果を上げたと彼は付け加えた。「ラテンアメリカでは、依然として質ではなく量が優先事項として考えられているのです。そしてそれは深刻な問題なのです」(50)。

多くのラテンアメリカの教育相は、質の文化を採用する国々が彼らの教育システムを進歩させることに同意しているにもかかわらず、多くがいまだにこれらの改革は先進国においてのみふさわしいと信じている。フィルムス・アルゼンチン教育相は、こう私に述べた。「格付けについての私たちの問題は、格付けをするとしばしば能力や質を守るのではなく、社会経済水準を守ることになってしまうことです」。アルゼンチンにおいては、社会的な不平等が若者を劇的に質の違う小・中学校に通わせることとなり、非常に異なった準備レベルで大学に入学させる。「もし一人の少年が幼稚園に行かずに、ひどい小学校に行き、誰も勉強しない中学校に行った場合、非常に良い幼稚園に行き、非常に良い私立のバイリンガルの学校に通った者に比べて不利となるでしょう。そのために問題は活動の場をいかに平等にするかなのです」と彼は述べた。そして、答えは大学入学試験を厳しくして恵まれない学生を罰するのではなく、彼らが追いつけるよう高校で補習講座を、大学で入門講座を与えることであると彼は続けた。

それでも大臣は、彼の国がより強力な評価の文化から恩恵を得るだろうことに同意した。「ここアルゼンチンでは、その意味では立ち遅れています。過去30年間、優秀さや努力、勤勉の文化はなかったのです。アルゼンチン人は、努力や勤勉や研究に基づくよりも、何としても次の学年に進級することを意味する〈ｚａｆｅ〉と呼ぶものに非常に結びついた文化を持ってきたのです」と彼は述べた。アルゼンチンの官僚は大学研究の評価と認定を開始することが最良の方法であると決定した。しかしメキシコと同様、彼らは国で最も大きい大学の壁に突き当たろうとしているのである。

中国、インド、そしてラテンアメリカ

私が2005年に中国を訪問している間に読んだニュース記事は、最も顕著な業績につきものの華々しい宣伝口調ではなく目立たない形で、中国が最初の自動車をヨーロッパに輸出したと報じていた。それは、ジープ・チェロキーに似た5ドアのスポーツ用多目的車（ＳＵＶ）であり、江鈴汽車グループにより製造され、1台約2万2000ドルで売られる予定の船積みされた最初の200台の一部がベルギー・アントワープ港に到着したというものである。その数日後、今度は中国で生産された150台のホンダの車「ジャズ」の最初の船積みがヨーロッパに到着した[51]。次の年にかけて中国の自動車輸出——それまではアジア諸国に限られていた——は、2005年の17万3000台から06年には34万台に急増し、翌07年には70万台に達すると見積もられた。ほぼすべての中国の輸出用自動車は、グローバリゼーションの象徴となった広州の産業センターから来ていた。その空港ターミナルは米国企業によって建設され、乗客を飛行機に運ぶブリッジはオランダ企業によって製造され、管制塔はシンガポールの企業によって運営され、そして作業の多くが中国の技術者により設計・監督されたロボットにより行われていた。おそらく中国の自動車製造メーカーは、まさに日本や韓国が最近数十年間行ってきたように世界最大の市場の支配をすぐにも目指すこととなろう。

07年の私のインドへの旅行では、その期間中、同国が

すさまじい成長への準備が整い、繁栄を生み、貧困を削減するための前例のない時期を迎えていることを示唆する記事のない日は1日としてなかった。ある記事は、インドですでに5万3000人の雇用を持つＩＢＭが西部都市プネーに、今後3年間60億ドルの投資の一環として、保険と保健医療サービスの国際的企業や米国企業に供給するための新しいソフトウエア・センターを開設するだろうと報じた。アクセンチュアやキャップジェミニ等のその他の巨大情報技術企業は、インドで彼らの事業を拡大しており、インフォシス、タタ・コンサルタンシー・サービシズ、ウィプロ、Ｉ－フレックス等の地元企業も同様であった。他の記事は、インドが外国企業への技術支援やデータ処理の支援会社から、はるかに洗練された――そしてより良い報酬の――役割に急速に移っていると述べていた。コールセンターや日常的なデータ作業に加え、インドの会社は知識サービスを輸出し始めており、そこでは労働者たちが分析・判断・意思決定に貢献するのである。まもなく米国会計事務所が顧客への税還付の処理をインドに送って行う予定であるのみならず――フォレスター・リサーチ社の調査によれば――、米国の法律事務所が2010年までに2万5000件、15年までに3万件の法律業務をインドに外部委託するであろう。インドの500校の法科大学院の多くは、毎年2万人の法律家を生み出しているが、今後数年間でインドが世界のＩＴ関連の契約書の多くの案文を作成することを可能とするために、すでに米国法、情報技術規制問題、国境を越えるビジネス取引についての訓練を加速しつつある。そしてそれは、単なる始まりにすぎない。別の記事は、極軌道衛星打ち上げロケット（ＰＳＬＶ）の発射打ち上げ成功を報じた。これは軌道上に四つの衛星を乗せ、地図作成、都市・農村部インフラ開発、土地情報のための資料を供与するものであり――世界市場は4億ドルと見積もられている。インド宇宙研究機関（ＩＳＲＯ）は、08年に最初の無人宇宙船を月に打ち上げることを目標としていると発表した。

これらすべては、ラテンアメリカにとって何を意味するのだろうか？　中国、インド、いくつもの東欧諸国は先を越して、安いおもちゃや低価格サービスの輸出から高度な製品の世界中での販売へと驚くべき速さで移っているということである。そしてラテンアメリカ諸国は、最近の商品価格の上昇を運良く祝いながら原料採掘経済国として居残るか、またはより付加価値の高い製品やサービスの生産への移行や世界の主導的な経済圏への特恵的貿易アクセスに取り組む代わりに、米国市場への近接性が安易な繁栄を保証することを願っているのであれば、ますます後に取り残される危険を冒しているのである。カルドーゾ元ブラジル大統領が、第1章（33頁）で述べたように、アジア諸国が中国と東南アジア諸国連合（ＡＳＥＡＮ）――おそらくはインドさえ含む――により形成された世界最大の自由貿易協定を正式に開始するとき、ラテンアメリカ諸国への挑戦は今後数年間で、はるかに大きなものとなろう。生産の鎖を統合し、安価な熟練労働力を活用することにより、アジア圏は現在最大の貿易圏である米国とヨーロッパにおける市場シェアを得るための闘いにおいて手ごわい競争相手となろう。

中国のＳＵＶの輸出、インドの衛星ロケットの打ち上げ、あるいはポーランドの自動車製造センターは、ラテンアメリカを脅かすものでは決してないが、ラテンアメリカに動きだすための刺激を与えるはずである。進歩の列車は進行しており、それに乗らないものは後に取り残されよう。アイルランドが示したように、多くの国々はほとんど一夜にして貧困から立ち上がることができる。そして競争し付加価値の高い、良い製品を造ることができる産業の多くの例がラテンアメリカのあちらこちらにすでにある。ブラジルの航空機巨大企業エンブラエール社は、１２０席までの商業ジェット機の世界最大の製造会社となり、世界第4位の航空機メーカーであり、米国のジェットブルー、エア・カナダ、香港エクスプレスエアウェイズ、サウジアラビア航空、エジプト航空エクスプレス等の航空会社に飛行機を販売している。エンブラエール社は２００７年初頭までに１５０億ドルの未処理の注文を有し、その中には今後20年間に70億ドルの潜在的価値を持つ偵察機の米国防総省との契約も含まれている。メキシコではコンクリートの巨大企業セメックスが50カ国で操業しており、07年半ばに世界最大の建築材料供給者となった。メキシコのグループ・モデロは、１５０カ国でコロナ・エキストラを販売しているが、それを米国でベストセラーの輸入ビールに変えた。コスタリカのインテル社製マイクロプロセッサーの輸出は、国の総輸出のますます大きな部分を占めており、インテル社はこの地域が米国と時差がないことを活用して、小規模ではあるが潜在的に重要な研究センターをメキシコのグアダラハラ、アルゼンチンのコルドバに開設しつつある。チリは銅輸出の収入に依存していたが、新鮮な果実、鮭、ワインの主導的な世界的供給者となり、その会社はますます海外での製品の処理、マーケティング、配送を担当しつつある。

しかし今のところ、これらやその他の類似の事例は例外である。ラテンアメリカ最大の公社——メキシコのPEMEXとベネズエラのPDVSA、ブラジルのペトロブラス——は、引き続き石油あるいは付加価値の低い原料を売り続けている。この地域の多くの国々は周辺に対して無視・無頓着で、彼らがイデオロギーに目隠しされ、過去に取りつかれている間に、急速に成長しつつあるアジアや東欧諸国は実用主義に導かれ、未来が約束されていることをいまだ理解していない。アイルランドが証明したように、ラテンアメリカ諸国が一夜にして転換し、経済的・社会的な成功物語となることができないとの生来の理由または文化的理由は存在しないのである。チリが示してきたように制度と法治主義を強化することにより——国内コンセンサスのおかげであれ、超国家的合意のおかげであれ——世界中の他の途上国のますます増大する貿易、教育、科学的競争力から事例を取り込むことによって、ラテンアメリカは非常に短期間で劇的に貧困を削減でき、生活水準を向上することができるのである。

それは、チャベスの石油ドル外交が地域の至るところでポピュリストの怒りをたきつけているときにできるのか？　もちろんできる。報道機関がチャベスのジュラ紀社会主義ブランドを重点的に取り上げる傾向の中で、新しい、そして前途有望な現象がラテンアメリカで起こりつつある。無責任な経済政策に没頭することなく、地域の好況と不況の伝統的な呪いを捨て長期的な安定を保証しつつ、野心的な社会主義プログラムを追求する左派あるいは中道左派の政権の出現である。チリはもはや唯一の例外ではない。最近数年で我々は、とりわけブラジル、ペルー、ウルグアイ等の責任ある左派あるいは中道左派政権を見てきた。その純然たる経済の重みで、ブラジルは、おそらく社会的意識に目覚めた計画を持つ健全な経済運営の例を示すであろう。もしメキシコの左派が、２００６年の選挙での若者、都市部住民の低支持から何かを学ぶとすれば、12年には、より投資志向の候補者名簿を提示しよう。本書の序文（ii－v頁）で引用した「2020年の世界情勢」と題した調査報告書の中で、米中央情報局（CIA）とつながりのある国家情報審議会（NIC）が予測したように、これらの諸国には、ラテンアメリカが内紛や政府の非効率、そして「カリスマ的な自称ポピュリスト指導者の台頭するリスクの増大」等に苦しめられる地域となるのを妨げるであろう批判的な一般大衆がすでに存在しているかもしれない。貧困削減における中国、インド、その他のアジア諸国の最近の成功とラテンアメリカのモダンな左派政権の新ブランドの台頭は、この地域の将来の指導者に強い影響を及ぼすであろうし、地域を新しい、そしてより繁栄した未来に向かって揺り動かすことができよう。

注

(1) 国連開発計画（UNDP）「人間開発報告」2003年、278頁。
(2) ファン・エンリケス・カボット『未来があなたを捕らえるから』クラウン・ビジネス、2000年、51頁。
(3) ファン・レンドン『国産の頭脳を注視』ロフト、2005年6月、59頁。
(4) 世界銀行「世界開発指標」2004年。
(5) アメリカ・エコノミア『ラテンアメリカ大企業500社の2005年ランキング』2005年7月15日。
(6) 前掲(3)。
(7) 同右、64-66頁。
(8) テッド・フィッシュマン『中国株式会社』スクリブナー出版社、217頁。
(9) 前掲(2)。
(10) その2006年版では、THES全世界ランキングは、ハーバード大、ケンブリッジ大、オックスフォード大に先導され、イェール大、マサチューセッツ工科大学は4位であった。メキシコ国立自治大学（ＵＮＡＭ）は74位に上がったが、トップ２００位の唯一のラテンアメリカの大学であった。

(11)『世界の大学アカデミック・ランキング　２００４年』上海交通大学、２００４年。
(12)メキシコ国立自治大学（ＵＮＡＭ）『統計アジェンダ　２００４年』24頁。
(13)『大学統計　年鑑１９９９-２００３』教育省、１４８頁。
(14)レイエス・タメス・ゲラ教育相とのインタビュー、メキシコシティ、２００５年６月21日。
(15)ダニエル・フィルムス教育相とのインタビュー、ブエノスアイレス、２００５年４月20日。
(16)『レフォルマ』２００４年11月12日。
(17)『ラ・ホルナダ』２００４年３月１日。
(18)前掲(1)、２９５頁。
(19)ラウリッツ・ホム、クリスティアン・ソーン『ラテンアメリカにおける高等教育——地域的概観』世界銀行。
(20)同右。
(21)「ブエノスアイレス大学（ＵＢＡ）では、１万１０００人以上の給与を受け取らない教師がいる」『ラ・ナシオン』２００５年５月23日。
(22)前掲(19)、12頁。
(23)「ユネスコの優秀性——アルゼンチンでは、貧者は大学からとても遠い」『ラ・ナシオン』２００５年７月14日。
(24)マリア・ヘスス・サン・セグンド・スペイン教育相とのインタビュー、マイアミ、２００５年７月18日。
(25)ジュー・ムジュー中国教育省教科書開発課長とのインタビュー、北京、２００５年２月２日。
(26)「大学——10人が入学するが８人は免状を受けない」『クラリン』２００５年４月10日。
(27)高等教育院（ＡＮＵＩＥＳ）『統計年鑑　２００３年』。
(28)前掲(26)。
(29)「大学入学の悪弊を絶つ」『チャイナ・デイリー』２００４年８月19日。
(30)フリオ・ルビオ・メキシコ高等教育次官とのインタビュー、メキシコシティ、２００５年６月22日。

(31) 前掲(15)。
(32) 『オープン・ドアーズ　2006年』国際教育協会、ワシントンDC。
(33) オッペンハイマー・レポート「もっと多くのラテンアメリカ人が、米国で勉強すべき」『マイアミ・ヘラルド』2004年12月7日。
(34) 前掲(12)、81-84頁。
(35) 前掲(13)、53頁。
(36) 前掲(12)、56頁。
(37) 前掲(13)、31頁。
(38) 「評価とさまざまな驚き」『エンフォケ』(『レフォルマ』別冊)、2005年4月15日。
(39) 高等教育事務補佐局「統合制度強化プログラム」2005年。
(40) 前掲(30)。
(41) チェン・リンとの電話インタビュー、チリ・サンティアゴ、2004年4月29日。
(42) 前掲(25)。
(43) ゾウ・チャンガン新東方学校副校長とのインタビュー、2005年2月1日。
(44) セルヒオ・ビタール・チリ教育相とのインタビュー、2004年4月10日。
(45) レイエス・タメス・ゲラ・メキシコ教育相との電話インタビュー、2004年4月22日。
(46) シュエ・シャンジエとのインタビュー、北京、2005年2月1日。
(47) 『ベージャ』No.1892、2005年2月16日、62頁。
(48) 同右。
(49) 前掲(1)、278-279頁。
(50) マリサ・カルバハルによるジェフリー・プリアーのインタビュー、インターアメリカン・ダイアローグ出版、2004年10月。
(51) 「最初の中国車が西ヨーロッパに到着」『チャイナ・デイリー』2005年7月6日。

北米版のためのあとがき

北米版が出版されたとき、米国では2008年大統領選挙キャンペーンの季節が本格的に始まっていた。ラテンアメリカは選挙キャンペーンの大きな争点とはならないであろうが、08年11月4日の投票は、それでもワシントンとこの地域の多くの国々との破綻した関係を改善し始める機会を与えるであろう。ブッシュ政権の間の米国に対するラテンアメリカの敵意の大部分は――米国に対する肯定的なイメージは12％しかなかったという2005年のゾグビー・インターナショナルによるラテンアメリカの世論形成者の世論調査結果に反映されている――、イラク戦争に結びつけられており、米国の軍事介入の長い歴史を持つこの地域の潜在的な敵意を露呈したものであった。米国の新政権は、ブッシュの「先制攻撃」主義から距離を置こうと努める新外交政策を持ち、世界の問題へのアプローチにおいてより大きな多国間主義を提供し、この地域における共通の目的という一般認識と集団的機会を復活し始めるであろう。

米国は、ベネズエラのナルシシスト・レーニン主義の指導者と彼の「反帝国主義革命」について何をなすべきか？　第一にチャベスに対し、いかなる反民主的な動きも承認しないことに加え、毎年370億ドルの石油購入によるベネズエラへの補助金供与を中止すべきである。米国が海外石油への依存に固執する限り――輸入は1973年の米国石油消費の35％から2006年には60％に急増した――、チャベスの誇大妄想は米国によって資金を提供され続けるであろう。第二にワシントンは、ベネズエラを迂回し1994年の自由貿易の取り決めを深化し、ラテンアメリカ中でサトウキビベースのエタノールを共同開発するための2007年のブラジルとの取り決めを強化すべきである。自由貿易のみならず責任ある経済政策による貧しい層への開発援助にも焦点を当てた地域に対する新しい進歩のための同盟型の計画を打ち上げつつ、ラテンアメリカの他の国々のために肯定的なアジェンダを正式に開始すべきである。

例えばワシントンは、この地域に対する年15億ドルの援助を、貧困地区の家族ビジネスのための低金利融資提供のためや同様に貧困者を信用に値する個人に転換させつつ、彼らが自宅の所有権を得るための技術支援の提供のためにもっと使うべきである。またラテンアメリカへの年間家族送金450億ドルを小規模ビジネス全般のために使用することを奨励する計画を開始できよう。いずれにしても米国は、富裕者のみでなく貧者にもより多くの融資貸付を始めるべきである。

第5章では、我々は米国が行うことができるいくつもの具体的事項について述べた。これらは、今後30年間に引退する1億人とも見積もられる米国人の一部がドイツ人やスウェーデン人がスペインで行うように、この地域の米国に認定された低価格の病院や老人ホームで彼らの医療保険を使うことを可能とする西半球保健協力計画の探求や、より多くの米国人の若者がラテンアメリカを留学先に選ぶようにする学生交流の推進、あるいはラテンアメリカの学生や職業人のためのインターネットを通じた米国の著名な大学により運営された教育的な英語プログラムの開始等を含むものである。米国の新政権は、2国間関係の絆の上での痛い点――ブッシュ大統領により署名された法律で承認された米・メキシコ国境沿いの70億ドルのフェンスのことであり、これはいったん電子機器による監視が含まれることとなれば、推計370億ドルはかかることとなろう——を取り除くことにより、米国とラテンアメリカ関係における新しい章を書くこともできよう。多くの米国人が——恐怖を言いふらす外国人嫌いのケーブルテレビにより駆り立てられ——、国境のフェンスは、不法移民の流入の阻止を助けることができると信じている。しかし、もしワシントンの新指導部が米国の一般大衆に対して厳しい事実——例えば、ラテンアメリカからの不法移民の約50％が米国に合法的に空港を通じて入国し、ビザの期限を越えて不法滞在すること、さらに3200キロメートルの国境沿いの1100キロメートルの国境のフェンスは、単に無防備な区域を通って国境を渡ることを移民に強いるだけであること——を提示することに固執するならば、その幻想は即座に事実誤認であることが証明されるだろうし、その資金は改めて役に立つ目標に向けられよう。今日ますます増大する隔離主義や反移民の風潮の中では闘いは厳しいものとなろうが、ただ事実を打ち明けることにより勝利することができよう。

もしここまで述べてきたことが、少数ではあってもラテンアメリカ人たちに他の国々が貧困削減のために何をしているかについての理解を助け、全体主義的ユートピアの名で基本的な自由を抑圧しているポピュリスト指導者たちの抗し難い誘惑の言葉を拒絶するよう彼らを説得する助けができたのであれば、自分は満足であると述べつつ、私は本書のスペイン語版を終えた。同様に、もし本書が「上げ潮がすべてのボートを持ち上げる」ごとく、米国における不法移民、麻薬密輸、国境を越えた犯罪、環境の悪化を解決する最善の方法は——同様に米国の輸出を増大するためには——、より大きな経済的・文化的絆を近隣諸国と築くことであるということを米国人たちに少数であっても考えさせたのであれば、この努力は無駄ではなかったであろうと述べつつ、私は本書の執筆を終えたいと思う。状況は厳しいかもしれないが、しかし、我々はいつも隣人であるのであり――オクタビオ・パスがかつて私に語ったように――、地理は歴史の母なのである。

アンドレス・オッペンハイマー

訳者あとがき

アンドレス・オッペンハイマー氏は、オッペンハイマー・レポートで有名なマイアミ・ヘラルド紙の名物コラムニストである。同氏は1987年にイラン・コントラゲート事件を暴いた同紙チームの一員としてピューリッツァー賞を受賞、93年にはフォーブス誌が選ぶ世界の最重要ジャーナリスト500人に選ばれ、また、『カストロ最後のとき』『英雄と悪党の年代記』『ふさがれた目』等、数多くの国際関係に関する著作により、コロンビア大学のマリア・ムーアズ・キャボット賞、スペイン国王賞、海外記者クラブ賞等を受賞している。

同氏が毎週2回執筆するオッペンハイマー・レポートは、北米・中南米の新聞60紙に転載されているなど、同氏は現在、米国および中南米において米州の諸問題について最も大きな発言力、発信力を有するジャーナリストである。

本書は、2008年に出版されたベストセラー『米州救出（*SAVING THE AMERICAS*）』英語版の初の邦訳である。なお、「北米版のための序文」に代わって、オッペンハイマー氏が特別に寄稿された「日本語版のための序文」が掲載されている。アルゼンチンに生まれ、米コロンビア大学でジャーナリズムを専攻した同氏の米州に関する複眼的視点と深い理解に基づき、足かけ3年にわたるラテンアメリカ、中国、インド、韓国、欧州諸国等10カ国の取材を通じて、さまざまな人物への取材と膨大な資料に基づき執筆された圧倒的な内容を持つ著作である。

本書の中では、貿易、投資、教育、経済発展等における世界競争の中で急激に台頭しつつある中国、韓国、インド、東欧等、新興国の奇跡の進歩とその競争努力を紹介し、これに比べて「トップの政治家、学者、保護主義企業リーダーたちが投資家を追い払って大喜び」し、麻薬マフィアや武器密輸人、ストリートギャング等の犯罪により、「世界で最も暴力的な地域」と言われ、理工系より人文系を中心とする評価制度の欠如した非効率な大学教育を持つラテンアメリカがいかに後れを取っているかを指摘しつつ、ラテンアメリカが投資誘致、成長刺激、原材料輸出からの脱却を図り、より早期に繁栄するための欧州連合（EU）に倣った超国家的な道（米州機構経済憲章や多国間経済協定）をも大胆に提案している。

また、米国が軍事戦略上の重要性の下がったラテンアメリカに無関心となり、中南米に援助ではなく貿易を中心として対応しているため、チャベス・ベネズエラ大統領等の反米ポピュリズムの台頭を許したとし、これに対するブッシュ前政権のお粗末な米外交に警鐘を鳴らしている。また、米国のヒスパニック票の重要性が拡大していることを指摘しつつ、米国の不法移民、麻薬、環境悪化問題等の解決、対中南米輸出増大のために新しい進歩の同盟型の計画等、中南米とのより大きな経済的・文化的絆の構築を提案している。さらにブラジル、アルゼンチン、ベネズエラ、メキシコ等の内政や外交、大統領選挙の裏事情等について多くの要人とのインタビューを通じ、興味深い逸話、ユーモアを交えて執筆している。

同氏とは、マイアミでの本書英語版の出版記念会でお会いしたほか、何度か話を聞く機会に恵まれたが、米国から見た中南米についての幅広い複眼的視点は大変興味深いものであった。私も長らく中南米に勤務しているが、同紙のオッペンハイマー・レポートは中南米にいては分からない米国から見た中南米についての極めて示唆に富む見方を披露しており、常に執務上の参考となっている。本書はオッペンハイマー・レポートの源でもあり、中南米研究者の必読書と言えるものである。本書の邦訳が中南米研究の一助となれば幸甚である。

最後に、大部の本書の編集、発刊にご理解とご協力をいただいた時事通信出版局の長茂代表取締役社長および舟川修一出版事業部長に感謝の意を表したい。

また、本書発刊に向けて当初より温かい御支援と励ましをいただいたラテン・アメリカ協会の細野昭雄理事長および山崎真二事務局長に心より感謝申し上げる。

2011年6月

渡邉 尚人

【著者紹介】

アンドレス・オッペンハイマー（Andrés Oppenheimer）

マイアミ・ヘラルド紙のコラムニストであり、同紙のオッペンハイマー・レポートは、米国及びラテンアメリカの主要60紙に掲載されている。国際関係に関する4冊のベストセラーの著者であり、1987年にイラン・コントラゲート事件を暴いた同紙チームの一員としてピューリッツァー賞を受賞。1998年コロンビア大学のマリア・ムーアズ・キャボット賞、2001年スペイン国王賞、2002年海外記者クラブ賞を受賞。フロリダ州マイアミビーチ在住。

【訳者紹介】

渡邉 尚人（わたなべ なおひと）

東京外国語大学スペイン語科卒業後、外務省に勤務。在ニカラグア日本国大使館、在マイアミ日本国総領事館等を経て、現在、在エクアドル日本国大使館参事官。ニカラグアの詩人ルベン・ダリオの代表作「青...」「ニカラグアへの旅」等を邦訳し、ニカラグア政府よりルベン・ダリオ勲章を受章。ニカラグア言語アカデミー海外会員。著書に『ロスト・ファミリー』『鰐の散歩道』（共に文芸社）、『葉巻の手引き』（TASC Report、たばこ総合研究センター）等。

米州救出《べいしゅうきゅうしゅつ》――ラテンアメリカの危険《きけん》な衰退《すいたい》と米国《べいこく》の憂鬱《ゆううつ》――

2011年7月10日　初版発行

著　者：アンドレス・オッペンハイマー
訳　者：渡邉尚人
発行者：長　　茂
発行所：株式会社時事通信出版局
発　売：株式会社時事通信社
〒104-8178　東京都中央区銀座 5-15-8
電話03(3501)9855　http://book.jiji.com

印刷／製本　株式会社太平印刷社

ISBN978-4-7887-1163-1　C0031　Printed in Japan

時事通信出版局・刊

金融危機後のアジア
――リーダーになるのは、中国か日本か――

クロード・メイヤー著・橘 明美訳　四六判二五〇頁　二五二〇円（税込）

成長するアジアの盟主としてふさわしいのは、GNP世界第2位になった中国か、それとも日本か。本書は、主導権を競う二つの国の情勢を欧州の視点から分析する書である。

検証 米国農業革命と大投機相場
――バイオ燃料ブームの向こう側で何が起きたのか!?――

増田 篤著　四六判三〇八頁　二五二〇円（税込）

強欲マネーに翻弄される農と食。2008年の歴史的な原油、穀物などの商品の大投機相場の裏舞台と真相を、シカゴ先物取引の急発展ぶりも伝えながら、米国の農業、金融の強みと限界、変化の兆しを探る。

中国黒洞（ブラックホール）が世界をのみ込む
――どうする日本の戦略――

沈 才彬著　四六判二〇八頁　一六八〇円（税込）

リーマンショック以降も活況を呈している中国経済。市場はますます肥大化し、〝黒洞〟のように世界のモノ、カネ、ヒトをどんどん吸い込んでいく。日本は吸い込まれるのか、それとも積極的にこれを取り込んでいくのか。日本の取るべき戦略を考察する。